秦敬云　杜靖　等　著

东部产业转移与
西部优势产业发展

INDUSTRY TRANSFER IN EASTERN
CHINA AND COMPETITIVE INDUSTRY
DEVELOPMENT IN WESTERN CHINA

社会科学文献出版社
SOCIAL SCIENCES ACADEMIC PRESS (CHINA)

目录
CONTENTS

第一章

导　论

　　本章的目标是阐释该课题对于我国产业西迁与西部地区优势产业发展的国际国内总体背景。对于国际背景，即全球金融危机对我国东部地区危机"倒逼"效应的探讨，表明了课题为什么从全球金融危机这一视角来研究我国的产业西迁与西部地区优势产业发展问题。而对于包含我国的产业地区转移、经济增长模式转变、区域经济体系重构及劳动力有效供给不足等国内总体背景的探讨，则表明我国的产业西迁与西部地区优势产业发展问题不是一个偶发性的现象，而是在我国总体经济环境下出现的具有战略意义的经济现象。在分析清楚我国产业西迁与西部地区优势产业发展的国际国内总体背景后，本章还将对课题的研究意义、文献回顾、课题研究的逻辑思路及课题研究中需要说明的一些问题等进行必要的交代。

第一节　全球金融危机及其对我国东部地区的危机"倒逼"效应

一　美国次贷危机、全球金融危机与欧债危机

1. 美国次贷危机

　　美国次贷危机（Subprime Crisis）又称次级房贷危机，也被译为次债危机，是一场发生在美国，因利率上升和住房市场降温，导致大批无力偿还

贷款的购房人放弃还款计划而造成的信贷危机。[①] 在美国，房地产贷款系统分为三类，分别是优质贷款市场、次优级贷款市场、次级贷款市场。那些能够按时付款的消费者的信用级别被定为优级，不能按时付款的消费者的信用级别被定为次级。次级贷款市场面向的正是那些收入信誉程度不高的客户，其贷款利率通常比一般抵押贷款高出 2% ~ 3% 。尽管次级贷款市场所占美国整体房贷市场比重并不大，占 7% ~ 8% ，但其利润最高，风险最大。[②]

美国次贷危机的爆发，包含了以下相互关联的因素。

（1）20 世纪 90 年代，美国经济持续高增长，经济平均增长率为 2% ~ 3% 。但 20 世纪 90 年代，在互联网泡沫带动下，美国经济在长达 8 年的时间内持续稳定在 3% ~5% 的高增长状态。1992 ~2000 年，美国的 GDP 增长率有六年高于 3% ，其中最高的 1997 年达到了 6.9% ，期间平均增长率达到了 3.8% 。

（2）2000 年因互联网泡沫破灭及随后发生的 "9·11" 事件使美国经济陷入衰退状态。2000 年前后互联网泡沫的破灭削弱了美国经济之前高增长的基础，加上 2001 年 "9·11" 事件的影响，美国经济跌入低谷。自 2000 年第二季度开始，美国 GDP 增长率就从 5.4% 下跌到第三季度的 4.1% 、第四季度的 2.9% ，再到 2001 年第一季度的 2.3% 、第二季度的 1% 。之后则受 "9·11" 事件的进一步影响，下降到 2001 年第三季度的 0.6% 、第四季度的 0.4% 。

（3）美联储为刺激经济增长而降低利率的同时也促进了华尔街的金融创新，并通过次级房贷市场形成了美国房地产市场泡沫。面对经济衰退，美联储采取了以低利率为代表的宽松货币政策，目标是避免美国经济陷入衰退。为了刺激总需求的增长，美联储自 2001 年 1 月起到 2003 年 6 月先后 12 次降息，将利率由 6.5% 降到 1% 。利率的降低使美国经济在经历了 2002 年第一季度到 2003 年第二季度徘徊于 1.5% ~2.0% 的 GDP 增长率后，从 2003 年的第三季度开始恢复 3% 以上的快速增长。但低利率在提振美国经济的同时直接促进了美国房地产市场的繁荣，也纵容了房地产市场泡沫的形

---

① 李俊、王立：《美国次贷危机对中国出口的影响及应对策略》，《国际贸易》2008 年第 8 期，第 46 ~49 页。

② 参见维基百科：http://zh.wikipedia.org/wiki/次贷危机。

成。多个地区在 1998～2006 年住房价格上涨超过 80%，形成了美国房地产市场泡沫。

（4）面对通胀压力，美联储提高利率刺破了房地产泡沫并最终诱发了次贷危机。自 2003 年开始，美国经济保持在 3% 以上快速增长的同时也加剧了通胀压力，从而迫使美联储自 2004 年 6 月开始加息，并在 2004 年 6 月到 2006 年 6 月将利息由 1% 提高到 5.25%。利息的提高大大增加了购房者的还贷压力，提高了购房者的违约风险和数量，因此刺破了美国房地产的泡沫，引发了美国的次贷危机。

2. 美国次贷危机引发金融危机

次贷危机从美国金融业蔓延到美国实体经济，并通过全球金融体系进一步影响到全球经济。自次贷危机爆发后，投资者对按揭证券的价值开始失去信心，引发流动性危机。即使多国中央银行多次向金融市场注入巨额资金，也无法阻止金融危机的爆发。2008 年 9 月，金融危机开始失控，导致多家大型金融机构倒闭或被政府接管，引发经济衰退。[1] 2008 年全球金融危机的主要表现有股市暴跌、资本外逃、银行信用关系遭到破坏并伴随银行挤兑、银根奇缺和金融机构大量破产倒闭等，官方外汇储备大量减少、货币大幅度贬值。

3. 欧债危机

欧债危机即欧洲主权债务危机，是指自 2009 年底以来，不少财政上相对保守的投资者对部分欧洲国家在主权债务危机方面所产生的忧虑，危机在 2010 年初陷入最严峻的局面。[2] 欧债危机是美国次贷危机的延续和深化，其本质原因是政府的债务负担超过了自身的承受范围而引起的违约风险。欧债危机的爆发原因包括欧元体制天生的弊端、欧式社会福利的拖累、国际金融力量的博弈等。而欧债危机发端地希腊则与其在加入欧元区的过程中，因自身不符合财政赤字 3% 上限的要求，却在高盛的帮助下通过"货币掉期交易"的方式达到欧元区的要求，从而留下了主权债务问题密切相关。欧债危机爆发后，2010 年初到 2010 年 6 月，欧元兑美元的汇率下跌了 21.6%。

---

① 参见维基百科：http://zh.wikipedia.org/wiki/全球金融危机。
② 参见维基百科：http://zh.wikipedia.org/wiki/欧债危机。

二 全球金融危机后世界经济在较长时期内的衰退徘徊[①]

1. 全球金融危机对各国 GDP 增长率的影响

2008 年,美国次贷危机诱发全球金融危机,导致世界经济从 2008 年第四季度进入衰退状态。受此影响,2008 年第三季度到 2009 年第四季度,世界主要经济体的经济增长均呈剧烈衰退状态。比如美国每季度的 GDP 增长率分别为 -0.3%、-2.8%、-3.5%、-4.1%、-3.3%、-0.2%;欧元区为 0.3%、-2.0%、-5.2%、-4.9%、-4.1%、-2.1%;日本为 -0.6%、-4.7%、-9.4%、-6.6%、-5.6%、-0.5%;英国为 -2.1%、-4.3%、-6.8%、-6.3%、-5.0%、-2.5%;俄罗斯为 6.4%、-1.3%、-9.2%、-11.2%、-8.6%、-2.6%;新加坡为 -0.3%、-3.7%、-8.9%、-2.0%、1.9%、5.3%;中国香港为 1.2%、-2.6%、-7.9%、3.4%、-2.0%、2.5%;墨西哥为 1.6%、-1.1%、-5.2%、-7.9%、-4.6%、-1.0%。即使是中国和印度,其经济增长率也大大低于危机之前的平均增长率,其间,印度每季度的 GDP 增长率为 7.5%、6.1%、5.8%、6.3%、8.6%、7.3%;中国为 9.0%、6.8%、6.2%、7.9%、9.1%、10.7%。

各国 GDP 增长率在 2009 年第一季度到第二季度达到谷底之后,从 2009 年第三季度开始回升,并纷纷于 2010 年第一季度回升到 0 以上。之后,从 2010 年第一季度到 2011 年第一季度,美国 GDP 增长率分别为 1.6%、2.7%、3.0%、2.8%、2.0%;欧元区为 0.6%、2.0%、2.0%、1.9%、2.4%;日本为 4.9%、4.4%、6.0%、3.3%、0;英国为 0.5%、2.0%、2.4%、1.8%、1.7%;俄罗斯为 3.8%、4.9%、3.8%、4.9%、4.0%;新加坡为 16.5%、19.8%、10.6%、12.5%、10.2%;中国香港为 7.9%、6.4%、6.6%、6.4%、7.6%;墨西哥为 3.7%、6.7%、5.4%、4.5%、4.4%;印度为 9.4%、9.3%、8.9%、8.3%、7.8%;中国为 11.9%、10.3%、9.6%、9.8%、9.7%,各国的 GDP 增长率看似已经基本恢复到危机前的增长水平。

但从 2009 年第三季度开始的各国 GDP 增长率回升,主要原因是各国纷纷采取了对受困金融机构注资或接管、降低银行基准利率、加大财政赤字等

---

① 本小节的所有数据均来源于 http://www.tradingeconomics.com/。

措施。积极的财政政策和货币政策虽然推动了各国经济的回复增长，但也带来了后遗症。其中由希腊主权债务问题诱发的欧债危机就是全球金融危机延续和深化的最主要体现。

2009 年底，希腊主权债务问题开始凸显，到 2010 年 3 月向葡萄牙、意大利、爱尔兰、西班牙等国蔓延。欧债危机再一次将世界经济拖向停滞乃至衰退的深渊。从 2011 年第二季度到 2013 年第四季度，各个国家或地区均体现出自 2011 年第二季度起增长率下滑并持续保持低增长的状态。尤其是受欧债危机影响最严重的国家，经济衰退更加严重。比如希腊，GDP 增长率虽然从 2009 年第一季度的 -4.2% 升高到 2010 年第一季度的 -1.0%，但之后则快速下降到 2010 年第四季度的 -9.0%，并在 2011 年第一季度后的 10 个季度内增长率均低于 0，分别为 -8.8%、-7.9%、-4.0%、-7.9%、-6.7%、-6.4%、-6.7%、-5.7%、-5.6%、-3.8%。又如葡萄牙，GDP 增长率虽然从 2009 年第一季度的 -4.1% 升高到 2010 年第一季度的 1.7%，并在 2010 年保持了 1.3%~1.7% 的增长率，但在 2011 年第一季度后的 10 个季度内增长率均低于 0，分别为 -0.4%、-0.9%、-1.8%、-3.1%、-2.3%、-3.2%、-3.6%、-3.8%、-4.1%、-2.0%。再如西班牙，GDP 增长率虽然从 2009 年第二季度的 -4.4% 升高到 2010 年第三季度的 0%，并在 2010 年第四季度到 2011 年第三季度保持了 0.4%~0.6% 的增长率，但在 2011 年第四季度后的 7 个季度内增长率分别为 0、-0.7%、-1.4%、-1.6%、-1.9%、-2.0%、-1.6%。与这三个国家两年多经济衰退相伴随的是高失业率。希腊的失业率在 2008 年 6 月为 7.3%，金融危机导致其持续升高到 2009 年 10 月的 10.0%、2011 年 3 月的 15.2%、2011 年 12 月的 20.8%、2012 年 8 月的 25.0%、2013 年 7 月的 27.9%；葡萄牙的失业率在 2008 年第二季度为 7.3%，之后逐渐升高到 2009 年第四季度的 10.0%、2011 年第一季度的 12.4%、2012 年第二季度的 15.0%、2013 年第一季度的 17.7%；西班牙的失业率在金融危机前就开始持续攀升，到 2008 年第二季度超过 10%，2010 年第一季度超过 20%，并从 2010 年第四季度起持续保持在 20% 以上且仍在不断升高，到 2013 年第一季度达到最高的 27.2%。

在 2008 年全球金融危机及之后欧债危机的深刻影响下，世界各国经济总体上经历了衰退或增长率下降、在财政与货币政策刺激下回暖、再次衰退或停滞徘徊的过程。

2. 对其他主要指标的影响

（1）失业率

2008 年全球金融危机爆发后，欧元区和美国原本处于不断下降趋势的失业率都转而不断攀升，其中欧元区失业率从 2008 年 3 月最低的 7.2% 迅速上升到 2010 年 7 月的 10% 以上，经过一年的时间在 10% 左右徘徊后，自 2011 年 7 月起再次在欧债危机的推动下不断提升，到 2012 年 12 月达到 11.8%（其中西班牙到 2012 年 12 月超过 26.0%、希腊达到 26.6%）。美国的失业率从 2007 年 4~5 月的 4.4%~4.5% 开始上升，到 2009 年 10 月最高达到 10%，之后虽然逐渐下降，但到 2012 年 12 月仍然高达 7.8%。

（2）股市

欧元区和美国的股市指数同样受到全球金融危机的巨大影响。在欧元区，道琼斯欧洲指数从 2007 年 7~8 月的 4500 点左右下跌到 2009 年初的不到 2000 点，之后则一直徘徊在 2000~3000 点。而在美国，道琼斯指数从 2007 年 7~8 月的超过 14000 点下跌到 2009 年初的 6500 点左右。

三　全球金融危机对我国东部地区的"倒逼"效应

全球金融危机对我国东部地区的"倒逼效应"指在经受着金融海啸的国际环境下，我国的出口加工企业面临各种金融与非金融风险，受到来自成本、融资、外需、议价等方面的压力，进而积极做出适应国际市场竞争的举措。[①] 全球金融危机对我国东部地区的影响，经美国次贷危机对美国自身经济的影响、对全球经济的影响而后传至我国，并进而对我国东部地区的产业发展形成危机"倒逼"效应。

1. 美国次贷危机对美国经济的影响机制

美国次贷危机对以金融体系为主体的美国经济影响机制如图 1-1 所示。

在图 1-1 中，虚线所示为美国次贷危机爆发前的经济和金融体系发展路径。在该路径中，由于 2000 年互联网泡沫的破灭和 2001 年"9·11"事件的发生，美国经济由之前的高增长陷入低谷。由此促使美联储采取降低利率和宽松的货币政策以刺激经济复苏。低利率推动了美国房地产市场的繁荣，并诱发了金融机构在住房信贷方面开发大量的金融创新产品，而次级抵

---

① 范蓓、朱发根、刘拓：《金融危机下我国出口加工业的"倒逼效应"解析》，《对外经贸实务》2009 年第 7 期，第 31~33 页。

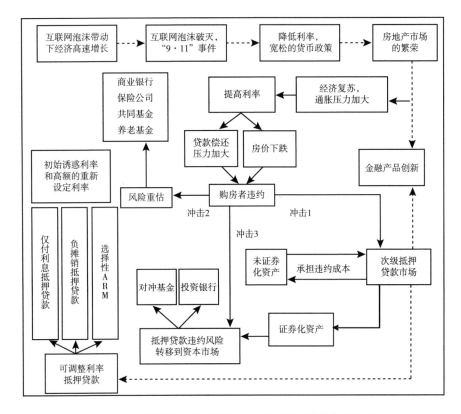

图 1 - 1　美国次贷危机对美国金融机构影响的传导机制

资料来源：依据笔者对该问题的研究绘制。

押贷款市场就是金融创新产品中重要的内容。在次级抵押贷款市场中，金融机构通过较低的初始诱惑利率给了众多收入较低者的购房机会从而促进了美国房地产市场的繁荣，但高额的重新设定利率也使购房者在美联储因经济复苏而提高利率时可能面临远超自己还款能力的风险。

正是这种风险，使购房者在美联储自 2004 年起因通胀压力而逐渐提高利率后，因为贷款偿还压力加大和房地产价格的下跌而出现了大量的购房者违约的现象。购房违约对美国的金融体系造成了三个方面的不利冲击。第一个是对次级抵押贷款市场的冲击，其影响有二，分别是促使金融机构进一步提高还贷利率而加速房地产市场泡沫的破灭，以及由于未通过资产证券化而转嫁风险的资产因购房者违约、利率提升而大幅贬值，从而成为房地产商和金融机构的"不动产"，极大地削弱了次级抵押贷款市场所涉及的金融机构和房地产商的资金回笼和赢利能力。因此这一冲击对美国经济的影响主要是导致其经济发展的资金链断裂。第二个是对证券市场的冲击，尤其是次级抵押贷款市场中通过证券化而将违约风险转移到资本市场的这部分资产。这一冲击导致了美国证券市场的波动，并使对冲基金和投资银行的资产大幅度缩水。在高度证券化的美国经济中，国民财富证券化使普通美国居民在分享美国经济增长成果的同时，也承担了美国经济波动带来的损失。因而在购房者违约对美国证券市场的冲击中，直接的影响是金融机构，但实际承担损失的则是美国普通居民，并导致美国居民财富大量缩水，削弱了居民财富对美国经济增长的"蓄水池"效应，延缓了金融危机后美国经济的复苏进程。第三个则是基于美国信用体系的冲击。由于购房者违约，所涉及的以各行为主体信用风险的重新评估给商业银行、保险公司、共同基金、养老基金均带来了不利影响。这一冲击对美国经济的影响主要是降低了美国居民对于未来收入的预期（养老金、保险金的增值率），降低了美国的消费者信心。

在这三个方面的冲击下，导致资金链断裂、居民财富缩水和消费者信心降低，使美国经济陷入了自 2000 年互联网泡沫破灭和"9·11"事件后的再一次衰退状态。

2. 美国次贷危机向全球经济的传导机制

由美国次贷危机诱发的金融危机迅速传导到世界各国，并引发全球金融危机，其传导机制如图 1-2 所示。在图 1-2 中，美国次贷危机首先对美国国内的对冲基金、投资银行、商业银行、保险公司、共同基金和养老基金等金融机构带来不利影响，然后一方面通过美国作为全球金融中心而对全球金融体系造成冲击，并在影响金融机构资金链的基础上造成企业融资难度的加大，从而影响了企业的正常运作；另一方面则通过股市的波及效应导致全球主要股市下跌，从而在使公司市值缩水和降低企业投资能力的同时，带来全球主要经济体财富缩水进而降低消费者信心和购买能力。企业运作面临困境、企业投资能力下降和消费者信心及其购买能力的下降都最终成为全球经济增长率下跌的诱因。由于经济增长率下跌，美国、欧洲等主要经济体的失业率大幅度上升。

3. 全球金融危机对我国经济的影响机制

金融危机对我国经济的影响逐渐由金融业波及制造业、旅游业等各行业。从我国实际利用外资来看，自 2008 年 6 月起，我国吸纳 FDI 就呈现不断减少的趋势，由当月的 96.1 亿美元降低到当年 11 月 53.22 亿美元；我国出口增长率由 2008 年 10 月的 19.1% 锐减到 11 月的 -2.1%，而且一直到

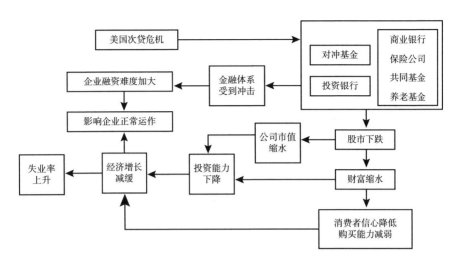

图 1 - 2　美国次贷危机诱发全球金融危机的传导机制

资料来源：依据笔者对该问题的研究绘制。

2009 年 6 月仍然呈负增长状态；我国通货膨胀率自 2008 年 4 月起开始缓慢下降，2008 年 7 月开始，美国次贷危机对全球经济影响开始显现，我国通货膨胀率呈现加速下降态势，到 12 月降到 1% 左右，2009 年 2 月起进入通货紧缩状态，直到 2009 年 6 月通货膨胀率仍为 - 1.70%；我国的工业生产增长率自 2008 年 6 月起也开始逐渐下降，到 2008 年 10 月跌破 10%；GDP 增长率则在 2008 年第四季度和 2009 年第一季度连续两个季度低于 7%。由此可见，全球金融危机对我国经济的影响无论是范围还是深度都是巨大的。

具体而言，金融危机的压力传导机制主要体现为，在经受着金融海啸的国际环境下，"市场、政府和企业发生连锁反应，市场低迷直接导致国际需求的变化，同时提升了汇率风险和信用风险；国外政府通过贸易政策设置壁垒，而早期国内限制性政策对出口结构产生弊端；企业的成本因素受到冲击，经营风险加大，正是由于这些因素的复合作用，出口加工业受到成本上升、融资困难、外需不振、议价力低的四种压力"。

4. 全球金融危机对我国东部地区的危机"倒逼"效应

改革开放后我国东部地区的产业发展，先后经历了劳动密集型产业→资本密集型产业→技术密集型产业的演变过程。但实际上，无论是始于改革开放初期的劳动密集型产业、20 世纪 90 年代初的资本密集型产业还是 20 世纪 90 年代末的技术密集型产业的发展，都受到外商投资企业以两头在外的加工贸易为主体发展模式的影响。正是在这种产业发展模式的影响下，东部地区产业发展一直面临着自有技术比例低、自我发展能力弱等弊端，并对东部地区产业的可持续发展带来不利影响。

东部地区的这些问题在 21 世纪初因为东部地区土地成本、劳工成本和环境成本的急剧上升而恶化。因此，东部地区提出要通过自主技术创新、自主品牌化等措施促进产业的升级。但基于以下几个方面的原因，东部地区的产业升级过程缓慢而问题重重。首先，要通过自主技术创新、培育自主品牌、实现产业附加值的提升需要巨大的投入，而在加工贸易、国际代工模式主导下的东部产业发展因为利润率低下，难以集聚足够的资本投入到本就面临巨大风险的自主技术创新和培育自主品牌中去。其次，由于自主技术创新、培育自主品牌对于缺乏长期经营战略的企业而言，未来的收益是不可预期的，并且面临着失败所带来的巨大利益损失的风险。而通过加工贸易、国际代工能够获取短期内可以预期到的利润，因此从企业短期利润最大化的角度而言，即使是较低的利润率也可能是企业经营的更优选择。再次，在经济发展过程中实施的"腾笼换鸟"战略举措因为企业惰性而达不到预期效果。在经济发展过程中实施的"腾笼换鸟"战略举措，是把现有的传统制造业从目前的产业基地"转移出去"，再把"先进生产力"转移进来，以实现经济转型和产业升级。西方很多国家在工业化过程中都会实行这种政策，以达到产业结构的优化升级。但企业惰性使得东部地区的企业即使面临东部地区高昂的土地成本、劳工成本和环境成本，也不愿前往国内其他地区，从而在相当程度上制约了东部地区产业升级的发展空间。最后，从政府角度上看，地方政府出于对 GDP 增长率和劳工就业率的需要，大大弱化了对产业升级政策的实施力度，并因此延缓了产业升级的过程。由于地方政府官员任期一般都较短，而 GDP 增长率和劳工就业率又是地方政府的重要考核指标，因而在理性经济人行为模式下，能够在短期内带来地方经济增长和提升劳动力就业的产业更受地方政府的青睐，而对需要较长时期才能显现经济效益的产业进行升级必然不受重视。

在这种情况下，无论是企业还是地方政府都在"好死不如赖活"的思想引导下，在低层次产业、低端价值链上维持着本应通过产业升级而被替换的产业的生存。但这种状况会被全球金融危机所带来企业的恶劣生存和发展环境打破。在全球金融危机影响下，出口加工企业由于国别替代弹性导致的讨价还价能力弱、世界经济不景气带来的外部需求不力、金融风险与非金融风险增加带来的融资困难和在我国本就面临刘易斯转折背景下劳工成本的攀升、环境日益恶化背景下的环保成本攀升，以及在国内外政府贸易政策、产业政策转变的影响下，生存于全球价值链低端的东部地区加工贸易业、依赖于低利润率勉强生存的一些劳动密集型产业都可能被迫转移或转型。

第二节　我国产业西迁与西部地区优势产业发展的国内背景

一　21 世纪以来我国东部地区产业向中西部地区转移

改革开放后，东部地区在地理位置优势和政策优势的双重有利条件下，率先获得经济快速增长。到 2011 年，东部十个省份，以不到全国 10% 的土地面积，集聚了全国 37.90% 的人口，52.04% 的国内生产总值，58.63% 的工业总产值，86.18% 的进出口总额（按经营单位所在地分货物进出口总额，其中出口和进口分别为 85.52% 和 86.89%）。

但东部地区经济的快速发展是在我国不平衡的发展战略主导下，在改革开放初期充分享有作为人口大国的人口红利，在参与国际经济贸易中作为小型经济体而获得更多贸易得益，以及在国家对外开放政策优势主导下大量吸引外商投资等因素共同作用下形成的。但进入 21 世纪后，东部地区在改革开放之初获得经济快速发展的有利条件要么正逐渐消失，要么被大大削弱。首先，从政策优势的角度看，改革开放之初赋予东部沿海地区的经济特区、沿海开放城市等优惠政策，随着西部大开发、促进中部崛起和振兴东北老工业基地等重大战略的实施，高新技术开发区在全国各地的广泛设立，以及诸如重庆两江新区等政策特惠区的建立，而被极大地削弱了。其次，从人口红利的角度看，改革开放之初的东部沿海地区在外商投资的带动下，由于劳工工资明显高于中西部地区，因而获得了大量来自中西部地区的廉价劳动力。这些廉价劳动力为东部沿海地区的经济发展做出了巨大贡献。但在东部沿海地区出口导向型产业发展模式下，依靠廉价劳动力参与国际市场竞争的企业将劳动力工资长期维持在较低水平，导致其与中西部地区在国家政策扶持下逐步提高的劳动力工资相比，优势已经大大缩小，加上城市住房、生活成本的大幅度攀升，其对中西部地区劳动力的吸引力减弱。再加上我国经济正面临刘易斯转折点的问题，导致东部沿海地区出现了日益严重的用工荒问题，东部地区经济发展中的人口红利正逐渐消失。最后，从外商投资的角度看，尽管目前我国吸收的外商投资仍然主要集中在东部地区（2010 年东部地区吸收外商直接投资占全国的 83.9%①），但也存在以下问题：一方面，该比例在不断下降（低于截至 2010 年底的 86.5%）；另一方面，大量始于 20 世纪 80 年代到 90 年代的东部地区外商投资企业也同样面临转型乃至转向的问题；而且在东部地区经济日益服务化的背景下，所吸收的外商直接投资中金融资本占有较大的比重，可能会加剧东部地区产业空心化的问题。

因此，长三角、珠三角、环渤海等东部沿海地区在土地、劳动力、能源等要素供给趋紧等方面的压力下，加快经济转型和结构升级刻不容缓。正因为如此，21 世纪初，在西部大开发战略的总体背景下，东部地区产业向中西部地区转移日益受到学术研究领域和各级政府的关注。事实上，东部地区产业向中西部地区的转移能够在促进地区经济发展、充分利用地区资源、促使劳动力分布的改变、减轻社会压力等方面对西部地区产生深远影响，并且能够为东部地区高新技术产业的发展提供新的发展空间，对于东部地区乃至我国的产业结构调整起到举足轻重的作用。而中西部地区在"充分发挥资源丰富、要素成本低、市场潜力大等优势的基础上，积极承接东部地区的产业转移，不仅有利于加速中西部地区新型工业化和城镇化进程，促进区域协调发展，而且有利于推动东部沿海地区经济转型升级，在全国范围内优化产业分工格局"②。

正是在此背景下，2010 年 8 月，《国务院中西部地区承接产业转移的指导意见》出台，提出"要依托中西部地区产业基础和劳动力、资源等优势，推动重点产业承接发展，促进西部地区推动劳动密集型产业、能源矿产开发和加工业、农产品加工业、装备制造业、高新技术产业等产业及加工贸易的发展"③。2008 年 8 月《陕西省人民政府办公厅关于加强承接产业转移工作的通知》和 2011 年 6 月《四川省人民政府关于承接产业转移的实施意见》等地方政策的出台及 2010 年 10 月广西桂东承接产业转移示范区的建设启动

---

① 商务部外国投资管理司、商务部投资促进事务局：《中国外商投资报告（2011）》，经济管理出版社，2011，第 68 页。

② 国务院：《国务院中西部地区承接产业转移的指导意见》国发〔2010〕28 号，2010 年 8 月 31 日。

③ 国务院：《国务院中西部地区承接产业转移的指导意见》国发〔2010〕28 号，2010 年 8 月 31 日。

和 2011 年 2 月重庆沿江承接产业转移示范区的设立，标志着我国东部地区产业向西部地区转移的进程加快。

二　我国外向型经济向内生经济增长方式的转变①

改革开放后，我国走的是出口导向型外生经济增长方式。这主要体现在两个方面：一是我国的外贸依存度不断提高。1978 年，我国的外贸依存度仅为 9.74%，但改革开放后尤其是 20 世纪 90 年代中期以来外贸出口快速增长，提高了我国经济增长对出口贸易的依赖程度。1990 年，我国的外贸依存度上升为 29.78%，到 2006 年达到最高的 65.17%。受全球金融危机及欧债危机的影响，我国的外贸依存度在 2007~2011 年尽管有所下降，但到 2011 年仍高达 49.99%。二是对外贸易的波动对我国经济增长的影响加强。事实上，拉动我国经济增长的三驾马车中，最终消费支出对于我国经济增长的贡献是相对稳定的，2000~2011 年维持在 4~5 个百分点（最低的 2003 年为 3.6 个百分点，最高的 2007 年为 5.6 个百分点），对我国 GDP 增长的贡献率也在 40%~50%；正常情况下，资本形成总额对我国经济增长的贡献也是相对稳定的，2000~2011 年为 4~6 个百分点（最低的 2000 年为 1.9 个百分点，最高的 2009 年为 8.1 个百分点），对我国 GDP 增长的贡献率也在 40%~50%，但在其他因素导致经济增长乏力的时候，投资的增加也会增强其对经济增长的贡献（比如 2009 年）。因此，货物与服务净出口对我国经济增长的贡献主要是体现在经济增长率中扣除消费和投资外的剩余部分。但净出口对我国经济增长的这种剩余影响却左右着我国经济增长率的走势。针对我国 2000~2011 年 GDP 增长率与三大需求对我国 GDP 增长拉动作用的相关性分析结果表明，GDP 增长率与最终消费支出、资本形成总额和货物与服务净出口之间的相关系数分别为 -0.585、-0.151、0.470。可见，货物与服务进出口对我国 GDP 增长率有较强的正面影响。此外，1991~2011 年我国外贸出口总额增长率与 GDP 增长率之间的相关系数也达到了 0.402，同样表明出口对我国 GDP 增长的正向影响。

出口导向型外生经济增长方式使得我国经济增长率日益受到国际经济形势波动的影响。改革开放以后，我国经济增长大致经历了 1981 年、1986

---

① 本小节的数据来源于《中国统计年鉴（2012）》或笔者依据其中的数据所展开的计算或分析。

年、1989~1990年、1998~2001年、2008~2009年以及2011年之后这六次剧烈的波动，其中后三次分别受到1997年东南亚金融危机、2008年全球金融危机和欧债危机的影响。1997年东南亚金融危机导致我国经济增长率从1992~1996年连续5年超过10%下跌到1997的9.6%、1998年的7.3%，并在1999~2001年徘徊在8%左右。2008年全球金融危机导致我国经济增长率从2003~2008年连续6年超过10%下跌到2009年的8.3%。而在欧债危机影响下，始于2011年的我国经济增长率回落则至今未见回升趋势。世界经济波动对我国经济增长率的影响，主要体现为，我国出口产品的主要消费国（美国、欧盟、日本等）在全球性经济危机影响下，经济增长陷入衰退停滞状态而对进口产品需求下降，从而导致我国出口产品的外部需求减少，进而导致我国经济增长率的回落。

而要减轻国际经济形势波动对我国经济增长的影响，我国经济由出口导向型的外生增长方式向内生经济增长方式转变势在必行。事实上，这种转变也是我国经济规模不断扩大和经济发展水平不断提高的必然要求。从经济规模角度看，改革开放之初，我国的GDP总值仅占世界的1.76%，在世界各国中排第10位。到2010年，我国GDP占世界的比重上升到9.32%，成为世界第二大经济体。这种变化意味着，改革开放之初基于比较优势，依赖于贸易红利促进国民福利的提升对我国已不再适用。而且，我国劳动力工资的不断上升和人民币的不断升值使得我国出口产品在国际市场上单纯依赖于价格的竞争力日益降低。因此，延续之前出口导向型外生经济增长方式，通过扩大外部需求以解决内部需求不足进而拉动我国经济增长的政策难以为继。而从经济发展水平角度看，到2010年我国人均GDP为2423美元[①]，接近于经济由外生增长方式向内生增长方式转变的临界值（依据笔者的测算，约为3500美元[②]），并会在我国经济继续保持较快速增长和人民币不断升值的双重因素下快速接近并超过该临界值。因此，在当前及今后一段时间内，无论是从经济规模还是经济发展水平角度，都是我国实现经济由外生增长方式向内生增长方式转变的重要时期。

我国经济由外生增长方式向内生增长方式的转变意味着我国经济政策重心必然因此转变。在出口导向型外生经济增长方式中，政策关注点集中于产

---

① 2000年基准，世界银行数据。
② 参见第二章图2-6。

出的增加，因而往往在遇到世界经济不景气从而导致我国经济增长率下滑时采用积极的财政政策和宽松的货币政策以刺激经济恢复快速增长，比如2008年全球金融危机后我国的四万亿元投资等政策。但在我国经济与世界经济的同周期背景下，一方面，我国的经济政策必须与世界各国之间相互协调，从而造成我国经济政策自主性大为削弱；另一方面，由于面对相同的世界经济环境和相似的经济走向（繁荣或萧条），在各国经济政策同步的情况下我国经济政策的有效性将会大大降低。因此，我国经济政策关注点也将从实现经济增长主要依赖于技术引进向主要依赖于自主技术创新的转变，通过扩张国内需求来缓解我国有效需求不足。这也同时意味着我国经济在参与国际贸易的过程中，其重心不再是单纯通过量的扩张来缓解国内需求不足，而应该是在参与国际分工中提升在全球价值链中的地位。

第三节　关于我国东部产业转移与西部优势产业发展的研究

1. 关于2008年全球金融危机与我国东部地区产业向中西部地区转移的研究

对于全球金融危机与我国东部地区的产业转移问题，杜传忠、曹艳乔、李大为（2010）认为，金融危机充分暴露了我国经济过高的对外依赖度所产生的不利影响和严重后果，同时也显示出加快建立我国国内区域经济协调发展机制的重要性和迫切性。而这种区域经济协调发展机制，主要是通过向中西部地区进行产业转移，在完成东部地区产业体系从规模扩张向结构提升转变的同时实现中西部地区产业结构优化升级、促进地区经济快速发展。因此，杜传忠（2010）认为，要促进我国东部地区产业向中西部地区转移，就要构建市场调节跟政府统筹规划与引导有机结合的区域产业转移推动机制，东部沿海地区应明确产业升级的方向以加快产业向中西部的转移，中西部地区要强化区域产业配套能力，进一步优化区域经济发展环境，并强化对产业转移承接地的环境监管。穆建新（2009）也认为，在金融危机背景下，中国的外向型经济遭受重创，出口急剧萎缩，沿海企业减产、停产甚至倒闭，大量农民工面临失业返乡、返乡失业的困境。中国必须转变发展模式，即由以出口导向型、劳动力密集型制造业、异地就业为主要特征的"劳动力转移"模式，转变为以内需驱动、沿海劳动力密集型产业向内陆转移、就地就业为主要特征的"产业转移"模式。冯启文（2010）的研究结论表明，金融危机也使得沿海出口加工企业大量倒闭，其中不少企业并不是因为生产技术和产品落后，而主要是因为其外向依存度过高，危机使国外需求萎缩，以满足国际市场需求的这部分产能显然是过剩了，再加上土地、劳动力等生产要素价格大幅上升等多种因素的叠加影响。为了生存，沿海出口加工企业势必会加快向中西部地区的转移。但陈林、龙自云（2011）以东莞为例的分析认为，经济衰退期中，企业往往不愿意进行大面积、大规模的基础性投资，特别是对于产业转移这种具有不确定性的投资，企业具有一定抵触情绪。谢海东、万弋芳（2010）也认为，长三角、珠三角、闽东南三角区等地区虽然经济普遍比较发达，但是区域内部也存在着发展不平衡。为克服金融危机的不利影响，在产业转移中他们首先考虑的是自身相对落后的地区，如上海市提出在中心城市的东南西北重点建设信息、石化、汽车、钢铁四大产业，并在其 10 个县开发郊县工业小区，专门承接中心区域转移出来的产业。广东省做出珠江三角洲产业向山区及东西两翼转移，加快山区及东、西两翼经济发展的决策。福建省也鼓励不具备优势的产业向本省欠发达地区的转移。

2. 关于我国西部地区优势产业发展的研究

对于优势产业与西部地区发展的问题，在魏益华（2000）看来，西部地区应当通过"有效核心优势"来培育"区域优势产业"。而在此过程中，实现区域内资源比较优势向市场竞争优势的转化，是西部区域优势产业创新的基本出发点。吴群刚、冯其器（2001）也认为，国内统一市场的逐步形成，东、西部互为市场，相互促进，可以有效发掘中国巨大的"人口效应""市场效应"和"规模经济效应"，为西部地区比较优势产业的发展创造良好的宏观环境。国家计委发展规划司综合处的相关研究（2002）指出，西部地区的发展，应当依赖于其自身的资源禀赋优势，发展能源资源开发与能源基础设施建设，原材料工业等特色和优势产业。而对于西部地区优势产业的选择，李新建和邹秀英（2003）认为，要针对自然资源的绝对优势、边境区位优势、畜牧资源优势、旅游资源优势、环境净化能力优势、新亚欧大陆桥优势和中亚五国往东开放的战略通道优势，重点发展能源工业、原材料工业、高新技术产业、特别是能矿产品精加工、深加工工业和旅游业。孔祥智（2003）提出，西部地区产业的发展，应立足资源优势，大力发展特色产业。西部地区的优势产业应该是能源产业、矿产业、特色旅游业和特色农业。西部地区优势产业的发展，必须以国内、国际两个大市场的需求为导向，立足西部地区的优势资源。杨强（2004）的研究表明，以优势资源为依托，西部地区可选择的优势产业有：特色农业、有色金属加工、化工业、水力发电业、高新技术产业、中医药加工业和旅游业等。但西部地区优势产业发展也存在诸多问题，包括：西部地区经济基础薄弱、西部地区基础设施建设和产业配套体系不健全、西部地区现行经济体制和运行机制还不完善、受制于区位条件和自然生态环境恶化的影响等（陈永忠，王磊，胡晶晶，2010）。

此外，针对西部特定地区优势产业的发展，余鲁（2001）在综合测算产业经济规模性指标、产业栋梁性指标、产业关联性指标和市场需求潜力指标后认为，交通运输设备（如汽车、摩托车等）制造业、电力生产供应业、黑色金属冶炼和压延加工业、新型医药工业、新型建材业、电子业、粮油等食品加工业（重点是绿色食品）为重庆市的工业优势产业。杨春利和王芳（2009）运用主成分分析方法对2000～2006年甘肃省的39个工业行业进行了动态的分析与评估，选择出煤炭开采和洗选业、有色金属冶炼及压延加工业、石油和天然气开采业、黑色金属冶炼及压延加工业等几个行业为甘肃省的优势产业。鲍海峰和张平（2009）以内蒙古稀土产业为例，提出应采取加快稀土下游深加工企业对外合资合作步伐，完善产业组织体系，设立自治区稀土产业发展基金，建立国家战略性稀土资源战略储备制度等措施，促进内蒙古稀土产业作为特色优势产业的内生成长与培育。张前进和刘小鹏（2006）则在定量评价宁夏工业和旅游业等综合竞争力后表明，宁夏的新材料、农产品加工、医药业和旅游业均具有一定的动态竞争力，并提出应采取实施市场导向下的重点项目带动战略、人才与科技支持战略、大力发展循环经济等措施促进宁夏优势产业的发展。

3. 对我国东部地区产业转移与西部地区产业发展的研究

聂华林、赵超（2000）认为，我国东部地区产业向西部地区转移，为西部产业结构调整和升级提供了契机，有利于提高西部产业的科技总水平，形成产业规模经济和缓解西部产业趋同现象。对于产业转移与西部地区优势产业发展的问题，邵建平、苏小敏、张永（2012）认为，西部地区承接东部产业转移本质上是西部比较优势与东部优质生产要素相结合的过程。在这个过程中，西部各省区市应根据不同的主体功能区定位，有选择地承接相关产业，培植西部特色优势产业，吸引和集聚相关企业和产业，形成特色产业集群优势。积极承接国际国内产业转移，推进特色优势产业发展是把西部大开发推向纵深的重要突破口。郭少新（2006）的研究表明，市场经济条件下的区域间产业转移是企业为追求利润最大化而主动实施的空间迁移。由于对产业转移存在认识误区和不同利益主体的公共选择，我国没有出现预期的大规模产业转移。因此，通过市场竞争，由市场选择和培育具有内生比较优势和竞争优势的优势产业，是西部实现经济内生发展的根本途径。黄钟仪、吴良亚、马斌（2009）在计算东部五省份产业动态区域集聚指数和重庆市工业产值区位优势的基础上，认为重庆重点承接的产业应定位于重庆市具有区位优势的产业。昝国江、王涛、安树伟（2010）认为，在承接东部地区产业转移的过程中，西部地区应该通过产业的集中布局、集群发展，促进能源及化学工业、重要矿产资源开采及加工业、农副产品加工业、旅游产业、装备制造业、生产者服务业及高新技术产业等产业转移示范基地的建设。周石生（2008）也认为，西部在承接东部产业转移中既不能依赖国家的特殊优惠政策，也不能奢求东部发达地区帮扶援助，只能是立足本地资源与区位优势，遵循产业结构演进规律，促进转移产业与原有产业的整合，鼓励产业内企业间的有效协作，以寻求区域内生发展模式。关爱萍、李娜（2014）从承接地吸收能力的角度出发，选取2000~2011年，西部地区11个省际面板数据，实证检验国内区际产业转移的技术溢出效应。结果表明，区际产业转移对欠发达的西部地区产生了正向的技术溢出效应，并且各代理变量对技术进步的溢出效果有明显的门槛特征，当这些吸收能力的代理变量值逼近或超过门槛值时，区际产业转移的技术溢出效应将会显著提升。

与此同时，对于产业转移与西部地区优势产业发展问题，也有相当一部分学者表示出了担忧。比如谢丽霜（2009）就认为，产业转移与环境风险之间存在着内在的关联机制，随着东部投资和产业转移项目的持续进入，西部一些地区已经面临着环境恶化的现实压力。为促进产业转移的健康有序发展，西部地区必须将环境风险的防范和化解纳入其产业承接战略，采取积极有效措施，确保随之造成的污染不致突破西部环境容量阈值。万永坤（2011）运用区位熵、产业结构效益、产业影响力等统计指标，以东西部产业差异度为切入点，研究表明西部欠发达地区承接产业既可能起到优化产业结构，带动地区经济快速增长的效应，也可能在承接产业过程中出现负效应，即产业结构效益恶化的现象。

4. 对我国东部产业转移与西部优势产业发展的述评

从关于金融危机与我国产业区域转移及我国东部地区产业转移与西部地区优势产业发展的文献来看，主要存在以下四个方面的问题。一是从研究视角上看，多以从金融危机影响我国产业区域转移，或者是我国东部地区产业转移与西部地区优势产业发展角度出发展开研究，没有将二者作为具有相互影响力的问题进行系统的研究，因而也就未能将二者之间的因果关系探讨清楚。二是对于金融危机影响我国产业区域转移及我国东部地区产业区域转移与西部地区优势产业发展问题的研究，并没有将其纳入我国当前的经济增长阶段下区域产业发展趋势这一总体背景下展开研究。三是对于我国东部地区产业区域转移问题，未能对我国东部地区产业发展历程、产业发展模式的形成以及国际国内形式演变下促使东部产业区域转移等问题进行系统的研究与探索，并在依据东西部地区产业发展对比的基础上，从理论和实际意义上得出东西部地区产业的"移与接"的相关结论。三是相关研究提出西部地区优势产业发展的对策，既缺乏实际可操作的政策措施，在宏观对策方面的研究也不够深入。

正因为现有针对全球金融危机下我国的产业西迁和西部地区优势产业发展问题研究存在以上四个方面的问题，所以本课题将针对上述四个方面展开研究：首先，将全球金融危机对我国产业区域转移与我国东部地区的产业向西部地区转移影响西部优势产业发展两个问题结合起来研究，探寻二者之间的因果关系；其次，将全球金融危机对我国产业区域转移的影响及我国东部地区产业区域转移对西部优势产业发展的影响等问题的研究，纳入我国当前经济增长阶段定位下区域产业发展趋势这一总体背景下展开研究；再次，在系统地分析东部地区产业发展历程，并分别就东部地区主导产业和优势产业、西部地区的优势产业进行综合评价与分类的基础上，从区域一体化和产业要素流动等方面深入探讨东部地区产业转移与西部地区优势产业发展之间的机制问题。最后，尽管从学术研究的角度上难以提出基于产业西迁与西部地区优势产业发展的实际政策措施，但本课题的研究将针对当前文献存在的问题，从市场主体、产业载体、区域布局和产业配套四个方面对我国产业西迁与西部地区优势产业发展的对策措施进行深入且有实际意义的探讨。

第四节　关于本书的一些说明

1. 本著作研究的逻辑思路

本专著的研究内容总体上分为四个逻辑顺序环环相扣的模块。第一个模块由第一章和第二章构成，目标是明确我国产业西迁与西部地区优势产业发展的国际、国内两个背景，以及提出我国的产业西迁与西部地区优势产业发展是我国经济增长路径及各地区产业发展趋势的客观要求的观点。第二个模块由第三章、第四章和第五章构成，目标是在分析东部地区外向型产业发展历程及其存在问题的基础上，分析东部地区的产业发展模式转变以及由此带来的我国东部地区产业西迁问题。第三个模块由第六章和第七章构成，目标是在确定西部地区优势产业及其区域分布的基础上，找出制约西部地区优势产业发展的制约因素。第四个模块由第八章和第九章构成，目标是结合分析东部地区的产业西迁与西部地区优势产业发展间的作用机制，提出我国产业西迁与促进西部地区优势产业发展的对策措施。

2. 研究对象的整体与个体问题

尽管在探讨我国的产业西迁问题时，一般用语上均采用了东部地区与西部地区，但在本课题的研究中，为更准确地衡量和分析东部地区与西部地区各省、自治区、直辖市的产业发展趋势、主导产业与优势产业评价等问题，本课题研究更加注重对东、西部地区个体对象的分析，并在个体对象分析的基础上探索出东部地区产业西迁与西部地区优势产业发展的一般规律，以寻求通过东部地区产业西迁促进西部地区优势产业发展的路径和对策。

3. 有关本著作研究产业对象的选择

按照三次产业分类方法，产业包括第一产业、第二产业和第三产业。但在一般讨论产业转移的时候均主要指的是工业制造业在国家之间或一国内部地区之间的转移。本课题的研究也遵循这一经验性的做法，但在分析各地区的主导产业与优势产业等问题时，考虑到部分省、自治区、直辖市尤其是西部地区的部分省份，采掘业及作为基础产业的电力、热力、燃气及水生产和供应业占有较高的比重（比如新疆、内蒙古等），因而依据各地区统计年鉴中的通行做法（规模以上工业产业分行业主要经济指标中包括了采掘业、制造业和电力、热力、燃气及水生产和供应业），将采掘业和电力、热力、燃气及水生产和供应业也纳入分析范围。

4. 对西部地区的西藏自治区与东部地区的海南省在相关分析中的处理

西部地区的西藏自治区和东部地区的海南省都在各自所在区域中具有相对的特殊性。西藏自治区由于特殊的地理位置和自然环境，经济规模小（2011 年地区生产总值仅 605.8 亿元），且工业所占比例低（2011 年工业增加值为 48.2 亿元，仅占地区生产总值的 8.0%），加上《全国主体功能区规划》对西藏的定位，因而在分析西部地区问题时并未将西藏纳入分析范围。

东部地区的海南省经济规模同样较小（2011 年地区生产总值仅 2522.7 亿元，仅为东部地区生产总值次低的天津市的 22.3%），工业总产值低（2011年工业总产值为 1600.1 亿元，仅为东部地区工业总产值次低的北京市的11.0%）且结构相对单一，因而在分析东部地区相关问题时，对海南省的分析及其在产业西迁进程中的作用也会被弱化。

5. 课题研究关于产业向中部、西部地区转移问题的处理

课题研究将主要集中于分析我国东部地区产业向西部地区转移的问题研究。这是因为，一是课题研究关注的问题是东部地区产业向西部地区转移与西部地区优势产业发展的问题，加入关于中部地区问题的分析会分散课题研究内容的重点。二是在我国的产业转移中，尽管体现为东部－中部－西部的梯度差异，但由于中部与西部之间的梯度差异并不明显，而我国的区域梯度差异中几乎是东部－西部、东部－中部并立的，因此本身并不存在跳过中部的问题。三是实际上在我国的区域经济发展战略中，"西部大开发"要早于"促进中部崛起"，产业转移的关注点也更早地集中到东部向西部地区的转移，事实上也存在较多东部地区向西部地区产业转移的现象。因此，课题组并没有在课题研究中分析我国东部地区产业经由中部地区向西部地区转移的问题，而是直接针对我国东部地区产业向西部地区转移以促进西部地区优势产业发展的问题展开研究。

第二章

我国区域工业产业集聚与同构化趋势

第一节　经济增长阶段下产业集聚化与同构化

一　区域产业演进

从产业自身演变规律来看，在经济发展的过程中，地区主导产业不断更替、转换的演进过程就是产业结构高度化的过程，是一个产业结构由低级到高级、由简单到复杂的渐进过程。对于主导产业的演变规律，大致有霍夫曼的工业化经验法则、罗斯托的主导产业转化规律、钱纳里的工业化阶段理论等。霍夫曼工业化经验法则，主要是以霍夫曼比例将工业化划分为轻工业发展阶段和重工业发展阶段。罗斯托将主导产业演变划分为七个阶段，分别是以农业为主导的阶段、以轻纺工业为主导的阶段、以原料和燃料动力等基础工业为重心的重化工业阶段、以低加工度组装型重化工业为主导的阶段、以高度加工组装型工业为主导的阶段、以第三产业为主导的阶段、以信息产业为主导的阶段。① 钱纳里的工业化阶段论则从经济发展的长期过程中考察制造业内部各产业部门的地位与作用的变动，并将制造业的发展分为三个时期，分别是工业化初期（主要工业部门为食品、皮革、纺织等）、工业化中期（主要工业部门为非金属矿、橡胶制品、石化、煤制品等）和工业化后期（包括机械制造等工业产业部门②，后来的学者还加入了后工业化时期，

---

① 臧旭恒：《产业经济学》，经济科学出版社，2004，第306～307页。
② 王述英、白雪洁、杜传忠：《产业经济学》，经济科学出版社，2006，第210页。

产业部门接近于罗斯托的第七阶段)。

从工业化与城市化之间的相互关系来看,美国地理学家诺瑟姆(Ray·M. Northam)发现,各国城市化进程所经历的轨迹,可以概括成一条稍被拉平的"S"形曲线,如图2-1所示。根据城市化进程的这一阶段性特征,在初期阶段,农村剩余劳动力主要向纺织、食品、日用产品等轻工业转移,餐饮、商业、运输等传统服务业随之发展。第二阶段,随着资本的积累与分工的深化,煤炭、石油、电力等能源工业,钢铁、化学、机械、汽车等资本密集型产业开始发展,对劳动力的吸纳能力开始减弱;为生活生产服务的第三产业发展加速,对劳动力的吸纳能力逐步加强,第三产业从业人员比重开始加速提高。随着工业化的进一步深入,工业化进入第二阶段后期,电气设备、航空工业、机密机械、核能工业等技术密集型产业发展加快,对劳动力的吸纳能力进一步减弱;而城市化的发展以及金融保险业、房地产业、产业服务业等现代服务业的兴起与发展,使得第三产业对劳动力的吸纳能力和吸纳速度均超过第二产业。进入工业化后期,信息产业、电子工业、新材料、生物工程、海洋工程等知识密集型产业对劳动力的技能要求越来越高,需求数量相对减少,第三产业成为吸纳劳动力的主要产业。[①]

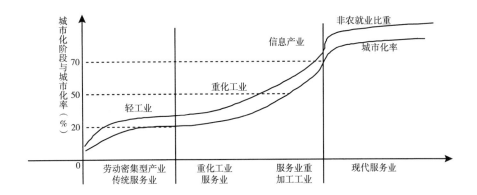

图2-1 工业化、城市化进程中产业演进与劳动力转移的一般模式

资料来源:改编自 Michael Pacione, Urban Geography: A GlobalPerspective, second edition, Routledge Taylor & Francis Group, London and New York, p.104.

---

① 景普秋、陈甬军:《中国工业化与城市化进程中农村劳动力转移机制研究》,《东南学术》2004年第4期,第37~44页。

二　区域经济增长与产业发展阶段

地区经济增长、产业发展及产业分工与产业集聚趋势如图 2 - 2 所示。图 2 - 2 中，区域经济增长中的产业发展历程大致可以分为以下几个阶段：

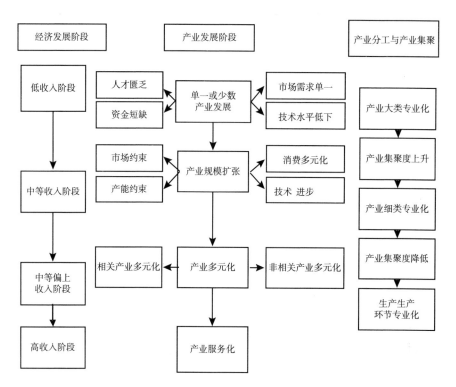

图 2 - 2　地区经济增长、产业发展及产业分工与专业化演变趋势

资料来源：依据笔者的研究绘制。

（1）低收入阶段以劳动密集型产业为主体的单一或少数产业发展阶段

如图 2 - 2 所示，地区经济增长进程中，在低收入阶段，由于经济规模较小、经济发展水平较低，地区产业发展面临资本短缺、人才匮乏、市场对产品的需求相对单一以及技术水平低下等因素的制约，因而在产业发展中多以初始资源禀赋为基础发展单一或少数种类的产业。这种情况在世界各国经济发展初期都得到普遍体现。以资本主义工业革命前后的英国为例，经历了圈地运动、初始资本积累的资本主义生产，其产品仍然集中于以农产品为主要加工原料、以满足人们基本生活需求的纺织工业、食品加工业等产业领域。在我国，改革开放初期，由于资本匮乏、劳动力技能水平低下，加上长期存在的满足基本生存消费品生产不足的状况，居民对衣、食、住、行等消费品的需求巨大，外商直接投资进入我国也因此主要集中于纺织业。在我国劳动力具有资源禀赋优势的情况下，带动纺织业在我国的快速发展。正因为如此，如表 2 - 1 所示，1985 年前，食品加工制造业在我国工业总产值中的比例均超过了 10%，1992 年前（除 1983 年外）纺织业和服装业在工业总产值中的比重则高达 13% ~ 19%。但 1990 年后，食品加工制造业、纺织业和服装业在我国工业产业中的主导地位逐渐下降，到 1997 年均下降到 10% 以内，尽管 2006 年之后食品加工制造业所占比例稍有回升，但到 2012 年也只有 7.3%，纺织业和服装业则只有 5.3%。

表 2 - 1 1980 ~ 2012 年中国食品加工与制造业、纺织业和服装业在
工业总产值中的比重

单位：%

年份	食品加工制造业 *	纺织业和服装业 **	年份	食品加工制造业 *	纺织业和服装业 **
1980	11.4	17.4	1997	7.4	9.7
1981	13.3	19.3	1998	7.0	9.4
1982	13.5	18.0	1999	6.7	9.2
1983	10.8	12.5	2000	6.0	8.7
1984	12.3	15.4	2001	6.1	8.7
1985	11.5	17.7	2002	6.2	8.5
1986	7.7	15.9	2003	5.9	7.8
1987	7.8	13.9	2004	5.8	7.3
1988	7.1	13.8	2005	5.8	7.3
1989	6.9	14.1	2006	5.6	6.8
1990	6.8	14.5	2007	5.8	6.5
1991	6.7	13.9	2008	6.2	6.1
1992	6.1	13.0	2009	6.8	6.1
1993	6.0	11.4	2010	6.6	5.8
1994	6.5	12.5	2011	6.9	5.5
1995	7.4	11.1	2012	7.3	5.3
1996	7.4	10.4			

注：* 1990 年前《中国统计年鉴》中的该项数据为"食品制造业"，1995 年及之后的该项数据为"食品加工业"和"食品制造业"。

** 1990 年前《中国统计年鉴》中的该项数据为"纺织业"和"缝纫业"两项数据之和，1995 年及之后的该项数据为"纺织业"和"服装及其他纤维制品制造"两项数据之和。

资料来源：历年《中国统计年鉴》。

事实上，在我国改革开放发展最前沿的长三角、珠三角，单一或少数产业在工业产业中的主导地位演变趋势更加明显。改革开放后，广东、江苏和浙江三省的工业产业结构中明显地体现出农副食品加工与食品制造和纺织与服装业占主导地位的状况。如表 2 - 2 所示，1980 年，三省的农副食品加工与食品制造和纺织与服装业占工业总产值的比重均超过 10%，且两大产业的比重合计均超过了 30%，江苏甚至超过了 40%。这种状况一直延续到20 世纪 90 年代初期，随后两大产业占工业总产值的比重呈持续下降趋势，而以电气机械和设备制造业、通信设备、计算机等电子设备制造业所占比重则不断上升。到 2000 年，食品加工与制造在三省的工业总产值中所占比重都已很小，到了 2012 年，只有浙江省的农副纺织业与服装食品业所占比重超过 10%，产业重心已经发生了明显转移。

表 2 - 2　改革开放后广东、浙江、江苏三省主要产业所占比例演变趋势

单位：%

省份	项目	1980	1985	1990	1995	2000	2005	2010	2012
广东	农副食品加工与食品制造	18.9	13.9	8.7	5.9	3.7	3.2	3.4	4.0
	纺织业与服装业	11.9	9.9	13.0	8.9	8.3	5.8	5.8	5.4
	电气机械与通信设备制造	1.8	7.6	9.5	18.9	39.5	37.9	33.3	34.0
浙江	农副食品加工与食品制造	15.4	11.6	6.1	6.1	3.9	2.7	1.6	2.3
	纺织业与服装业	21.6	25.5	27.7	26.0	19.6	17.0	14.1	12.9
	电气机械与通信设备制造	4.3	3.1	7.2	10.4	13.6	12.9	13.0	15.9
江苏	农副食品加工与食品制造	12.3	9.4	6.3	5.7	4.5	2.7	2.9	3.3
	纺织业与服装业	28.4	27.3	24.5	19.5	14.9	12.5	9.3	7.8
	电气机械与通信设备制造			9.7	10.6	15.9	22.5	23.6	24.1

资料来源：数据来源于笔者依据广东、浙江和江苏三省历年统计年鉴中的数据计算得到。其中江苏省"1980"栏的数据实际为 1982 年的数据。

（2）中等收入阶段的产业多元化

在低收入阶段，以劳动密集型产业为主的单一或少数产业快速发展。但随着经济发展水平的进一步提高，单一或少数产业规模的继续扩大将面临诸多约束因素。首先，从市场约束来看，主要体现在区域市场规模有限，域外市场对于本地区出口产品的吸收能力有限。其次，资源和产能约束。由于单一产业规模的扩大，对地区资源开发利用程度的加深，可能导致地区资源利用的枯竭。此外，在土地、人力、基础设施等要素制约下，地区单一产业的

发展有一定的规模边界性。这些都限制了单一或少数产业规模的进一步扩大。再次，消费者需求多元化带来的供需不对称约束。由于在地区经济发展初期，消费者的消费需求相对单一，因而单一或少数产业的发展即可以满足消费者的消费需求。但随着经济的发展，消费者收入水平的提升推动了消费升级，从而对商品需求呈现出多样化的发展趋势。因此，单一或少数产业规模的继续扩大与消费者的消费需求就会形成错位，从而造成供不应求和供过于求同时并存的现象。最后，技术进步带来新的替代产品。技术进步带来新的替代品主要是从产业内部发起的，并通过新的替代品促使产业生命周期在走过成熟、衰退期之后，被升级后的产业所替代。

在以上四个方面的约束下，单一或少数产业的发展局面将面临以下两个方向的选择：一是相关产业多元化，即在产业深化基础上的产业多元化。二是不相关产业多元化，即通过引进与原有产业不相关的产业寻求新的产业和经济增长点。这两个方面都会导致地区产业呈现出分散化的趋势。

（3）高收入阶段的生产环节专业化

到了高收入阶段，由于生产过程的曲折化，产业内分工进一步深化，因而地区专业化主要体现为生产环节的专业化，即地区在融入区域经济发展过程中，通过在某一产业内的某一环节专业化生产，从而构成区域产业发展的完整产业链，进而促进产业在一定经济区域内的发展。而对于单个区域来说，则因为在多个产业领域内实现专业化生产，因而在产业分类日益细化的情况下，产业集聚度可能进一步下降。

第二节 我国区域工业产业的集聚化趋势

一 关于我国工业产业集聚趋势的文献回顾[①]

对我国工业产业集聚趋势的研究，主要集中在这样几个方面。

一是关于产业集聚化演变趋势的研究。吴学花和杨蕙馨（2004）利用集中度 CRn、基尼系数、HHI 指数对 20 个二位数制造业门类的集聚性研究

---

① 秦敬云、王敏、文礼朋：《我国地区经济增长与工业产业集聚演变趋势的比较研究——2000～2011 年我国地级以上城市面板数据的实证研究》，《第九届中国软科学学术年会论文集（上册）》，2013 年 12 月 5 日。

表明，部分行业呈良好的集聚性，但交通运输设备制造业、医药行业、黑色金属冶炼及压延工业等布局分散。潘文卿和刘庆（2012）在分析 2001 ~ 2007 年中国（省级）地区产业集聚 HHI 指数后表明，经济相对发达的省区制造业产业进一步集聚的趋势减缓，经济相对欠发达的省区产业集聚趋势在增强。李杨（2009）选用区位熵、空间基尼系数和行业集中度指数分别测度西部地区 2004 ~ 2006 年的产业集聚度，发现西部多数产业集聚程度在增加。李太平等（2007）则构建了我国制造业区域集聚程度 θ_i 指数，并计算了 1993 年、1997 年、2002 年和 2003 年 θ_i 指数值，结果显示，除烟草加工业、黑色和有色金属冶炼及压延加工业集聚下降外，其他行业均呈上升状态。王子龙等（2006）利用产业空间集聚指数和行业集中度 CR_n 指标对部分制造产业集聚水平进行了测度。结果表明，1994 ~ 2003 年，除医药制造行业下降外，总体集聚程度不断提高。刘艳（2013）依托行业准则（《国民经济行业分类标准》的三位数产业），测算了我国战略性新兴产业集聚度 HHI 指数，认为战略性新兴产业的集聚水平在 2003 ~ 2010 年呈现总体下降的态势。赵玉林和王芳（2008）应用商指数和集中度指标（CR_n）对 1995 ~ 2006 年我国高新技术产业的研究表明，我国高技术产业的集聚度越来越高。汪炜等（2001）对杭州市 GDP 平均增长率与 1978 ~ 1997 年集聚趋势的分析得出结论：改革开放后杭州市市区的集聚效应总体上呈先下降后上升的趋势。朱英明和杨连盛等（2012）重点分析了水土资源短缺、水体环境损害、需求规模、交易成本、地方政府竞争和累积循环效应对我国产业集聚的影响。

二是对产业集聚与我国经济增长之间关系的研究。陈建军和胡晨光（2008）对长江三角洲次区域的研究表明，产业集聚带动了上海市、浙江和江苏省的经济增长。陈建军、黄洁、陈国亮（2009）通过对长江三角洲微观数据的实证研究，认为企业跨区域发展促进次级产业分工、要素和产品的流动提升专业化水平、深化产业集聚、集聚呼唤集聚的"累积循环效应"是提高长三角区域竞争力的三个步骤。周兵和蒲勇键在研究我国一些地区的产业集群发展时发现，产业集群通过发挥集聚经济和竞争优势降低了产业集群的平均成本和产业集群中单个企业的平均成本，对其他地区的企业很有吸引力，能吸引大量的资本和劳动力流入集群地区，从而促进区域的经济增长。此外，雷鹏（2011）的研究也表明，产业集聚与经济增长具有正相关性；江激宇（2005）认为，制造业集聚通过加快工业化和城市化进程促进了劳动力和资本的集聚，使得区域劳动力数量提高和外商投资的增加，并因此推动了区域经济增长；于铭（2007）的研究同样表明，产业集聚是通过加快劳动力和资本的集聚而促进地区经济增长的；张卉（2007）的研究则表明，在我国，对经济增长起主要作用的是产业间集聚和产业内集聚。

从上述对我国产业集聚演变趋势及产业集聚对经济增长影响的主要文献来看，存在这样几个问题：一是针对产业集聚问题的研究，主要侧重于考察产业在地区之间的集聚，比如改革开放以来产业向东部沿海地区的集聚，而不是对各地区自身产业集聚性的考察。二是在总体上，研究所采用的数据集中于 2007 年之前，甚至更早，并没有充分体现我国地区经济增长过程中产业集聚的最新演变趋势。三是对我国产业集聚度演变趋势的研究，主要针对东部沿海地区尤其是长江三角洲、珠江三角洲地区的集聚结果和成因，缺乏针对全国尤其是针对地级市层面经济增长进程中的产业集聚度演变趋势的研究。

二　数据处理与模型[①]

1. 数据来源及其处理

本部分内容为对我国区域工业产业集聚性趋势的探讨，选取了我国 30 个省（自治区、直辖市，不包括西藏）1990～2011 年及 79 个地级市 2000～2011 年的工业行业大类的数据，分别计算各省（自治区、直辖市）和各地级市历年的工业产业集聚度（HHI 指数），以及各省（自治区、直辖市）和各地级市历年的人均 GDP。所有数据均来自各地区历年的统计年鉴。其中部分地区因为缺乏部分年份的统计年鉴，因而只截取了具备完整数据的各年数据用于本部分内容的分析。所采集的样本数据中，30 个省（自治区、直辖市）均为 1990～2011 年的数据，地级市样本地区及其数据年份如表 2－3 所示。

对于所采集地级市数据的分析，考虑到人均 GDP 的横截面可对比性，因而在测算各地区以 2000 年为基准的人均 GDP 数据时，均采用了以全国在 2000～2011 年的人均 GDP 数值、以上年为 100% 的人均 GDP 指数测算得到的人均 GDP 平减指数来计算得到各地区在 2000～2011 年以 2000 年为基准

---

① 秦敬云、王敏、文礼朋：《我国地区经济增长与工业产业集聚演变趋势的比较研究——2000～2011 年我国地级以上城市面板数据的实证研究》，《第九届中国软科学学术年会论文集（上册）》，2013 年 12 月 5 日。

表 2 - 3　地级市样本地区及其数据年份

地区（市）		年份	地区（市）		年份	地区（市）		年份
东部｜环渤海	北京	2000 ~ 2011	东部｜东南沿海	广州	2000 ~ 2011	中部地区	洛阳	2000 ~ 2011
	天津	2000 ~ 2011		深圳	2000 ~ 2011		焦作⑦	2000 ~ 2011
	石家庄	2000 ~ 2011		佛山	2001 ~ 2011		晋城	2003 ~ 2011
	邯郸	2000 ~ 2011		东莞	2000 ~ 2011		安庆	2000 ~ 2008
	唐山	2000 ~ 2008		珠海	2001 ~ 2011	西部地区	南宁	2000 ~ 2011
	威海	2000 ~ 2011		中山	2000 ~ 2011		柳州	2000 ~ 2011
	东营①	2000 ~ 2011		惠州	2000 ~ 2011		乐山⑧	2000 ~ 2011
	潍坊②	2001 ~ 2011		福州	2001 ~ 2011		兰州	2000 ~ 2007
	济宁	2000 ~ 2011		厦门	2000 ~ 2011		昆明	2000 ~ 2011
	济南	2000 ~ 2011	东北	沈阳	2000 ~ 2011		呼和浩特	2000 ~ 2011
	青岛	2000 ~ 2011		大连	2000 ~ 2011		桂林	2000 ~ 2010
	莱芜③	2000 ~ 2010		哈尔滨	2000 ~ 2011		贵阳	2000 ~ 2011
东部｜长三角地区	上海	2000 ~ 2011		齐齐哈尔	2000 ~ 2009		成都	2000 ~ 2011
	南京	2000 ~ 2011		大庆	2000 ~ 2007		包头	2000 ~ 2011
	杭州	2000 ~ 2011		长春④	2000 ~ 2010		乌鲁木齐	2000 ~ 2011
	苏州	2000 ~ 2011		四平	2000 ~ 2010		西安	2000 ~ 2011
	宁波	2000 ~ 2011		牡丹江⑤	2000 ~ 2008		西宁	2000 ~ 2009
	南通	2000 ~ 2011		吉林市	2000 ~ 2011		宜宾	2002 ~ 2011
	绍兴	2000 ~ 2011		盘锦	2002 ~ 2008		银川	2001 ~ 2011
	金华	2001 ~ 2011		鞍山	2002 ~ 2008		重庆	2000 ~ 2011
	湖州	2000 ~ 2011	中部地区	武汉	2000 ~ 2011		遵义	2001 ~ 2011
	嘉兴	2000 ~ 2011		合肥	2003 ~ 2011			
	常州	2000 ~ 2011		南昌	2000 ~ 2011			
	台州	2000 ~ 2011		太原	2005 ~ 2011			
	温州	2000 ~ 2011		宜昌	2007 ~ 2011			
	无锡	2000 ~ 2011		长沙⑥	2001 ~ 2011			
	徐州	2000 ~ 2011		十堰	2000 ~ 2008			
	扬州	2003 ~ 2011		郑州	2000 ~ 2011			
	镇江	2005 ~ 2011		平顶山	2000 ~ 2009			

注：①东营市缺 2005 年的数据。②潍坊市缺 2004 年的数据。③莱芜市缺 2004 年的数据。④长春市缺 2008 年的数据。⑤牡丹江市缺 2007 年的数据。⑥长沙市缺 2008 年、2009 年的数据。⑦焦作市缺 2005 年的数据。⑧乐山市缺 2004 年、2005 年的数据。

的人均 GDP 数据。并且由于所采集的数据中，并非全部地区均具备 2000 ~ 2011 年的完整数据，因此后文关于地级市的面板数据模型分析中均为非平衡的面板数据。[①]

2. 模型

课题研究对于各省工业产业集聚度随时间和人均 GDP 演变趋势的分析采用一元线性回归模型，分别为（2-1）和（2-2）：

$$Y_{it} = \alpha_i + \beta_i t + \varepsilon_{it} \quad i = 1, 2, \cdots, 30; t = 1990, \cdots, 2011 \qquad (2-1)$$

$$Y_{it} = \alpha_t + \beta_t \mathrm{PGDP}_{it} + \varepsilon_{it} \quad i = 1, 2, \cdots, 30; t = 1990, \cdots, 2011 \qquad (2-2)$$

其中 i 代表各省，Y 为工业产业集聚度 HHI 指标，t 为时间变量，PGDP 为人均 GDP。

而对于地级市人均 GDP 演变趋势的分析采用面板数据模型（2-3）：

$$Y_{it} = \alpha_{it} + \beta_{it} \mathrm{PGDP}_{it} + \varepsilon_{it} \quad i = 1, 2, \cdots, 79; t = 2000, \cdots, 2011 \qquad (2-3)$$

各变量及其含义分别为：Y 为产业集聚度指标（HHI）指数，PGDP 为人均 GDP（元，以 2000 年为基准），i 为我国地级市，t 为时间。

三 省域工业产业集聚度演变趋势

1. 集聚度（HHI）指数随时间的演变趋势

在计算我国各省（自治区、直辖市）工业产业集聚度（HHI）指数后，对时间 t 的回归分析结果如表 2-4 所示。

（1）东部地区。东部地区中，将北京、天津、福建和广东的数据区分为 2001 年及之前和 2002 年及之后两个阶段的分段回归，结果显示两个阶段的回归系数 α 均至少在 5% 显著性水平上显著，并且两个阶段回归系数 α 的符号正好相反。2001 年及之前的符号为正，表明这几个省份的工业产业集聚度指数在 2001 年之前均呈上升趋势，而 2002 年及之后的符号为负，表明在 2002 年之后这几个省份的工业产业集聚度指数呈下降趋势。此外，江苏和浙江两省 1990~2011 年的工业产业集聚度指数对时间变量 t 的回归系数符号为负表明这两个省在此期间的工业产业集聚度指数呈持续下降趋势。

尽管同为东部地区的河北、山东、上海和海南 4 个省市的工业产业集聚度指数在 1990~2011 年对时间变量 t 的回归系数 α 符号为正且至少在 10% 显著性水平上显著，即这 4 个省市工业产业集聚度指数在此期间呈上升趋

---

① 本著作中数据处理量大。限于篇幅原因，本书各章节或附录中将不列出数据计算结果。读者如需查阅，请直接与作者联系索取。下同。

势，但在如图 2 - 3 所示这 4 个省份工业产业集聚度指数演变趋势中可见，河北和上海的工业产业集聚度指数事实上在 2005 年之后有一定的下降趋势，而山东在 1993～2011 年的工业产业集聚度指数基本保持不变且在 2009 年之后有一定的下降趋势（从 2009 年的 514.23 下降到 2010 年的 512.12、2011 年的 505.12）。至于海南省，由于工业产业规模很小，其工业产业集聚度演变趋势并不会对东部地区产生较大的影响。因此，整体上可以认为，东部地区在 1990～2011 年，工业产业集聚度在早期上升趋势比较明显（2001 年之前，2005 年之后）则下降趋势较明显。

表 2 - 4　我国各省（自治区、直辖市）工业产业结构集聚度（HHI）指数的趋势性检验

地区	常数（C）	回归系数（α）	回归系数（γ）	R^2
北京	-1.22×10^5 *** (-5.2300)	61.68 *** (5.2653)	—	0.7349
	7.70×10^4 *** (4.2952)	-37.86 *** (-4.2347)		0.6915
天津	-4.57×10^4 *** (-5.4448)	23.24 *** (5.5263)	—	0.7533
	4.40×10^4 *** (2.4072)	-21.50 ** (-2.3578)		0.4100
河北	-2.88×10^4 * (-1.9089)	14.7493 * (1.9538)	332.65 *** (3.2351)	0.7875
山东	-4907.05 *** (-7.7479)	2.6925 *** (8.5113)	—	0.8099
上海	-2.86×10^4 *** (-5.1214)	14.6559 *** (5.2539)	—	0.5799
江苏	2.92×10^4 *** (3.6922)	-14.3018 *** (-3.6088)	189.48 *** (3.5102)	0.4250
浙江	3.31×10^4 *** (6.6778)	-16.2180 *** (-6.5522)	—	0.6822
福建	-2.38×10^4 *** (-3.5185)	12.19 *** (3.5894)	—	0.5630
	4.89×10^4 *** (13.3000)	-24.11 *** (-13.1512)		0.9558
广东	-1.27×10^5 *** (-7.3263)	64.22 *** (7.3690)	—	0.8445
	1.04×10^5 *** (4.6846)	-51.72 *** (-4.6402)		0.7291
海南	-7.50×10^4 *** (-4.2634)	38.01 *** (4.3199)	—	0.4827
广西	-1.88×10^4 *** (-3.7472)	9.73 *** (3.8865)	—	0.4303
重庆	-7.69×10^4 *** (-4.2092)	39.01 *** (4.2710)	—	0.4770
四川	1.68×10^4 *** (7.4859)	-8.10 *** (-7.2285)	—	0.7232
陕西	-1.68×10^4 *** (-3.8607)	8.71 *** (4.0113)	—	0.4458
甘肃	-5.31×10^4 *** (-4.9344)	27.04 *** (5.0265)	—	0.5582
内蒙古	-2.75×10^4 *** (-5.0152)	14.14 *** (5.1557)	—	0.5706
新疆	-2.97×10^4 (-1.6233)	15.58 (1.7065)	—	0.1271
宁夏	-3.12×10^4 *** (-7.0178)	16.02 *** (7.1996)	—	0.7216
青海	-3.71×10^4 *** (-2.1604)	19.17 ** (2.2318)	—	0.1994
贵州	-4.11×10^4 *** (-7.3984)	20.95 *** (7.5493)	—	0.7402
云南	3.92×10^4 * (2.3960)	-18.90 ** (-2.3122)	—	0.2196

续表

地区	常数（C）	回归系数（α）	回归系数（γ）	R²
辽宁	2.08×10^{4} ** (2.3830)	-10.09 ** (-2.3065)	153.83 ** (2.8627)	0.3155
吉林	-2.14×10^{5} *** (-11.6070)	107.60 *** (11.6664)	—	0.9316
	1.05×10^{5} *** (4.6846)	-51.72 *** (-4.6402)	—	0.7291
黑龙江	-1.75×10^{5} *** (-6.2243)	88.22 *** (6.2626)	—	0.7968
	1.17×10^{5} *** (4.3819)	-57.71 *** (-4.3376)	—	0.7017
安徽	1.07×10^{4} *** (3.2205)	-5.08 *** (-3.0578)	93.20 *** (4.4008)	0.5312
河南	1.35×10^{4} *** (3.6722)	-6.51 *** (-3.5313)	87.31 *** (3.7146)	0.4279
湖北	1.81×10^{4} ** (2.5227)	-8.76 *** (-2.4338)	197.91 *** (4.3178)	0.5703
湖南	1480.72 (0.9751)	-0.48 (-0.6316)	—	0.0196
江西	-2.99×10^{4} *** (-9.7727)	15.21 *** (9.9634)	—	0.8323
山西	-9.07×10^{4} *** (-7.4107)	46.05 *** (7.5222)	—	0.7388

注：（1）* 为10%显著性水平，** 为5%显著性水平，*** 为1%显著性水平。（2）表中各省份回归模型中，第一个为2001年及之前数据对时间 t 的回归系数，第二个为2002年及之后数据对时间 t 的平方的回归系数，γ 为对哑变量 D 的回归系数（2001年及之前 D 赋值0，2002年及之后 D 赋值1）。（3）山东省只采用了1993～2011年的数据。

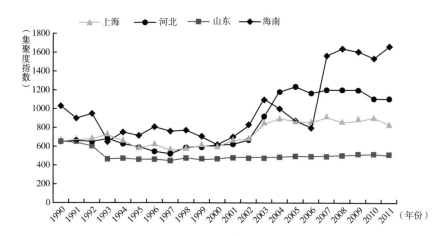

图2-3 河北、山东、上海和海南4省1990～2011年工业
产业集聚度指数演变趋势

资料来源：根据笔者对相关数据的计算绘制。

（2）西部地区。西部地区11个省、自治区、直辖市（不包含西藏）的工业产业集聚度指数对时间变量 t 的回归分析中，除新疆的回归系数不显著外，其他10个省、自治区、直辖市的回归系数均至少在5%的显著性水平上显著。回归系数显著的10个省、自治区、直辖市中，只有四川和云南的回归

系数 α 符号为负，即在此期间这两个省的工业产业集聚度指数呈下降趋势，而其余 8 个省、自治区、直辖市的回归系数 α 符号均为正，表明这 8 个省的工业产业集聚度指数呈上升趋势。但从图 2 - 4 中可以发现，这 8 个省、自治区、直辖市中，广西、重庆、陕西、甘肃和青海的工业产业集聚度指数在 2004 ~ 2011 年也呈一定的下降趋势，比如广西从 2004 年的 864.25 下降到 2011 年的 675.08，重庆从 2007 年的 1567.57 下降到 2011 年 797.68，陕西从 2006 年的 787.54 下降到 2011 年的 679.59，而甘肃则从 2007 的 1393.28 下降到 2011 年的 1076.69，青海从 2004 年的 1759.51 下降到 2011 年的 1271.95。但内蒙古、宁夏和贵州的下降趋势则不甚明显。因此，整体上可以认为，西部地区的工业产业集聚度指数在1990 ~ 2011 年有明显的上升趋势，在 2007 年部分省份的工业产业集聚度指数开始下降，但比东部地区（2001 ~ 2006 年）要略晚一些。

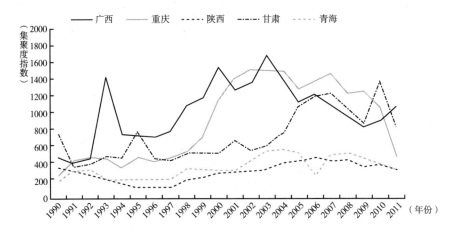

图 2 - 4　广西、重庆、陕西、甘肃、青海 5 省区市 1990 ~ 2011 年
工业产业集聚度指数演变趋势

资料来源：根据笔者对相关数据的计算绘制。

（3）中部地区。表 2 - 4 中，中部地区除湖南省的回归系数 α 不显著外，其他均在 1% 显著性水平上显著。而且，安徽、河南和湖北三省的回归系数 α 符号为负，表明该三省在 1990 ~ 2011 年的工业产业集聚度呈下降趋势，而江西和山西省的符号为正，即这两个省的工业产业集聚度指数在 1990 ~ 2011 年呈上升趋势。而从如图 2 - 5 和 2 - 6 所示的中部各省工业产业集聚度分布趋势图来看，江西和山西省的工业产业集聚度上升趋势比较明显；湖南省则基本保持在 500 左右而没有明显的上升或下降趋势；而安徽、湖北和河南省则均呈现出两个阶段的下降趋势，并在两个阶段之间有短暂的升高趋势，从而导致对以 2001 年为分界的两个阶段虚拟变量回归结果在 1% 显著性水平上显著。据此，可以认为，中部地区的工业产业集聚度演变趋势并不一致，既有湖北、河南和安徽 3 个省呈下降趋势，也有江西和山西两省呈上升趋势，还有湖南省并无明显的演变趋势。

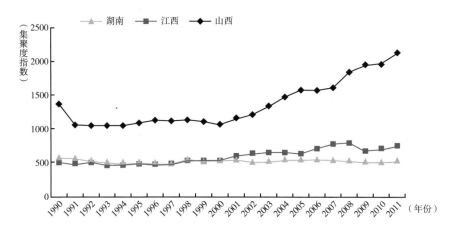

**图 2－5　湖南、江西和山西省 1990～2011 年工业产业
集聚度指数演变趋势**

资料来源：根据笔者对相关数据的计算绘制。

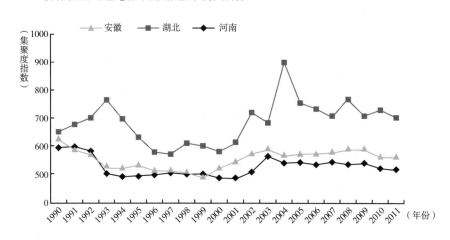

**图 2－6　河南、江西和山西省 1990～2011 年工业产业
集聚度指数演变趋势**

资料来源：根据笔者对相关数据的计算绘制。

（4）东北地区。如表 2-4 所示，东北三省工业产业集聚度指数对时间
变量 t 的回归除辽宁省在 5% 显著性水平上显著外，其他均在 1% 显著性水
平上显著。而且，辽宁省的回归系数 α 为负，吉林省和黑龙江省在 1990~
2001 年的回归系数符号为正、2002~2011 年的回归系数符号为负。由此可
以判断，辽宁省的工业产业集聚度在 1990~2011 年呈下降趋势，而吉林省
和黑龙江省则在 1990~2001 年呈上升趋势，而在 2002~2011 年呈下降趋
势。整体上，东北地区在 2002 年及之后的工业产业集聚度均呈下降趋势。

2. 工业产业集聚度（HHI）指数随人均 GDP 演变趋势

如表 2-5 所示，1990~2011 年，我国省域工业产业集聚度（HHI）指
数均值在 1997 年前大致保持不变，之后呈升高趋势，并到 2004 年达到最高
值 989.88，而后逐渐下降到 2011 年的 882.06。与工业产业集聚度（HHI）
指数这种变化趋势相对应的是，30 个省（自治区、直辖市）工业产业集聚
度（HHI）指数的方差也呈先升，而后下降的演变趋势，表明了我国省域工
业产业集聚度指数的分布由发散到集中化的演变趋势。

表 2-5　1990~2011 年我国省域工业产业集聚度指数的描述统计分析

年份	均值	方差	最小值	最大值	中位数
1990	741.77	50370.39	438.06	1361.72	664.03
1991	707.64	32129.16	479.02	1192.69	668.09
1992	722.17	30445.91	458.78	1197.41	685.85
1993	737.51	68380.84	417.83	1536.94	670.10
1994	734.52	84136.15	428.37	1724.36	670.35
1995	724.74	72398.49	433.64	1588.87	644.31
1996	721.09	88524.11	434.99	1625.89	611.84
1997	729.33	92899.69	451.64	1693.50	612.16
1998	805.39	113578.97	463.63	1678.66	687.62
1999	840.76	137336.47	471.96	1728.25	701.12
2000	877.20	168253.28	478.63	1797.90	683.34
2001	896.68	155645.69	480.85	1821.62	705.90
2002	923.24	181836.45	479.73	2226.24	754.31
2003	972.02	218334.09	484.33	2532.47	839.00
2004	989.88	179228.50	487.78	2329.22	899.43
2005	982.69	163834.62	492.32	2079.73	873.52
2006	969.99	162522.60	490.14	2114.52	855.40
2007	978.62	148873.99	493.00	1798.64	918.74
2008	975.42	197814.69	478.78	2216.93	859.04
2009	893.92	124104.67	475.36	1946.75	858.97
2010	898.12	133058.24	469.89	1969.03	830.13
2011	882.06	136327.44	460.35	2121.02	812.77

以工业产业集聚度（HHI）指数为因变量，以人均 GDP 为自变量，对 1990～2011 年我国 30 个省（自治区、直辖市）的数据进行回归分析，结果如表 2-6 所示。回归分析结果显示，常数项均在 1% 显著性水平上显著，而回归系数 β 尽管有符号的变化但均不显著。由此表明，我国的工业产业集聚度（HHI）指数并没有表现出明显的随人均 GDP 的升高而上升或下降的趋势。

表 2-6 1990～2011 年我国省域工业产业集聚度指数对人均 GDP 的回归结果

年份	常数（C）	回归系数（β）	R^2
1990	786.46 *** （9.6154）	− 0.02（− 0.6337）	0.0141
1991	733.58 *** （11.3856）	− 0.01（− 0.4726）	0.0082
1992	741.46 *** （11.9361）	− 0.01（− 0.3637）	0.0047
1993	766.75 *** （8.2825）	− 0.01（− 0.3731）	0.0051
1994	774.98 *** （7.7206）	− 0.01（− 0.4770）	0.0081
1995	789.41 *** （8.5380）	− 0.01（− 0.8274）	0.0239
1996	788.63 *** （7.6722）	− 0.01（− 0.7760）	0.0211
1997	799.91 *** （7.7253）	− 0.01（− 0.8102）	0.0229
1998	887.67 *** （7.8841）	− 0.01（− 0.8742）	0.0266
1999	895.73 *** （7.3129）	− 0.01（− 0.5413）	0.0104
2000	895.61 *** （6.6389）	0.0021（− 0.1653）	0.0010
2001	889.98 *** （6.8342）	0.0007（0.0622）	0.0001
2002	946.96 *** （6.7328）	− 0.0023（− 0.2041）	0.0015
2003	988.51 *** （6.4180）	− 0.0014（− 0.1296）	0.0006
2004	1008.42 *** （7.1482）	− 0.0013（− 0.1583）	0.0009
2005	1245.75 *** （4.7823）	− 0.0093（− 0.7018）	0.0173
2006	1017.25 *** （7.2785）	− 0.0025（− 0.4001）	0.0057
2007	1063.19 *** （7.7501）	− 0.0038（− 0.7206）	0.0182
2008	1118.85 *** （6.5409）	− 0.0053（− 0.9579）	0.0329
2009	999.41 *** （7.3150）	− 0.0037（− 0.8762）	0.0267
2010	1049.57 *** （7.0627）	− 0.0045（− 1.1386）	0.0442
2011	1034.49 *** （6.4255）	− 0.0038（− 1.0422）	0.0373

资料来源：* 为 10% 显著性水平，** 为 5% 显著性水平，*** 为 1% 显著性水平。

四 地级城市工业产业集聚度演变趋势[①]

1. 整体数据的分析结果

（1）散点图

如图 2-7 所示，样本地区工业产业集聚度（HHI 指数）对人均 GDP 的

---

① 秦敬云、王敏、文礼朋：《我国地区经济增长与工业产业集聚演变趋势的比较研究——2000～2011 年我国地级以上城市面板数据的实证研究》，《第九届中国软科学学术年会论文集（上册）》，2013 年 12 月 5 日。

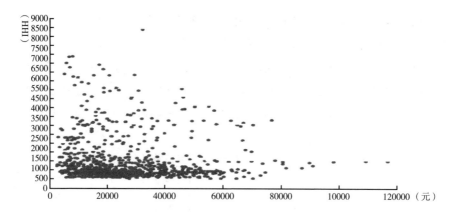

图 2 - 7　样本地区工业产业集聚度（HHI 指数）对人均 GDP 散点分布

资料来源：根据笔者对相关数据的计算绘制。

散点图显示，当人均 GDP 较低（低于 2 万元）时，样本地区工业产业集聚度相对分散，HHI 指标值在 500 ~ 7000 均有分布，但主要集中在 500 ~ 2000。随着人均 GDP 的提升，样本地区工业产业集聚度数值的分散化趋势逐渐减弱。但从中样本地区工业产业集聚度（HHI 指数）的分布趋势看，并没有明显地体现出随人均 GDP 升高或下降的趋势。

（2）分段均值演变趋势

以所采集样本地区人均 GDP 最低值（3322.88 元）为基础，以千元为区间值分段，分别计算 3001 ~ 4000 元的 HHI 均值作为人均 GDP 为 4000 元所对应的工业产业集聚度，4001 ~ 5000 元的 HHI 均值为人均 GDP 为 5000 元所对应的工业产业集聚度，以此类推，得到如图 2 - 8 所示样本地区人均 GDP 分段 HHI 均值的演变趋势图。①

从图 2 - 8 中样本地区人均 GDP 对 HHI 的分段均值演变趋势看，工业产业集聚度 HHI 指数均值整体上随人均 GDP 的升高趋于下降。这意味着，随着各地区的经济持续发展，即使从我国地级城市经济区域角度看，对单一或少数工业产业的依赖程度也在降低。

（3）整体数据的面板数据分析

表 2 - 7 为对样本地区整体数据采用面板数据模型的分析结果。从

---

① 在求取分段 HHI 均值的过程中，当人均 GDP 超过 43000 元后，考虑到样本量的原因，人均 GDP 的区间扩大为 2000 元，并在 61000 元之后求取了全部人均 GDP 超过 61000 元的样本数据的 HHI 均值。

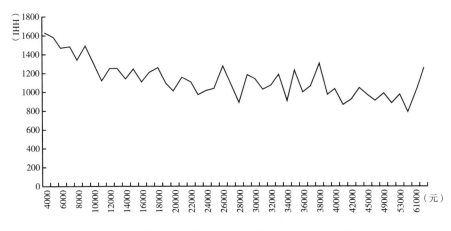

图 2 - 8　样本地区人均 GDP 分段 HHI 均值演变趋势

资料来源：根据笔者对相关数据的计算绘制。

Hausman 检验结果看，应采用随机效应模型，且反映样本地区工业产业集聚度（HHI 指数）随人均 GDP 变化趋势的回归系数 α 均为负且在 1% 显著性水平上显著，表明从样本地区的整体数据看，我国地级市的工业产业集聚度随人均 GDP 的提高而呈下降趋势。

表 2 - 7　样本地区整体数据采用面板数据模型的分析结果

模型	C（常数）	α（人均 GDP）	Hausman 检验结果
固定效应模型	1677.36 *** (38.39)	- 0.0083 *** (-4.92)	Chi = 0.13 Prob > chi2 = 0.7192 采用随机效应模型
随机效应模型	1734.96 *** (12.20)	- 0.0082 *** (-4.93)	

注：* 为 10% 显著性水平，** 为 5% 显著性水平，*** 为 1% 显著性水平。

（4）随时间演变的横向分析

表 2 - 8 为分别针对 2000 ~ 2011 年各年样本地区工业产业集聚度对人均 GDP 演变的回归分析结果。如表所示，尽管常数项 C 均高度显著，但 2000 ~ 2011 年样本地区工业产业集聚度（HHI 指数）对人均 GDP 的回归系数 α 却均不显著。这表明，从分年度的横截面数据看，我国地级城市经济区域的工业产业集聚度并没有表现出随人均 GDP 的增长而升高或降低的趋势。

对比表 2 - 7 中对样本经济地区整体的面板数据模型分析结果与表 2 - 8

表 2 - 8　历年样本地区工业产业集中度（HHI 指数）对人均
GDP 的一元回归分析结果

年份	样本数量	C（常数）	α（人均 GDP）	R²
2000	62	1356.21 *** (3.9786)	0.0127 (0.5930)	0.0058
2001	70	1304.90 *** (4.2179)	0.0104 (0.5723)	0.0048
2002	72	1523.90 *** (4.7638)	0.0029 (0.1701)	0.0004
2003	77	1660.84 *** (5.3973)	- 0.0008 (- 0.0553)	0.0000
2004	73	1669.51 *** (4.9980)	- 0.0016 (- 0.1120)	0.0002
2005	75	1750.01 *** (4.5214)	- 0.0032 (- 0.2092)	0.0006
2006	78	1635.25 *** (5.1913)	- 0.0018 (- 0.1654)	0.0004
2007	78	1609.97 *** (5.2986)	- 0.0034 (- 0.3401)	0.0015
2008	74	1511.17 *** (5.5948)	- 0.0043 (- 0.5179)	0.0037
2009	72	1365.90 *** (5.9040)	- 0.0039 (- 0.6089)	0.0053
2010	68	1340.34 *** (5.4043)	- 0.0037 (- 0.5925)	0.0053
2011	65	1120.86 *** (5.5722)	0.0009 (0.1968)	0.0006

注：* 为 10% 显著性水平，** 为 5% 显著性水平，*** 为 1% 显著性水平。

中分别对 2000～2011 年各年的一元回归分析的结果，可以认为，我国地级
市工业产业集聚度随人均 GDP 的增长而下降的趋势主要是时间趋势性的，
而非截面数据性的。这表明，整体上，我国的工业产业集聚度在经济发展水
平不同的地级市间并未体现出明显的变化趋势，但随着时间的推移，各地级
市均呈现出工业产业集聚度逐渐降低的趋势。

2. 工业产业集聚度 HHI 指数均值演变趋势的分组分析

（1）按经济区域分组

表 2 - 9　2000～2011 年各经济区域产业集聚度均值演变趋势

年份	环渤海	长三角	东南沿海	东北	中部	西部
2000	1748.55	834.30	1476.29	2143.68	1812.81	1474.12
2001	1637.60	822.60	1505.98	2046.38	1710.90	1424.07
2002	1659.80	836.03	1766.59	2229.86	1747.46	1517.84
2003	1833.16	860.85	1942.95	2348.57	1824.57	1516.51
2004	1636.05	890.80	1824.35	2389.70	1901.11	1582.41
2005	1749.62	867.55	1680.94	2887.81	1908.47	1495.83
2006	1856.09	848.45	1596.46	2427.71	1765.79	1472.18
2007	1743.36	838.97	1517.91	2390.80	1690.62	1389.49
2008	1677.33	837.88	1475.14	1536.60	1734.38	1332.58
2009	1422.50	827.51	1483.52	1384.50	1302.99	1305.16
2010	1361.95	822.26	1449.07	1625.97	1263.69	1175.87
2011	1221.72	876.07	1499.52	985.65	1287.49	1216.47

资料来源：笔者依据相关数据计算得到。

　　如表 2 - 9 所示，2000～2011 年，各地级市的产业集聚度均值体现出先上升后下降的趋势，转折点为 2003～2005 年。其中，环渤海地区、东南沿海地区、中部地区和西部地区的产业集聚度均值演变趋势比较一致，均体现为在 2003～2004 年达到极值后呈持续下降的状态。与上述四个地区相比，东北地区的产业集聚度指标在 2005 年后快速下降，而长三角地区的产业集聚度则在 2011 年有较大幅度的提升。从各区域之间产业集聚度均值的对比看，整体上，2000～2011 年，长三角地区产业集聚度均值均低于 900，在所有经济区域中最低；而东北地区产业集聚度在 2007 年之前均超过 2000，是所有经济区域中最高的，但随后急剧下降，到 2011 年低于 1000。同样从表中的数据可以发现，环渤海地区、中部地区的产业集聚度指标大致相似，而西部地区的产业集聚度则相对较低。此外，东南沿海的广东、福建和海南三省的地级市产业集聚度在 2007 年之后则基本保持不变，介于 1400～1500，到 2011 年，该地区的产业集聚度为所有经济区域中最高。

　　（2）按城市类别分组

　　如表 2 - 10 所示，从 2000～2011 年各城市分组产业集聚度（HHI 指标）均值演变趋势看，同样体现为以 2003～2005 年为转折点，且在之前不断升高而之后趋于下降的演变趋势。从不同城市分组看，省会城市组的产业集聚度要明显地小于非省会城市组，工业城市组的产业集聚度要远大于非工业城市组，而经济中心城市组则远小于非经济中心城市组。

表 2 - 10　2000～2011 年各城市分组产业集聚度均值演变趋势

年份	省会与非省会城市		工业与非工业城市		经济中心与非经济中心城市	
	省会	非省会	工业	非工业	经济中心	非经济中心
2000	1179.07	1727.74	1978.19	1174.12	933.78	1752.70
2001	1227.83	1604.50	1948.43	1133.06	986.20	1648.41
2002	1244.26	1756.98	2078.36	1190.17	1064.73	1757.01
2003	1299.76	1855.68	2158.47	1262.18	1178.38	1810.49
2004	1309.46	1841.88	2210.73	1237.86	1123.10	1831.85
2005	1232.16	1958.31	2371.41	1214.94	1097.88	1888.31
2006	1247.74	1791.87	2125.47	1196.57	1108.32	1755.51
2007	1243.28	1679.52	1992.71	1149.98	1076.21	1669.44
2008	1040.26	1562.54	1757.47	1116.59	1064.62	1488.99
2009	1106.74	1325.28	1457.18	1088.52	1072.66	1299.91
2010	1093.60	1280.61	1448.35	1047.00	1064.66	1265.40
2011	996.14	1270.66	1246.46	1110.20	1092.07	1195.86

资料来源：笔者依据相关数据计算。

（3）按经济发展水平分组

如表 2 - 11 所示，2000 ~ 2011 年，按经济发展水平分组，经济发展水平较低、经济发展水平中等和经济发展水平较高等三组地级市的产业集聚度比较接近，并且都体现出先升高后下降的演变趋势，转折点同样出现在 2003 ~ 2005 年。相对而言，经济发展水平中等城市组的产业集聚度在 2010 年是三组中最高的，但到 2011 年经济发展水平较低组的产业集聚度降低到 1252.03，略高于经济发展水平中等组的 1189.76 和经济发展水平较高组的 1075.43。

表 2 - 11   2000 ~ 2011 年各城市经济发展水平分组产业集聚度均值演变趋势

年份	较低	中等	较高
2000	1462.18	1567.44	1541.59
2001	1431.23	1498.08	1454.35
2002	1525.14	1700.49	1494.08
2003	1667.33	1764.70	1505.20
2004	1739.67	1636.76	1536.50
2005	1642.18	1769.00	1621.41
2006	1581.52	1737.96	1455.24
2007	1529.84	1666.98	1355.16
2008	1481.34	1455.54	1196.17
2009	1297.04	1341.32	1071.98
2010	1232.77	1350.75	1039.95
2011	1252.03	1189.76	1075.43

资料来源：笔者依据相关数据计算。

3. 工业产业集聚度 HHI 指数对人均 GDP 的分组分析

工业产业集聚度 HHI 指数对人均 GDP 的分组分析结果如表 2 - 12 所示。

（1）按经济区域的分组分析

按照东部、中部、西部、东北的版块经济划分方式，以及东部地区内环渤海湾、长三角和东南沿海（包括广东、福建和海南）三个经济区域在经济发展进程中产业重心的差异，分别对样本数据中属于东部地区 - 环渤海湾地区、东部地区 - 长三角、东部地区 - 东南沿海、中部地区、西部地区和东北地区的地级市进行面板数据模型分析，结果如表 2 - 12 所示。

表 2 - 12　按经济区域的面板数据模型分析结果

分组方式	地区	模型	常数	人均 GDP	Hausman 检验
按经济区域分组	环渤海	固定效应	2310.00 *** (14.47)	- 0.0249 *** (- 4.49)	Prob > chi2 = 0.6326
		随机效应	2345.42 *** (5.65)	- 0.0244 *** (- 4.48)	采用随机效应模型
	长三角	固定效应	774.10 *** (29.95)	0.0023 *** (2.99)	Prob > chi2 = 0.5535
		随机效应	766.65 *** (13.94)	0.0024 *** (3.17)	采用随机效应模型
	东南沿海	固定效应	1605.40 *** (10.91)	- 7.41 × 10⁻⁶ (- 0.00)	Prob > chi2 = 0.8194
		随机效应	1586.94 *** (4.23)	0.0001 (0.03)	采用随机效应模型
	东北地区	固定效应	2609.11 *** (12.02)	- 0.0217 ** (- 2.23)	Prob > chi2 = 0.0013
		随机效应	2706.68 *** (4.94)	- 0.0175 * (- 1.82)	采用固定效应模型
	中部地区	固定效应	1718.07 *** (25.58)	- 0.0027 (- 0.78)	Chi = - 0.72
		随机效应	1806.73 *** (4.21)	- 0.0030 (- 0.88)	无法判断
	西部地区	固定效应	1677.44 *** (28.23)	- 0.0163 *** (- 4.82)	Prob > chi2 = 0.0834
		随机效应	1666.48 *** (10.50)	- 0.0155 *** (- 4.62)	采用固定效应模型
按城市功能分组	省会	固定效应	1227.68 *** (23.77)	- 0.0016 (- 0.80)	Prob > chi2 = 0.1270
		随机效应	1269.70 *** (7.40)	- 0.0019 (- 0.96)	采用随机效应模型
	非省会	固定效应	1933.66 *** (31.50)	- 0.0115 *** (- 4.92)	Prob > chi2 = 0.3497
		随机效应	1989.92 *** (10.09)	- 0.0111 *** (- 4.83)	采用固定效应模型
	工业城市	固定效应	2375.15 *** (28.45)	- 0.0195 *** (- 5.86)	Prob > chi2 = 0.6498
		随机效应	2487.02 *** (8.77)	- 0.0193 *** (- 5.86)	采用随机效应模型
	非工业城市	固定效应	1176.17 *** (26.12)	- 0.0005 (- 0.32)	Prob > chi2 = 0.7583
		随机效应	1175.12 *** (11.77)	- 0.0004 (- 0.26)	采用随机效应模型
	经济中心	固定效应	951.60 *** (22.17)	0.0036 *** (2.98)	Prob > chi2 = 0.3602
		随机效应	945.18 *** (6.88)	0.0037 * (3.10)	采用随机效应模型
	非经济中心	固定效应	2004.50 *** (35.85)	- 0.0179 *** (- 7.19)	Prob > chi2 = 0.1676
		随机效应	2063.09 *** (11.42)	- 0.0174 *** (- 7.07)	采用随机效应模型
按经济发展水平分组	较低	固定效应	1655.04 *** (28.90)	- 0.0121 *** (- 2.80)	Prob > chi2 = 0.3556
		随机效应	1706.22 *** (6.84)	- 0.0124 *** (- 2.87)	采用随机效应模型
	中等	固定效应	1586.66 *** (18.18)	- 0.0012 (- 0.33)	Prob > chi2 = 0.2259
		随机效应	1650.90 *** (6.32)	- 0.0014 (- 0.39)	采用随机效应模型
	较高	固定效应	1743.48 *** (18.31)	- 0.0098 *** (- 4.19)	Prob > chi2 = 0.0461
		随机效应	1802.15 *** (7.71)	- 0.0095 *** (- 4.06)	采用固定效应模型

注：* 为 10% 显著性水平，** 为 5% 显著性水平，*** 为 1% 显著性水平。

如表 2 - 12 所示，首先从工业产业集聚度对人均 GDP 的回归系数来看，环渤海地区和长三角、西部地区和东北地区的工业产业集聚度 HHI 指数对人均 GDP 的回归系数均分别在 1% 或 5% 显著性水平上显著，表明上述地区的工业产业集聚度 HHI 指数体现出随人均 GDP 增长而降低的趋势，而东南沿海和中部地区的工业产业集聚度 HHI 指数对人均 GDP 的回归系数则不显著，表明这两个经济区域工业产业集聚度指数没有体现出随人均 GDP 增长而呈明显的上升或下降趋势。其次，从分析结果的常数项来看，所有地区均在 1% 显著性水平上显著，但常数项绝对值由高到低的地区依次为东北地区、环渤海、中部地区、西部地区、东南沿海、长三角，表明我国的主要经济区域中，东北地区的工业产业集聚度最高，而长三角最小。

（2）按城市类别分组的分析

本部分内容将对样本地级市按省会与非省会、工业城市与非工业城市①、经济中心城市与非经济中心城市进行分组分析。如表 2–12 所示，对省会城市面板数据的分析结果显示，产业集聚度（HHI 指标值）对人均 GDP 的回归系数不显著，而非省会所在地区的产业集聚度对人均 GDP 的回归系数则高度显著；对工业城市与非工业城市组的分析结果则表明，二者的产业集聚度（HHI 指标值）对人均 GDP 的回归系数均不显著；对经济中心与非经济中心城市组的分析结果则表明，二者的产业集聚度（HHI 指标值）对人均 GDP 的回归系数均显著，但经济中心城市城市组既在 10% 显著性水平上显著且符号为正，也在 1% 显著性水平上显著，符号为正。而非经济中心城市组则在 1% 显著性水平上显著且符号为负。从各分组区域回归结果的常数项看，省会城市组的常数项值远小于非省会城市组，工业城市组的常数项值远高于非工业城市组，经济中心城市组的常数项值远低于非经济中心城市组。上述分析结果表明，随着人均 GDP 的提高，非省会城市组的产业集聚度高于省会城市组，但产业集聚度在非省会城市所在地逐渐提高而在省会城市所在地则没有明显的变化趋势；工业城市组的产业集聚度高于非工业城市，但在工业城市组和非工业城市组产业集聚度均未体现出明显的变化趋

---

① 对于区域经济中心，根据国内一些研究对区域经济中心城市的划分，本文选择北京、天津、济南、青岛、上海、沈阳、大连、南京、杭州、苏州、宁波、福州、厦门、广州、深圳、武汉、长沙、成都、重庆、西安等 20 个在区域经济发展中居于经济中心的城市所辖区域划入区域经济中心组，其他的则划入非区域经济中心组。而对于在区域经济中以发展工业为主要特征的城市所辖区域，则结合国内对工业城市的划分（参见：http://www.cncs520.com/city%20fenlei/gongye.htm.）以及笔者在本文研究中选择的第二产业占地区生产总值比例超过 60% 的地区，并以此确定天津、唐山、石家庄、重庆、大连、沈阳、大庆、鞍山、郑州、十堰、洛阳、柳州、哈尔滨、长春、温州、无锡、潍坊、青岛、佛山、东莞、中山、合肥、兰州、包头、邯郸、东营、莱芜、盘锦、宜昌、平顶山、焦作、晋城、乐山、宜宾等 34 个城市所辖地区划入工业城市组，而将其他地区划入非工业城市组。

势；非经济中心城市组的产业集聚度远大于经济中心城市组，但在经济中心城市组产业集聚度趋于提高而在非经济中心城市组则趋于降低。

（3）按经济发展水平的分组分析

以 2011 年人均 GDP（2000 年基准）按照 45000 元以上、28000～44999 元、低于 27999 元分别划分为经济发展水平较高、经济发展水平中等和经济发展水平较低等三组，各组的样本数量依次为 26、26、27。分析结果参见表 2-12。如表 2-12 所示，经济发展水平较低组的产业集聚度对人均 GDP 的回归系数高度显著且符号为负，经济发展水平中等组的产业集聚度对人均 GDP 的回归系数不显著，而经济发展水平较高组的产业集聚度对人均 GDP 的回归系数高度显著且符号为负。从回归结果的常数项看，常数项的值由高到低依次为经济发展水平较高、经济发展水平较低、经济发展水平中等。上述分析结果表明，在产业集聚度上，由强到弱依次为经济发展水平较高、经济发展水平较低、经济发展水平中等，且经济发展水平较低和较高组的产业集聚度均体现为随人均 GDP 的升高而降低的趋势，经济发展水平中等组的产业集聚度未体现出明显地随人均 GDP 的升高而升高或下降的趋势。

五　关于我国地区工业产业集聚性趋势的结论[①]

关于我国区域工业产业集聚性趋势分析的结论有：第一，从全部样本地区、研究时间区间看，尽管我国工业产业集聚度均体现出先升高后下降的趋势，但从分年度的横截面数据看，我国省域和地级市的工业产业集聚度均没有表现出随人均 GDP 的增长而升高或降低的趋势。第二，1990～2011 年我国省域工业产业集聚度由升高到下降的转折点在 2002～2007 年。而对地级经济区域的分析则表明，按照经济区域、城市功能和经济发展水平分组，2000～2011 年，各分组地区的产业集聚度均值均体现出先上升后下降的趋势，转折点为 2003～2005 年。两个层面的数据分析结果表明，先升后降的转折时间大致相同。第三，依照经济区域分组，产业集聚度 HHI 指数对人均 GDP 的分析结果表明，东部地区中的环渤海地区和长三角、西部地区和东北地区的工业产业集聚度 HHI 指数体现出随人均 GDP 增长而降低的趋

势，而东南沿海和中部地区的工业产业集聚度指数没有体现出随人均 GDP 增长而呈明显的上升或下降趋势。第四，依照城市功能进行分组，分析结果表明，随着人均 GDP 的提高，产业集聚度在非省会所在地逐渐提高而在省会所在地则没有明显的变化趋势；在工业城市组和非工业城市组产业集聚度基本未体现出明显的变化趋势，在经济中心城市组产业集聚度趋于提高而在非经济中心城市组则趋于降低。第五，依照经济发展水平分组，分析结果表明，经济发展水平较低和较高组的产业集聚度均体现为随人均 GDP 的升高而降低的趋势，而经济发展水平中等组的产业集聚度未体现出明显地随人均 GDP 的升高而升高或降低的趋势。

第三节　我国区域工业产业的同构化趋势

一　关于我国区域工业产业结构趋同问题的文献回顾

对我国产业结构趋同问题，主要集中于同构化趋势、同构化原因和地区案例等三个方面。

首先是对同构化趋势的研究。对于我国的产业同构化问题，其测度指标主要是用产业结构相似系数。陈耀（1998）按 40 个工业行业计算了 1980～1990 年我国 30 个省份与全国工业产业结构的相似系数，发现我国省份的产业结构相似系数大多超过了 0.8 或 0.9，但总体上呈下降趋势，并未出现严重的趋同性趋势。贺灿飞、刘作丽和王亮（2008）对我国 2004 年第一次经济普查资料进行分析测算后认为，中国大多数省份产业结构相似性较高，但随着产业划分越细，产业结构相似程度明显下降。改革开放以来，大多数省份的产业结构与全国产业结构相似性逐步降低，但东部沿海省区仍然较高，西部地区则因为发展基于资源优势的产业而逐渐偏离全国产业结构。高新才、周一欣（2012）以西北五个省份 2000～2009 年 25 个行业的数据进行了 α 趋同以及 β 趋同检验。结果发现，纺织业、金属制造业、通信设备计算机及其他电子设备制造业、石油加工炼焦及核燃料加工业、石油和天然气开采业、化学原料及化学制品制造业、电器机械及器材制造业等七个行业都存在着明显的趋同，而造纸及纸制品业、有色金属矿采选业、交通运输设备制造业等三个行业则明显表现为异化趋势。蒋金荷（2005）利用产业分工指数和产业的区位熵，实证分析了我国东、中、西部以及 11 个省区市高技术产业的结构，结果表明，1995～2002年我国高技术产业的同构性总体上是减弱的，产业的地方专业化更加明显。张卓颖、石敏俊（2011）应用2002年中国省份间投入产出模型，测算了各省份之间制造业的产业结构差异系数。结果表明，在二位数产业分类层次上，华东沿海地区产业结构差异度系数低于0.2，产业结构同构性显著；中南地区的产业结构同构性现象显著，各省之间产业结构差异度系数均低于0.2；北部沿海地区各省份之间的产业结构差异较大，产业结构差异度系数平均值在0.3以上，产业结构同构不显著；东北、西北、黄河中游、西南4个大区内部省份间的产业结构差异系数均超过0.3，产业结构同构性不显著。

其次是对于我国产业结构趋同原因的研究。张晔和刘志彪（2005）认为，地方政府官员的相对业绩（基于考核机制的政治晋升收益）比较的激励机制以及地方官员害怕落后于其他地区的风险规避态度，是中国地区产业结构趋同的根本原因。贺灿飞、刘作丽和王亮（2008）则认为，市场化导致了区位优势和比较优势相似的省份产业结构趋同，地方分权下区域激烈竞争导致地方保护主义和区域间理性模仿盛行，加剧了产业结构的趋同。胡向婷和张璐（2005）也认为，政府设置贸易壁垒增加地区间贸易成本（即地方保护主义），会导致地区间产业结构趋同，而政府的投资行为则在整体上促进了地区间产业结构的差异化。

最后是关于地区案例的研究。对于地区案例的研究，更多地集中于长三角地区。比如唐立国（2002）对长三角15个城市产业结构的数据分析发现，由于各城市工业产业发展主要依靠外来资源和原材料的加工，因而加工工业普遍发达是长三角工业结构的一个重要特征。然而受地块分割的限制和地方政府利益最大化的驱使，各城市间存在或轻或重的产业结构同构现象，部分城市间的相似系数甚至超过了0.98。王志华、陈圻（2007）对长三角三省产业结构重合度的测算表明，1982～2003年的结构重合度指数均达到或超过了0.7，并呈先上升后下降的趋势（1982年为0.698，1995年达到最高的0.816，2003年为0.748）。但陈建军（2004）认为，尽管长三角三省之间的产业结构相似系数在1988～2002年均超过0.7甚至达到0.9，但这是长三角区域一体化的必然趋势。因为只有较高程度的产业同构，才能形成稳定的产业水平分工，形成稳定的一体化模式。陈建军（2007）进一步指出，长三角的历史沿革、区位优势和中国转轨经济的体制改革特征决定了长三角省区经济空间演化的特征是产业同构。这种以产业同构为主要内容的长三角产业集聚并没有表现为省区经济之间的"重复建设"或者是"恶性竞争"，而是基于在世界经济格局中廉价劳动力比较分工优势的长三角的产业集聚引起的外部性、市场扩大效应和价格指数效应成为区域产业同构具有正面绩效的支撑因素。

二 数据来源及数据处理方法

本部分内容对于我国区域产业同构性演变趋势的分析，同样从省域和地级市两个层面的数据来进行。全部数据均来源于各省（自治区、直辖市）和各地级市（地级以上城市）的统计年鉴，其中省域数据为 1990～2011 年，地级市数据为 2000～2011 年。对省域和地级市两个层面关于我国区域产业同构化演变趋势的分析，均采用各地区统计年鉴公布的工业产业分行业数据（二位数行业大类）分别计算产业相似系数。相似系数的计算公式如下：

$$s_{ij} = \frac{\sum_k x_i^k x_j^k}{\sqrt{\sum_k (x_i^k)^2 \sum_k (x_j^k)^2}} \qquad (2-4)$$

其中：s_{ij} 为相似系数，x_i^k、x_j^k 分别为 i 地区和 j 地区 k 行业所占的比例。

应用式（2-4）计算工业产业结构相似系数，针对省域层面的数据，将分别计算全国各省、区、市与当年全国工业产业结构之间的相似系数，即 1990 年、1995 年、2000 年、2005 年和 2011 年西部地区、中部地区、东北地区与东部地区之间的相似系数。而针对地级市层面的数据，笔者将分别计算 2000 年、2005 年、2011 年西部地区、中部地区、东北地区地级市与东部地区地级市之间的产业结构相似系数，然后据此分析我国的产业结构同构化趋势。

三 省域数据的检验

1. 各省（自治区、直辖市）与全国工业产业结构相似系数的分析

（1）各省（自治区、直辖市）与全国工业产业结构相似系数随时间演变趋势

如表 2-13 所示，1990～2011 年我国各省（自治区、直辖市）与全国工业产业结构相似系数对时间变量 t 的一元线性回归分析结果显示，有 26 个省（自治区、直辖市）的回归系数 β 的符号为负，且除重庆市只在 10% 显著性水平上显著外，其他的均在 1% 或 5% 显著性水平上显著，即这 26 个

表 2 - 13　1990 ~ 2011 年我国各省（自治区、直辖市）与全国工业
产业结构相似系数的趋势性检验

地　区	常数（C）	回归系数（β）	R^2
北　京	8.1755 *** (3.0335)	− 0.00368 ** (− 2.7281)	0.2712
天　津	7.3049 *** (3.4371)	− 0.00321 *** (− 3.0257)	0.3140
河　北	35.1341 *** (12.8218)	− 0.0171 *** (− 12.5308)	0.8870
山　东	3.6533 ** (2.2652)	− 0.00137 (− 1.7034)	0.1267
上　海	12.0133 *** (3.4916)	− 0.00556 *** (− 3.2352)	0.3435
江　苏	0.0200 (0.0323)	0.00045 (1.4500)	0.0951
浙　江	2.2391 (1.4159)	− 0.00070 (− 0.8797)	0.0373
福　建	− 5.4673 *** (− 4.4597)	0.00316 *** (5.1573)	0.5708
广　东	0.000245 (0.0001)	0.00039 (0.3400)	0.0057
海　南	6.3938 (1.1313)	− 0.00290 (− 1.0262)	0.0500
广　西	2.4537 (0.7757)	− 0.00083 (− 0.5257)	0.0136
重　庆	15.5904 ** (2.1443)	− 0.00745 * (− 2.0504)	0.1737
四　川	2.3410 (1.6509)	− 0.00072 (− 1.0095)	0.0485)
陕　西	27.9572 *** (7.4057)	− 0.01357 *** (− 7.1034)	0.7314
甘　肃	11.0732 *** (4.1876)	− 0.00522 *** (− 3.9472)	0.4379
内蒙古	21.5096 *** (6.7218)	− 0.01038 *** (− 6.4883)	0.6779
新　疆	17.1500 *** (3.5804)	− 0.00833 *** (− 3.4773)	0.3768
宁　夏	10.3056 *** (3.8157)	− 0.00481 *** (− 3.5647)	0.3885
青　海	19.4964 *** (2.9761)	− 0.00946 *** (− 2.8852)	0.2939
贵　州	10.2316 *** (4.8938)	− 0.00477 *** (− 4.5663)	0.5104
云　南	− 12.4103 ** (− 2.2676)	0.00644 ** (2.3527)	0.2256
辽　宁	2.5516 (1.2186)	− 0.00085 (− 0.8132)	0.0336
吉　林	19.3179 *** (4.1842)	− 0.00933 *** (− 4.0437)	0.4498
黑龙江	8.8909 (1.5864)	− 0.00418 (− 1.4932)	0.1003
安　徽	6.0344 * (1.9089)	− 0.00257 (− 1.6276)	0.1170
河　南	17.3429 *** (6.6465)	− 0.00824 *** (− 6.3208)	0.6664
湖　北	8.6921 *** (4.4818)	− 0.00390 *** (− 4.0256)	0.4476
湖　南	2.6614 (1.0855)	− 0.00090 (− 0.7354)	0.0263
江　西	19.0170 *** (9.2024)	− 0.00909 *** (− 8.7957)	0.7946
山　西	15.6074 *** (6.2168)	− 0.00752 *** (− 5.9942)	0.6424

注：* 为 10% 显著性水平，** 为 5% 显著性水平，*** 为 1% 显著性水平。

省（自治区、直辖市）与全国的工业产业结构相比较，相似性在不断减弱。除此之外，福建和云南的回归系数 β 的符号为正且分别在 1% 和 5% 显著性水平上显著，即这两个省与全国工业产业结构的相似系数有一定的升高趋势。其余 2 个省（自治区、直辖市）与全国的工业产业结构相似系数对时间变量 t 的回归系数均不显著，即没有体现出随时间变量 t 有明显的升高或下降趋势。

分地区来看，东部地区的 10 个省区市中，只有北京市、天津市、河北省和上海市与全国工业产业结构相似系数对时间变量 t 的回归系数 β 符号为负且在 1% 显著性水平上显著，福建省符号为正且在 1% 显著性水平上显著，其他 5 个省均不显著；西部地区 11 个省份中，除广西和四川省外，其他 9 个省份的回归系数 β 均至少在 5% 显著性水平上显著，并且只有云南省的回归系数 β 符号为正；中部六省中，安徽省和湖南省的回归系数 β 不显著，其他 4 个省的回归系数符号均为负且在 1% 显著性水平上显著；东北三省中只有吉林省的回归系数显著并且符号为负。由此可见，相比于全国的工业产业结构，中部地区和西部地区均表现出明显的趋异性（异构化）趋势，东部地区除 3 个直辖市外整体上没有体现出趋异（异构化）趋势，东北地区同样在整体上没有体现出趋异（异构化）趋势。

（2）相似系数随人均 GDP 演变趋势

如表 2 - 14 所示，1990 ~ 2011 年我国省域与全国工业产业结构相似系数对人均 GDP 的回归分析结果表明，1999 年及之前，我国省域与全国工业产业结构相似系数对人均 GDP 的回归系数 β 基本上不显著，即工业产业结构相似系数没有体现出随人均 GDP 的升高而上升或下降的趋势。但在 2000 ~ 2010 年，我国省域与全国工业产业结构相似系数对人均 GDP 的回归系数 β 是显著的，尤其是 2002 ~ 2007 年在 5% 显著性水平上显著，表明在此期间我国省域与全国工业产业结构的相似系数随人均 GDP 的升高而升高。但表 2 - 14 的回归分析结果同样显示，回归系数 β 的显著性在 2007 年后有下降的趋势，并在 2011 年回到不显著的状态。

对表 2 - 14 中回归系数 β 的分析结果的分析表明，2000 ~ 2010 年，我国各省份的工业产业结构在一定程度上体现出，人均 GDP 越高的省份，其与全国的工业产业结构相似性就越强，间接地证明了笔者对于随着经济发展水平的提升工业产业结构有趋同化的观点。但在经济增长方式由外生向内生转变的过程中，地区专业化分工意味着工业产业结构相似性减弱即趋同化趋势可能逆转，而表 2-14 中 2007 年之后回归系数 β 的显著性降低并在 2011 年不显著，虽有一定的体现，但尚需后续数据作进一步的论证。

表 2-14 1990~2011 年我国省域与全国工业产业结构相似系数对人均 GDP 的回归分析

地 区	常数（C）	回归系数（β）	R^2
1990	0.7310 *** (14.3282)	3.07×10^{-5} (1.2863)	0.0558
1991	0.7964 *** (18.8302)	1.97×10^{-5} (1.1299)	0.0452
1992	0.7805 *** (16.9777)	1.78×10^{-5} (1.1393)	0.0443
1993	0.7716 *** (16.3648)	1.05×10^{-5} (0.8699)	0.0273
1994	0.7519 *** (14.4323)	9.57×10^{-6} (0.9218)	0.0294
1995	0.7454 *** (15.3170)	8.72×10^{-6} (1.1153)	0.0425
1996	0.7249 *** (13.9968)	8.89×10^{-6} (1.2353)	0.0517
1997	0.7187 *** (14.4995)	8.35×10^{-6} (1.3666)	0.0625
1998	0.6732 *** (13.4084)	1.00×10^{-5} * (1.7552)	0.0991
1999	0.6668 *** (13.1929)	8.86×10^{-6} (1.6589)	0.0895
2000	0.6632 *** (13.8648)	7.84×10^{-6} * (1.7224)	0.0958
2001	0.6456 *** (13.4265)	8.19×10^{-6} * (1.9427)	0.1188
2002	0.6244 *** (13.1019)	8.70×10^{-6} ** (2.2970)	0.1586
2003	0.6045 *** (12.0986)	8.41×10^{-6} ** (2.4297)	0.1741
2004	0.6266 *** (13.4224)	6.34×10^{-6} ** (2.3128)	0.1604
2005	0.6223 *** (13.3922)	5.99×10^{-6} ** (2.5402)	0.1873
2006	0.6203 *** (13.1330)	5.34×10^{-6} ** (2.5369)	0.1869
2007	0.6265 *** (12.6263)	4.37×10^{-6} ** (2.3098)	0.1600
2008	0.6411 *** (11.8957)	3.49×10^{-6} * (1.9916)	0.1281
2009	0.6551 *** (13.0210)	3.17×10^{-7} * (2.0464)	0.1301
2010	0.6494 *** (11.8894)	2.89×10^{-6} * (2.0024)	0.1253
2011	0.6972 *** (11.3971)	1.21×10^{-6} (0.8750)	0.0266

注：* 为10% 显著性水平，** 为5% 显著水平，*** 为1% 显著性水平。

2. 西部地区、中部地区和东北地区与东部地区之间的工业产业结构相似系数

（1）西部地区

1990~2011 年，西部地区各省份对东部地区各省份工业产业结构相似系数的演变趋势大致可以分为两类，一类是先下降后上升的省份，如广西、

重庆等，另一类则是持续下降的省份，如四川、内蒙古等。对于第一类省份，采用二次型回归方程分析相似系数和时间变量之间的关系，如一次项和二次项的回归系数均显著，则表明先下降后上升的趋势明显。对于第二类省份，则采用线性方程回归分析相似系数和时间变量之间的关系，并从回归系数的显著性来判断其持续下降趋势。第一、二类省份的回归方程分别如式（2-5）和式（2-6）所示。

$$Y_i = c + \alpha t_i + \beta t_i^2 + \varepsilon_{it} \qquad (2-5)$$

$$Y_i = c + \alpha t_i + \varepsilon_{it} \qquad (2-6)$$

结果如表2-15和表2-16所示。

表2-15中，应用式（2-5）进行回归分析，除部分西部省份对东部地区的河北省、山东省和上海市的工业产业结构相似系数演变趋势分析的回归系数不显著外，其他省份均至少在5%显著性水平上显著。而在回归系数显著的分析结果中，只有广西和重庆对海南的一次项系数符号为正、二次项符号为负，即呈先升后降的趋势，其他分析结果均为一次项系数符号为负、二次项符号为正，即呈先降后升的趋势。同样地，表2-16中关于四川、陕西、内蒙古和贵州对东部省份工业产业结构相似系数趋势分析中，回归系数不显著的有四川对江苏、浙江、福建和海南，以及陕西对海南，其他回归分析系数均显著。在回归分析系数显著的分析结果中，只有四川对山东、贵州对浙江的回归系数符号为正，即工业产业结构相似系数整体上呈持续升高趋势，其他符号均为负，即工业产业结构相似系数整体上呈持续下降趋势。

表2-15和表2-16中关于西部对东部省份产业结构相似系数演变的分析结果，在如表2-17所示的西部地区与东部省份工业产业结构相似系数均值演变趋势中同样得到体现。表2-17中，整体上，广西、重庆、甘肃、新疆、宁夏、青海和云南对东部省份工业产业结构相似系数均值均体现为以2001～2005尤其是2001～2003为分界，整体上呈现先下降而后升高的演变趋势。而四川、陕西、内蒙古和贵州对东部省份工业产业结构相似系数均值则整体上呈逐渐下降的趋势。

（2）中部地区和东北地区

1990～2011年中部地区各省1990～2011年对东部地区各省工业产业结构相似系数的演变趋势如图2-9所示。

表2-15　西部对东部省份工业产业结构相似系数演变趋势分析结果（先降后升部分）

省份	系数	北京	天津	河北	山东	上海	江苏	浙江	福建	广东	海南
广西	常数项 (C)	11.00*** (5.58)	12.48*** (10.15)	2.73*** (3.52)	0.49 (0.96)	1.32 (1.71)	3.26*** (4.46)	4.51*** (6.61)	8.85*** (8.19)	12.54*** (14.06)	7.17*** (-3.32)
	一次项 (α)	-10.99*** (-5.57)	-12.47*** (-10.14)	-2.72*** (-3.52)	-0.48 (-0.95)	-1.31 (-1.70)	-3.25*** (-4.45)	-4.51*** (-6.61)	-8.84*** (-8.18)	-12.52*** (-14.04)	7.18*** (3.33)
	二次项 (β)	2.70*** (5.57)	3.12*** (10.13)	0.68*** (3.51)	0.12 (0.95)	0.33 (1.69)	0.81*** (4.44)	1.13*** (6.60)	2.21*** (8.17)	3.12*** (14.02)	-1.80*** (-3.34)
	R^2	0.66	0.87	0.48	0.39	0.73	0.77	0.76	0.85	0.95	0.69
重庆	常数项 (C)	16.30*** (6.35)	14.27*** (6.56)	6.60*** (3.07)	8.36*** (5.14)	2.31 (1.12)	8.68*** (4.47)	8.321*** (7.20)	8.10*** (5.71)	11.92*** (7.07)	-17.93*** (-4.06)
	一次项 (α)	-16.29*** (-6.35)	-14.25*** (-6.56)	-6.57*** (-3.06)	-8.35*** (-5.14)	-2.29 (-1.11)	-8.67*** (-4.47)	-8.32*** (-7.20)	-8.09*** (-5.70)	-11.91*** (-7.02)	17.03*** (4.94)
	二次项 (β)	4.07*** (6.34)	3.56*** (6.55)	1.64*** (3.05)	2.19*** (5.14)	0.57 (1.10)	2.16*** (4.46)	2.08*** (7.19)	2.02*** (5.70)	2.97*** (7.062)	-4.26*** (-4.94)
	R^2	0.70	0.75	0.80	0.62	0.57	0.63	0.73	0.71	0.77	0.56
甘肃	常数项 (C)	5.93*** (4.70)	9.07*** (8.16)	0.92 (0.82)	1.86** (2.59)	3.21*** (3.63)	2.44*** (2.91)	2.59*** (2.52)	4.32*** (3.96)	8.72*** (8.70)	10.29*** (5.15)
	一次项 (α)	-5.92*** (-4.68)	-9.06*** (-8.15)	-0.92 (-0.82)	-1.86** (-2.58)	-3.20*** (-3.61)	-2.43*** (-2.90)	-2.59*** (-2.51)	-4.30*** (-3.95)	-8.70*** (-8.68)	-10.3*** (-5.16)
	二次项 (β)	1.48*** (4.68)	2.26*** (8.15)	0.23 (0.81)	0.46** (2.57)	0.80*** (3.60)	0.60*** (2.89)	0.65*** (2.51)	1.07*** (3.94)	2.17*** (8.67)	2.58*** (5.17)
	R2	0.77	0.82	0.29	0.74	0.85	0.77	0.37	0.71	0.88	0.74
新疆	常数项 (C)	7.82*** (7.37)	10.97*** (15.43)	6.76*** (5.83)	6.71*** (4.97)	8.20*** (7.08)	9.52*** (7.92)	10.26*** (7.92)	7.17*** (6.21)	10.65*** (10.64)	14.64*** (6.93)
	一次项 (α)	-7.82*** (-7.37)	-10.96*** (-15.43)	-6.75*** (-5.82)	-6.69*** (-4.95)	-8.18*** (-7.07)	-9.50*** (-7.90)	-10.24*** (-7.91)	-7.16*** (6.21)	-10.64*** (-10.63)	-14.66*** (-6.94)

续表

省份	系数项	北京	天津	河北	山东	上海	江苏	浙江	福建	广东	海南
新疆	二次项 (β)	1.95***	2.74***	1.68***	1.67***	2.04***	2.37***	2.56***	1.79***	2.66***	3.67***
	(β)	(7.36)	(15.43)	(5.82)	(4.94)	(7.06)	(7.89)	(7.90)	(6.20)	(10.62)	(6.94)
	R^2	0.78	0.93	0.78	0.83	0.82	0.90	0.89	0.74	0.89	0.81
宁夏	常数项 (C)	11.04***	8.33***	0.58	2.73***	4.32***	1.34**	3.03***	5.94***	8.90***	5.75***
	(C)	(10.40)	(12.08)	(0.72)	(5.61)	(7.60)	(2.34)	(2.98)	(7.36)	(10.00)	(4.00)
	一次项 (α)	-11.03***	-8.32***	-0.56	-2.72***	-4.30***	-1.34**	-3.03***	-5.93***	-8.89***	-5.75***
	(α)	(-10.39)	(-12.06)	(-0.70)	(-5.60)	(-7.57)	(-2.32)	(-2.98)	(-7.35)	(-9.99)	(-4.01)
	二次项 (β)	2.76***	2.08***	0.14	0.68***	1.07***	0.33**	0.76***	1.48***	2.22***	1.44***
	(β)	(10.38)	(12.05)	(0.68)	(5.60)	(7.54)	(2.31)	(2.98)	(7.34)	(9.98)	(4.01)
	R^2	0.88	0.95	0.89	0.77	0.96	0.85	0.37	0.82	0.89	0.49
青海	常数项 (C)	13.52***	13.72***	4.40***	8.72***	9.61***	8.96***	9.58***	9.86***	11.57***	3.77**
	(C)	(8.47)	(12.29)	(3.92)	(9.12)	(7.53)	(7.84)	(7.58)	(9.12)	(9.71)	(2.63)
	一次项 (α)	-13.50***	-13.70***	-4.38***	-8.71***	-9.58***	-8.95***	-9.58***	-9.85***	-11.56***	-3.76***
	(α)	(-8.46)	(-12.28)	(-3.90)	(-9.12)	(-7.51)	(-7.83)	(-7.58)	(-9.11)	(-9.70)	(-2.62)
	二次项 (β)	3.37***	3.42***	1.09***	2.18***	2.39***	2.23***	2.39***	2.46***	2.89***	0.94***
	(β)	(8.45)	(12.27)	(3.89)	(9.11)	(7.49)	(7.82)	(7.58)	(9.10)	(9.70)	(2.62)
	R^2	0.89	0.91	0.86	0.85	0.93	0.83	0.76	0.86	0.87	0.51
云南	常数项 (C)	8.55***	11.39***	6.28***	6.96***	4.14***	5.31***	6.27***	7.91***	9.20***	2.44**
	(C)	(7.04)	(14.87)	(7.67)	(10.59)	(5.33)	(6.94)	(7.97)	(11.53)	(11.90)	(2.55)
	一次项 (α)	-8.55***	-11.39***	-6.28***	-6.96***	-4.13***	-5.32***	-6.27***	-7.91***	-9.19***	-2.44**
	(α)	(-7.04)	(-14.87)	(-6.27)	(-10.60)	(-5.33)	(-6.95)	(-7.98)	(11.53)	(-11.89)	(-2.55)
	二次项 (β)	2.14***	2.85***	1.57***	1.74***	1.03***	1.33***	1.57***	1.98***	2.30***	0.61**
	(β)	(7.04)	(14.87)	(7.69)	(10.61)	(5.32)	(6.96)	(7.99)	(11.53)	(11.89)	(2.55)
	R^2	0.72	0.92	0.48	0.90	0.66	0.81	0.86	0.88	0.89	0.37

注: * 为10%显著性水平，** 为5%显著性水平，*** 为1%显著性水平，表中系数，常数项为表中数据 "$\times 10^3$"，二次项 β 为表中数据 "$\times 10^{-3}$"。

表2-16 西部地区对东部省份工业产业结构相似系数演变趋势分析结果（持续下降部分）

省份	系数	北京	天津	河北	山东	上海	江苏	浙江	福建	广东	海南
四川	常数项（C）	23.14*** (6.49)	17.89*** (5.86)	27.49*** (9.94)	-12.13*** (-3.54)	27.60*** (8.69)	1.72 (0.98)	-2.30 (-0.68)	-1.80 (-0.67)	10.87*** (3.02)	8.42 (1.01)
	一次项（α）	-1.12*** (-6.28)	-0.85*** (-5.60)	-1.33*** (-9.65)	0.65*** (3.78)	-1.34*** (-8.45)	-0.05*** (-0.53)	-0.01 (-0.88)	0.13 (0.95)	-0.51** (-2.84)	0.39 (0.95)
	R^2	0.66	0.61	0.82	0.42	0.78	0.01	0.04	0.04	0.29	0.04
陕西	常数项（C）	32.14*** (4.18)	28.92*** (4.70)	43.91*** (10.99)	23.54*** (10.89)	48.27*** (9.99)	51.91*** (13.34)	39.48*** (10.49)	42.59*** (7.68)	57.03*** (10.08)	-6.27 (-1.65)
	一次项（α）	-1.57*** (-4.09)	-1.41*** (-4.58)	-2.16*** (-10.34)	-1.14*** (-10.56)	-2.38*** (-9.95)	-2.58*** (-13.18)	-1.94*** (-10.32)	-2.10*** (-7.57)	-2.82*** (-9.97)	0.34 (1.37)
	R^2	0.47	0.52	0.86	0.85	0.84	0.90	0.85	0.75	0.95	0.09
内蒙古	常数项（C）	32.34*** (4.86)	24.09*** (4.05)	24.56*** (503)	19.41*** (5.98)	51.00*** (25.04)	33.52*** (10.85)	28.99*** (8.29)	27.80*** (7.50)	37.11*** (5.54)	32.277*** (11.31)
	一次项（α）	-1.59*** (-4.78)	-1.18*** (-4.15)	-1.19*** (-4.86)	-0.93*** (-5.76)	-2.54*** (-24.77)	-1.64*** (-10.65)	-1.42*** (-8.13)	-1.36*** (-7.34)	-1.84*** (-5.49)	-1.59*** (11.14)
	R^2	0.53	0.46	0.54	0.62	0.97	0.85	0.77	0.73	0.60	0.69
贵州	常数项（C）	14.25* (1.74)	21.57*** (4.04)	10.50*** (4.47)	6.25** (2.30)	37.67*** (14.87)	10.62*** (5.68)	-1.74 (-0.78)	15.68*** (5.50)	22.55*** (4.14)	19.26*** (2.91)
	一次项（α）	-0.69*** (-1.68)	-1.05*** (-3.94)	-0.49*** (-4.19)	-0.28** (-2.09)	-1.86*** (-14.66)	-0.51*** (-5.03)	0.11*** (1.00)	-0.76*** (5.32)	-1.11*** (-4.07)	-0.94*** (-2.83)
	R^2	0.12	0.44	0.47	0.18	0.91	0.56	0.05	0.59	0.45	0.29

注：* 为10%显著性水平，** 为5%显著性水平，*** 为1%显著性水平。
表中系数，一次项α为表中数据 "$\times 10^{-2}$"。

表 2 - 17　西部地区与东部省份工业产业结构相似系数均值演变趋势

年份	广西	重庆	甘肃	新疆	宁夏	青海	云南	四川	陕西	内蒙古	贵州
1990	0.7642	0.7255	0.5896	0.6409	0.6641	0.6399	0.4188	0.7084	0.8183	0.7369	0.6263
1991	0.7626	0.7728	0.6198	0.4778	0.6476	0.6574	0.4303	0.8038	0.8149	0.7416	0.5922
1992	0.7545	0.5252	0.5971	0.6015	0.6382	0.6658	0.4160	0.8257	0.8087	0.7511	0.5797
1993	0.7110	0.7284	0.5216	0.4560	0.5675	0.4907	0.3730	0.7829		0.7146	0.6374
1994	0.6943	0.6781	0.5026	0.4010	0.5355	0.4817	0.2795	0.7856	0.7753	0.7120	0.5992
1995	0.6829	0.6894	0.4231	0.4081	0.5376	0.4599	0.2907	0.7705	0.7936	0.7015	0.5986
1996	0.6718	0.4944	0.5005	0.3265	0.5192	0.4417	0.2770	0.7743	0.7923	0.6698	0.5546
1997	0.6662	0.5986	0.5055	0.3125	0.5058	0.4094	0.2867	0.7761	0.7926	0.6512	0.5495
1998	0.5985	0.5528	0.4528	0.2942	0.4790	0.3366	0.2645	0.7629	0.7691	0.5556	0.4651
1999	0.5758	0.5155	0.4305	0.2747	0.4669	0.3185	0.2557	0.7436	0.7095	0.5153	0.4824
2000	0.5592	0.4590	0.4959	0.3007	0.4491	0.2821	0.2600	0.7346	0.6457	0.5203	0.4847
2001	0.5688	0.4543	0.4096	0.3277	0.4318	0.2955	0.2622	0.7279	0.6115	0.5245	0.4897
2002	0.5500	0.4628	0.4110	0.3354	0.4201	0.2700	0.2476	0.7298	0.6157	0.5324	0.4915
2003	0.5711	0.4748	0.3943	0.2769	0.4239	0.2528	0.2822	0.7310	0.5811	0.5402	0.5101
2004	0.5681	0.4926	0.4244	0.2768	0.4518	0.3254	0.3403	0.7126	0.4249	0.5251	0.5287
2005	0.5821	0.4910	0.4008	0.2529	0.4601	0.3202	0.3686	0.7077	0.5103	0.5291	0.5024
2006	0.5899	0.4742	0.4036	0.2744	0.4675	0.3478	0.3483	0.7105	0.5245	0.5135	0.4731
2007	0.5631	0.4510	0.4126	0.3055	0.4772	0.3492	0.3559	0.7017	0.5170	0.4912	0.4684
2008	0.5621	0.4705	0.4586	0.3442	0.4728	0.3997		0.7004	0.5110	0.4782	0.4825
2009	0.6072	0.5127	0.4772	0.4188	0.4804	0.4251	0.4303	0.7098	0.5525	0.4823	0.4781
2010	0.6352	0.5615	0.4795	0.4298	0.5024	0.3951	0.4405	0.7132	0.5670	0.4553	0.4662
2011	0.6498	0.6611	0.5150	0.4438	0.4903	0.3907	0.4354	0.6919	0.5582	0.4339	0.4589

资料来源：笔者依据相关数据计算。

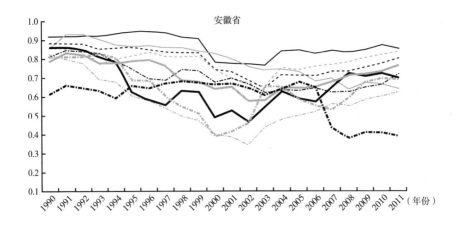

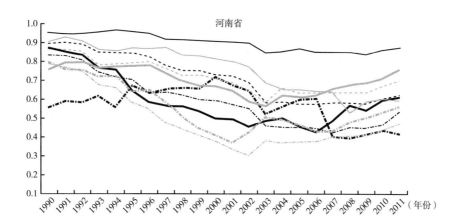

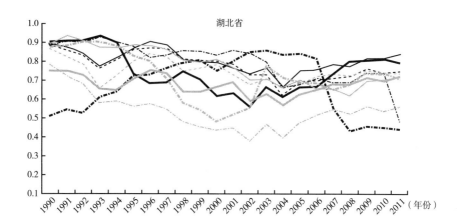

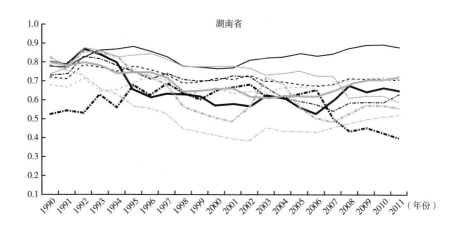

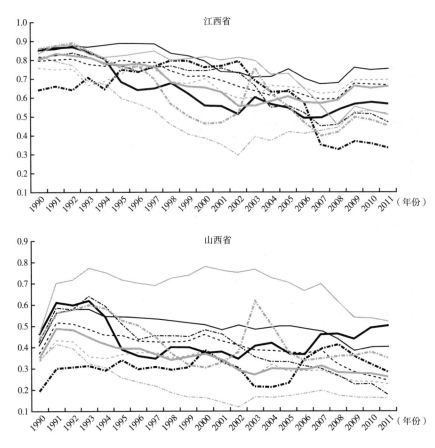

图 2-9 1990～2011 年中部六省对东部省份工业产业结构相似系数演变趋势

资料来源：依据笔者对相关数据的计算结果作图。

　　如图 2-9 所示，中部六省对东部地区各省工业产业结构相似系数整体上呈持续下降趋势。但这种持续下降趋势在中部六省内部有一定的差异，比如河南省和江西省对东部各省工业产业结构相似系数下降趋势最为明显，而安徽、湖北、湖南则在 2003～2005 年有一定的由降到升的转变趋势。但这种趋势不如西部地区明显，且之后的工业产业结构相似系数上升幅度并不大，并不影响对整体下降趋势的判断。此外，山西省对东部地区工业产业结构相似系数尽管也呈下降趋势，但相对于中部地区其他五个省，山西省对东部地区的工业产业结构系数分布和演变趋势均比较凌乱。而在表 2-18 中，中部地区对东部各省工业产业结构相似系数均值也呈现出与图 2-9 的分析相一致的演变趋势。

表 2 - 18　中部地区和东北地区与东部省份工业产业结构相似系数均值演变趋势

年份	安徽	河南	湖北	湖南	江西	山西	辽宁	吉林	黑龙江
1990	0.8226	0.8224	0.8253	0.7368	0.8028	0.3835	0.7414	0.7333	0.5099
1991	0.8387	0.8235	0.8219	0.7281	0.8122	0.5203		0.7301	0.6892
1992	0.8324	0.8118	0.8028	0.7790	0.8144	0.5193	0.7625	0.6635	0.4900
1993	0.8020	0.7740	0.7670	0.7706	0.7848	0.5149	0.6982	0.6307	0.4320
1994	0.7882	0.7644	0.7786	0.7425	0.7634	0.4842	0.6983	0.5977	0.3729
1995	0.7591	0.7493	0.7853	0.7302	0.7554	0.4534	0.6704	0.6214	0.4276
1996	0.7476	0.7271	0.7861	0.7144	0.7506	0.4295	0.7286	0.6069	0.4195
1997	0.7265	0.6992	0.7725	0.7039	0.7436	0.4196	0.6937	0.5897	0.3678
1998	0.7207	0.6730	0.7277	0.6484	0.7006	0.4102	0.6780	0.5282	0.3283
1999	0.7106	0.6550	0.7158	0.6394	0.6746	0.4068	0.6652	0.5045	0.2817
2000	0.6364	0.6443	0.6983	0.6409	0.6591	0.4238	0.6408	0.4620	0.2662
2001	0.6366	0.6226	0.7010	0.6388	0.6390	0.4025	0.6264	0.4244	0.2721
2002	0.6063	0.5988	0.6619	0.6478	0.6205	0.3832	0.6357	0.4172	0.2975
2003	0.6262	0.5633	0.7102	0.6566	0.6408	0.3973	0.6381	0.4517	0.3002
2004	0.6742	0.5772	0.6385	0.6503	0.6017	0.3882	0.6369	0.3719	0.3074
2005	0.6664	0.5692	0.6805	0.6341	0.6100	0.3682	0.6105	0.4467	0.3164
2006	0.6572	0.5635	0.6888	0.6221	0.5639	0.3684	0.6458	0.4671	0.3412
2007	0.6519	0.5507	0.6730	0.6148	0.5142	0.3885	0.6754	0.4402	0.3570
2008	0.6583	0.5591	0.6648	0.6280	0.5123	0.3620	0.6775	0.4598	0.3632
2009	0.6838	0.5660	0.7063	0.6388	0.5819	0.3300	0.6929	0.4955	0.4728
2010	0.6963	0.5947	0.6981	0.6401	0.5765	0.3325	0.7041	0.5097	0.4629
2011	0.7027	0.6156	0.6759	0.6352	0.5622	0.3169	0.6920	0.4963	0.4415

资料来源：笔者依据相关数据计算。

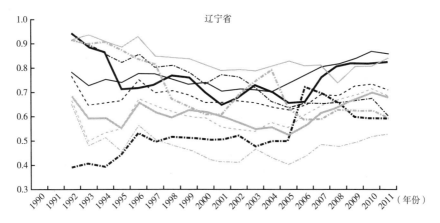

图 2 - 10　1990~2011 年辽宁省对东部省份工业产业结构相似系数演变趋势

资料来源：依据笔者对相关数据的计算结果作图。

　　而对于东北地区，如图2－10到图2－12所示，东北各省对东部各省的工业产业结构相似系数均体现出以2003～2005年为分界，前降后升的演变趋势，这在表2－18中东北三省对东部各省工业产业结构相似系数均值也得到验证。但东北三省中，辽宁的先降后升趋势弱于吉林和黑龙江两省。

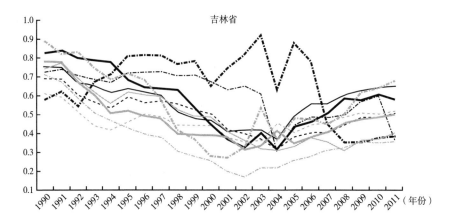

图2－11　1990～2011年吉林省对东部省份工业产业结构相似系数演变趋势

资料来源：依据笔者对相关数据的计算结果作图。

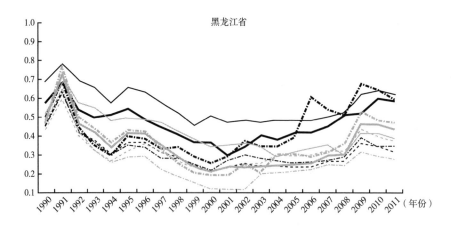

图2－12　1990～2011年黑龙江省对东部省份工业产业结构相似系数演变趋势

资料来源：依据笔者对相关数据的计算结果作图。

四　地级市层面数据的检验

　　相对于省域层面的数据，地级以上城市层面的数据完整性比较差，因而针对西、中部和东北地区地级以上城市与东部地级以上城市间工业产业结构相似系数的计算结果完整性也较低。根据对地级市层面产业结构相似系数的结算结果，得到 2000～2011 年，西部、中部和东北地区地级以上城市对东部地区地级以上城市工业产业结构相似系数的均值，如表 2 - 19 到表 2 - 21 所示。

从表 2 - 19 中的数据可见，2000～2011 年，西部地区地级以上城市与东部地区地级以上城市工业产业结构相似系数的均值整体上呈上升趋势，如图 2 - 13 所示。其间，南宁市从 2000 年的 0. 362 上升到 2010 年的 0. 455，重庆市从 2000 年的 0. 360 上升到 2011 年的 0. 526，成都市从 2000 年的 0. 580 上升到 2011 年的 0. 632，昆明市从 2000 年的 0. 310 上升到 2011 年的 0. 387，乌鲁木齐市从 2000 年的 0. 313 上升到 2011 年的 0. 398，包头市从 2000 年的 0. 269 上升到 2011 年的 0. 371。

表 2 - 19　西部与东部地区地级市工业产业结构相似系数均值演变趋势

地区（市）	2000	2001	2002	2003	2004	2005	2006	2007	2008	2009	2010	2011
南　宁	0. 362	0. 377	0. 344	0. 307	0. 327	0. 379	0. 382	0. 400	0. 407	0. 437	0. 455	0. 304
重　庆	0. 360	0. 336	0. 331	0. 333	0. 361	0. 382	0. 578	0. 389	0. 429	0. 456	0. 491	0. 526
成　都	0. 580	0. 577	0. 568	0. 546	0. 556	0. 557	0. 381	0. 618	0. 641	0. 659	0. 666	0. 632
昆　明	0. 310	0. 342	0. 296	0. 301	0. 335	0. 347	0. 305	0. 324	0. 386	0. 415	0. 389	0. 387
贵　阳		0. 355	0. 381	0. 392	0. 420	0. 423	0. 417	0. 436	0. 460	0. 467	0. 458	0. 491
西　安	0. 527	0. 499	0. 499	0. 471	0. 467	0. 466	0. 451	0. 440	0. 465	0. 477	0. 486	0. 487
兰　州	0. 489	0. 229	0. 242	0. 223	0. 290	0. 289	0. 273	0. 310		0. 334		
呼和浩特	0. 370	0. 340	0. 354	0. 283	0. 286	0. 275	0. 317	0. 344	0. 360	0. 393	0. 346	0. 364
银　川		0. 351	0. 351	0. 408	0. 330	0. 371	0. 358	0. 363	0. 364	0. 354	0. 353	0. 308
西　宁	0. 216	0. 234	0. 236	0. 250	0. 263	0. 250	0. 248	0. 264	0. 297	0. 270		
乌鲁木齐	0. 313	0. 296	0. 300	0. 350	0. 327	0. 326	0. 313	0. 341	0. 366	0. 415	0. 413	0. 398
柳　州	0. 371	0. 353	0. 343	0. 328	0. 326	0. 360	0. 367	0. 385	0. 410	0. 388	0. 391	0. 388
桂　林	0. 555	0. 540	0. 511	0. 518	0. 531	0. 536	0. 543	0. 548	0. 570	0. 540	0. 531	0. 000
包　头	0. 269	0. 259	0. 269	0. 286	0. 285	0. 303	0. 313	0. 334	0. 333	0. 331	0. 387	0. 371
乐　山	0. 469	0. 441	0. 428	0. 423			0. 509	0. 513	0. 531	0. 504	0. 496	0. 490
宜　宾	0. 179		0. 142	0. 136	0. 154	0. 174	0. 169	0. 182	0. 202	0. 223		
遵　义		0. 304	0. 255	0. 257	0. 244	0. 330	0. 310	0. 320	0. 273	0. 269	0. 248	0. 271

资料来源：笔者依据相关数据计算。

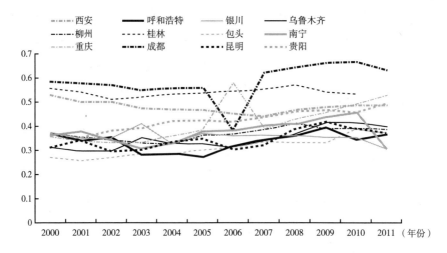

图 2 – 13   2000～2011 年西部主要地级以上城市对东部地级以上城市
工业产业结构相似系数均值演变趋势

资料来源：依据笔者对相关数据的计算结果作图。

同样地，如表 2 – 20 和图 2 – 14 所示，中部地区地级以上城市（除长沙市外）与东部地区地级以上城市工业产业结构相似系数均值在 2000～2011 年也呈上升趋势，而东北地区地级以上城市与东部地区地级以上城市之间工业产业结构相似系数的均值在 2000～2011 年亦呈相似的演变趋势，如表 2 – 21 和图 2 – 15 所示。

表 2 – 20   中部与东部地区地级市工业产业结构相似系数均值演变趋势

年份	2000	2001	2002	2003	2004	2005	2006	2007	2008	2009	2010	2011
武汉	0.473	0.539	0.524	0.531	0.507	0.535	0.550	0.550	0.508	0.541	0.574	0.545
长沙	—	0.453	0.466	0.455	0.455	0.394	0.363	0.452	—	—	0.372	0.346
南昌	0.473	0.476	0.441	0.435	0.458	0.497	0.509	0.544	0.578	0.603	0.598	0.595
太原	—	—	—	0.336	—	0.367	0.364	0.346	0.372	0.358	0.366	0.359
郑州	0.402	0.403	0.392	0.376	0.371	0.377	0.376	0.369	0.375	0.375	0.378	0.421
合肥	—	—	—	0.487	0.517	0.515	0.546	0.566	0.593	0.589	0.593	0.606
焦作	0.389	0.391	0.363	0.332	0.359	—	0.411	0.427	0.457	0.471	0.466	0.472
洛阳	0.300	0.273	0.282	0.273	0.365	0.388	0.384	0.393	0.408	0.434	0.433	0.427
平顶山	0.289	0.274	0.252	0.263	0.333	0.348	0.372	0.382	0.353	0.362	—	—
十堰	0.180	0.174	0.182	0.196	0.191	0.200	0.214	0.221	0.243	—	—	—
宜昌	—	—	—	—	—	—	0.394	0.413	0.444	0.471	0.484	
安庆	0.253	0.278	0.279	0.255	0.246	0.260	0.271	0.328	0.358	—	—	—
晋城	—	—	—	0.123	0.122	0.123	0.113	0.110	0.149	0.164	0.169	0.180

资料来源：笔者依据相关数据计算。

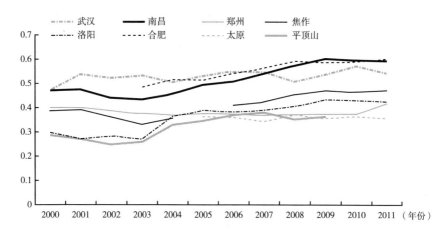

图2-14 2000~2011年中部地区主要地级以上城市对东部地区地级以上城市工业产业结构相似系数均值演变趋势

资料来源：依据笔者对相关数据的计算结果作图。

表2-21 东北地区与东部地区地级市工业产业结构相似系数均值演变趋势

地区	2000	2001	2002	2003	2004	2005	2006	2007	2008	2009	2010	2011
沈阳	0.513	0.495	0.474	0.471	0.512	0.533	0.522	0.546	0.588	0.597	0.595	0.570
大连	0.464	0.465	0.478	0.444	0.327	0.407	0.422	0.469	0.476	0.509	0.538	0.540
长春	0.202	0.190	0.193	0.195	0.195	0.202	0.210	0.223	—	0.291	0.297	—
哈尔滨	0.436	0.409	0.391	0.394	0.420	0.403	0.417	0.440	0.431	0.464	0.449	0.418
大庆	0.090	0.077	0.079	0.089	0.095	0.096	0.095	0.095	—	—	—	—
鞍山	—	—	0.276	0.278	0.266	0.290	0.290	0.306	0.337	—	—	—
吉林市	0.271	0.292	0.285	0.289	0.325	0.297	0.307	0.342	0.390	0.424	0.434	0.438
盘锦	—	—	0.153	0.157	0.110	0.045	0.118	0.126	0.122	—	—	—
齐齐哈尔	0.449	0.441	0.366	0.340	0.404	0.398	0.375	0.389	0.400	0.388	—	—
牡丹江	0.435	0.414	0.386	0.359	0.312	0.323	0.305	—	0.304	—	—	—
四平	0.434	0.402	0.416	0.379	0.390	0.412	0.433	0.399	0.419	0.412	0.422	—

资料来源：笔者依据相关数据计算。

与西部地区、中部地区、东北地区地级以上城市与东部地区地级以上城市之间工业产业结构相似系数上升趋势相对应的是，地级城市之间的工业产业结构相似系数要明显低于省域之间的工业产业结构相似系数。如表2-20到表2-22所示，西部地区、中部地区、东北地区地级以上城市与东部地区

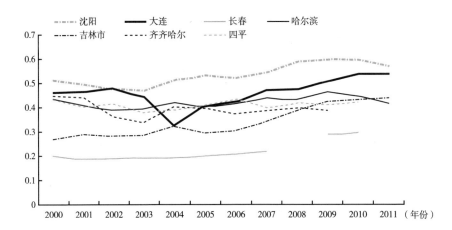

图 2-15 2000～2011 年东北地区主要地级以上城市对东部地区地级
以上城市工业产业结构相似系数均值演变趋势

资料来源：依据笔者对相关数据的计算结果作图。

地级以上城市之间工业产业结构相似系数均值在 0.3～0.4，超过 0.5 的西部地区只有成都市和桂林市，中部地区有武汉市、南昌市和合肥市，东北则只有沈阳市。与之相对比，基于省域层面的工业产业结构相似系数中，西部地区只有新疆、青海和云南低于 0.5，其他均超过 0.5，其中陕西、广西、重庆部分年份对东部地区工业产业结构相似系数的均值甚至超过 0.7；中部地区和东北地区只有山西和黑龙江低于 0.5，安徽、湖北、湖南和辽宁均超过 0.6，其他省份则介于 0.5～0.6。

五 关于我国区域工业产业结构同构性趋势检验的结论

关于我国区域工业产业结构同构化趋势分析的主要结论有：第一，省域层面的数据分析表明，除少数省份与全国工业产业结构相似性有所提高外，多数省份与全国的工业产业结构相似性在不断减弱。但相对而言，西部地区和中部地区与全国工业产业结构相似性减弱的趋势更加明显。第二，省域层面数据对人均 GDP 的分析结果表明，1999 年之前和 2011 年之后我国省域与全国工业产业结构相似系数没有体现出随人均 GDP 升高而上升或下降的趋势，但在 2000～2010 年随人均 GDP 升高而升高。第三，省域层面数据在地区之间的分析结果表明，西部地区的广西、重庆、甘肃、新疆、宁夏、青海和云南对东部地区各省工业产业结构相似系数均体现为以 2001～2005 年分界，之前下降而之后升高的演变趋势，四川、山西、内蒙古和贵州对东部地区各省份工业产业结构相似系数则呈持续下降的趋势；东北三省对东部各省的工业产业结构相似系数体现出以 2003～2005 年为分界点，下降后上升的趋势；中部六省对东部地区各省工业产业结构相似系数整体上呈持续下降趋势。第四，地级城市之间的工业产业结构相似系数要明显低于省域之间的工业产业结构相似系数。整体上，地级城市之间的工业产业结构系数在0.3～0.5，而省域层面的工业产业结构相似系数则介于 0.5～0.7。第五，西部地区、中部地区和东北地区对东部地区地级城市的工业产业结构相似系数均值在 2000～2011 年均呈上升趋势。

第三章

改革开放后东部地区的工业产业发展

第一节　改革开放后东部地区工业产业发展历程

一　东部地区经济的快速增长

1. 改革开放后东部地区经济增长概况

改革开放后，外商投资给我国东部地区带来了资金、技术和新的管理理念，推动了东部沿海地区的经济增长，而经济增长又带动了中国开放程度的不断加深。从 1978 年至 2011 年，全国 GDP 平均增长率为 9.89%，人均GDP 增长率为 8.77%。同期，福建省地区生产总值和人均地区生产总值的增长率分别为 12.77% 和 11.34%，分别比全国平均增长率高 2.88 个和 2.57个百分点；江苏省地区生产总值和人均地区生产总值的增长率分别为12.60% 和 11.56%，分别比全国平均增长率高 2.71 个和 2.79 个百分点；浙江省地区生产总值和人均地区生产总值的增长率分别为 12.84% 和 11.56%，分别比全国平均增长率高 2.95 个和 2.79 个百分点；广东省地区生产总值和人均地区生产总值的增长率分别为 13.43% 和 10.94%，分别比全国平均增长率高 3.54 个和 2.17 个百分点；山东省地区生产总值的平均增长率为12.02%，比全国平均增长率高 2.13 个百分点。即使是经济增长相对较慢的北京、上海、天津和河北省，1978 ~ 2011 年的 GDP 增长率也分别达到10.47%、10.17%、11.31% 和 10.76%，仍然分别比全国平均增长率高0.58 个、0.28 个、1.42 个和 0.87 个百分点；人均 GDP 增长率则只有北京和上海略低于全国平均增长率，分别为 7.71%、7.69%，天津和河北省略高于全国，分别为 9.31% 和 9.55%。

经过改革开放三十多年的快速发展，东部地区的经济发展水平已经大大高于全国平均水平。到 2011 年，东部地区十个省份除海南省外，地区生产总值均超过一万亿元，其中广东省超过了五万亿元，全部十个省份的地区生产总值占全国的比例达到 57.38%。2011 年，东部地区的广东、浙江、江苏、上海、福建、北京、天津、山东、河北和海南等十个省份的人均 GDP 分别为 50807 元、59249 元、62290 元、82560 元、47377 元、81658 元、85213 元、47335 元、33969 元和 28898 元，除河北省和海南省低于全国平均水平的 35181 元外，其他八个省份均远远超过全国平均水平，其中上海、北京和天津的人均 GDP 分别约是全国平均水平的 2.35 倍、2.32 倍和 2.42 倍。

经济的快速增长也带动了沿海地区收入水平的提高。2011 年，上海市、江苏省、浙江省、福建省和广东省的城镇人均可支配收入分别达到 36230 元、26341 元、30971 元、24907 元和 26897 元，农村居民人均可支配收入（或纯收入）也分别达到 15644 元、10805 元、13071 元、8779 元和 9372 元，远高于 2011 年全国城镇居民平均可支配收入 21810 元和农村居民纯收入 6977 元。1980 年，上海市、江苏省、浙江省、福建省和广东省的城镇居民人均生活消费支出分别为 553 元、435 元、428 元、392 元和 471 元，农村居民人均生活消费支出分别为 323 元、195 元、192 元、158 元和 222 元；到 2002 年，五省份的城镇居民人均生活消费支出分别提高到 10464 元、6042 元、8713 元、6632 元和 8988 元，农村居民人均生活消费支出也分别提高到 5302 元、2620 元、3693 元、2583 元和 2825 元。而到 2011 年，上海、江苏、浙江、福建和广东省的城镇居民人均生活消费支出更是进一步提高到 25102 元、16781 元、20437 元、16661 元和 20256 元，农村居民人均生活消费支出也分别提高到了 11272 元、7693 元、9644 元、6541 元和 6726 元，均高于全国城镇居民平均消费支出 15161 元和农村居民消费支出 5221 元。

2. 东部地区的三次产业结构演变

改革开放初期，由于资源要素的制约，沿海地区主要以劳动力和资源密集型产业为主，第一产业仍占有很大的比例。因为技术水平的落后，只能从事简单的产品加工生产，产业的发展仍然处于"早期工业化"阶段。1980 年，上海市三次产业结构比例依次为 3.2%、75.7% 和 21.1%，北京市为 4.4%、68.9%、26.·7%，江苏省的三次产业比例为 29.5%、52.3% 和

18.2%，浙江省为36%、46.8%和17.2%，福建省为36.7%、40.98%和22.32%，广东省为33.2%、41.1%和25.7%。随着改革开放的不断深入，制造业得到了迅速的发展，资金、技术密集型产业明显增加，东部地区的三次产业比例有了明显的改善。2004年，上海市的三次产业比例依次为1.0%、48.2%和50.8%，北京市为1.4%、30.8%、67.8%，江苏省为8.5%、56.5%和35%，浙江省为7.2%、53.8%和39%，福建省为13%、48.7%和38.3%，广东省为7.8%、55.4%和36.8%。到2011年，各省份的第一产业所占比重进一步降低，第二产业所占比重略有上升或下降，第三产业所占比重则有较大幅度的升高。2011年，上海市的三次产业结构比例进一步调整为0.7%、41.3%和58.0%，北京市为0.9%、24.0%和75.1%，江苏省为6.3%、51.3%和42.4%，浙江省为4.9%、51.2%和42.9%，福建省为9.2%、51.6%和39.2%，广东省为5.0%、49.7%和45.3%，进一步反映出各省份产业发展进程特点。

3. 东部地区的工业化阶段判断

工业化进程的衡量指标主要有霍夫曼指数、人均GDP、三次产业结构、城市化率、第一产业就业比重等。根据中国社会科学院经济学部课题组陈佳贵等人的研究成果，各个指标的阶段划分标准如表3-1所示。

表3-1 衡量指标与工业化阶段

时期	人均国内生产总值(美元)			产业结构比	第一产业就业人员占比(%)	城市化率(%)
	1964年	1970年	2000年			
前工业化阶段	100~200	140~280	660~1320	A>I	60以上	30以下
工业化初期	200~400	280~560	1320~2640	A>20%且A<I	45~60	30~50
工业化中期	400~800	560~1120	2640~5280	A<20%且I>S	30~45	50~60
工业化后期	800~1500	1120~2100	5280~9910	A<10%I>S	10~30	60~75
后工业化阶段	1500~2400	2100~3360	>9910	A<10%,I<S	10以下	75以上

注：表中A、S、I分别代表第一、二、三产业。

资料来源：陈佳贵、黄群慧、钟宏武：《中国地区工业化进程的综合评价和特征分析》，《经济研究》2006年第6期。

参照表3-1中对我国工业化进程衡量的各项指标，以2011年东部地区各省份统计年鉴中的数据为基础，计算得到东部各省份到2011年的各项指标及工业化阶段判断，如表3-2所示。整体上，北京和上海已经接近于后工业化阶段，天津处于工业化后期到后工业化的过渡阶段，江苏、浙江、福建和广东四个省大致处于工业化后期阶段，山东和河北两省则仍处于工业化中期阶段，而海南省则处于工业化初期阶段。

表3-2 2011年东部地区各省份主要的工业化进程指标及所处工业化阶段

地区	项目	人均GDP（美元,2000年）	三次产业结构（%）	第一产业就业比重（%）	人口城镇化率（%）
北京	指标值	6295	0.9∶24.0∶75.1	5.5	86.2
	工业化阶段	工业化后期	后工业化阶段	后工业化阶段	后工业化阶段
天津	指标值	7356.7	1.4∶52.4∶46.2	9.6	80.5
	工业化阶段	工业化后期	工业化后期	后工业化阶段	后工业化阶段
河北	指标值	2776	11.8∶53.5∶34.7	36.3	45.6
	工业化阶段	工业化中期	工业化中期	工业化中期	工业化初期
山东	指标值	—	8.8∶52.9∶38.3	34.1	51.0
	工业化阶段		工业化后期	工业化中期	工业化中期
上海	指标值	8012	0.7∶41.3∶58.0	3.4	89.3
	工业化阶段	工业化后期	后工业化阶段	后工业化阶段	后工业化阶段
江苏	指标值	5041	6.3∶51.3∶42.4	21.5	61.9
	工业化阶段	工业化中期	工业化后期	工业化后期	工业化后期
浙江	指标值	4797	4.9∶51.2∶42.9	14.6	62.3
	工业化阶段	工业化中期	工业化后期	工业化后期	工业化后期
福建	指标值	4374	9.2∶51.6∶39.2	26.3	58.1
	工业化阶段	工业化中期	工业化后期	工业化后期	工业化中期
广东	指标值	4571	5.0∶49.7∶45.3	23.9	66.5
	工业化阶段	工业化中期	工业化后期	工业化后期	工业化后期
海南	指标值	2479	26.1∶28.3∶45.6	48.99	50.5
	工业化阶段	工业化初期	工业化初期	工业化初期	工业化中期

资料来源：笔者依据相关数据计算。

二 东部地区工业产业发展概况

1. 工业总产值及工业内部结构

（1）工业总产值

经过改革开放后三十多年的快速发展，到2011年，东部十个省份中，除海南省外，工业总产值全部超过一万亿元，其中江苏省和广东省均超过了十万亿元，山东也接近十万亿元；工业增加值方面，广东、山东和江苏省工业增加值均超过两万亿元，并分别占各自GDP的46.3%、46.9%和45.4%；利税总额方面，山东和江苏省的规模以上工业企业利税总额均超过一万亿元。如表3-3所示。

（2）工业内部结构

如表 3 - 4 所示，分工业行业看，规模以上工业行业中，北京市的汽车及交通运输设备制造业、计算机及通信设备制造业和电力、热力生产供应业占规模以上工业总产值的比例均超过 10%；天津市规模以上工业总产值中所占比重最大的依次是黑色金属冶炼压延加工业、汽车及交通及运输设备制造业、计算机及通信设备制造业及石油和天然气开采业；黑色金属冶炼压延加工业在河北省规模以上工业总产值的所占比例高达 28.9%，而其他行业中除电力、热力生产供应业外所占比例均不超过 6%；上海规模以上工业产业中所占比例最高的依次是电器机械及器材制造业（17.8%），专用设备制造业（14.7%），金属制品业（7.6%），石油加工、炼焦及核燃料加工业（7.4）和汽车及交通运输设备制造业（6.3%），其他行业均低于 6%；江苏工业行业中主要是化学原料及化学制品制造业（10.9%），电器机械及器材制造业（10.8%）和计算机及通信设备制造业（13.8%）；浙江省、福建省和山东省的工业行业比例分布均相对分散，其中浙江省只有纺织业所占比重超过 10%，福建省仅有计算机及通信设备制造业接近于 10%（9.8%），山东省只有化学原料及化学制品制造业超过 10%（10.1%）；广东省的工业行业中，计算机及通信设备制造业占 22.6%，电器机械及器材制造业占 10.6%，二者合计约占广东省规模以上工业总产值的 1/3；海南省的工业相对比较薄弱，而且主要集中在石油加工、炼焦及核燃料加工业（36.3%）及汽车及交通运输设备制造业（8.6%）等少数工业行业。

表 3 - 3　2011 年东部十省份主要工业经济指标

地区	工业总产值（亿元）	工业增加值（亿元）	增加值占 GDP 比例（%）	利税总额（亿元）
北京	14513.6	2899.1	18.8	1806.2
天津	21528.3	5430.8	48.0	2970.1
河北	39698.8	11770.4	47.9	3701.0
上海	33834.4	7208.6	37.6	3815.7
江苏	107680.7	22280.6	45.4	11038.4
浙江	56406.1	14683.0	45.4	5464.5
福建	30330.6	7675.1	43.7	3107.4
山东	99505.0	21275.9	46.9	11233.5
广东	103493.4	24649.6	46.3	9608.3
海南	1724.2	475.0	18.8	302.3

注：表中工业企业利税总额为各省份规模以上工业企业的数据。全部数据均来自各省份 2012 年统计年鉴。

表 3-4 2011 年东部十个省份规模以上工业行业占工业总产值比例

项目	北京	天津	河北	上海	江苏	浙江	福建	山东	广东	海南
煤炭开采洗选	4.8	4.5	3.5	0.0	0.3	0.0	0.8	2.9	0.0	0.0
石油开采	1.3	8.7	0.8	0.0	0.1	0.0	0.0	1.3	0.7	0.7
黑色金属矿采选	1.5	0.4	5.5	0.0	0.1	0.0	1.2	0.4	0.3	2.2
有色金属矿采选	0.0	0.0	0.1	0.0	0.0	0.0	0.4	0.7	0.2	0.5
非金属矿采选业	0.0	0.1	0.3	0.0	0.2	0.2	0.5	0.4	0.3	0.2
其他矿采选业	0.0	0.0	0.0	0.9	0.0	0.0	0.0	0.0	0.0	0.0
农副食品加工业	2.2	2.5	4.4	1.4	2.4	1.5	5.5	8.5	2.4	6.1
食品制造业	1.5	3.3	1.5	0.6	0.5	0.8	2.6	2.1	1.4	2.7
酒、饮料和精制茶	1.4	0.7	0.9	2.0	0.7	0.8	1.9	1.0	0.9	1.0
烟草制品业	0.0	0.0	0.3	1.1	0.4	0.6	0.4	0.3	0.4	0.0
纺织业	0.6	0.4	3.2	1.3	5.7	10.3	6.1	6.3	2.5	0.2
纺织服装、服饰业	0.8	1.1	0.7	0.4	2.6	2.6	4.6	1.7	3.1	0.4
皮革、毛皮制品	0.1	0.1	2.0	0.2	0.6	2.2	7.1	0.8	1.9	0.4
竹木材加工	0.1	0.1	0.5	0.7	1.2	0.8	2.2	1.3	0.4	0.4
家具制造业	0.4	0.3	0.4	0.8	0.6	1.1	1.0	0.6	1.2	0.1
造纸及纸制业	0.5	0.7	1.2	0.5	1.1	2.0	2.5	2.2	1.8	4.2
印刷和记录媒介	0.8	0.2	0.4	0.4	0.3	0.5	0.4	0.4	1.0	0.1
文教、体育用品	0.1	0.3	0.4	4.8	0.6	0.6	0.6	1.2	3.1	0.0
石油加工、炼焦及核燃料加工	6.2	6.0	5.2	7.4	1.8	3.1	2.4	5.6	3.4	36.3
化学原料化学制品	2.6	5.6	4.6	1.3	10.9	8.1	3.7	10.1	5.2	7.2
医药制造业	3.1	1.6	1.4	0.1	1.7	1.5	0.7	2.0	1.0	4.3
化学纤维制造业	0.0	0.0	0.2	0.5	2.1	4.5	1.7	0.2	0.1	0.0
橡胶和塑料制品业	0.8	1.9	2.2	3.5	2.0	4.6	4.9	3.9	3.8	0.4
非金属矿物制品业	3.1	1.4	4.2	5.3	2.9	3.2	6.5	5.5	3.4	6.2
黑色金属冶炼压延	1.3	17.0	28.9	1.5	7.8	4.0	4.6	5.5	2.7	0.5
有色金属冶炼压延	0.7	3.0	1.2	2.7	2.8	3.8	2.7	3.9	2.7	0.2
金属制品业	1.7	4.0	4.1	7.6	3.6	3.8	2.0	3.8	4.7	1.7
通用设备制造业	4.1	4.1	4.0	3.7	6.0	6.9	2.9	5.2	3.0	0.0
专用设备制造业	3.9	2.9	2.3	14.7	3.7	2.3	2.0	3.7	1.7	0.3
汽车及交通设备制造业	17.3	10.2	4.1	6.3	7.1	6.9	4.5	5.5	5.7	8.6
电器机械及器材制造业	5.4	3.9	3.7	17.8	10.8	9.0	4.3	4.5	10.6	3.0
计算机、通信设备	14.0	9.8	0.6	1.1	13.8	3.8	9.8	3.7	22.6	0.8
仪器仪表制造	1.7	0.6	0.2	0.9	2.3	1.2	0.9	0.4	0.6	0.6
工艺品等	1.0	0.5	0.3	0.1	0.5	1.3	2.3	0.1	0.3	0.1
废弃材料回收加工	0.1	0.6	0.2	5.1	0.3	0.6	0.1	0.1	0.8	0.2
电力、热力	15.8	3.2	6.3	4.5	3.3	6.7	5.6	3.9	5.2	8.6
燃气生产供应	1.2	0.3	0.2	0.5	0.2	0.3	0.4	0.2	0.6	0.7
水生产供应	0.3	0.2	0.1	0.1	0.1	0.2	0.1	0.1	0.4	0.3

数据来源：根据 2011 年各省统计年鉴中的数据计算。

整体上，东部十个省份的工业行业分布中，汽车及交通运输设备制造业均占有较高的比重，其中低于 5% 的只有河北（4.1%）和福建（4.5%），北京和天津超过 10%，其他省份均在 5%~8%。一些省份的工业行业分布比较集中，比如北京市的汽车及交通运输设备制造业、计算机及通信设备制造业、电力和热力生产供应业，三者合计占北京市规模以上工业总产值的 47.1%，接近一半；天津市的黑色金属冶炼及压延加工业、汽车及交通运输设备制造业总共占天津市规模以上工业总产值的 27.2%；河北的黑色金属冶炼及压延加工业（28.9%）占河北省规模以上工业总产值的比例超过四分之一；广东的通信设备、计算机及其他电子设备制造业及电器机械及器材制造业合计占广东省规模以上工业总产值的 1/3；其他如江苏省的电器机械及器材制造业、计算机及通信设备制造业，海南省的石油加工、炼焦及核燃料加工业等均占有较高的比重。

2. 工业制造业分行业数据及其占全国的比例

分行业工业制造业数据来看，如表 3 - 5 所示，到 2011 年，东部十省份主要的工业行业中：纺织业和纺织服装业合计工业总产值约 35000 亿元，占东部工业总产值的 7% 左右，占全国该两个行业的 80% 以上；石油加工、化学原料与化学制品、医药制造、化学纤维等化工行业，四个产业的合计产值近 70000 亿元，占东部地区工业总产值的 14% 左右，占全国的比例也都接近或超过 50%；黑色金属冶炼及压延加工业，工业总产值 35571.7 亿元，占东部工业总产值的 7.2%，占全国该行业的 55.5%；通用设备制造业、专用设备制造业、汽车及交通运输设备制造业、电器机械及器材制造业，合计产值超过 9 万亿元，占东部工业总产值的比例接近 20%，并分别占全国上述行业的 85.8%、57.5%、69.4%、50.9%；电器机械制造业总产值超过 4 万亿元，占东部地区工业总产值的 8.4%，占全国该行业的 81.0%；计算机及通信设备制造业总产值接近 5 万亿元，占东部地区工业总产值的 10.0%，占全国该行业的 77.8%。

3. 高技术产业

2011 年，东部地区高技术产业工业总产值 72218.8 亿元，占全国的比例尽管比 2005 年的 89.5% 下降了约 8 个百分点，但仍然达到 81.7%；实现利税金额 5970.1 亿元，占全国的 76.45%；出口交货值 37625.1 亿元，占全国的 92.7%。分行业看，东部地区医药制造业实现工业总产值 7220.8 亿元（占东部地区高技术产业的 11.6%），占全国医药制造业总产值的 48.3%；

表 3-5　2011 年东部十个省份工业制造业分行业总产值比例分布及占全国的比例

项目	总产值(亿元)	占东部工业总产值比例(%)	占全国该行业比例(%)
农副食品加工业	18826.7	3.8	42.7
食品制造业	6718.7	1.4	47.8
酒、饮料和精制茶	4997.7	1.0	42.2
烟草制品业	2117.9	0.4	31.1
纺织业	24079.8	4.9	73.7
纺织服装、服饰业	10926.0	2.2	80.7
皮革、毛皮制品	7229.0	1.5	81.0
竹木材加工	4704.3	1.0	52.3
家具制造业	3371.1	0.7	66.2
造纸及纸制品业	7771.5	1.6	64.3
印刷和记录媒介	2435.8	0.5	63.1
文教、体育用品	6988.9	1.4	
石油加工、炼焦及核燃料加工	20450.9	4.1	55.4
化学原料化学制品	36344.7	7.3	59.8
医药制造业	7220.8	1.5	48.3
化学纤维制造业	5926.8	1.2	88.8
橡胶和塑料制品业	16087.4	3.3	70.2
非金属矿物制品业	19696.0	4.0	49.0
黑色金属冶炼压延	35571.7	7.2	55.5
有色金属冶炼压延	14413.9	2.9	40.1
金属制品业	20041.4	4.0	85.8
通用设备制造业	23584.9	4.8	57.5
专用设备制造业	18147.6	3.7	69.4
汽车及交通设备制造业	32225.9	6.5	50.9
电器机械及器材制造业	41644.9	8.4	81.0
计算机、通信设备	49611.2	10.0	77.8
仪器仪表制造	5173.0	1.0	67.8
工艺品等	2582.1	0.5	35.9
废弃材料回收加工	3419.4	0.7	

　　数据来源：根据 2011 年东部各省及全国统计年鉴中的数据计算。

航空航天器制造业实现总产值 895.5 亿元（占东部地区高技术产业的
1.2%），占全国航空航天器制造业的 46.8%；电子及通信设备制造业实现
总产值 38136.2 亿元（占东部地区高技术产业的 52.8%）和出口交货值
20818.2 亿元，占全国电子及通信设备制造业总产值的 87.5% 和出口交货值

的 93.6%；电子计算机及办公设备制造业实现总产值 19316.2 亿元（占东部地区高技术产业的 26.7%）和出口交货值 14699.0 亿元，占全国电子计算机及办公设备制造业总产值的 91.4% 和出口交货值的 92.6%；医疗设备及仪器仪表制造业实现工业总产值 5466.7 亿元（占东部地区高技术产业的 7.6%），分别占全国的 79.4% 和出口交货值的 93.4%。

三 东部地区工业产业发展的特点

1. 长三角三省

长三角三省的工业发展起步早，在 20 世纪 80 年代就已成为全国重要的传统加工制造业基地。20 世纪 90 年代以后，电子信息产业制造业迅速成长为该地区的支柱产业。[1] 目前三省拥有 15 个国家级高技术开发区，是中国发展水平最高的新现代制造业基地。长三角三省产业发展特点主要有以下两点。

第一，资本密集型现代制造业外向度不断提高。长三角三省的资本密集型工业产业包括半导体、通信等高技术产业和汽车、钢铁、化学、纤维等制造业，而且这些产业发展的外向度不断提高。1991～2010 年，三个省份的外商直接投资由 5 亿美元增长至 439.1 亿美元，占全国的比重由 11.4% 提高到 48.9%。在进出口方面，2011 年长三角三省的进出口总额、出口总额和进口总额分别占全国的 35.3%、38.9%、31.4%，而 2000 年则分别只有 27.0%、28.3%、25.6%，近十年间提高了 6～10 个百分点。[2]

第二，高科技—知识密集型产业在全国占有极为重要的地位。长三角三省产业门类齐全，轻重工业发达，是全国最大的综合性工业区，其纺织、服装、机械、电子、钢铁、汽车、石化等传统工业在全国占有重要的地位。但相对其他经济圈而言，长三角以微电子、光纤通信、生物工程、海洋工程、新材料等为代表的高新技术产业更为突出。2011 年，长三角三省高技术产业总产值 30231.6 亿元，出口交货值 17160.7 亿元，分别占全国的 34.2% 和 42.3%。分行业看，2011 年，长三角三省的医药制造业生产总值为 3109.6 亿元（占三省全部高技术产业的 10.3%），占全国的 20.81%，出口交货值为 472.5 亿元（占三省全部高技术产业的 2.8%），占全国的 45.85%；长三

---

① 陈秀山主编《中国区域经济问题研究》，商务印书馆，2005，第 169 页。
② 数据来源于《中国统计年鉴（2012）》。

角三省的航空航天器制造业生产总值为 252.1 亿元（占三省全部高技术产业的 0.8%），占全国的 13.18%，出口交货值为 90.1 亿元（占三省全部高技术产业的 0.5%），占全国的 32.76%；长三角三省的电子及通信设备制造业生产总值为 14451.8 亿元（占三省全部高技术产业的 47.8%），占全国的 33.2%，出口交货值为 8277.3 亿元（占三省全部高技术产业的 48.2%），占全国的 37.2%；长三角三省的电子计算机及办公设备制造业生产总值为 8939.1 亿元（占三省全部高技术产业的 29.6%），占全国的 42.3%，出口交货值为 7675.6 亿元（占三省全部高技术产业的 44.7%），占全国的 48.3%；长三角三省的医疗设备及仪器仪表制造业生产总值为 3479.0 亿元（占三省全部高技术产业的 20.3%），占全国的 50.54%，出口交货值为 645.3 亿元（占三省全部高技术产业的 3.8%），占全国的 54.91%。

2. 广东省

位于广东省的珠三角地区对外开放早，市场化程度高。广东省原有工业基础薄弱，20 世纪 80 年代通过"三来一补"和"三资"发展起来的工业，多是电子、家电、纺织、服装等产业，产业轻型化特点突出。20 世纪 90 年代以来，广东省紧紧抓住国际产业转移的机遇，加大产业结构调整的力度，与跨国公司合作，发展了汽车、石化等产业，产业结构也由加工型逐渐转变为制造型，以通信、家电和 IT 制造为支柱，形成了多个制造业中心和优势产业群，现已被列入世界前 20 名的制造加工区。[①] 广东省的产业发展特点主要有：

第一，产业外向度高。广东省产业外向度高主要体现在实际利用外资金额大且占全国的比例高，国有企业占工业总产值比例低而外资企业所占比例高，进出口贸易额及其占全国的比例大。改革开放以来，广东省尤其是珠三角地区凭借其毗邻港澳、靠近东南亚的地缘优势和华侨之乡的人缘优势，以"三来一补"、"大进大出"的加工贸易起步，并大量吸引境外投资，迅速成为中国经济国际化或外向化程度最高的地区。[②] 1979~2011 年，广东省实际利用外资占全国的比重为 20.1%。

如图 3-1 所示，广东历年实际利用外资金额及其占全国比例演变趋势

---

① 陈耀：《三大经济圈发展特征比较与一体化推进战略》，《中国经济时报》2003 年 9 月 22 日。

② 陈秀山主编《中国区域经济问题研究》，商务印书馆，2005，第 507 页。

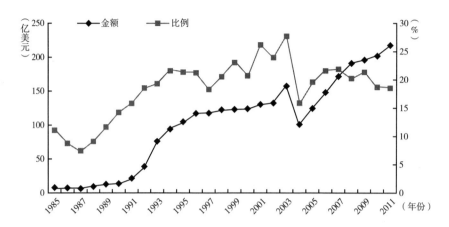

图 3 - 1 1985～2011 年广东省实际利用外资总额及其占全国的比重

资料来源：根据《广东省统计年鉴（2012）》和《中国统计年鉴（2012）》中相关数据计算并绘制。

中，广东省自 1995 年起，年实际利用外资金额均超过了 100 亿美元。而在 1994 年后，除 1997 年、2004 年、2005 年、2010 年和 2011 年外，广东省实际利用外资金额占全国的比例均超过 20%，最高的 2003 年达到了 27.8%。2011 年广东省国有企业仅仅占规模以上工业总产值的 14.7%，"三资"企业占工业总产值的 51.9%。2011 年，珠江三角洲地区外贸进出口总额 9134.7 亿美元，占全国的 25.1%；其中出口总额达到 5319.3 亿美元，占全国出口总额的 28.0%；进口总额 3815.4 亿美元，占全国的 21.9%；外贸依存度达到 113.1%，远远高于全国其他省。

第二，产业发展经历了从劳动密集型轻纺工业向资本、技术密集型的汽车、电子信息产业的发展历程。改革开放后，广东省尤其是珠三角地区产业发展以加工贸易为主，多以服装、玩具、家电等劳动密集型产业为主。但从 20 世纪 90 年代开始，随着外资的大量进入，广东省的工业产业发展重点逐渐转向资本和技术密集型产业。如表 3 - 6 所示，20 世纪 90 年代初，食品饮料及烟草加工业（含农副食品加工、食品制造业、饮料制造业和烟草加工业）、纺织服装皮革制造业、木材家具造纸文教用品等轻工业所占比例合计达到了 36.3%，但到了 2000 年下降到 22.7%，2005 年和 2011 年则进一步分别下降为 19.7% 和 20.2%；而化学工业、非金属矿物制品业、（黑色、有色）金属冶炼及压延加工业、金属制品业、机械工业（含通用设备、专用设备、交通运输设备及电器机械与器材采制造业）等资本密集型产业所占比例在 1990 年为 46.7%，2000 年降到 41.9%，2005 年和 2011 年分别为 41.0%、48.1%。广东省的通信设备、计算机及其他电子设备制造业在 20 世纪 90 年代获得快速发展，不仅工业总产值从 148.05 亿元上升到 3490.78 亿元，而且占全部规模以上工业总产值的比例也从 1990 年的 9.2% 上升到 2000 年的 28.4%，提高了 3 倍多。2000 年后，通信设备、计算机及其他电子设备制造业在广东省工业总产值中的比例虽有所降低（到 2011 年降为 22.6%），但产值超过了两万亿元，而且仍是广东省工业行业中所占比例最高的。

表 3 - 6 1990～2011 年广东省主要工业行业大类所占比例分布情况

单位：%

年份	1990	2000	2005	2011
采掘业	1.7	1.0	5.1	1.5
食品饮料及烟草制造业	14.8	5.4	6.0	5.1
纺织服装皮革制造业	15.2	11.0	7.9	7.5
木材家具造纸文教用品业	6.3	6.3	5.8	7.6
化学工业	18.2	13.5	12.7	13.6
非金属矿、金属冶炼与金属制品	11.6	11.1	10.1	13.5
机械工业	16.9	17.3	18.2	21.0
通信设备、计算机及其他电子设备制造业	9.2	28.4	22.3	22.6
其他	6.1	6.0	11.9	7.6

注：2005 年数据为依据工业增加值数据计算的结果，其他年份为依据工业总产值数据计算得到。

资料来源：根据历年《广东省统计年鉴》中的数据计算。

第三，广东省的高新技术产业以电子信息产业为主体。2011 年，广东省高技术产业总产值 23576.3 亿元，占全国高技术产业总产值的 26.7%。其中，电子及通信设备制造业总产值 15112.4 亿元，出口交货值 8365.1 亿元，分别占全国电子及通信设备制造业总产值和出口交货值的 34.7%、37.6%；电子计算机及办公设备制造业总产值 6883.7 亿元，出口交货值 5576.2 亿元，分别占全国电子计算机及办公设备制造业总产值和出口交货值的 32.6%、35.1%；二者合计占广东省高技术产业总产值的 93.3%，出口交货值的 97.7%。

3. 环渤海两省两市工业发展概况

计划经济时期，环渤海湾地区是中国重要的制造业基地，但改革开放之后发展一直滞后于珠三角和长三角。进入 20 世纪 90 年代以后，环渤海尤其是京津地区，电子信息、生物制药、新材料等高新技术产业发展迅速。[①] 环渤海地区两省两市制造业的发展特点主要有：

第一，国有及国有控股企业占有较大比重。环渤海经济地区的北京、天津、河北和山东等省份属于中国的老工业基地，因而传统计划经济体制的惯性影响较大。尽管近些年来所有制结构调整加快，但国有经济比重仍相对较高。[②] 2011 年，北京市的国有及国有控股工业产值占工业总产值比重达到 56.3%，比 2004 年的 53.7% 还有所提高；天津市 2011 年国有及国有控股工业产值占工业总产值比重为 40.0%，也比 2004 年的 33.5% 提高了 6.5 个百分点；河北省 2011 年国有及国有控股工业总产值比重为 27.0%，略高于全国的 26.2%；山东省 2011 年国有及国有控股工业产值占工业总产值比重为 19.6%，比 2004 年的 25% 有所降低。[③]

第二，重化工—资本密集型产业为主导。环渤海经济圈的北京、天津、河北和山东等省份是中国重化工业、装备制造业基地，其钢铁、机械、汽车、石油化工、建材、造船以及微电子等 IT 产业在全国占有重要地位。2011 年，天津、河北、山东三省的钢材产量就达到 31455.9 万吨，占全国钢材产量的 35.5%；北京、天津、河北、山东的汽车产量达到 422.1 万辆，占全国的 22.9%。在工业总产值中，北京、天津、河北和山东等四个省份分别占全国石油加工、炼焦及核燃料加工业的 26.5%，化学原料及化学制品制造业的 22.1%，橡胶和塑料制品的 22.9%，黑色金属冶炼及压延加工业的 32.2%，金属制品业的 27.7%，通用设备制造业的 20.2%，专用设备制造业的 21.9%。

第三，外资对产业发展作用增强。1996 年，北京、天津、河北和山东实际利用外资金额 70.8 亿美元，2011 年四个省份实际利用外资金额 359.5 亿美元，是 1996 年的 5 倍多。四个省份中除北京市外，利用外资主要集中在制造业领域。山东省 2011 年实际利用外资 111.6 亿美元，其中 62.8% 为制造业所利用；河北省 2011 年实际利用外资金额 46.8 亿美元，其中制造业为 33.3 亿美元，约占 71.2%。天津市到 2011 年底实际利用外资金额累计为

---

① 陈秀山主编《中国区域经济问题研究》，商务印书馆，2005，第 177～178 页。

② 陈明：《环渤海经济圈一体化发展之路》，《领导之友》2004 年第 2 期，第 22～24 页。

③ 数据来源：依据《中国统计年鉴（2012）》中的相关数据计算。

800.9 亿美元，其中 412.7 亿美元为制造业利用，约占 51.5%。

4. 福建省①

福建省处在长三角和珠三角之间，东部隔台湾海峡与中国台湾相望，其产业发展有其自身的特点。由于历史原因，福建省的产业发展起步晚且水平低。1978 年，福建省工业总产值只有 63.14 亿元，工业增加值 23.85 亿元，均为东部十个省份中除海南省外的最低值，且均不及广东的 1/3、山东的 1/4、江苏的 1/5，与浙江相比，也只有其一半左右。经过改革开放三十多年的发展，福建省工业产业获得了巨大的发展，到 2011 年，福建省实现工业总产值 30330.6 亿元和工业增加值 7675.09 亿元。工业增加值占地区生产总值的比例由 35.9% 提升到 43.7%。与除海南省外的东部其他省份相比，尽管仍然只有江苏、山东、广东的 1/3 左右，但已经超过了北京和天津，接近于河北和上海，与浙江的差距也有所缩小（相当于浙江省工业总产值的约 54%）。

福建省工业产业主要分布在福州、厦门和泉州，2011 年三个地区的工业增加值 4549.1 亿元，占福建省工业增加值的 59.3%。而且，福州、厦门和泉州三个地区工业产业侧重点各有不同，厦门市工业产业中最重要的是通信设备、计算机及其他电子设备制造业（占厦门市工业总产值的 35.0%），其次是电气机械及器材制造业（占厦门市工业总产值的 7.1%）、交通运输设备制造业（占厦门市工业总产值的 6.5%）和化学原料及化学制品制造业（占厦门市工业总产值的 5.7%）。福州市工业产业中，尽管通信设备、计算机及其他电子设备制造业所占比例也最高（14.0%），但相比于厦门，单一产业的重要性要小很多；而交通运输设备制造业（7.3%）、黑色金属冶炼及压延加工业（9.0%）、纺织业（9.3%）、农副食品加工业（7.1%）等行业均在福州工业产业中占有较重要的地位。泉州市的工业产业则主要集中在纺织鞋服、建筑建材、工艺制品、食品饮料和机械制造等五类产业，2011 年该五类产业工业总产值达到 5146.3 亿元，占泉州市规模以上工业总产值的 62.5%。而在上述五类产业中，纺织鞋服就实现工业总产值近 3000 亿元，占泉州市工业总产值的 1/3 以上。除以上五类产业化，石油化工是泉州市最重要的新兴产业，2011 年实现工业总产值 1193.8 亿元，占泉州市工业

---

① 数据来源：福建省的数据来源于《福建省统计年鉴（2012）》，福州市的数据来源于《福州市统计年鉴（2012）》，厦门市的数据来源于《厦门经济特区年鉴（2011）》，泉州市的数据来源于《泉州市 2012 年统计手册》。

总产值的比例也超过了 10%。

5. 海南省

海南省由于特殊的地理区位，产业发展起步晚且发展慢。1988 年海南建省时，其工业总产值只有 31.2 亿元。即使经过之后二十多年的发展，到 2011 年，海南省的工业总产值也只有 1724.2 亿元，是所有东部十个省份中最低的，只有其他九个省份中工业总产值最低的北京市的 10% 左右。石油加工业目前是海南省的第一大产业，占全部工业总产值的 1/3 以上。其他的工业产业的规模均较小。

第二节　东部地区工业主导产业演变

一　指标选取及数据来源

1. 关于主导产业评价指标的相关研究

在现代产业经济理论史上，有许多经济学家提出了界定和选择主导产业的基准。W. W. 罗斯托（W. W. Rostow）在《主导部门和起飞》（1998）中提出了所谓的"罗斯托基准"，即产业扩散效应理论和主导产业的选择基准。他认为，应该选择具有较强扩散效应（前瞻、回顾、旁侧）的产业作为主导产业，将主导产业的产业优势辐射传递到产业关联链上的各产业中，以带动整个产业结构的升级，促进区域经济的全面发展。A·赫希曼（A. Hirschman）则提出了联系效应理论和"产业关联度基准"。他认为，作为政府优先扶持发展的产业和主导产业应能推动诱发其他产业的发展。20 世纪 50 年代中期，日本学者筱原三代平提出的主导产业选择基准包含"收入弹性基准"和"生产率上升基准"，被称为"筱原两基准"。20 世纪 60 年代中期筱原三代平进一步提出"国际比较需求增长率标准"和"比较技术进步率标准"。之后有学者提出，应在"筱原两基准"的基础上增加"创造就业机会基准"、"防止过度密集基准"、"丰富劳动的内容基准"和"关联效果基准"等内容。

在国内，主导产业的选择基准研究越来越引起我国学术界的高度重视。许多学者基于日本经济学家的观点，结合中国国情加以补充提出了不同的选择基准和方法。比较有代表性的包括：关爱萍等（2002）指出，区域主导产业判定和选择应包括持续发展基准、市场基准或需求基准、效率基准、技术进步基准、产业关联基准和竞争优势基准。刘思峰（1998）等人提出评价优势产业的主要指标应包括收入弹性、增长率、技术进步贡献率、感应度系数、影响力系数、比较优势系数，且权重分别为 2、2、2、1.2、1.2、1.6。郭克莎（2003）则提出，工业化新时期新兴主导产业选择指标应主要包括增长潜力、就业功能、带动效应、生产率上升率、技术密集度、可持续发展性。刘克利、彭水军、陈富华（2003）等则构建了包括主导产业特征评价、主导产业领域内区域比较优势评价、区域经济背景要求等三个一级指标，以及包括技术要素相对密度、规模效应系数、产业关联度（含感应度系数和影响力系数）、需求收入弹性系数、显示性比较优势（区位熵）、市场占有率、就业吸纳率、输出诱发系数等在内的八个二级指标。此外，张志英（2000）、王开章（2003）、王青（2005）、刘洋、刘毅（2006）、童江华（2007）、胡建绩、张锦（2009）、魏敏和李国平（2004）等人也从不同角度提出了与前述文献相类似的主导产业选择评价指标。

2. 指标选取

学者构建的我国主导产业选择评价指标，总体上只能用于对近年来我国或各地区主导产业问题的研究，而不能从历史数据的角度考察我国或者各地区主导产业的演变。这主要是因为我国相关统计数据存在以下几个方面的缺陷：一是统计口径的改变。比如针对全国及各地区工业产业分行业的劳动力数据，2000 年之前的数据都是单位职工，而之后的数据则主要是从业劳动力，这两个统计指标有着巨大的差别，因而无法进行基于历史数据的纵向对比。二是各地区相关数据的缺乏。比如关于我国全国的投入产出表有 1987 年、1992 年、1995 年、1997 年、2002 年、2007 年等六年的投入产出表，而各地区的投入产出表则只有 2002 年和 2007 年这两年的。

鉴于上述原因，笔者在此处考察东部地区各省份自 20 世纪 80 年代以来的主导产业演变趋势时仅仅采用了两个相对简单的指标，一是工业产业的贡献度。采用的是各地区工业产业分行业的工业总产值占该地区全部工业总产值的比例，以衡量该产业对该地区产业乃至经济发展的重要性。二是区位熵，衡量的是相对于全国，该地区在某一产业领域内的比较优势。

3. 数据来源

本部分内容关于东部地区各省份主导产业演变趋势的分析，所采用的数据均来自相应年份各地区的统计年鉴，并在计算各地区分行业区位熵时收集整理了全国相对应年份统计年鉴中的工业分行业总产值数据。

对收集整理的数据，首先进行行业的归并整理，其中：采掘业包括了煤炭开采和洗选业、石油和天然气开采业、黑色金属矿采选业、有色金属矿采选业、非金属矿采选业和其他采矿业；食品加工与饮料业包括农副食品加工业（1990 年及之前的数据中无此行业）、食品制造业和饮料制造业；纺织服装皮革业包括纺织业、纺织服装鞋帽制造业（1990 年及之前的数据中为缝纫业）和皮革、毛皮、羽毛（绒）及其制品业；木材与家具制造业包括木材加工及竹、藤、棕、草制品业和家具制造业；造纸印刷与文体用品业包括造纸及纸制品业、印刷业和记录媒介的复制、文教体育用品制造业；石油加工、炼焦及核燃料加工等在 1990 年之前包括统计年鉴中的石油加工业和炼焦、煤气及其制品业，1995 年及之后则为统计年鉴中的石油加工、炼焦及核燃料加工业；橡胶和塑料制品业包括橡胶制品业和塑料制品业，其中部分省份 2011 年统计年鉴中的数据已将两个行业合并；机械设备制造业在 1990 年及之前的统计年鉴中为机械工业，在 1995～2000 年的统计年鉴中包括普通机械制造业与专用设备制造业，在 2005 年之后的统计年鉴中包括通用设备制造业和专用设备制造业；工艺品、废弃资源等制造业在 1990 年之前的统计年鉴中为工艺美术品制造业，在 1995 年至 2000 年为其他制造业（其中 2000 年各省份的该项数据缺失），在 2005 年之后则包括工艺品及其他制造业和废弃资源和废旧材料回收加工业；电力、热力、燃气和水生产供应业在 1990 年及之前的统计年鉴中为电力蒸汽热水生产和供应业，在 1995 年及之后的统计年鉴中则包括电力、热力的生产和供应业、燃气生产和供应业、水的生产和供应业。

二　数据处理结果及东部各省份工业主导产业演变①

对东部地区各省份 1985 年、1990 年、1995 年、2000 年、2005 年和 2011 年的工业总产值，计算各行业所占比例及其区位熵。

1. 北京市

如表 3-7 所示，北京市在 1985 年各工业行业中所占比例超过 5% 的依次是化学原料及化学制品业（13.81%）、纺织服装皮革业（13.38%）、机械设备制造业（10.86%）、黑色金属冶炼及压延加工业（7.02%）、食品加工与饮料业（6.85%）、交通运输设备制造业（6.52%）、通信及计算机电

---

① 本部分内容中关于各地区历年工业行业比例的计算及其排序，因数据多而篇幅有限，因此只在表中列出了排序结果，并在正文中标出相应的数值。需要查阅数据者请向作者索取。

子设备制造业（6.05%）、造纸印刷与文体用品业（5.37%），但上述七类行业中区位熵大于1的只有化学原料与化学制品业（2.07）、黑色金属冶炼及压延加工业（1.34）、交通运输设备制造业（1.51）、通信及计算机电子设备制造业（1.69）、造纸印刷与文体用品业（1.58）；1990年各工业行业所占比例最高的与1985年是一致的，唯一的差别是造纸印刷与文体用品业所占比例降低到了4.33%（区位熵为1.23）；与1985~1990年相比，1995~2000年北京市主导产业最大的变化是通信及计算机等电子设备制造业（所占比例从6%左右提升到1995年的10.41%、2000年的31.34%）、石油加工及炼焦等制品业（所占比例从1%左右提升到1995年的9.01%、2000年的9.69%）等行业所占比例的大幅度提升，以及化学原料与化学制品业（所占比例从13%以上降低到1995年的6.82%、2000年的5.21%）、纺织服装皮革业（所占比例从11%以上降低到1995年的7.63%、2000年的3.89%）等行业所占比例的快速下降，并且只有通信及计算机等电子设备制造业、黑色金属冶炼及压延加工业、石油加工及炼焦等制品业、交通运输设备制造业的区位熵大于1；2005~2011年，通信及计算机等电子设备制造业所占比例和区位熵的持续下降（从2000年的31.34%下降到2005年的25.56%、2011年的14.00%，区位熵从2000年的3.51下降到2005年的2.52、2011年的1.85），交通运输设备制造业所占比例和区位熵则不断上升（所占比例从2000年的3.93%升高到2005年的11.77%、2011年的17.25%，区位熵从2000年的0.62升高到2005年的1.80、2011年的2.30），以及作为基础产业的电力、热力、燃气和水的生产供应业所占比例和区位熵的不断上升（所占比例从2000年的3.78%上升到2005年的9.32%、2011年的17.25%，区位熵从2000年的0.62%升高到2005年的1.30、2011年的2.82）。

表3-7　1985~2011年北京市工业行业占工业总产值比例排序（所占比例超过5%）

年份	1985	1990	1995	2000	2005	2011
1	化学原料及化学制品业	化学原料及化学制品业	黑色金属冶炼及压延加工业	通信、计算机等电子设备制造业	通信、计算机等电子设备制造业	交通运输设备制造业
2	纺织服装皮革业	纺织服装皮革业	交通运输设备制造业	石油加工、炼焦等	交通运输设备制造业	电力、热力、燃气和水
3	机械设备制造业	机械设备制造业	通信、计算机等电子设备制造业	食品加工与饮料业	电力、热力、燃气和水	通信、计算机等电子设备制造业

续表

年份	1985	1990	1995	2000	2005	2011
4	黑色金属冶炼及压延加工业	黑色金属冶炼及压延加工业	食品加工与饮料业	黑色金属冶炼及压延加工业	石油加工、炼焦等	机械设备制造业
5	食品加工与饮料业	食品加工与饮料业	石油加工、炼焦等	机械设备制造业	黑色金属冶炼压延加工	采掘业
6	交通运输设备制造业	交通运输设备制造业	纺织服装皮革业	化学原料及化学制品业	机械设备制造业	石油加工、炼焦等
7	通信、计算机等电子设备制造业	通信、计算机等电子设备制造业	化学原料及化学制品业		食品加工与饮料业	电气机械及器材制造业
8	造纸印刷与文体用品业		机械设备制造业			食品加工与饮料业

资料来源：根据笔者计算结果整理。

从 1985 年到 2011 年全部数据看，北京市各工业行业所占比例下降幅度最大的主要是纺织服装和皮革制品业（所占比例从 1985 年的 13.38% 依次下降到 1990 年的 11.31% 、1995 年的 7.63% 、2000 年的 3.89% 、2005 年的 2.27% 、2011 年的 1.44%）、化学原料及化学制品业（从 1985 年的 13.81% 依次下降为 13.82% 、6.82% 、5.21% 、3.41% 、2.57%）、黑色金属冶炼及压延加工业（从 1985 年的 7.02% 上升到 1995 年的 14.46%，而后依次下降到 2000 年的 6.69% 、2005 年的 7.87% 、2011 年的 1.27%）。此外，1985 ~ 2011 年，食品加工与饮料业（所占比例依次为 6.85% 、8.57% 、9.94% 、7.65% 、5.45% 、5.51%，区位熵依次为 0.73 、0.96 、1.05 、0.93 、0.78 、0.62）、机械设备制造业（所占比例依次为 10.86% 、10.10% 、6.44% 、6.33% 、6.75% 、8.04%，区位熵依次为 0.97 、1.12 、0.85 、1.02 、0.93 、1.01）、通信及计算机等电子设备制造业（所占比例依次为 6.05% 、6.42% 、10.41% 、31.34% 、25.56% 、14.00%，区位熵依次为 1.69 、2.04 、2.25 、3.51 、2.52 、1.85）等行业占北京市工业总产值的比例稳定在 5% 以上，但却只有通信、计算机等电子设备制造业的区位熵保持在大于 1 的水平上。

综合上述分析，在 1985 ~ 2011 年的时间跨度上，食品加工与饮料业、机械设备制造业、通信及计算机等电子设备制造业在产值比例上成为北京的主导产业，但只有通信及计算机等电子设备制造业在该产业领域内拥有基于全国范围的较强比较优势；在 2005～2011 年的时间段上，通信及计算机等电子设备制造业、交通运输设备制造业在产值比例上成为北京的主导产业，且在各自产业领域内拥有基于全国范围的较强比较优势；以及作为北京市基础产业的电力、热力、燃气和水的生产供应业占有较高的比例且区位熵较大，表明其能够为北京市工业产业乃至经济发展提供良好的保障。

2. 天津市

如表 3-8 所示，天津市主导产业的演变可以大致划分为两个阶段。第一个阶段是 1990 年之前。在此阶段，纺织服装皮革业占天津市工业总产值的比重最高，在 1985 年和 1990 年分别达到 19.03% 和 17.30%，且区位熵均大于 1。其次是机械设备制造业，占天津市工业总产值的比重也都超过了 10%、区位熵均大于 1。除以上两类产业外，化学原料与化学制品业（产值比重分别为 8.51% 和 12.47%，区位熵分别为 1.28 和 1.55）、黑色金属冶炼及压延加工业（产值比重分别为 5.78% 和 10.98%，区位熵分别为 1.10 和 1.57）、电器机械及器材制造业（产值比重分别为 5.05% 和 5.63%，区位熵分别为 1.14 和 1.31）、通信及计算机等电子设备制造业（产值比重分别为 5.44% 和 5.52%，区位熵分别为 1.52、1.75），构成了天津市工业产业的几个相对次要的主导产业。

表 3-8　1985～2011 年天津市工业行业占工业总产值比例排序（所占比例超过 5%）

年份	1985	1990	1995	2000	2005	2011
1	纺织服装皮革业	纺织服装皮革业	通信、计算机等电子设备制造业	通信、计算机等电子设备制造业	通信、计算机等电子设备制造业	黑色金属冶炼及压延加工业
2	机械设备制造业	化学原料及化学制品业	交通运输设备制造业	黑色金属冶炼及压延加工业	黑色金属冶炼及压延加工业	采掘业
3	化学原料及化学制品业	黑色金属冶炼及压延加工业	纺织服装皮革业	化学原料及化学制品业	交通运输设备制造业	交通运输设备制造业
4	黑色金属冶炼及压延加工业	机械设备制造业	食品加工与饮料业	纺织服装皮革业	采掘业	通信、计算机等电子设备制造业
5	通信、计算机等电子设备制造业	食品加工与饮料业	化学原料及化学制品业	交通运输设备制造业	石油加工、炼焦等	机械设备制造业
6	电气机械及器材制造业	电气机械及器材制造业	黑色金属冶炼及压延加工业	采掘业	机械设备制造业	食品加工与饮料业

续表

年份	1985	1990	1995	2000	2005	2011
7		通信、计算机等电子设备制造业	机械设备制造业	食品加工与饮料业	化学原料及化学制品业	石油加工、炼焦等
8		金属制品业	采掘业	石油加工、炼焦等		化学原料及化学制品业
9			石油加工、炼焦等	电气机械及器材制造业		

资料来源：根据笔者的计算结果整理。

第二阶段是 1990 年后。在此阶段，黑色金属冶炼及压延加工业、交通运输设备制造业、通信及计算机等电子设备制造业是天津市三大主导产业。其中黑色金属冶炼及压延加工业占天津市工业总产值的比重和区位熵从1995 年（6.69%、1.00）开始不断提高，到 2011 年占天津市工业总产值的比重达到 17.01%（区位熵 2.24），是天津市的第一大产业。通信、计算机等电子设备制造业占天津市工业总产值的比重在 2005 年曾达到最高的23.87%（区位熵 2.35），其后虽急剧下降，但到 2011 年仍占天津市工业总产值的 9.82%（区位熵 1.30）。交通运输设备制造业自 1995 年开始占天津市工业总产值的比重就超过 6%，且区位熵均等于或大于 1。除上述三个主导产业外，石油加工和炼焦等、化学原料与化学制品业虽然占天津市工业总产值的比重也均超过 5%，但区位熵则较小。

3. 河北省

如表 3-9 所示，河北省工业主导产业在 1990 年之前主要是纺织服装皮革业，约占河北省工业总产值的比重 1/5，并且区位熵大于 1。随后，纺织服装皮革业占河北省工业总产值的比重开始不断下降，到 2011 年仅占5.95%；区位熵也不断减小，到 2011 年仅为 0.91。1995 年及之后，黑色金属冶炼及压延加工业成为河北省工业主导产业，其占河北省工业总产值的比重在 2005 年曾达到 39.97%（2011 年为 28.88%），区位熵达到 5.13（2011年为 3.80）。

除以上两个产业外，其他产业均未显示出可能发展成为河北省主导产业的潜力或趋势。比如食品加工与饮料业，虽然占河北省工业总产值的比重超过 5%，但区位熵小于 1，因此不能作为河北省的主导产业。采掘业在

1985～2011 年占河北省工业总产值的比重也均超过 7%，其中 1985 年、2000 年和 2011 年超过 10%，区位熵均大于 1；电力、热力、燃气和水的生产与供应业占河北省工业总产值的比重也均超过 6%，且区位熵都大于 1。但此两类产业作为一个国家或地区的初始产业部门或基础型产业而一般不列入主导产业的行列。

表 3–9　1985～2011 年河北省工业行业占工业总产值比例排序（所占比例超过 5%）

年份	1985	1990	1995	2000	2005	2011
1	纺织服装皮革业	纺织服装皮革业	黑色金属冶炼及压延加工业	黑色金属冶炼及压延加工业	黑色金属冶炼及压延加工业	黑色金属冶炼及压延加工业
2	采掘业	黑色金属冶炼及压延加工业	纺织服装皮革业	石油加工、炼焦等	电力、热力、燃气和水	采掘业
3	机械设备制造业	机械设备制造业	采掘业	电力、热力、燃气和水	采掘业	食品加工与饮料业
4	黑色金属冶炼及压延加工业	化学原料及化学制品业	化学原料及化学制品业	采掘业	食品加工与饮料业	电力、热力、燃气和水
5	食品加工与饮料业	采掘业	食品加工与饮料业	化学原料及化学制品业	石油加工、炼焦等	机械设备制造业
6	非金属矿物制品业	食品加工与饮料业	非金属矿物制品业	纺织服装皮革业		纺织服装皮革业
7	电力、热力、燃气和水	非金属矿物制品业	机械设备制造业	食品加工与饮料业		石油加工、炼焦等
8	化学原料及化学制品业	电力、热力、燃气和水	电力、热力、燃气和水			

资料来源：根据笔者的计算结果整理。

4. 山东省

如表 3–10 所示，1985～2011 年山东省的主导产业演变趋势有以下四个特点。第一，主导产业具有延续性。1985 年占工业总产值比例超过 5% 的纺织服装皮革业（24.6%，1.41）、机械设备制造业（10.65%，0.95）、食品加工与饮料业（10.10%，1.07）、采掘业（9.73%，1.59）、化学原料与化学制品业（5.16%，0.77），在随后的 1990 年到 2011 年占山东省工业总产值的比例也均超过 5%。而且纺织服装皮革业、食品加工与饮料业在 1985～2011 年山东省工业总产值中的比例合计均超过了 20%，且两个行业在历年的区位熵都大

于 1，是山东省最重要的两大支柱产业。第二，轻工业所占比例不断降低，而
重化工业所占比例则不断提高。由于属于轻工业的纺织服装皮革业和食品加
工与饮料业所占比例的逐渐下降，属于重工业的机械设备制造业、化学原料
及化学制品业、黑色金属冶炼及压延加工业、电气机械及器材制造业、交通
设备制造业所占比重在不断提高，表明山东省在工业化进程中重化工业的地
位在不断提升。第三，主导产业呈分散化趋势。从表 3 - 10 中关于山东省工业
行业占工业总产值比例排序看，1985 年山东省只有 5 类行业占山东省工业总
产值的比例超过了 5%，随后逐渐增加到 2011 年的 9 类行业。在表 3 - 10 中，
历年占山东省工业总产值比例最高的也从 1985 年的 24.60% 逐渐下降到 1990
年的 19.82%、1995 年的 14.08%、2000 年的 14.26%、2005 年的 13.31%、
2011 年的 11.59%，其在工业行业大类中的相对重要性日益减弱。第四，山东
省的主导产业在基于全国范围内的比较优势相对突出。2011 年占山东省工业
总产值比例超过 5% 的九类工业行业中，只有采掘业、黑色金属冶炼及压延加
工业、交通运输设备制造业的区位熵小于 1，其他六类行业均大于 1。

表 3 - 10　1985 ~ 2011 年山东省工业行业占工业总产值比例排序（所占比例超过 5%）

年份	1985	1990	1995	2000	2005	2011
1	纺织服装皮革业	纺织服装皮革业	食品加工与饮料业	食品加工与饮料业	食品加工与饮料业	食品加工与饮料业
2	机械设备制造业	食品加工与饮料业	纺织服装皮革业	纺织服装皮革业	纺织服装皮革业	化学原料及化学制品业
3	食品加工与饮料业	采掘业	采掘业	采掘业	机械设备制造业	纺织服装皮革业
4	采掘业	机械设备制造业	机械设备制造业	机械设备制造业	化学原料及化学制品业	机械设备制造业
5	化学原料及化学制品业	化学原料及化学制品业	非金属矿物制品业	电气机械及器材制造业	采掘业	采掘业
6		非金属矿物制品业	化学原料及化学制品业	化学原料及化学制品业	黑色金属冶炼及压延加工业	石油加工、炼焦等
7			石油加工、炼焦等	石油加工、炼焦等	非金属矿物制品业	交通运输设备制造业
8				非金属矿物制品业	电气机械及器材制造业	黑色金属冶炼及压延加工业
9						非金属矿物制品业

资料来源：根据笔者的计算结果整理。

5. 江苏省

从表 3-11 中关于江苏省 1987~2011 年工业总产值比例排序并结合相关数据分析,江苏省主导产业演变呈以下特征:首先,纺织服装皮革业和通信及计算机等电子设备制造业的相对地位逆转。2000 年前,纺织服装皮革业占江苏省工业总产值的比例都是最高的,并且在 1995 年前均超过 20%,但纺织服装皮革业占江苏省工业总产值的比例及其区位熵也呈不断下降的趋势,表明其在江苏省工业产业中的主导作用在不断下降。与之相对应的是,通信及计算机等电子设备制造业占江苏省工业总产值的比例则在 2005 年前呈不断升高的趋势(从 1985 年的 6.95% 升高到 2005 年的 16.14%)。尽管之后略微下降到 2011 年的 13.8%,但其区位熵则从 1995 年的 0.89 升高到 2000 年的 1.01、2005 年的 1.59 及 2011 年的 1.83,表明通信及计算机等电子设备制造业在江苏省工业产业中的主导地位在不断增强。其次,化学原料及化学制品业、机械设备制造业、电气机械及器材制造业在江苏省长期工业产业发展中均发挥着比较突出的主导性作用,其中化学原料及化学制品业占江苏省工业总产值的比例均超过 7% 且区位熵也都大于 1,机械设备制造业占江苏省工业总产值的比例均超过 8% 且区位熵也都大于 1,电气机械及器材制造业在 1995 年及之后占江苏省工业总产值的比例均超过 6% 且区位熵也都大于 1。最后,作为轻工业的代表,纺织服装皮革业和食品加工与饮料业的地位在下降,而诸如机械设备制造业、化学原料及化学制品业、电气机械及器材制造业、黑色金属冶炼及压延加工业、交通运输设备制造业的地位则不断提升。

表 3-11 1987~2011 年江苏省工业行业占工业总产值比例排序(所占比例超过 5%)

年份	1987	1990	1995	2000	2005	2011
1	纺织服装皮革业	纺织服装皮革业	纺织服装皮革业	纺织服装皮革业	通信及计算机等电子设备制造业	通信及计算机等电子设备制造业
2	机械设备制造业	机械设备制造业	机械设备制造业	机械设备制造业	纺织服装皮革业	化学原料及化学制品业
3	食品加工与饮料业	化学原料及化学制品业	化学原料及化学制品业	化学原料及化学制品业	化学原料及化学制品业	电气机械及器材制造业
4	化学原料及化学制品业	食品加工与饮料业	食品加工与饮料业	通信及计算机等电子设备制造业	黑色金属冶炼及压延加工业	机械设备制造业

年份	1987	1990	1995	2000	2005	2011
5	通信及计算机等电子设备制造业	非金属矿物制品业	电气机械及器材制造业	电气机械及器材制造业	机械设备制造业	纺织服装皮革业
6	非金属矿物制品业	通信及计算机等电子设备制造业	非金属矿物制品业	食品加工与饮料业	电气机械及器材制造业	黑色金属冶炼及压延加工业
7	电气机械及器材制造业		交通运输设备制造业			交通运输设备制造业

资料来源：根据笔者的计算结果整理。

6. 上海市

表 3 – 12 为上海市历年工业主导产业演变趋势。上海市的主导产业演变趋势可以划分为两个时间段。第一个时间段是 1995 年之前。在此阶段，上海市两个最重要的主导产业是纺织服装皮革业和机械设备制造业。1985 年、1990 年和 1995 年，纺织服装皮革业占上海市工业总产值的比重分别为 21.95%、17.28% 和 13.09%，区位熵则分别为 1.25、1.10 和 1.02；机械设备制造业占上海市工业总产值的比重则分别为 13.71%、13.37%、9.41%，区位熵依次为 1.23、1.48 和 1.25。在这一阶段，通信及计算机等电子设备制造业占上海市工业总产值的比重均超过 5%、区位熵均大于 1.2，电器机械及器材制造业占上海市工业总产值的比重均超过 5%、区位熵均大于 1.3，黑色金属冶炼及压延加工业占上海市工业总产值的比重均超过 7%、区位熵均大于 1，构成上海市除纺织服装皮革业和机械设备制造业外的三大主导产业。

上海市主导产业演变的第二个时间段是 1995 年到 2011 年。在这一阶段，机械设备制造业、交通运输设备制造业和通信及计算机等电子设备制造业构成上海市的三大主导产业。2000 年、2005 年和 2011 年，机械设备制造业占上海市工业总产值的比重分别为 7.86%、10.31%、11.87%，区位熵则依次为 1.27、1.42、1.49，呈逐渐上升的趋势；交通运输设备制造业占上海市工业总产值的比重分别为 11.66%、8.83%、15.49%，区位熵依次为 1.84、1.35、2.07，呈先下降后升高的演变趋势；通信及计算机等电子设备制造业占上海市工业总产值的比重分别为 12.01%、21.78%、18.76%，区位熵依次为 1.34、2.14、2.48，两项指标显示出，该产业无论是作为上海市主导产业对上海市工业产业发展还是在全国，该产业领域均占有重要的地位。除以上三大主导产业外，2000 年、2005 年和 2011 年，电器机械及器材制造业占上海市工业产业总产值的比重超过 6%、区位熵均大于 1，化学原料与化学制品业占上海市工业总产值的比重也超过 6%、但区位熵接近或略大于 1，二者构成上海市工业行业的另外两个主导产业。而曾经作为上海市主导产业的纺织服装皮革业、黑色金属冶炼及压延加工业不仅在上海市工业产业中所占比重不断降低，区位熵也不断减小，已经不再是上海市的主导产业。

表 3 - 12　1985 ~ 2011 年上海市工业行业占工业总产值比例排序（所占比例超过 5%）

年份	1985	1990	1995	2000	2005	2011
1	纺织服装皮革业	纺织服装皮革业	纺织服装皮革业	通信及计算机等电子设备制造业	通信及计算机等电子设备制造业	通信及计算机等电子设备制造业
2	机械设备制造业	机械设备制造业	黑色金属冶炼及压延加工业	交通运输设备制造业	机械设备制造业	交通运输设备制造业
3	黑色金属冶炼及压延加工业	黑色金属冶炼及压延加工业	交通运输设备制造业	黑色金属冶炼及压延加工业	交通运输设备制造业	机械设备制造业
4	化学原料及化学制品业	通信及计算机等电子设备制造业	机械设备制造业	纺织服装皮革业	黑色金属冶炼及压延加工业	化学原料及化学制品业
5	通信及计算机等电子设备制造业	化学原料及化学制品业	电气机械及器材制造业	机械设备制造业	化学原料及化学制品业	电气机械及器材制造业
6		电气机械及器材制造业	化学原料及化学制品业	电气机械及器材制造业	电气机械及器材制造业	黑色金属冶炼及压延加工业
7			通信及计算机等电子设备制造业	化学原料及化学制品业	石油加工、炼焦等	电力、热力、燃气和水
8			食品加工与饮料业		纺织服装皮革业	石油加工、炼焦等

资料来源：根据笔者的计算结果整理。

7. 浙江省

如表 3 - 13 所示，1986 ~ 2011 年，浙江省工业产业总产值中所占比例最高的均是纺织服装皮革业，且直到 2011 年仍然达到 15.14%（超过第二位的机械设备制造业约 6 个百分点），而区位熵最低的 1985 年也达到 1.60，1995 年之后更是均保持在 2.3 左右。除纺织服装皮革业外，机械设备制造业在 1986~2011 年占浙江省工业总产值的比例也均超过了 8%，并从 2000 年之后其区位熵大于 1；电气机械及器材制造业在 1986~2011 年占浙江省工业总产值的比例均超过 5%，区位熵也均大于 1.2；化学原料及化学制品业在 1986~2011 年占浙江省工业总产值的比例也超过 5%，但只有 2011 年的区位熵大于 1；食品加工与饮料业占浙江省工业总产值的比例呈逐渐下降的趋势，并从 2005 年开始下降到 3% 左右。此外，浙江省的交通运输设备制造业所占比例自 2000 年后呈逐渐升高的趋势，但区位熵仍然小于 1，表明其在全国的交通运输设备制造业领域内的比较优势仍然相对较弱。

表 3-13   1986~2011 年浙江省工业行业占工业总产值比例排序（所占比例超过 5%）

年份	1986	1990	1995	2000	2005	2011
1	纺织服装皮革业	纺织服装皮革业	纺织服装皮革业	纺织服装皮革业	纺织服装皮革业	纺织服装皮革业
2	机械设备制造业	食品加工与饮料业	食品加工与饮料业	机械设备制造业	机械设备制造业	机械设备制造业
3	食品加工与饮料业	机械设备制造业	交通运输设备制造业	电气机械及器材制造业	电气机械及器材制造业	电气机械及器材制造业
4	电气机械及器材制造业	化学原料及化学制品业	电气机械及器材制造业	食品加工与饮料业	电力、热力、燃气和水	化学原料及化学制品业
5	非金属矿物制品业	非金属矿物制品业	化学原料及化学制品业	化学原料及化学制品业	化学原料及化学制品业	电力、热力、燃气和水
6	橡胶和塑料制品业	电气机械及器材制造业	机械设备制造业	交通运输设备制造业	交通运输设备制造业	交通运输设备制造业
7	化学原料及化学制品业	橡胶和塑料制品业	非金属矿物制品业			
8			橡胶和塑料制品业			

资料来源：根据笔者的计算结果整理。

综上分析，浙江省的主导产业应界定为纺织服装皮革业、机械设备制造业、电气机械及器材制造业，以及可能发展为浙江省主导产业的化学原料及化学制品业、交通运输设备业。

8. 福建省

如表 3-14 及附表 A2.8 所示，除 2000 年外，食品加工与饮料业、纺织服装皮革业占福建省工业总产值的比例均超过 1/4。历年来，食品加工与饮料业分别占福建省工业总产值的 17.74%、13.87%、13.62%、8.39%、8.39%、10.02%，区位熵依次为 1.89、1.56、1.43、1.02、1.20、1.21；纺织服装皮革业占福建省工业总产值的比例依次为 11.30%、13.28%、17.82%、14.87%、18.17%、17.71%，区位熵则依次为 0.65、0.85、1.38、1.43、2.08、2.71；无论是从产值比重（对福建省工业产业发展的贡献）还是基于全国范围内该产业领域的比较优势来看，食品加工与饮料业、纺织服装皮革业都构成了福建省自改革开放以来工业产业中最重要的主导产业。除上述两个行业外，通信及计算机等电子设备制造业在 1985~2011 年占福建省工业总产值的比重超过 6%、区位熵大于 1，非金属矿物制品业在 1990~2011 年占福建省工业总产值的比重超过 5%、区位熵大于 1，构成福建省的另外两个主导产业。除上述四个产业外，从截至 2011 年的行业统计数据看，福建省没有其他产业具备发展成为其主导产业的潜力或趋势。

表 3-14 1985~2011 年福建省工业行业占工业总产值比例排序（所占比例超过 5%）

年份	1985	1990	1995	2000	2005	2011
1	食品加工与饮料业	食品加工与饮料业	纺织服装皮革业	通信及计算机等电子设备制造业	纺织服装皮革业	纺织服装皮革业
2	纺织服装皮革业	纺织服装皮革业	食品加工与饮料业	纺织服装皮革业	通信及计算机等电子设备制造业	食品加工与饮料业
3	通信及计算机等电子设备制造业	化学原料及化学制品业	通信及计算机等电子设备制造业	食品加工与饮料业	食品加工与饮料业	通信及计算机等电子设备制造业
4	机械设备制造业	造纸印刷与文体用品业	造纸印刷与文体用品业	电力、热力、燃气和水	非金属矿物制品业	非金属矿物制品业
5	化学原料及化学制品业	通信及计算机等电子设备制造业	电力、热力、燃气和水	非金属矿物制品业	电力、热力、燃气和水	电力、热力、燃气和水
6	造纸印刷与文体用品业	机械设备制造业	非金属矿物制品业	橡胶和塑料制品业	橡胶和塑料制品业	
7	橡胶和塑料制品业	橡胶和塑料制品业	橡胶和塑料制品业	造纸印刷与文体用品业		
8	采掘业	电力、热力、燃气和水				
9		非金属矿物制品业				

资料来源：根据笔者的计算结果整理。

9. 广东省

如表 3 – 15 所示，1985 ~ 2011 年，纺织服装皮革业、通信及计算机等电子设备制造业、电气机械及器材制造业均是广东省三大主导产业。其中通信及计算机等电子设备制造业自 2000 年后占广东省工业总产值的比例均超过 20%，且区位熵在 2.6 ~ 3.7，是广东省最重要的主导产业。电气机械及器材制造业自 1995 年后占广东省工业总产值的比例也均超过 10%，且区位熵均大于 1.7，是广东省工业产业中仅次于通信及计算机等电子设备制造业的主导产业。而纺织服装皮革业占广东省工业总产值的比例自 1990 年后就呈持续下降的趋势，到 2011 年下降到 7.43，且区位熵也仅仅 1.14，在广东省工业主导产业中的地位日渐削弱。

表 3 – 15　1985 ~ 2011 年广东省工业行业占工业总产值比例排序 （所占比例超过 5%）

年份	1985	1990	1995	2000	2005	2011
1	纺织服装皮革业	纺织服装皮革业	通信及计算机等电子设备制造业	通信及计算机等电子设备制造业	通信及计算机等电子设备制造业	通信及计算机等电子设备制造业
2	食品加工与饮料业	食品加工与饮料业	纺织服装皮革业	电气机械及器材制造业	电气机械及器材制造业	电气机械及器材制造业
3	电气机械及器材制造业	通信及计算机等电子设备制造业	电气机械及器材制造业	纺织服装皮革业	纺织服装皮革业	纺织服装皮革业
4	通信及计算机等电子设备制造业	电气机械及器材制造业	食品加工与饮料业	食品加工与饮料业	电力、热力、燃气和水	电力、热力、燃气和水
5	机械设备制造业	机械设备制造业	非金属矿物制品业			造纸印刷与文体用品业
6	采掘业	化学原料及化学制品业	造纸印刷与文体用品业			交通运输设备制造业
7	橡胶和塑料制品业	橡胶和塑料制品业	化学原料及化学制品业			化学原料及化学制品业
8			橡胶和塑料制品业			

资料来源：根据笔者的计算结果整理。

除了上述三类产业外，交通运输设备制造业占广东省工业总产值的比例呈持续上升的趋势，到 2011 年达到 5.73%，尽管区位熵只有 0.76，但 2011

年广东省交通运输设备制造业总产值达到5432.31亿元（其中汽车制造业产值4077.34亿元），在东部地区仅次于山东省的5478.95亿元（其中汽车制造业产值4086.91亿元），超过东部地区其他省份、全国其他省份的该产业规模。因此，交通运输设备制造业尤其是汽车制造业将可能逐渐发展为广东省的主导产业之一。与交通运输设备制造业在广东省主导产业中的发展趋势不同的是，曾经在广东省工业总产值占有较高比重的食品加工与饮料业到2005年已经降到5%以下、区位熵则下降到了不到0.6，纺织服装皮革业所占比重和区位熵也呈逐年下降的趋势，逐渐退出广东省主导产业的行列。

10. 海南省

海南省的工业产业规模较小，到2011年工业总产值只有1600亿元，工业增加值占海南省地区生产总值的比重也只有18.8%（第二产业为28.3%）。由于工业产业规模小，单一产业总产值的变化就可能剧烈地影响海南省工业产业结构。比如2005年海南省汽车运输设备制造业产值从2000年的18.7亿元增加到96.8亿元，就导致海南省的食品加工与饮料制造业占工业产业总产值的比例从原来超过25%下降到15.9%，而交通运输设备制造业所占比例则从不足10%提升到20.5%进而而成为海南省工业产业的第一大产业。同样的情况还出现在2007年，海南省石油加工、炼焦制品业（精炼石油产品制造业）总产值从2006的89.6亿元（占当年海南省工业总产值的14.0%）提高到342.8亿元（占当年海南省工业总产值的34.2%），从而使得石油加工、炼焦制品等成为海南省工业产业的第一大产业。由此，对海南省工业主导产业的界定只能分时间段确定为，2000年之前的食品加工与饮料业，2001~2006年的交通运输设备制造业，以及2007年之后的石油加工、炼焦等，如表3-16所示。

表3-16　1986~2011年海南省工业行业占工业总产值比例排序（所占比例超过5%）

年份	1986	1990	1995	2000	2005	2011
1	食品加工与饮料业	食品加工与饮料业	食品加工与饮料业	食品加工与饮料业	交通运输设备制造业	石油加工、炼焦等
2	采掘业	采掘业	交通运输设备制造	医药制造业	食品加工与饮料业	食品加工与饮料业
3	纺织服装皮革业	电力、热力、燃气和水	电力热力燃气和水	交通运输设备制造业	电力、热力、燃气和水	电力、热力、燃气和水
4	非金属矿物制品业	化学纤维制造业	非金属矿物制品业	电力、热力、燃气和水	造纸印刷与文体用品业	交通运输设备制造业

续表

年份	1986	1990	1995	2000	2005	2011
5	电力热力燃气和水	橡胶和塑料制品业		化学原料及化学制品业	化学原料及化学制品业	化学原料及化学制品业
6		通信计算机等电子设备制造			采掘业	
7		纺织服装皮革业			医药制造业	

资料来源：根据笔者的计算结果整理。

三　东部地区工业主导产业演变整体趋势

从上文的分析，可以总结出东部地区主导产业演变的以下两个特点。

首先，东部地区工业主导产业演变的阶段性特征。第一个阶段是20世纪90年代中期以前以纺织服装皮革业和食品加工与饮料业为代表的轻工业作为主导产业的阶段。在此阶段，纺织服装皮革业在除海南省外的东部地区九个省份工业总产值中的比重均超过了10%，其中浙江、江苏两省的工业总产值中纺织服装皮革业的比重在1985～1995年均超过了20%，且区位熵均大于1.6。食品加工与饮料业在东部省份工业总产值中的比重虽然低于纺织服装皮革业，但也是除上海市外其他东部省份重要的主导产业之一，且在此期间，山东和福建两省的食品加工与饮料业占工业总产值的比重均超过10%。第二个阶段是20世纪90年代中期以后至2000年之前，东部地区主导产业逐渐向重工业转变的阶段。在这一阶段，东部各个省份尽管纺织服装皮革业和食品加工与饮料业在工业总产值中的比重仍然较高，但已经开始大幅度下降。与之相对应的是，机械设备制造业、电器机械及器材制造业、黑色金属冶炼及压延加工业等重工业逐渐成为东部地区各省份的主导产业。第三个阶段则是2000年以后，以北京、天津、上海、江苏、广东为代表的省份，通信及计算机等电子设备制造业成为工业产业核心主导产业，机械设备制造业、电器机械及器材制造业、交通运输设备制造业在工业主导产业中的地位也得到大幅度的提升。

其次，东部地区各省份工业主导产业呈明显的梯度性特征。尽管东部地区各省份的整体经济发展水平均较高，但仍在主导产业演变趋势上体现出以上海市、北京市为第一梯队（到2011年主导产业以通信及计算机等电子设备制造业、机械设备制造业、电气机械及器材制造业和交通运输设备制造业

为主体），以天津市、浙江省、江苏省、广东省为第二梯队（主导产业以化
学原料及化学制品、电器机械及器材制造业、黑色金属冶炼及压延加工业及
通信与计算机等电子设备制造业为主体），以山东省、河北省、福建省、海
南省为第三梯队（到2011年主导产业以纺织服装皮革业、食品加工与饮料
业及化学原料及化学制品业、石油加工及炼焦等产业为主体）的梯度性特
征。由此三个梯队形成的东部地区主导产业演变过程中，除了珠三角、长三
角和环渤海湾三个区域内部的通过产业扩散带动区域发展外，更重要的是通
过区际产业转移或辐射带动三个经济区域外的中部地区、西部地区乃至东北
地区的产业发展。

第三节　东部地区工业优势产业

一　优势产业及其评价指标

对于优势产业评价指标的研究，总体上与主导产业比较相似，也大多选
择区位熵、产业关联度指标（姚晓芳、赵恒志，2006），劳动生产率、产业
增长率、市场占有率、资产利税率、区位熵、产业贡献率、规模效应系数、
就业吸纳率等指标（张艳芳、常相全，2013；赵惠芳、赵静、徐晟，
2009）。主要衡量指标如下。

1. 绝对量指标

以工业产业的就业量、工资支付、产值或增加值、实物产品产量、域内
收入或支出等指标绝对值考察地区优势产业。

采用绝对量指标来度量产业部门对地区经济增长的影响存在诸多问题。
以就业量指标为例。由于技术的进步、资本的积累，单个工人在这十年间的
生产率可能比上个十年有很大的提高，生产率的上升通常并不一定意味着产
业部门就业人数的增加[1]。因此，单从就业量指标来看，生产率的提高使得
产业部门对地区经济增长带动作用的增强就可能无法得到体现。而且，产业
部门较高的工资率、工作时间的延长、生产率和利润率的提高都意味着需要
消费更多的服务和将产业部门实物产品运送到域外的服务活动，这些都无法

---

[1] Frank L. Kidner; Philip Leff, An Economic Survey of the Los Angeles Area, *The Journal of Political Economy*, Vol. 54, No. 5. (Oct., 1946), pp. 457–458.

通过直接观察产业部门的就业量指标得到反映。此外，由于产业部门的就业量指标是以年为单位的，因而兼职或季节性的就业人员就无法反映到基础部门的度量中。[①]

2. 相对量（比例）指标

方法是计算各产业就业人数占工业产业就业人数的就业比例、各产业的工业总产值占地区工业总产值的比例、各产业的工业增加值占地区工业增加值的比例以及各产业工业增加值占地区生产总值的比例。在计算以上数据的基础上，依据各项指标进行排序，排在前列的产业则为地区优势产业。

3. 区位熵指标

区位熵是产业经济学、区域经济学中常用的分析区域产业布局和产业优势的指标，它是指一个地区特定部门的产值在该地区总产值中所占的比重与全国该部门产值在全国总产值中所占比重方面的比率[②]。区位熵的计算公式为：

$$LQ_{ij} = \frac{x_{ij} / \sum_i x_{ij}}{\sum_i x_{ij} / \sum_j \sum_i x_{ij}} \tag{3-1}$$

其中：i 表示第 i 个产业；j 表示第 j 个地区；x_{ij} 表示第 j 个地区的第 i 产业的某项指标。

如果区位熵大于 1，可以认为该产业是地区的优势产业，如果区位熵小于 1，则不能认定为地区优势产业。

4. 影响力系数与感应度系数

投入产出分析方法（Input Output Analysis）是研究经济系统中各单元间投入与产出相互依存关系的经济数量分析方法，最早由里昂惕夫于 1936 年在研究美国的经济结构和经济均衡问题时提出。价值型投入产出模型的一般形式如下：

$$\begin{cases} a_{11}x_1 + a_{12}x_2 + \ldots + a_{1n}x_n + y_1 = x_1 \\ a_{21}x_1 + a_{22}x_2 + \ldots + a_{2n}x_n + y_2 = x_2 \\ \ldots \\ a_{n1}x_1 + a_{n2}x_2 + \ldots + a_{nn}x_n + y_n = x_n \end{cases} \tag{3-2}$$

---

① Richard B. Andrews, Mechanics of the Urban Economic Base: The Problem of Base Measurement, *Land Economics*, Vol. 30, No. 1. (Feb., 1954), pp. 52 - 60.

② 孙畅、吴立力：《"区位熵"分析法在地方优势产业选择中的运用》，《经济论坛》2006 年第 21 期，第 12 ~ 13 页。

其中，a_{ij} 为直接消耗系数，表示生产 j 部门单位产品所需消耗 i 部门的产品量；x_i 表示 i 部门总产值，y_i 表示 i 部门最终需求值，$i = 1，2，\cdots，n$。

由 a_{ij} 构成的矩阵为直接消耗系数矩阵（A）。将直接消耗系数矩阵经过里昂惕夫矩阵代换，并求得里昂惕夫逆矩阵。求解过程的矩阵运算方程如下：

$$\bar{L} = (I - A)^{-1} \tag{3-3}$$

其中 I 为单位矩阵，$\bar{L}$ 为里昂惕夫逆矩阵，A 为直接消耗系数矩阵。

再将里昂惕夫逆矩阵减去单位矩阵得到完全消耗系数矩阵 B。

$$B = \bar{L} - I \tag{3-4}$$

在此基础上分别计算感应度系数和影响力系数。感应度系数反映当每一区域的每一个产业均增加一个单位最终需求时，对任一区域的任一产业所产生的全部需求影响。感应度系数大于 1，则表示对该产业的需求影响程度超过平均水平，系数越大，要求该产业所提供的需求越多。[1] 感应度系数的计算公式为：

$$某产业的感应度系数 = \frac{某产业横行逆阵系数的均值}{全部行业横行系数均值后的均值} \tag{3-5}$$

影响力系数指其他产业的生产发生变化时引起该产业的生产发生相应变化的程度。影响力系数反映当任一区域的任一产业增加一个单位最终需求时，对各区域所有产业所产生的全部生产需求的影响。影响力系数大于 1，则表示该产业所产生的生产波及影响程度超过平均水平，系数越大，该产业的生产拉动作用越大。[2] 影响力系数计算公式为：

$$某产业的影响力系数 = \frac{某产业纵列逆阵系数的均值}{全部产业纵列系数均值后的均值} \tag{3-6}$$

5. 动态竞争力指标

通过计算工业增加值率与全国相应行业的工业增加值率的比值、利税

---

① 姜畇芃：《基于产业关联的环渤海地区工业结构调整效应研究》，大连海事大学博士学位论文，2013，第 37~38 页。

② 姜畇芃：《基于产业关联的环渤海地区工业结构调整效应研究》，大连海事大学博士学位论文，2013，第 37~38 页。

率、销售收入年增长率、劳动生产率等指标与全国相应行业利润率的比值等
指标测算地区工业行业的竞争力，并通过测算历史数据考察期竞争力的动态
演变趋势。

二 东部地区工业优势产业评价

1. 主要工业产业指标比例

本课题研究选取东部地区 10 个省、自治区、直辖市的工业总产值、工
业增加值、从业人数、利税总额等四个指标，分别计算各行业在工业产业中
的比例，然后对工业总产值、从业人数、利税总额、工业增加值所占比例依
次按照 0.4、0.3、0.2、0.1 的权重进行加权得到综合指数，如表 3 - 17 所
示。

表 3 - 17　2011 年东部各地区工业产业分行业比例加权综合指数

行　业	北京	天津	河北	山东	江苏	上海	浙江	福建	广东	海南
煤炭开采和洗选业	3.3	4.0	4.4	4.7	0.5		0.0	1.0	0.0	
石油和天然气开采业	1.8	11.7	1.7	2.7	0.2	0.0	0.0		1.6	0.9
黑色金属矿采选业	1.6	0.5	7.4	0.5	0.1	0.0		1.9	0.3	4.6
有色金属矿采选业	0.0		0.2	0.7	0.0	0.0	0.1	0.4	0.3	0.5
非金属矿采选业		0.2	0.4	0.5	46.7	0.0	0.2	0.6	0.3	0.7
其他采矿业	0.0			0.0	0.0			0.0	0.0	
农副食品加工业	2.1	1.7	3.8	8.2	2.1	0.9	1.2	5.2	1.8	8.6
食品制造业	2.4	3.7	1.7	2.2	0.5	1.9	0.9	2.6	1.6	3.1
饮料制造业	1.9	0.8	1.0	1.3	0.9	0.7	0.9	2.2		2.0
烟草制品业			0.4	0.5	0.5	8.2	1.4	2.2	0.8	1.4
纺织业	0.9	0.7	4.1	7.3	6.4	1.8	11.1	5.8	2.7	0.4
纺织服装、鞋、帽制造业	1.8	2.7	1.0	2.5	4.2	2.3	4.0	5.0	4.2	1.5
皮毛皮绒及其制品业	0.1	0.3	3.2	1.1	0.8	0.8	3.2	7.7	3.2	0.1
木材加工及木竹藤棕草制品业	0.1	0.1	0.5	1.5	1.5	0.3	0.8	2.0	0.7	0.8
家具制造业	0.7	0.5	0.5	0.5	0.3	1.0	1.4	0.9	1.5	
造纸及纸制品业	0.6	0.9	1.3	2.1	1.1	1.0	1.9	2.5	1.7	4.7
印刷业记录媒介	1.5	0.3	0.5	0.5	0.4	0.8	0.6	0.4	1.1	0.2
文教体育用品制造业	0.2	0.4	0.2	1.5	0.9	0.7	1.0	0.6	3.5	0.0
石油核燃料加工业	3.6	4.1	3.5	4.0	1.4	5.1	2.7	2.1	2.7	24.5
化学原料制品制造业	2.9	4.6	4.8	8.9	9.6	6.0	6.7	3.7	4.7	7.5
医药制造业	4.8	2.2	1.9	2.3	1.8	1.7	1.8	0.7	1.1	5.8
化学纤维制造业		0.1	0.2	0.2	1.8	0.1	3.3	1.6	0.2	0.3
橡胶制品业	0.3	0.9	1.1		1.7	0.7	1.1	1.4	4.2	0.3

续表

行　业	北京	天津	河北	山东	江苏	上海	浙江	福建	广东	海南
塑料制品业	0.8	1.7	1.4	3.6	0.6	2.5	3.5	3.5	0.0	0.4
非金属矿物制品业	3.5	1.6	5.2	6.1	3.2	1.9	3.3	6.9	3.6	6.5
黑色金属冶炼及压延加工业	0.9	12.6	20.9	4.1	6.1	3.2	2.7	4.1	1.8	0.4
有色金属冶炼及压延加工业	0.6	2.0	1.2	3.1	2.0	1.0	2.6	2.8	2.0	0.3
金属制品业	2.2	4.4	3.9	3.7	4.0	3.4	4.1	2.0	4.8	1.2
通用设备制造业	4.9	4.9	4.8	5.5	6.1	8.0	7.7	2.8	2.9	0.1
专用设备制造业	5.2	3.4	2.8	3.7	4.0	4.1	2.6	2.0	1.9	0.4
交通运输设备制造业	16.1	10.7	4.7	5.1	7.6	15.3	6.6	4.4	5.7	7.8
电气机械及器材制造业	5.2	4.1	4.1	4.2	10.1	6.5	9.3	4.3	10.8	3.1
通信电子设备制造业	11.3	9.1	1.2	3.4	13.5	14.1	4.2	8.3	21.0	0.9
仪器办公用机械制造业	2.3	0.8	0.3	0.5	2.3	1.2	1.6	0.8	0.9	0.5
工艺品及其他制造业	0.9	0.6	0.5	0.1	0.6	0.1	1.6	2.4	0.9	0.1
废弃材料回收加工业	0.1	0.6	0.1	0.1	0.2	0.1	4.8	0.1	0.7	0.2
电热力的生产和供应业	13.5	2.4	4.9	2.8	2.4	3.1	4.8	4.7	4.3	8.4
燃气生产和供应业	1.1	0.3	0.2	0.2	0.2	0.4	0.2	0.5	0.5	0.7
水的生产和供应业	0.5	0.2	0.2	0.1	0.1	0.3	0.2	0.1	0.3	1.0

数据来源：笔者依据相关数据计算得到。

依据表 3 - 17 中的数据，可以得到东部地区各省、自治区、直辖市优势产业前五位的排序，如表 3 - 18 所示。

表 3 - 18　东部地区各省、自治区、直辖市主要优势产业排序

地区	产业排序				
	1	2	3	4	5
北京	交通运输制造业	电热力生产和供应业	通信电子设备制造	电气机械及器材制造业	专用设备制造业
天津	黑色金属冶炼及压延加工业	石油和天然气开采业	交通运输设备制造业	通信及其他电子设备制造业	化学及制品制造业
河北	黑色金属冶炼及压延加工业	黑色金属矿采选业	非金属矿物制品业	电热力生产和供应业	通用设备制造业
山东	化学及制品制造业	农副食品加工业	纺织业	非金属矿物制品业	通用设备制造业
上海	交通运输设备制造业	通信电子设备制造业	烟草制品业	通用设备制造业	电气机械及器材制造业
江苏	非金属矿采选业	通信及其他电子设备制造业	电气机械及器材制造业	化学及制品制造业	交通运输设备制造业

续表

地区	产业排序				
	1	2	3	4	5
浙江	纺织业	电气机械及器材制造业	通用设备制造业	化学及制品制造业	交通设备制造业
福建	通信及其他电子设备制造业	皮毛皮及其制品业	非金属矿物制品业	纺织业	农副食品加工业
广东	通信及其他电子设备制造业	电气机械及器材制造业	交通运输设备制造业	金属制品业	化学及制品制造业
海南	石油核燃料加工业	农副食品加工业	电热力生产和供应	交通运输设备制造业	化学及制品制造业

资料来源：根据笔者的计算结果整理。

2. 区位熵指数

将 2011 年各地区的工业总产值、从业人数、利税总额的行业分布比例除以全国的同类数据得到各地区分别以工业总产值、从业人数、利税总额为基础的区位熵指数，然后再按照工业总产值、从业人数、利税总额分别赋以 0.4、0.4、0.2 的权重，得到加权区位熵指数，如表 3 - 19 所示。[①]

表 3 - 19　2011 年东部各地区工业产业分行业区位熵加权综合指数

行　业	北京	天津	河北	山东	江苏	上海	浙江	福建	广东	海南
煤炭开采和洗选业	2.2	0.8	0.9	0.9	0.1	0.0	0.0	0.2	0.0	0.0
石油和天然气开采业	5.0	4.7	0.8	1.0	0.1	0.0	0.0		0.4	0.3
黑色金属矿采选业	7.1	0.4	6.4	0.5	0.1	0.0	0.0	1.5	0.2	4.8
有色金属矿采选业	4.2	0.0	0.3	1.1	0.0	0.0	0.1	0.5	0.3	0.7
非金属矿采选业	4.7	0.5	0.8	1.0	89.6	0.0	0.4	1.1	0.6	1.3
其他采矿业					1.6	0.0			0.3	0.0
农副食品加工业	0.7	0.4	0.8	1.9	0.4	0.2	0.3	1.1	0.4	2.2
食品制造业	2.0	2.1	1.0	1.2	0.3	1.1	0.5	1.5	0.8	1.8
饮料制造业	1.8	0.6	0.7	0.8	0.5	0.4	0.6	1.3	0.5	1.3
烟草制品业	1.7	0.0	0.6	0.6	0.6	4.7	0.9	1.6	0.6	2.0
纺织业	0.4	0.2	0.9	1.6	1.4	0.4	2.5	1.6	0.6	0.1
纺织服装、鞋、帽制造业	1.1	1.0	0.4	1.0	1.7	0.9	1.7	3.2	1.8	0.5
皮毛皮绒及其制品业	0.7	0.1	2.0	0.7	0.5	0.4	1.9	7.2	1.9	0.0

---

① 因全国数据中缺少工业增加值分行业数据，因此在计算区位熵时仅采用了工业总产值、从业人数和利税总额三个指标的分行业数据。

续表

行　业	北京	天津	河北	山东	江苏	上海	浙江	福建	广东	海南
木材加工及木竹藤棕草制品业	0.7	0.1	0.4	1.3	1.3	0.3	0.7	1.8	0.6	0.7
家具制造业	1.6	0.6	0.6	0.9	0.3	1.2	1.8	1.5	2.0	0.3
造纸及纸制品业	0.7	0.6	0.9	1.4	0.8	0.7	1.3	1.9	1.2	3.3
印刷业记录媒介复制	2.9	0.6	0.9	0.8	0.7	1.4	1.1	0.9	1.9	0.3
文教体育用品制造业	1.6	0.6	0.3	2.7	1.5	1.1	1.8	1.6	6.4	0.0
石油核燃料加工业	0.8	1.5	1.4	1.6	0.5	2.1	1.0	0.7	0.9	7.7
化学制品制造业	0.4	0.7	0.8	1.4	1.5	0.9	1.0	0.5	0.7	1.1
医药制造业	1.8	1.1	1.0	1.1	0.9	0.9	0.9	0.4	0.5	3.1
化学纤维制造业	0.5	0.1	0.4	0.3	2.1	0.2	4.8	2.3	0.2	0.5
橡胶制品业	0.6	1.0	1.2	2.0	2.0	0.8	1.2	1.7	4.8	0.4
塑料制品业	0.4	0.8	0.7	1.7	0.3	1.2	1.7	2.0	1.6	0.2
非金属矿物制品业	0.5	0.3	1.0	1.2	0.6	0.4	0.6	1.3	0.7	1.2
黑色金属冶炼及压延加工业	0.2	2.3	3.8	0.8	1.1	0.5	0.5	0.7	0.3	0.1
有色金属冶炼及压延加工业	0.2	0.6	0.4	0.9	0.6	0.3	0.7	0.8	0.6	0.1
金属制品业	0.6	1.5	1.4	1.3	1.4	1.2	1.4	0.8	1.7	0.4
通用设备制造业	0.7	1.0	1.0	1.1	1.2	1.6	1.6	0.6	0.6	0.1
专用设备制造业	1.1	1.1	0.9	1.1	1.2	1.3	0.8	0.7	0.6	0.1
交通运输设备制造业	1.2	1.5	0.7	0.7	1.1	2.1	1.0	0.6	0.7	1.1
电气机械制造业	0.5	0.7	0.7	0.7	1.7	1.1	1.5	0.7	1.8	0.5
通信电子设备制造业	0.8	1.2	0.2	0.5	1.8	1.8	0.6	1.3	2.9	0.1
仪器机械制造业	1.5	0.8	0.3	0.5	2.2	1.2	1.5	0.5	0.9	0.1
工艺品及其他制造业	0.5	0.6	0.5	0.1	0.4	0.5	1.6	3.0	0.3	0.1
废弃材料回收加工业	0.2	2.4	0.6	0.3	0.7	0.5	16.2	0.3	2.3	1.1
电热力生产供应业	1.7	0.6	1.2	0.6	0.5	0.6	1.0	0.9	0.9	2.5
燃气生产和供应业	2.3	1.1	0.9	0.6	0.6	1.3	0.6	1.2	1.1	2.4
水的生产和供应业	1.4	0.9	0.8	0.5	0.7	1.1	1.1	0.9	1.5	3.6

数据来源：笔者依据相关数据计算。

依据表 3－19 中的数据，北京市的加权区位熵综合指数大于 1 的工业行业有黑色金属矿采选业、饮料制造业、燃气生产和供应业、印刷业记录媒介复制等 19 种行业，天津市有石油和天然气开采业、食品制造业等 14 种，河北省有黑色金属矿采选业、皮毛皮绒及其制品业、石油核燃料加工业、橡胶制品业、黑色金属冶炼及压延加工业、金属制品业、电热力生产供应业等 11 种，山东省有石油和天然气开采业、有色金属矿采选业、其他采矿业、农副食品加工业、食品制造业等 19 种，江苏省有非金属矿采选业、纺织业、纺织服装鞋帽制造业、木材加工及木竹藤棕草制品业等 16 种，上海市有食品制造业、烟草制品业、家具制造业等 16 种，浙江省有纺织业、纺织服装鞋帽制造业、皮毛皮绒及其制品业、家具制造业、造纸及纸制品业等 17 种，福建省有黑色金属矿采选业、非金属矿采选业、农副食品加工业、食品制造业等 20 种，广东省有造纸及纸制品业、皮毛皮绒及其制品业、家具制造业、纺织服装鞋帽制造业等 13 种，海南省有黑色金属矿采选业、非金属矿采选业、农副食品加工业、食品制造业、饮料制造业、烟草制品业等 16 种。

3. 影响力系数与感应度系数

以东部地区各省、自治区、直辖市 2007 年的价值型投入产出表数据为基础，通过求解直接消耗系数矩阵和里昂惕夫逆矩阵，得到各地区工业行业的影响力系数和感应度系数如表 3 - 20 和 3 - 21 所示①。

表 3 - 20　东部各省、自治区、直辖市工业行业的影响力系数（2007 年）

工业行业	北京	天津	河北	山东	江苏	上海	浙江	福建	广东	海南
煤炭开采洗选业	1.58	1.08	1.06	1.02	0.93	0.36	0.81	0.92	0.41	0.43
石油天然气开采业	0.92	0.72	0.71	1.02	0.96	0.57	0.34	0.40	0.70	0.43
金属矿采选业	0.85	0.37	0.36	1.05	1.08	0.36	0.98	0.96	1.11	1.12
非金属矿其他采选业	1.33	1.15	1.14	0.75	1.14	0.36	1.13	0.91	1.27	1.06
食品制造及烟草加工业	1.32	1.13	1.13	1.07	0.97	0.87	0.96	1.06	1.09	1.02
纺织业	1.24	1.19	1.18	1.17	1.18	1.26	1.21	1.32	1.25	1.24
纺织服装鞋帽及其制品业	1.14	1.21	1.20	1.18	1.22	1.11	1.21	1.28	1.15	1.12
木材加工及家具制造业	1.43	1.26	1.25	0.97	1.22	1.10	1.25	1.07	1.21	1.15
造纸印刷文体用品制造业	1.31	0.74	1.17	1.32	1.12	1.21	1.31	1.19	- 1.43	0.97
石油核燃料加工业	1.41	1.15	1.13	1.26	1.18	0.96	0.69	1.03	1.15	0.87
化学工业	1.17	1.19	1.17	1.16	1.21	1.20	1.22	1.28	1.32	1.17
非金属矿物制品业	1.44	1.17	1.16	1.04	1.17	1.03	1.13	1.09	1.21	1.20
金属冶炼及压延加工业	1.45	1.24	1.22	1.34	1.28	1.16	1.52	1.26	1.58	1.40
金属制品业	1.52	1.37	1.35	1.24	1.34	1.19	1.37	1.20	1.46	1.23
通用、专用设备制造业	0.99	1.24	1.22	1.26	1.29	1.24	1.31	1.13	1.50	1.21
交通运输设备制造业	1.33	1.36	1.34	1.24	1.24	1.28	1.34	1.29	1.55	1.45

①　与表 3 - 17 和表 3 - 19 相比，表 3 - 20 和表 3 - 21 中，金属矿采选业包含了黑色金属矿采选业和有色金属矿采选业，食品制造及烟草加工业则包含了农副食品加工业、食品制造业、饮料制造业、烟草制品业，纺织服装皮革羽绒业包含了纺织业、纺织服装鞋帽制造、皮革毛皮及羽毛制品业，木材加工及家具包含了木材加工及制品业、家具制造业，造纸印刷及文体用品业包含了造纸及纸制品业、印刷业和记录媒介复制、文教体育用品制造业，化学工业包含了化学原料及化学制品、医药制造业、化学纤维制造业、橡胶制品业、塑料制品业，金属冶炼及压延加工业包含了黑色金属冶炼及压延加工业和有色金属冶炼及压延加工业，通用、专用设备制造业包含了通用设备制造业和专用设备制造业。

续表

工业行业	北京	天津	河北	山东	江苏	上海	浙江	福建	广东	海南
电气机械及器材制造业	−5.20	1.29	1.27	1.33	1.29	1.26	1.39	1.18	1.57	1.17
通信及其他电子设备制造业	1.49	1.32	1.31	1.47	1.30	1.60	1.36	1.33	1.74	1.21
仪器机械制造业	1.00	1.22	1.21	1.13	1.29	1.27	1.28	1.26	1.64	1.32
工艺品及其他制造业	1.52	1.25	1.28	1.06	1.17	1.09	1.26	1.22	1.35	1.46
废品废料回收加工业	1.43	0.63	0.62	0.99	0.41	1.52	1.51	1.21	0.79	0.89
电热力的生产和供应业	1.38	1.07	1.05	1.04	1.15	0.83	1.02	1.05	1.09	0.91
燃气生产和供应业	0.62	1.14	1.13	1.26	1.10	1.03	0.77	1.03	1.71	1.11
水的生产和供应业	1.21	0.92	0.91	1.12	0.90	1.03	0.91	1.04	0.82	1.06

数据来源：笔者依据相关数据计算。

表 3 - 21 东部各省、自治区、直辖市工业行业感应度系数（2007 年）*

工业行业	北京	天津	河北	山东	江苏	上海	浙江	福建	广东	海南
煤炭开采和洗选业	1.55	1.06	1.05	1.30	0.98	0.96	1.01	0.82	0.78	0.46
石油天然气开采业	1.59	0.88	0.87	1.57	1.77	1.49	1.69	0.86	1.98	2.43
金属矿采选业	0.75	0.41	0.40	0.94	0.90	0.53	0.70	0.79	1.03	1.53
非金属矿其他矿采选业	0.66	0.49	0.48	0.49	0.53	0.48	0.42	0.66	0.54	0.57
食品制造及烟草加工业	0.81	1.10	1.08	1.31	1.20	0.79	0.79	1.11	0.88	1.16
纺织业	1.14	0.89	0.89	1.24	1.18	0.89	1.46	1.40	1.12	0.67
纺织服装鞋帽其制品业	0.57	0.55	0.54	0.75	0.75	0.45	0.77	1.40	0.65	0.45
木材加工及家具制造业	0.73	0.72	0.63	0.73	0.75	0.45	0.70	0.71	0.65	0.86
造纸印刷文体用品制造业	1.16	0.76	1.00	1.38	1.00	0.88	1.14	1.30	0.03	1.58
石油核燃料加工业	1.66	1.77	1.76	1.55	1.61	1.35	1.04	1.13	1.67	2.46
化学工业	2.20	2.74	2.81	4.18	3.38	3.40	4.16	3.70	2.79	2.08
非金属矿物制品业	0.86	0.79	0.78	0.89	0.88	0.84	0.73	1.30	0.92	0.68
金属冶炼及压延加工业	1.43	3.27	3.23	2.71	3.67	3.04	4.49	2.03	2.34	0.98
金属制品业	0.81	1.20	1.18	0.92	1.02	0.96	1.64	0.74	1.58	0.93
通用、专用设备制造业	1.21	1.06	1.06	1.68	1.62	0.92	0.95	0.54	0.97	0.61
交通运输设备制造业	1.35	0.93	0.92	1.38	1.08	0.70	0.55	0.92	1.01	1.76
电气机械及器材制造业	0.61	0.76	0.75	1.24	1.14	0.83	1.05	0.58	1.25	0.78
通信及其他电子设备制造业	1.74	1.18	1.21	1.36	1.70	1.70	1.16	1.99	3.10	0.45
仪器机械制造业	0.84	0.59	0.58	0.59	0.68	0.71	0.43	0.64	0.89	0.45
工艺品及其他制造业	0.51	0.55	0.54	0.49	0.49	0.40	0.47	0.75	0.53	0.44
废品废料回收加工业	0.92	0.80	0.85	0.53	0.64	1.14	1.99	1.13	0.60	0.44
电热生产和供应业	3.04	2.11	2.12	1.90	2.13	1.59	2.14	2.20	2.07	1.40
燃气生产和供应业	0.54	0.60	0.58	0.36	0.42	0.57	0.50	0.56	1.59	0.56
水的生产和供应业	0.46	0.70	0.69	0.41	0.39	0.40	0.38	0.51	0.48	0.46

注 * 新疆各工业行业的影响力系数和感应度系数完全一致。经笔者多次核对数据来源和计算过程无误。

数据来源：笔者依据相关数据计算。

依据表 3-20 和表 3-21 中东部各省自治区、直辖市工业分行业的影响力和感应度数据，北京市工业行业中影响力系数最高的主要是煤炭开采洗选业（1.58）、金属制品业（1.52）、工艺品及其他制造业（1.52）、通信其他电子设备制造业（1.49）等，而感应度系数最高的主要是电力热力生产和供应（3.04）、化学工业（2.20）、通用和专用设备制造业（1.74）、石油和天然气开采（1.59）等，并有 9 个行业大类的影响力系数和感应度系数均大于 1。天津市影响力系数最高的是金属品制造业（1.37），感应度系数最高的是金属冶炼及压延加工业（3.27），影响力系数和感应度系数均大于 1 的有 9 个行业大类；河北省工业行业影响力系数最高的是金属制品业（1.35），感应度系数最高的是金属冶炼及压延加工业（3.23），影响力系数和感应度系数均大于 1 的有 10 个行业大类；山东省工业行业影响力系数最高的是通信及其他电子设备制造业（1.47），感应度系数最高的是化学工业（4.18），影响力系数和感应度系数均大于 1 的有 13 个行业大类；江苏省工业行业影响力系数最高的是金属制品业（1.34），感应度系数最高的是金属冶炼及压延加工业（3.67），影响力系数和感应度系数均大于 1 的有 11 个行业大类；上海市工业行业影响力系数最高的是通信及其他电子设备制造业（1.60），感应度系数最高的是化学工业（3.40），影响力系数和感应度系数均大于 1 的有 4 个行业大类；浙江省工业行业影响力系数最高的是金属冶炼及压延加工业（1.52），感应度系数最高的也是金属冶炼及压延加工业（4.49），影响力系数和感应度系数均大于 1 的有 9 个行业大类；福建工业行业影响力系数最高的是通信及其他电子设备制造业（1.33），感应度系数最高的是化学工业（3.70），影响力系数和感应度系数均大于 1 的有 11 个行业大类；广东省工业行业影响力系数和感应度系数最高的都是通信及其他电子设备制造业（1.74、3.10），影响力系数和感应度系数均大于 1 的有 11 个行业大类；海南省工业行业影响力系数最高的是工艺品及其他制造业（1.46），感应度系数最高的是石油核燃料加工业（2.46），影响力系数和感应度系数均大于 1 的有 4 个行业大类。

4. 竞争力指标

本课题研究拟定的反映东部地区工业行业动态竞争力的指标包括利税率、劳动生产率和产品销售率与全国该项值的比例①，以反映各地区工业行

---

① 因全国数据中缺少工业分行业的增加值数据，因此此处仅考虑了利税率、生产率和销售率三个指标。

业在全国的竞争力。具体指标的计算方法是：首先，先采用各地区的利税总额和工业销售值与各地区的工业总产值分别计算出利税率和销售率，以工业总产值和行业从业人数计算出劳动生产率。其次，将各地区的分行业利税率、销售率和劳动生产率除以全国数据的这三项指标。最后，将各地区经过第二步得到的指标值进行加权平均得到综合竞争力指标。本部分内容拟定的权重为利税率、销售率和劳动生产率各占 1/3。由此得到的结果如表 3-22 所示。

表 3-22　东部各省区市工业分行业综合竞争力指数（2011 年）

行　业	北京	天津	河北	山东	江苏	上海	浙江	福建	广东	海南
煤炭开采和洗选业	2.9	4.1	1.1	1.0	0.8	—	0.9	0.8	—	—
石油和天然气开采业	0.6	1.4	0.9	1.2	0.9	2.1	—	—	13.1	7.7
黑色金属矿采选业	0.8	1.7	1.2	1.0	0.8	—	0.9	1.2	1.2	1.6
有色金属矿采选业	—	—	1.1	1.1	1.2	—	1.0	0.8	1.5	1.1
非金属矿采选业	—	0.8	1.1	1.0	1.0	—	1.1	1.1	1.2	1.3
其他采矿业	—	—	—	1.2	—	—	—	—	1.1	
农副食品加工业	0.8	1.2	1.0	1.0	1.1	0.7	0.8	1.1	1.0	0.7
食品制造业	0.9	1.3	1.0	1.1	0.9	0.9	1.0	1.0	1.1	1.2
饮料制造业	0.9	0.9	1.0	1.1	1.1	1.0	1.0	1.0	1.0	1.5
烟草制品业	—	—	0.9	1.6	2.2	2.9	2.4	2.0	1.7	1.4
纺织业	1.0	0.9	1.0	1.2	1.3	0.7	1.0	1.1	0.9	0.5
纺织服装鞋帽制造业	0.9	0.9	1.1	1.1	1.1	0.9	1.0	1.2	0.9	0.9
皮革毛（绒）及其制品业	1.0	0.9	1.2	1.2	1.0	0.9	1.0	1.1	0.9	0.8
木材、藤草制品业	0.6	0.8	1.1	1.1	1.1	0.7	0.9	0.9	1.0	0.8
家具制造业	1.0	0.9	1.0	1.3	0.9	0.8	0.9	0.9	0.9	0.6
造纸及纸制品业	1.5	1.2	1.1	1.1	1.1	1.0	1.0	1.1	1.1	1.2
印刷业记录媒介的复制	1.0	0.8	1.2	1.1	1.0	0.9	0.9	1.1	0.9	1.7
文教体育用品制造业	0.8	1.0	1.3	1.5	1.3	1.0	1.1	1.0	1.0	
石油加工、炼焦及核燃料加工业	1.0	1.9	1.0	1.6	2.1	1.8	3.3	1.4	2.5	7.7
化学制品制造业	1.0	1.1	0.9	1.1	1.2	1.0	1.1	1.1	1.1	2.3
医药制造业	1.2	1.2	0.9	1.1	1.1	0.8	1.0	1.0	1.1	1.1
化学纤维制造业	—	1.1	0.7	0.8	1.0	0.7	1.2	1.1	0.9	1.0
橡胶制品业	0.6	0.8	1.1	—	1.1	0.8	0.9	1.2	0.8	1.5
塑料制品业	1.0	1.0	1.3	—	—	0.8	1.0	1.1	—	1.1
非金属矿物制品业	0.9	1.0	0.9	1.1	1.0	0.8	1.1	1.0	0.9	1.3

行　业	北京	天津	河北	山东	江苏	上海	浙江	福建	广东	海南
黑色金属加工业	0.4	1.4	1.0	1.0	1.2	1.8	1.0	1.3	1.0	0.1
有色金属加工业	1.2	1.6	1.1	1.2	1.0	0.7	1.0	1.3	0.9	2.0
金属制品业	1.0	1.1	1.1	1.2	1.1	0.7	0.9	1.1	0.9	1.5
通用设备制造业	1.2	1.2	1.0	1.1	1.0	0.9	0.9	1.0	0.8	1.8
专用设备制造业	1.1	1.0	1.0	1.1	1.0	0.8	0.9	1.1	0.8	0.9
交通运输设备制造业	1.2	1.1	1.0	1.0	1.0	1.1	0.8	1.0	1.2	1.1
电气机械及器材制造业	1.2	1.2	1.2	1.2	1.2	0.8	0.9	1.1	0.9	1.2
通信及电子设备制造业	1.3	1.2	1.0	1.2	1.0	1.0	1.1	1.0	1.0	1.0
仪器机械制造业	1.3	1.0	1.2	1.2	1.3	0.8	1.0	0.9	0.8	1.3
工艺品及其他制造业	1.2	0.9	1.1	1.2	1.2	1.3	0.9	1.2	0.9	1.0
废弃品回收加工业	0.8	1.3	1.1	1.1	1.0	0.7	0.8	1.0	1.1	1.0
电热力的生产和供应业	1.6	0.9	0.8	0.9	1.3	1.7	1.5	0.9	1.2	0.8
燃气生产和供应业	1.1	0.8	0.8	1.0	1.2	0.8	1.3	1.3	1.7	1.1
水的生产和供应业	1.2	1.4	0.7	0.8	1.2	0.9	1.1	1.3	1.3	1.0

数据来源：笔者依据相关数据计算。

如表 3 - 22 所示，综合竞争力指数大于 1（含等于 1）的工业行业，北京有煤炭开采和洗选业、皮革毛（绒）及其制品业、造纸及纸制品业等 22 个工业行业，天津有煤炭开采和洗选业、石油和天然气开采业、黑色金属矿采选业等 24 个工业行业，河北有纺织业等 29 个工业行业，山东有石油加工炼焦及核燃料加工业等 34 个工业行业，江苏有有色金属矿采选业等 32 个行业，上海有石油和天然气开采业等 10 个行业，浙江有非金属矿采选业等 22 个行业，福建有黑色金属矿采选业、农副食品加工业等 32 个行业，广东有石油和天然气开采业、石油加工、炼焦及核燃料加工业等 21 个行业，海南有饮料制造业、石油和天然气开采业等 27 个行业。

三　东部地区工业优势产业分类及其区域分布

1. 产业范围

在以上计算东部地区工业分行业各项优势产业评价指数的基础上，东部地区除海南省按照超过 500 亿元的工业行业、福建省按照超过 1000 亿元的工业行业，其他各省、市工业分行业生产总值数据选取 2011 年工业总产值超过 2000 亿元的工业行业作为各地区的优势产业评价基准。按照此标准，得到 2011 年各地区分行业的各项评价指标如表 3 - 23 所示。

表3-23　东部各省、自治区、直辖市工业总产值超过2000亿元的优势产业评价指标

地区	产业	综合比例指数	区位熵综合指数	影响力系数[1]	感应度系数[2]	竞争力综合指数
北京	交通运输设备制造业	16.1	1.2	1.3	1.4	1.2
	电热力生产和供应业	13.5	1.7	1.4	3.0	1.6
	通信及其他电子设备制造业	11.3	0.8	1.5	1.7	1.3
天津	黑色金属冶炼及压延加工业	12.6	2.3	1.2	3.3	1.4
	交通运输设备制造业	10.7	1.5	1.4	0.9	1.1
	通信及其他电子设备制造业	9.1	1.2	1.3	1.2	1.2
河北	黑色金属冶炼及压延加工业	20.9	3.8	1.2	3.2	1.0
	电热力的生产和供应业	4.9	1.2	1.1	2.1	0.8
	黑色金属矿采选业	7.4	6.4	0.4	0.4	1.2
	石油核燃料加工业	3.5	1.4	1.1	1.8	1.0
山东	化学制品制造业	8.9	1.4	1.2	4.2	1.1
	农副食品加工业	8.2	1.9	1.1	1.3	1.0
	纺织业	7.3	1.6	1.2	1.2	1.2
	石油与核燃料加工业	4.0	1.6	1.3	1.6	1.6
	交通运输设备制造业	5.1	0.7	1.2	1.4	1.0
	黑色金属冶炼及压延加工业	4.1	0.8	1.3	2.7	1.0
	非金属矿物制品业	6.1	1.2	1.0	0.9	1.1
	有色金属冶炼及压延加工业	3.1	0.9	1.3	2.7	1.2
	金属制品业	3.7	1.3	1.2	0.9	1.2
	通用设备制造业	5.5	1.1	1.3	1.7	1.1
	专用设备制造业	3.7	1.1	1.3	1.7	1.1
	电气机械和器材制造业	4.2	0.7	1.3	1.2	1.2
	通信及其他电子设备制造业	3.4	0.5	1.5	1.4	1.2
山东	煤炭开采和洗选业	4.7	0.9	1.0	1.3	1.0
	食品制造业	2.2	1.2	1.1	1.3	1.1
	造纸及纸制品业	2.1	1.4	1.3	1.4	1.1
	医药制造业	2.3	1.1	1.2	4.2	1.1
	橡胶和塑料制品业			1.2	4.2	
	电热力生产和供应业	2.8	0.7	1.0	1.9	0.9
江苏	农副食品加工业	2.1	0.4	1.0	1.2	1.1
	纺织业	6.4	1.4	1.2	1.2	1.0
	纺织服装、鞋、帽制造业	4.2	1.7	1.2	0.6	1.1
	化学原料及化学制品制造业	9.6	1.2	1.2	3.4	1.2
	化学纤维制造业	1.8	2.8	1.2	3.4	1.0
	非金属矿物制品业	3.2	0.6	1.2	0.9	1.0

续表

地区	产业	综合比例指数	区位熵综合指数	影响力系数①	感应度系数②	竞争力综合指数
江苏	黑色金属冶炼及压延加工业	6.1	1.1	1.3	3.7	1.2
	有色金属冶炼及压延加工业	2.0	0.6	1.3	3.7	1.0
	金属制品业	4.0	1.4	1.3	1.0	1.1
	通用设备制造业	6.1	1.2	1.3	1.6	1.0
	专用设备制造业	4.0	1.2	1.3	1.6	1.0
	交通运输设备制造业	7.6	1.1	1.2	1.1	1.0
	电气机械及器材制造业	10.1	1.7	1.3	1.1	1.2
	通信及其他电子设备制造业	13.5	1.8	1.3	1.7	1.0
	仪器机械制造业	2.3	2.2	1.3	0.7	1.3
	电力的生产和供应业	2.4	0.5	1.2	2.1	1.3
上海	化学原料及化学制品制造业	6.0	0.9	1.2	3.4	1.0
	通用设备制造业	8.0	1.6	1.2	0.9	0.9
	交通运输设备制造业	15.3	2.1	1.3	0.7	1.1
	电气机械及器材制造业	6.5	1.1	1.3	0.8	0.8
	通信及其他电子设备制造业	14.1	1.8	1.6	1.7	1.0
浙江	电热力生产和供应业	4.8	1.0	1.0	2.1	1.5
	交通运输设备制造业	6.6	1.0	1.3	0.6	0.8
	电气机械及器材制造业	9.3	1.5	1.4	1.1	0.9
	通信及其他电子设备制造业	4.2	0.6	1.4	1.2	1.1
	黑色金属冶炼及压延加工业	2.7	0.5	1.5	4.5	1.0
	有色金属冶炼及压延加工业	2.6	0.7	1.5	4.5	1.0
	金属制品业	4.1	1.4	1.4	1.6	0.9
	通用设备制造业	7.7	1.6	1.3	1.0	0.9
	化学制品制造业	6.7	1.0	1.2	4.2	1.2
	化学纤维制造业	3.3	4.8	1.2	4.2	1.2
	纺织业	11.1	2.5	1.2	1.5	1.0
福建	通信及其他电子设备制造业	8.3	1.2	1.3	2.0	1.0
	皮毛皮(绒)及其制品业	7.7	7.2	1.3	1.4	1.1
	非金属矿物制品业	6.9	1.3	1.1	1.3	1.0
	纺织业	5.8	1.6	1.3	1.4	1.1
	电热力生产和供应业	4.7	0.9	1.1	2.2	0.9
	农副食品加工业	2.6	1.1	1.3	1.4	1.0
	黑色金属冶炼及压延加工业	4.1	0.7	1.3	2.0	1.3
	纺织服装、鞋、帽制造业	5.0	3.2	1.3	1.4	1.2
	交通运输设备制造业	4.4	0.6	1.3	0.7	1.0
	电气机械及器材制造业	4.3	0.7	1.2	0.6	1.1
	化学制品制造业	3.7	0.5	1.3	3.7	1.1

续表

地区	产业	综合比例指数	区位熵综合指数	影响力系数①	感应度系数②	竞争力综合指数
广东	农副食品加工业	1.8	0.4	1.1	0.9	1.0
	纺织业	2.7	0.6	1.3	1.1	0.9
	纺织服装、服饰业	4.2	1.8	1.2	0.7	0.9
	文美体娱乐用品制造业	3.5	6.4	−1.4	0.0	1.0
	石油核燃料加工业	2.7	0.9	1.2	1.7	2.5
	化学原料化学品制造业	4.7	0.7	1.3	2.8	1.1
	橡胶和塑料制品业			1.3	2.8	
	非金属矿物制品业	3.6	0.7	1.3	0.5	0.9
	黑色金属冶炼及压延加工业	1.8	0.2	1.6	2.3	1.0
	有色金属冶炼及压延加工业	2.0	0.3	1.6	2.3	1.0
	通用设备制造业	2.9	0.6	1.5	1.0	0.8
	电气机械和器材制造业	10.8	1.8	1.6	1.3	0.9
	通信及其他电子设备制造业	21.0	2.9	1.7	3.1	1.0
	电热力生产和供应业	4.3	0.9	1.1	2.1	1.2
海南	石油核燃料加工业	24.5	7.7	0.9	2.5	7.7

注：①②由于存在产业分类融合的问题，因此对于投入产出法计算该影响力系数和感应度系数时存在产业分类融合的产业大类，在本表中则按照相应的指数分别指定到相应的产业。

数据来源：笔者依据相关数据计算。

如表3-23所示，各省、自治区、直辖市的综合比例指数大多超过5%，表明这些产业在各地区的工业产业中均占有极重要的地位；区位熵指数也多超过了1，表明其中所列产业在东部地区的工业总产值、从业人数和利税总额中所占比例大多超过了全国的平均水平；影响力系数总体上接近1，表明所列产业对东部各地区各产业发展的辐射、拉动效应较强；感应度系数大多超过1.5甚至超过2，表明所列产业需要更多地为其他部门提供产出量，因而会在受到社会需求压力的情况下对东部各地区的经济发展存在较大的制约作用。但表中竞争力系数大多小于或等于1，表明与全国整体水平相比，东部各地区的这些产业竞争力并不强。

2. 优势产业分类

依据表3-23，东部各地区工业总产值超过2000亿元（福建省为超过1000亿元、海南省为超过500亿元）的各项指标数据，按照综合比例指数超过5%、区位熵指数超过1、影响力系数超过1、感应度系数超过1.5和竞争力系数超过 1 的标准，将东部地区优势产业分为三类。其中优势产业Ⅰ类是五个指标中有超过四个达到上述标准的，优势产业Ⅱ类是有 2~3 个指标达到上述标准的，优势产业Ⅲ类则是仅有一个指标达到上述标准的。由此，得到东部各地区优势产业及其分类如表 3-24 所示。

表 3-24　东部各省、自治区、直辖市优势产业分类

地区	分类	工业行业		
北京	Ⅰ类	电热力生产和供应业	交通运输设备制造业	通信及其他电子设备制造业
天津	Ⅰ类	黑色金属冶炼及压延加工业	交通运输设备制造业	通信及其他电子设备制造业
河北	Ⅰ类	黑色金属冶炼及压延加工业	—	—
	Ⅱ类	电热力生产和供应业	有色金属矿采选业	石油核燃料加工业
山东	Ⅰ类	化学制品制造业	纺织业	石油核燃料加工业
		医药制造业	非金属矿物制品业	通用设备制造业
		专用设备制造业	—	—
	Ⅱ类	农副食品加工业	交通运输设备	黑色金属加工业
		有色金属加工业	金属制品业	电气机械和器材制造业
		通信及其他电子设备制造业	食品制造业	造纸和纸制品业
		电热力生产和供应	—	—
	Ⅲ类	煤炭开采和洗选业	—	—
江苏	Ⅰ类	纺织业	化学原料及制品制造	化学纤维制造业
		黑色金属冶炼及压延加工业	通用设备制造业	专用设备制造业
		交通运输设备制造业	电气机械及器材制造业	通信及其他电子设备制造业
	Ⅱ类	纺织服装、鞋、帽制造业	非金属矿物制品业	有色金属冶炼及压延加工业
		金属制品业	仪器机械制造业	电热力生产和供应业
	Ⅲ类	农副食品加工业	—	—
上海	Ⅰ类	化学原料制品制造业	交通运输设备制造业	通信及其他电子设备制造业
	Ⅱ类	通用设备制造业	电气机械器材制造业	—
浙江	Ⅰ类	化学制品制造业	化学纤维制造业	—
	Ⅱ类	电热力生产和供应业	交通运输设备制造业	电气机械及器材制造业
		通信及电子设备制造业	黑色金属冶炼及压延加工业	有色金属冶炼及压延加工业
		金属制品业	通用设备制造业	纺织业
福建	Ⅰ类	通信及其他电子设备制造业	皮毛皮(绒)及其制品业	非金属矿物制品业
		纺织业	—	—
	Ⅱ类	电热力生产和供应业	农副食品加工业	黑色金属冶炼及压延加工业
		纺织服装、鞋、帽制造业	电气机械及器材制造业	化学制品制造业
	Ⅲ类	交通运输设备制造业	—	—

续表

地区	分类	工业行业		
广东	Ⅰ类	通信及其他电子设备制造业	—	—
	Ⅱ类	文美体娱乐用品制造	石油核燃料加工业	化学原料制品制造业
		黑色金属冶炼及压延加工业	有色金属冶炼及压延加工业	电气机械器材制造业
	Ⅲ类	电热力生产和供应业	—	—
		农副食品加工业	纺织业	纺织服装、服饰业
		非金属矿物制品业	通用设备制造业	—
海南	Ⅰ类	石油核燃料加工业	—	—

资料来源：根据笔者的计算结果整理。

第四章

东部地区出口导向型产业
发展模式转变

第一节　东部地区的出口导向型工业产业发展模式

一　东部地区的外商投资

1. 东部地区外商投资的发展阶段

从 20 世纪 80 年代起，我国开始利用各种优惠政策，吸引外商到国内进行投资。根据利用外资规模的变化情况，东部地区利用外商投资的情况可以分成四个阶段（见表 4 - 1）。

（1）起步阶段（1990 年之前）

在这个阶段里，外商直接投资在我国尚处于试探阶段，因此投资金额不大，而且主要集中在广东省的珠江三角洲地区。由于各省份在 1985 年之前的外商直接投资数据并不完整，因此单就 1985～1990 年的数据来看，东部地区十个省份实际利用外商直接投资总计 105.9 亿美元，平均每年实际利用的外商直接投资为 17.6 亿美元。而且，该期间东部地区全部吸收的外商直接投资中，仅广东省（主要集中在珠江三角洲地区）就约占 50%，而天津、河北、山东、江苏、浙江、海南等六个省份吸收的外商直接投资金额较少，合计仅约占东部地区吸收外商直接投资总金额的 16.9%。

（2）迅速发展阶段（1991～1996 年）

1992 年邓小平南方视察讲话以后，我国确立了发展社会主义市场经济的方向。开放的中国对外商产生了巨大的吸引力，外资开始大规模进入中

表 4 - 1　1985 ~ 2011 年东部地区实际利用外商直接投资金额及阶段划分

单位：亿美元

年份	北京	天津	河北	山东	上海	江苏	浙江	福建	广东	海南	合计	阶段
1985	—	0.4	0.0	0.1	0.6	0.1	0.2	1.2	5.2	0.2	8.0	阶段 I
1986	—	0.4	0.1	0.2	1.0	0.2	0.2	0.6	6.4	0.3	9.4	
1987	1.0	0.6	0.1	0.2	2.1	0.5	0.2	0.5	5.9	0.1	11.2	
1988	5.0	0.2	0.2	0.4	3.6	1.0	0.3	1.3	9.2	1.1	22.4	
1989	3.2	0.8	0.3	1.3	4.2	1.0	0.5	3.3	11.6	1.1	27.2	
1990	2.8	0.8	0.4	1.5	1.8	1.4	0.5	2.9	14.6	1.0	27.7	
1991	2.5	0.9	0.8	1.8	1.8	2.3	0.9	6.4	18.2	1.8	37.4	阶段 II
1992	3.5	2.3	1.8	9.7	12.6	14.0	2.9	14.2	35.5	4.5	101.1	
1993	6.7	5.4	3.6	18.4	23.2	30.0	10.3	28.7	75.0	10.5	211.7	
1994	14.5	10.2	5.2	25.4	32.3	41.8	11.4	37.1	94.0	8.7	280.5	
1995	14.0	15.2	7.8	26.1	32.5	47.8	12.6	40.4	101.8	10.6	308.8	
1996	15.5	20.1	12.4	25.9	47.2	50.7	15.2	40.8	116.2	7.9	351.9	
1997	15.9	25.1	15.0	25.0	48.1	57.9	15.0	42.0	117.1	7.1	368.2	阶段 III
1998	20.6	25.2	16.4	22.2	36.4	66.5	13.2	42.1	120.2	7.2	370.0	
1999	22.3	25.3	14.4	24.7	30.5	64.0	15.3	40.2	122.0	4.8	363.7	
2000	24.6	25.6	10.2	29.7	31.6	64.2	16.1	38.0	122.4	4.3	366.8	
2001	17.7	32.2	7.6	36.2	43.9	71.2	22.1	39.2	129.7	4.7	404.5	
2002	17.9	38.1	8.2	55.9	50.3	103.7	31.6	42.5	131.1	5.1	484.3	阶段 IV
2003	21.5	16.3	11.2	70.9	58.5	158.0	54.5	49.9	155.8	5.8	602.4	
2004	30.8	24.7	16.2	87.0	65.4	121.4	66.8	53.2	100.1	6.4	572.1	
2005	35.3	33.3	19.1	89.6	68.5	131.8	77.2	62.3	123.6	6.8	647.7	
2006	45.5	41.3	20.1	100.0	71.1	174.3	88.9	71.9	145.1	7.5	765.7	
2007	50.7	52.8	24.2	110.1	79.2	218.9	103.7	81.3	171.3	11.2	903.3	
2008	60.8	74.2	34.2	82.0	100.8	251.2	100.7	100.3	191.7	12.8	1008.8	
2009	61.2	90.2	36.0	80.1	105.4	253.2	99.4	100.7	195.4	9.8	1031.3	
2010	63.6	108.5	38.3	91.7	111.2	285.0	110.0	103.2	202.6	15.1	1129.2	
2011	70.5	130.6	46.8	111.6	126.0	321.3	116.7	110.4	218.0	15.2	1267.2	

数据来源：各省份历年统计年鉴。

国，外商对沿海地区的投资迅速增加。1991 ~ 1996 年，东部地区实际利用外商直接投资从 37.4 亿美元上升到 351.9 亿美元，年均增长率超过 50%。期间东部地区实际利用外商直接投资总金额 1291.4 亿美元，年均利用外商直接投资约 215.2 亿美元，是 1985 ~ 1990 年的 12 倍。在这一阶段，广东省占东部地区全部利用外商直接投资金额的比例逐渐降低，从期初的约 50%

下降到1996年的33.0%；而长三角的上海、江苏、浙江三省份吸收外商直接投资金额则快速增长，占东部地区实际利用外商直接投资总金额的比例从1991年的13.4%提高到1996年的32.0%，已经基本上与广东省相当了；其他6个省份中，尽管天津、河北、山东、福建实际利用外商直接投资的金额也有较大幅度的增长，比如天津从1991年的0.9亿美元上升到1996年的20.1亿美元，山东从1991年的1.8亿美元上升到1996年的25.9亿美元，福建从1991年的6.4亿美元上升到1996年的40.8亿美元，但这6个省份合计占东部地区实际利用外商直接投资总金额的比例并没有大的变化，1991年占37.9%，到1996年略微降低到34.8%。

（3）发展放缓阶段（1997～2001年）

在这一阶段里，由于受东南亚金融危机的影响，外商对沿海地区的投资有所放缓。2001年，东部地区10个省份合计吸收外商直接投资404.5亿美元，仅比1996年增长了52.6亿美元，是所有四个阶段中增长幅度最小的。与这一阶段每年实际利用外商直接投资金额增长幅度小相伴随的是，东部各地区在实际利用外商直接投资中所占的比例分布也几乎没有改变。广东省1997～2001年占东部地区实际利用外商直接投资总金额的比例依次为31.8%、32.5%、33.6%、33.4%、32.1%，长三角地区三省份在1997～2001年的该项比例分别为32.9%、31.4%、30.2%、30.5%、33.9%，环渤海湾的四个省份在1997～2001年的该项比例分别为22.0%、22.8%、23.9%、24.6%、23.2%，尽管分别呈现出广东省和环渤海湾地区的先升后降、长三角的先降后升趋势，但都不足以影响外资在东部各地区之间的分布态势。

（4）总量快速扩张阶段（2002年及以后）

经历了改革开放和21世纪初的发展后，在2001年，东部地区年实际利用外商直接投资金额已经超过400亿美元。与此同时，我国经济在改革开放后的快速发展、市场经济制度整体架构的逐渐建立以及各地区吸引外商投资政策措施的日益完善，外商直接投资在我国东部地区的资金额从2001年开始进入了总量快速扩张阶段。在这个阶段里，由于东南亚金融危机逐渐缓和，发达国家和地区恢复了对外投资的热情。一方面是由于经济全球化的发展，世界发达国家的跨国公司加快了全球的资源整合速度，增加对外直接投资的规模；另一方面是东南亚国家和地区的产业结构升级，促使东亚和东南亚国家和地区对我国的产业转移，增加对我国的资金输出。该阶段，东部地区年吸收外商直接投资金额从2001年的404.5亿美元提高到2011年的

1267.2 亿美元，尽管增长速度慢于第二阶段，但由于年吸收外资金额的基数大，因而年均增长 86.2 亿美元的增长速度迅速将东部地区吸收外商直接投资的总量扩大了。该阶段，广东省实际利用外商投资金额占东部地区总金额比例进一步降低，从 2001 年的 32.1% 下降到 2011 年的 17.2%，降低了14.9 个百分点；长三角的三个省份和环渤海湾的四个省份实际利用外商投资金额所占比例均不断提升，其中长三角从 2001 年的 38.3% 提高到44.5%，几乎占东部地区实际利用外商投资金额的一半，环渤海湾四个省份则从 24.8% 提升到 28.4%。从东部地区外商直接投资在各省份的具体分布来看，主要是江苏从 2001 年的 71.2 亿美元增长到 2011 年的 321.3 亿美元，所占比例则从 17.6% 提高到 2011 年的 25.4%，成为东部地区各省份中吸收外商直接投资增长最快的；此外，浙江从 5.5% 提升到 9.2%，天津从 8.0%提高到 10.3%，北京从 4.4% 提高到 5.6%，河北从 1.9% 提升到 3.7%，均有所提高；而山东、福建则有所下降，广东省尽管吸收外商投资金额从2001 年的 129.7 亿美元增长到 218.0 亿美元，但所占比例却下降了近 15 个百分点。由此可见，在此阶段，外商直接投资在我国东部的投资重心已从广东省的珠三角地区转移到了长三角地区，尤其是江苏省。

2. 东部地区外商投资的行业分布

（1）各地区实际利用外商直接投资的行业分布概况

如表 4-2 所示，2002~2011 年，北京市实际利用外商直接投资中，制造业所占比例整体上呈下降趋势，从 21 世纪初的 1/3 左右下降到 2011 年的不足 10%。而以信息传输与计算机软件服务、批发与零售业、房地产业、租赁和商务服务业为代表的第三产业所占比例则不断增加，从 21 世纪初的不足 60% 提高到接近 75%。在北京市实际利用外资中，租赁和商务服务业一直占有超过 20%（除 2007 年外）的比例，加上信息传输与计算机软件服务业、房地产业等领域利用外商直接投资所占比例的提高和制造业实际利用外资所占比例的下降，都充分反映了北京市作为环渤海湾地区乃至全国性经济社会文化中心城市的功能与地位。

表 4-3 为历年山东省实际利用外商直接投资的行业分布。2004~2011年，山东省实际利用外商直接投资中，制造业所占比例呈逐渐下降的趋势，从 2004 年到 2006 年的 80% 左右下降到 2008~2011 年 60% 左右。与此同时，房地产业实际利用外商直接投资所占比例则呈不断上升的趋势，在2004~2011 年升高了 15 个百分点左右。而在其他行业，如电力、燃气和水

表 4 - 2　2002～2011 年北京市实际利用外商直接投资的行业分布

单位：%

年份	制造业	建筑业	信息传输与计算机软件服务业	批发与零售业	住宿和餐饮业	房地产业	租赁和商务服务业
2002	30.5	0.8	12.1	0.5	0.2	18.9	27.5
2003	33.6	0.9	7.9	3.2	5.9	15.3	24.0
2004	36.5	0.4	8.8	2.1	0.3	11.8	33.4
2005	32.1	0.2	6.9	0.7	0.2	13.1	35.2
2006	23.2	0.3	9.7	5.4	0.4	15.9	38.3
2007	17.7	0.2	15.5	6.6	1.1	23.6	18.3
2008	24.7	0.3	17.3	5.7	0.6	13.0	21.8
2009	12.3	0.4	15.5	9.1	1.4	13.0	36.9
2010	10.8	0.1	15.0	10.4	0.6	22.3	27.6
2011	9.0	0.3	15.5	16.4	0.2	16.0	27.0

资料来源：依据历年北京市统计年鉴中的相关数据计算。

表 4 - 3　历年山东省实际利用外商直接投资占比的行业分布

单位：%

年份	2004	2005	2006	2007	2008	2009	2010	2011	累计
农、林、牧、渔业	3.1	3.0	2.4	2.6	4.7	5.5	2.2	2.9	3.1
采矿业	0.6	1.2	1.2	0.4	1.1	1.7	0.5	0.9	0.9
制造业	83.6	84.6	80.2	77.6	60.6	60.7	61.8	57.5	71.9
电力、燃气及水的生产和供应业	1.2	1.2	1.1	1.6	1.9	3.7	4.0	3.1	3.8
建筑业	0.8	1.1	1.8	0.2	2.1	0.5	0.8	1.2	1.3
交通运输、仓储和邮政业	1.0	0.9	1.1	2.1	3.2	3.1	4.4	5.5	2.5
信息传输、计算机软件业	0.1	0.4	0.4	0.4	0.0	1.3	0.6	0.3	0.2
批发和零售业	0.5	0.9	0.8	1.8	4.4	2.5	3.8	5.4	2.9
住宿和餐饮业	1.3	1.0	0.5	1.4	0.0	0.9	0.2	0.2	0.1
金融业	0.0	0.0	0.0	0.0	1.3	0.8	2.2	0.6	0.4
房地产业	5.1	3.6	6.8	7.7	8.9	12.1	14.4	19.8	8.4
租赁和商务服务业	1.1	0.8	1.4	2.2	1.6	1.6	2.1	0.7	2.0
居民服务和其他服务业	0.1	0.1	0.0	0.5	0.0	1.2	0.0	0.0	0.2
科学研究、技术服务	0.3	0.3	1.1	0.4	0.6	1.3	0.8	0.7	0.5
水利等公共设施管理业	0.4	0.3	0.2	0.2	0.0	2.2	0.7	0.0	0.4
教育	0.0	0.0	0.0	0.0	0.0	0.0	0.0	0.0	0.1
文化、体育和娱乐业	0.8	0.7	0.8	0.7	0.2	0.0	1.0	0.4	0.7
卫生、社会福利业	0.0	0.0	0.0	0.0	0.0	0.0	0.0	0.0	0.1

资料来源：依据历年山东省统计年鉴中的相关数据计算。

的生产与供应业、交通运输、仓储和邮政业以及批发零售业占山东省实际利
用外商直接投资的比例也有所升高，但因为所占比例并不大，因此不足以影
响山东省实际利用外商直接投资的总体格局。从累积到2011年山东省实际
利用外商直接投资金额的分布看，制造业占有71.9%，居于第二位的房地
产业，占8.4%。而后依次是电力、燃气和水的生产与供应业，农、林、
牧、渔业，批发和零售业，交通运输、仓储和邮政业，租赁和商务服务业，
所占比例均介于2%～4%。而其他行业所占比例均很小。

表4-4 历年广东省实际利用外商直接投资占比的行业分布

单位：%

年份	2000	2004	2005	2006	2007	2008	2009	2010	2011	1979～2000
农、林、牧、渔业	1.0	1.3	0.6	0.8	1.1	1.1	1.2	0.7	0.7	1.3
采矿业	0.2	1.2	0.7	0.3	0.1	0.1	0.1	0.1	0.1	0.1
制造业	67.1	73.2	76.0	71.6	61.0	59.4	56.8	56.1	57.3	65.2
电力、燃气与水的生产和供应业	5.5	1.8	1.6	1.6	0.6	1.3	2.3	3.2	2.4	3.4
建筑业	2.4	1.0	0.3	1.3	0.8	0.9	0.8	0.5	0.5	3.1
交通运输仓储和邮政	1.8	2.5	3.0	3.4	3.1	3.7	2.2	2.8	3.4	4.1
信息传输计算机软件	0.0	1.8	1.7	1.4	1.2	1.4	1.2	2.1	2.3	0.0
批发和零售业	1.7	0.7	1.6	2.3	3.9	5.9	10.0	9.8	9.7	2.0
住宿和餐饮业	0.0	1.6	0.7	1.5	1.3	1.4	0.9	0.8	1.0	0.0
金融业	0.2	0.2	0.3	0.5	0.1	0.0	0.2	0.3	0.7	0.9
房地产业	13.9	7.1	6.8	8.9	20.5	17.3	15.1	16.2	13.1	11.6
租赁和商务服务业	0.0	5.0	4.3	4.2	3.1	4.4	4.8	4.5	5.3	0.0
科研技术服务等	0.1	0.8	1.0	1.1	1.7	1.6	3.4	2.1	2.4	0.1
水利和公共设施管理	0.0	0.2	0.1	0.2	0.1	0.2	0.3	0.1	0.2	0.0
居民服务等服务业	0.0	0.7	1.0	0.5	0.3	0.1	0.2	0.2	0.1	0.0
教育	0.0	0.0	0.0	0.0	0.0	0.0	0.0	0.0	0.0	0.0
卫生、教育、社会保障	0.5	0.0	0.0	0.0	0.0	0.1	0.0	0.0	0.1	0.5
文化、体育和娱乐业	0.1	0.9	0.4	0.4	1.0	0.4	0.4	0.4	0.4	0.2

资料来源：依据历年广东省统计年鉴中的相关数据计算。

如表4-4所示，1979～2000年，广东省实际利用外商直接投资中约2/
3在制造业。2004～2011年，制造业仍然占广东省实际利用外商直接投资金
额的50%以上，但从2005年后也呈不断下降的趋势。而在第三产业中，房
地产业和批发零售业占广东省实际利用外商直接投资的比例变化较大，分别

从 7% 左右提高到 13% 左右和从 1% 左右提升到 10% 左右。

表 4 - 5 为江苏省 2011 年当年及累计实际利用外商直接投资的行业分布。制造业同样是利用外商直接投资最多的行业，分别占 2011 年的 58.3% 和到 2011 年累计外商直接投资总额的 72.2%。除了制造业外，房地产业分别占 2011 年的 22.1% 和到 2011 年累计外商直接投资总额的 8.6%，批发和零售业分别占 4.0% 和 2.6%，科学研究、技术服务和地质勘查分别占 1.8% 和 4.6%。

表 4 - 5　江苏省 2011 年当年及累计实际利用外商直接投资的行业分布

行　业	投资金额（亿美元）		比例分布（%）	
	2011 年	累计	2011 年	累计
农、林、牧、渔业	6.7	72.2	2.1	1.3
采矿业	2.8	12.9	0.9	0.2
制造业	187.3	4133.2	58.3	72.2
电力、燃气及水的生产和供应业	3.7	143.0	1.2	2.5
建筑业	3.5	75.6	1.1	1.3
交通运输、仓储和邮政业	6.3	102.2	2.0	1.8
信息传输、计算机服务和软件业	2.2	37.4	0.7	0.7
批发和零售业	13.0	149.2	4.0	2.6
住宿和餐饮业	1.6	36.5	0.5	0.6
金融业	3.7	14.0	1.2	0.2
房地产业	71.0	492.9	22.1	8.6
租赁和商务服务业	10.8	125.6	3.4	2.2
科学研究、技术服务和地质勘查	5.9	263.2	1.8	4.6
水利、环境和公共设施管理业	1.6	38.5	0.5	0.7
居民服务和其他服务业	0.5	12.9	0.2	0.2
教育	0.0	0.6	0.0	0.0
卫生、社会保障和社会福利业	0.5	7.4	0.1	0.1
文化、体育和娱乐业	0.2	11.0	0.1	0.2

资料来源：依据历年江苏省统计年鉴中的数据计算。

表 4 - 6 为 2006～2011 年浙江省实际利用外商直接投资的行业分布。如表中数据显示，制造业占浙江省实际利用外商直接投资金额的比例虽然从 2006 年的 75.5% 下降到了 2011 年的 51.3%，但仍是浙江省吸纳外商直接投资的主体。其中，纺织业、化学原料及化学制品制造业、医药制造业、通用设备制造业、专用设备制造业和通信设备、计算机等电子设备制造业约占制

造业吸纳外商直接投资总额的约40%。除工业制造业外,房地产业吸纳的外商直接投资所占比例居第二位,且在2006~2011年从8.5%上升到了24.8%。此外,批发和零售业、租赁和商务服务业在浙江省实际利用外商直接投资中也占有5%~7%的比重。

如表4-7所示,1985~2011年,福建省实际利用外商直接投资中,农业占3%左右。工业仍然是福建省利用外商直接投资的主体,尤其是1995~2007年,工业实际利用外商直接投资金额占福建省的3/4以上。2007年后工业利用外商直接投资的比重趋于下降。第三产业中,批发零售业实际利用外资占福建省的比重自2000年来呈不断上升的趋势,到2011年约占9%。

表4-6 2006~2011年浙江省实际利用外商直接投资的行业分布

单位:%

年份	2006	2007	2008	2009	2010	2011
制造业	75.5	69.2	67.8	63.2	60.3	51.3
纺织业	8.7	6.8	5.8	4.7	3.5	3.4
化学原料及化学制品制造业	3.5	3.0	5.1	4.8	6.0	3.4
医药制造业	1.8	1.0	0.7	1.4	1.1	3.6
通用设备制造业	5.9	5.0	5.3	5.9	5.6	5.1
专用设备制造业	3.5	5.0	3.6	3.6	3.5	2.3
通信设备、计算机等电子设备制造业	8.2	7.1	6.4	6.3	4.8	4.1
电力、燃气及水的生产和供应业	1.0	0.6	1.2	0.8	0.6	0.6
建筑业	0.8	0.3	0.1	0.9	0.6	0.0
交通运输、仓储和邮政业	5.1	2.9	2.1	2.1	1.1	1.4
信息传输、计算机服务和软件业	2.1	0.7	5.8	2.5	3.4	2.7
批发和零售业	1.5	1.8	2.1	5.2	3.4	7.4
住宿和餐饮业	2.1	1.2	1.0	1.7	1.3	0.5
金融业	0.1	0.3	0.0	0.0	0.1	0.2
房地产业	8.5	14.5	11.4	14.4	21.2	24.8
租赁和商务服务业	1.5	5.8	6.2	5.7	3.9	5.8
科学研究、技术服务和地质勘查业	0.3	0.5	1.2	1.9	2.4	3.0
水利、环境和公共设施管理业	0.4	0.1	0.1	0.3	0.4	0.1
居民服务及其他服务业	0.3	0.6	0.2	0.0	0.0	0.2
教育	0.0	0.1	0.0	0.0	0.0	0.0
卫生、社会保障和社会福利业	0.0	0.0	0.0		0.3	0.0
文化、体育和娱乐业	0.1	0.3	0.1	0.1	0.4	0.1

资料来源:依据历年浙江省统计年鉴中的数据计算。

表 4 - 7 1985 ~ 2011 年福建省实际利用外商直接投资的行业分布

单位：%

年份	农业	工业	建筑业	交通运输仓储邮电	批发零售餐饮业	其他服务业
1985	3.3	42.4	3.3	1.6	32.1	17.4
1990	3.0	77.6	0.1	0.3	0.4	18.7
1995	2.3	74.1	0.4	1.9	3.1	18.1
2000	4.2	73.8	0.4	0.5	1.7	19.4
2001	3.5	74.2	0.3	1.6	0.5	19.9
2002	3.2	79.6	1.6	1.9	1.0	12.7
2003	3.0	83.5	1.5	1.5	0.9	9.6
2004	2.4	79.4	0.1	2.9	2.6	12.7
2005	3.8	78.5	0.1	3.6	2.6	11.4
2006	2.0	76.5	0.7	3.0	4.4	13.4
2007	1.9	74.2	0.0	1.4	4.2	17.7
2008	3.8	62.2	0.5	5.2	7.9	20.5
2009	4.3	59.1	0.3	5.9	7.2	23.2
2010	3.3	61.4	0.1	2.3	12.7	20.2
2011	4.5	58.8	0.3	1.8	9.4	25.3

资料来源：依据历年福建省统计年鉴中的相关数据计算得到。

二 东部地区的对外贸易快速发展

1. 东部地区对外贸易额及其地区分布

改革开放后，东部地区对外贸易快速发展。1990 ~ 2012 年，东部十个省份对外贸易进出口总额从 939.25 亿美元增长到 32712.91 亿美元，年均增长率达到 17.5%；东部地区进出口贸易中，进口总额从 517.73 亿美元增长到 16559.48 亿美元，年均增长率达到 17.0%，出口总额从 421.53 亿美元增长到 16153.40 亿美元，年均增长率达到 18.0%。

如图 4 - 1 所示，从东部 10 个省份进出口贸易额占全国的比例看，进口总额占全国比例除 1993 年（84.49%）外均在 85% 以上；出口总额占全国比例在 2003 年之前不断升高（从 1990 年的 67.89% 上升到 2003 年的 90.97%）而之后则趋于下降（从 2003 年的 90.97% 下降到 2012 年的 78.85%）；进出口总额占全国的比例整体上均超过了 80%，但也呈现出在 2005 年之前不断升高（从 1990 年的 81.36% 上升到 2005 年的 89.92%）而之后则趋于下降（从 2005 年的 89.92% 下降到 2012 年的 84.59%）的演变趋势。

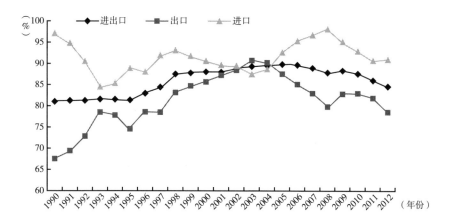

图 4 - 1　1990 ~ 2012 年东部十省份外贸进出口占全国比例演变趋势

资料来源：依据历年《中国统计年鉴》中的数据计算作图。

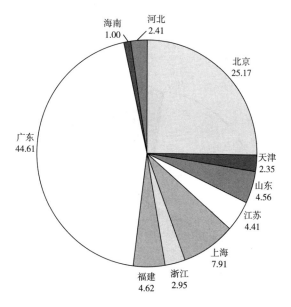

图 4 - 2　1990 年东部地区进出口总额的地区分布示意

资料来源：依据《中国统计年鉴（1991）》中的数据计算作图。

从如图 4 - 2 到图 4 - 4 所示，从东部地区对外贸易的地区分布上看，1990 年，广东和北京占东部地区进出口总额的约 70% ，而上海仅占不到 8% ，长三角地区总体也仅占 15.27% ；到 2000 年，广东所占比例减少了约 4 个百分点，

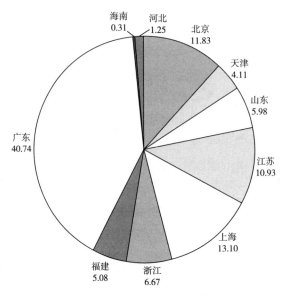

图 4 – 3   2000 年东部地区进出口总额的地区分布示意

资料来源：依据《中国统计年鉴（2001）》中的数据计算作图。

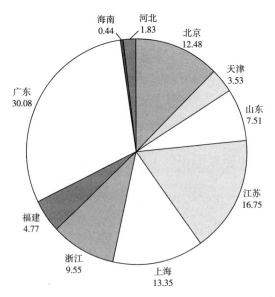

图 4 – 4   2012 年东部地区进出口总额的地区分布示意

资料来源：依据《中国统计年鉴（2013）》中的数据计算作图。

北京所占比例则下降了一半多，而长三角地区的上海、江苏和浙江所占比例则大幅度上升，合计占东部地区进出口总额的比例达到 30.70%，比 1990 年提高了约 1 倍；到了 2012 年，尽管广东省仍然是东部地区进出口所占比例最大的省份，但其占东部地区进出口总额的比例进一步下降到 30% 左右，而长三角地区的上海、江苏和浙江所占比例则进一步上升，并且三个省份合计占东部地区进出口总额的比例达到了 39.65%，超过广东省（主体上是珠三角）。

2. 东部地区的国际贸易以外资企业为主体

在东部沿海地区成为发达国家和地区资本输出的重要对象，外商投资数量不断增加的同时，沿海地区外商投资企业贸易出口业快速发展。如表 4 - 8 和表 4 - 9 所示，1990 ~ 2011 年，广东省出口总额从 222.2 亿美元上升到 5317.9 亿美元，其中"三资"企业出口额从 54.8 亿美元上升到 3247.6 亿美元，所占比例则从 1990 年的 24.7% 上升到 2005 年的 64.9%，而后逐渐下降到 2011 年的 61.1%。福建省在 1997 ~ 2011 年出口总额增长了约 9 倍，其中"三资"企业出口额增长了约 7 倍，"三资"企业出口额所占比例在 2003 年前从 51.6% 上升到 63.7%，但随后快速下降到 2011 年的 42.1%。1990 ~ 2011 年，江苏省出口总额从 29.5 亿美元上升到 3126.2 亿美元，而"三资"企业出口额则从 1.9 亿美元提高到 2152.1 亿美元，所占比例从 6.5% 提升到 2006 年的 77.1%，而后逐渐下降到 2011 年的 68.8%。

表 4 - 8　广东、福建和江苏 1990 ~ 2011 年外资企业贸易出口额及其所占比例

单位：亿美元，%

年份	广东			福建			江苏		
	出口总额	其中"三资"企业	"三资"企业比例	出口总额	其中"三资"企业	"三资"企业比例	出口总额	其中"三资"企业	"三资"企业比例
1990	222.2	54.8	24.7	—	—	—	29.5	1.9	6.5
1991	136.9	53.3	38.9	—	—	—	34.6	4.5	13.1
1992	184.4	81.6	44.3	—	—	—	46.7	13.1	28.0
1993	270.3	103.5	38.3	—	—	—	59.6	22.7	38.1
1994	469.8	187.4	39.9	—	—	—	90.2	36.8	40.8
1995	565.9	257.6	45.5	—	—	—	97.8	29.4	30.0
1996	593.5	306.9	51.7	—	—	—	131.2	52.9	40.3
1997	745.6	367.9	49.4	102.6	52.9	51.6	140.9	67.1	47.6
1998	756.18	391.8	51.8	99.6	54.5	54.7	156.5	80.6	51.5
1999	777.1	394.2	50.7	103.5	58.9	56.9	183.1	98.6	53.9
2000	919.2	495.1	53.9	129.1	76.0	58.9	257.7	144.6	56.1
2001	954.2	543.7	57.0	139.2	82.9	59.5	288.8	166.5	57.6
2002	1184.6	696.2	58.8	173.7	104.7	60.2	384.8	242.6	63.0

续表

年份	广东			福建			江苏		
	出口总额	其中"三资"企业	"三资"企业比例	出口总额	其中"三资"企业	"三资"企业比例	出口总额	其中"三资"企业	"三资"企业比例
2003	1528.5	953.7	62.4	211.3	134.6	63.7	591.4	411.4	69.6
2004	1915.7	1217.2	63.5	294.0	184.2	62.7	875.0	652.2	74.5
2005	2381.7	1546.8	64.9	348.4	217.5	62.4	1229.8	942.3	76.6
2006	3019.5	1939.2	64.2	412.6	246.0	59.6	1604.2	1236.2	77.1
2007	3692.4	2322.2	62.9	499.4	289.9	58.1	2037.3	1556.3	76.4
2008	4041.9	2556.3	63.3	569.9	325.0	57.0	2380.4	1749.6	73.5
2009	3589.6	2238.0	62.4	533.2	273.9	51.4	1992.8	1466.4	73.6
2010	4531.9	2818.5	62.2	714.9	349.5	48.9	2705.5	1923.2	71.1
2011	5317.9	3247.6	61.1	928.4	391.2	42.1	3126.2	2152.1	68.8

资料来源：根据各省历年市统计年鉴数据整理而得。

表4-9中，浙江省的出口总额和"三资"企业出口额在1990~2011年分别从22.6亿美元上升到2163.5亿美元、1.1亿美元上升到652.9亿美元，所占比例则从5.0%上升到2006年的37.6%，之后下降到2011年的30.2%。山东省从1995~2011年的出口总额和"三资"企业出口额分别增长了约15倍和25倍，而"三资"企业所占比例则从1995年的31.1%上升到2009年的56.3%，2010年和2011年分别下降到54.3%和50.7%。天津市的出口总额在1993~2011年从19.4亿美元上升到445.0亿美元，其中"三资"企业所占比例从22.5%上升到2004年的81.7%后开始下降，到2011年为69.4%。

从表4-8和表4-9中广东、福建、江苏、浙江、山东和天津等六个省份出口总额、"三资"企业出口额及其所占比例数据看，除浙江外，"三资"企业均在各省份出口中占据主体地位，其中江苏省在2004~2010年、天津市在2000~2010年，基本超过了70%，广东省在2003~2011年、福建省在2002~2005年也超过了60%，山东省在1998年后也超过了50%。

3. 东部地区的外贸依存度演变趋势

对外贸易依存度是指在一定时期内一国外贸总额对国内生产总值的比值，是衡量一国经济对世界经济依赖程度的重要指标。[①] 如表4-10所示，

---

① 裴长洪、彭磊：《对外贸易依存度与现阶段我国贸易战略调整》，《财贸经济》2006年第4期，第3~9页。

表4-9　浙江、山东和天津历年外资企业贸易出口额及其所占比例

单位：亿美元，%

年份	浙江			山东			天津		
	出口总额	其中"三资"企业	"三资"企业比例	出口总额	其中"三资"企业	"三资"企业比例	出口总额	其中"三资"企业	"三资"企业比例
1990	22.6	1.1	5.0	—	—	—	—	—	—
1991	29.1	2.5	8.4	—	—	—	—	—	—
1992	37.0	3.8	10.2	—	—	—	—	—	—
1993	45.6	9.7	21.3	—	—	—	19.4	4.4	22.5
1994	63.2	12.9	20.4	—	—	—	24.0	7.1	29.6
1995	84.5	15.5	18.4	81.6	25.4	31.1	30.0	10.0	33.4
1996	93.5	22.6	24.2	91.8	38.5	42.0	40.5	21.5	53.2
1997	101.1	24.7	24.4	108.6	51.5	47.5	50.2	31.4	62.5
1998	108.7	26.8	24.7	103.5	52.2	50.5	56.9	36.4	63.9
1999	128.7	33.3	25.9	115.8	58.5	50.5	55.0	38.2	69.5
2000	194.4	53.5	27.5	155.3	79.3	51.1	63.3	44.9	70.9
2001	229.8	71.0	30.9	181.3	92.4	51.0	86.3	63.8	73.9
2002	294.1	92.0	31.3	211.2	109.9	52.1	116.0	91.1	78.6
2003	416.0	130.5	31.4	265.7	137.7	51.8	143.7	114.3	79.5
2004	581.5	196.5	33.8	358.7	184.1	51.3	208.7	170.6	81.7
2005	768.0	272.6	35.5	462.5	238.1	51.5			
2006	1008.9	379.5	37.6	586.5	307.8	52.5	335.4	268.4	80.0
2007	1282.7	472.6	36.8	752.4	403.4	53.6	381.6	283.0	74.2
2008	1542.7	542.7	35.2	931.8	506.8	54.4	422.3	290.6	68.8
2009	1330.1	447.8	33.7	795.7	447.8	56.3	299.9	217.5	72.5
2010	1804.7	581.4	32.2	1042.5	565.6	54.3	375.2	264.6	70.5
2011	2163.5	652.9	30.2	1257.9	637.3	50.7	445.0	308.7	69.4

资料来源：依据各省历年统计年鉴中的数据计算得到。

东部地区各省份在1985～2011年外贸依存度都有大幅度的提高。广东省在1985年外贸依存度为0.46，到1994年最高曾达到1.80，之后虽有所下降，但到2011年仍然达到了1.11。上海的外贸依存度从1985年的0.33上升到2011年的1.47，2006～2007年曾达到1.72；浙江和江苏在1985年时外贸依存度都很低，不足0.10，但到2011年均超过了0.60，其中浙江在2007年最高曾达到0.72，江苏在2006年最高曾达到1.04。天津的外贸依存度在

1985 年只有 0.25，2004～2007 年超过 1.00。山东、河北和海南三省的外贸依存度虽然较低，但在 1985～2011 年也都有不同程度的升高。

表 4 - 10　东部地区各省份 1985～2011 年外贸依存度演变趋势

年份	广东	浙江	江苏	上海	福建	北京	天津	山东	河北	海南
1985	0.46	0.08	0.09	0.33	0.13	3.72	0.25	0.18	0.10	
1986	0.76	0.09	0.11	0.37	0.21	3.71	0.30	0.18	0.09	
1987	0.92	0.09	0.12	0.41	0.25	3.04	0.34	0.15	0.11	0.19
1988	1.00	0.10	0.11	0.42	0.28	2.71	0.33	0.19	0.09	0.32
1989	0.97	0.11	0.11	0.42	0.28	2.36	0.29	0.18	0.10	0.45
1990	1.29	0.15	0.14	0.45	0.40	2.26	0.34	0.14	0.12	0.44
1991	1.48	0.19	0.18	0.48	0.49	2.15	0.31	0.14	0.12	0.60
1992	1.48	0.20	0.18	0.48	0.57	1.94	0.32	0.20	0.11	0.51
1993	1.30	0.20	0.18	0.48	0.52	1.82	0.30	0.15	0.08	0.57
1994	1.80	0.29	0.25	0.69	0.64	2.17	0.39	0.22	0.12	0.70
1995	1.46	0.27	0.26	0.64	0.58	2.05	0.59	0.24	0.12	0.52
1996	1.34	0.25	0.29	0.63	0.52	1.36	0.61	0.23	0.10	0.49
1997	1.39	0.25	0.29	0.60	0.52	1.21	0.66	0.22	0.09	0.39
1998	1.26	0.24	0.30	0.68	0.45	1.06	0.64	0.20	0.08	0.36
1999	1.26	0.28	0.34	0.76	0.43	1.06	0.70	0.20	0.08	0.21
2000	1.31	0.38	0.44	0.95	0.47	1.29	0.83	0.25	0.09	0.20
2001	1.21	0.39	0.45	0.97	0.46	1.15	0.74	0.26	0.09	0.25
2002	1.36	0.43	0.55	1.05	0.53	1.01	0.88	0.27	0.09	0.24
2003	1.48	0.52	0.76	1.39	0.59	1.13	0.94	0.31	0.11	0.26
2004	1.57	0.61	0.94	1.64	0.68	1.30	1.12	0.33	0.13	0.34
2005	1.55	0.66	1.00	1.65	0.68	1.48	1.12	0.34	0.13	0.23
2006	1.58	0.71	1.04	1.72	0.66	1.55	1.15	0.35	0.13	0.30
2007	1.52	0.72	1.02	1.72	0.61	1.49	1.04	0.36	0.14	0.45
2008	1.29	0.68	0.88	1.59	0.54	1.70	0.83	0.36	0.17	0.49
2009	1.06	0.56	0.67	1.26	0.44	1.21	0.58	0.28	0.12	0.37
2010	1.15	0.62	0.76	1.45	0.50	1.45	0.60	0.33	0.14	0.35
2011	1.11	0.62	0.71	1.47	0.53	1.55	0.59	0.34	0.14	0.33

注：北京市的进出口总额为海关统计的北京地区进出口数据（包括中央单位）。

资料来源：依据历年《中国统计年鉴》中的数据计算。

东部地区对外贸易依存度的上升表明东部地区对世界经济依赖程度的提高，尽管这种依赖度在 2006～2007 年之后有所下降，但仍然没有改变东部地区对世界经济高度依赖的现状。

三　东部地区国际代工快速发展

1. 国际代工

（1）国际代工及其发展历程

国际代工（international subcontracting）是指在国际范围的产品内分工中，发达国家或地区的企业在保留产品研发、营销活动的基础上，把产品的生产和制造工序外包到发展中国家或地区，利用发展中国家或地区廉价的劳动力资源，降低产品的生产成本。国际代工模式的产生是伴随着 20 世纪后半期的经济全球化趋势而出现的。由于运输成本和通信成本的下降，以及发展中国家或地区为了发展经济而制订各种吸引外商投资的优惠政策，使得发达国家或地区的企业纷纷把某些产品的加工制造工序分散到发展中国家或地区，利用发展中国家或地区的劳动力资源和自然资源优势，降低产品的成本压力。由于发展中国家或地区的技术水平不高，最初是由发达国家或地区直接设立子公司进行某些生产工序的生产，如 20 世纪六七十年代美国和日本在中国台湾地区、韩国建立工厂。但是，随着产品生命周期的成熟和当地企业的发展，某些发达国家的企业取消了子公司的职能，直接把生产工序外包给中国台湾地区、韩国等新兴工业化经济体的本土企业，由其进行 OEM 生产。而随着这些新兴工业化经济体的成熟，当地企业逐渐承担了产品的部分设计功能，为了降低成本，这些企业又将较低级的生产工序，以 FDI 的形式转向经济相对落后的发展中国家和地区。

由于国际代工模式除了使用当地的廉价劳动力资源和自然资源外，还具有一定的本土化比率，能够对发展中国家产生资本形成、技术溢出、要素生产率提高、产业结构变迁等影响，因而能够推动发展中国家的经济增长，并成为许多国家经济增长的最初推动力。因此，许多发展中国家和地区都制定政策，有意识地吸引外商投资的进入，利用国际代工推动本国经济增长，并因此成为一种新的经济增长模式。东亚地区的中国香港、韩国、新加坡、中国台湾、印度尼西亚、马来西亚和泰国都是曾经通过使用国际代工这种增长模式来推动经济增长的。

（2）国际代工模式的演变趋势

根据企业核心能力及业务范围的差异，国际代工可以分为 OEM、ODM、OBM 等类型。

OEM（Original Equipment Manufacturer）就是委托加工。它是指品牌拥

有者将生产制造业务外包给其他厂家的业务模式。① 在过程上则体现为，发达国家品牌商按照一定的设计要求向国外制造商下订单，后者依照产品设计要求自行生产，或者把生产过程进一步分解为不同环节，分包给不同企业，产品完成后加贴发包企业的品牌出售。② ODM（Original Design Manufacturer）是指代工企业除承担制造活动之外，还会承担包括产品设计、进一步深加工、售后服务等在内的更加广泛的工序、环节和职能。但在ODM模式下，品牌仍然为发包者所有，代工企业进行深度加工组装和产品设计的活动，并没有改变高级代工的性质。③ OBM是制造产业升级的一个崭新阶段，表现在制造企业不仅进行深度加工组装和产品设计活动，还拥有并深度开拓自己的品牌。与OEM和ODM的相比，OBM（Original Brand Manufacturer）厂商的品牌为自己所有，因而能够赚取更多的品牌收益。而且OBM厂商在从代工者转向发包者后，会逐渐建立起新的发包与代工契约关系。此外，从OEM、ODM向OBM的转化，需要代工企业投资强度更大，对学习和组织能力的要求也更高。

研究普遍认为，产业升级一般遵循工艺升级、产品升级、功能升级和跨产业升级的次序，并且从OEM、ODM和OBM的转换被视为产业升级的主要路径。但是，OEM、ODM和OBM作为国际代工企业的几种主要类型，在产业升级过程中并不是作为阶段性形态而独立存在。Lee and Chen（1999）提出，厂商同时采取OEM、ODM及OBM的多重业务动态组合模式，可以促进厂商内部的动态学习，发挥已有资源能力的规模经济与范围经济，并维持企业的经营弹性。④

2. 东部地区国际代工的发展现状

（1）东部地区国际代工的主要行业现状

我国改革开放30多年来，OEM作为一种有效率的合作方式，已经成为

---

① 刘志彪：《中国沿海地区制造业发展：国际代工模式与创新》，《南开经济研究》2005年第5期，第37~45页。

② 卢锋：《产品内分工：一个分析框架》，北京大学中国经济中心讨论稿系列，No. CZoo4005，2004年。

③ 刘志彪：《中国沿海地区制造业发展：国际代工模式与创新》，《南开经济研究》2005年第5期，第37~45页。

④ Lee, Ji-ren and Chen, Jen-shyang: "Dynamic synergy Creation with Multiple Business Activities: toward a Competence-based Business Model for OEM Suppliers", Advances in Applied Bussiness Strategy, 1999, (1).

我国制造企业进入国际价值链体系，参与国际市场的一个主要途径。除了欧美、港台企业在中国内地积极寻找 OEM 合作厂商之外，我国本土企业也开始主动寻找 OEM 品牌厂商。目前，OEM 方式普遍存在于我国纺织、服装、玩具、家电、信息技术、通信技术等行业。[①] 以至于在 2002 年，韩国《经济先驱报》、新加坡《海峡时报》、日本《产经新闻》、美国《商业周刊》等媒体上都出现了"在制造业方面，中国已经成为世界的工厂"的观点。[②]

　　OEM 在 IT 业的发展。在我国 IT 产品市场，大到服务器、个人电脑、笔记本电脑，小到打印机、显示器、扫描仪、键盘、音响器材等，甚至一些通信产品，90% 以上都是 OEM 产品。其中所用的零部件、元器件等几乎无一不是来自 OEM，甚至连手机电池也是 OEM 的。在 IT 业，OEM 最早起源于硬件制造。电脑配件的标准化为 OEM 的产生和推广提供了土壤。其中既有软件产品 OEM，也有硬件产品 OEM。硬件 OEM 有配件的 OEM 和整机 OEM 之分。整机的 OEM 又有两种形式，一种是全部物料都由供应商自己采购，另一种是品牌厂商指定物料，供应商负责加工。硬件 OEM 还带有传统的 OEM 色彩，供应商与品牌厂商的合作通常是长期和稳定的。但是，从双方第一次接触，到拿出样品，再到建立 OEM 合作伙伴关系，一般要经过较长的时间。与硬件 OEM 不同，软件 OEM 已经脱离了生产方式的"外衣"，而更多地带有渠道销售的色彩。软件供应商大多要打自己的品牌。从本质上讲，软件的 OEM 与软件捆绑销售差别不大。OEM 的外延和内涵都发生了很大的变化，很多 IT 企业都是在做 OEM 的过程中发现新的商业机会，国内 IT 厂商开始看到 OEM 价值所在，于是把触角伸向 OEM。[③] 2002 年，中国台湾的前 20 家电子产品公司，有七成将生产基地设在大陆，如鸿海、达电、光宝科等，而将研发设计、营运总部、管理培训及后勤支持等环节留在台湾岛内。[④]

　　OEM 在家电业的发展。OEM 另外一个重要的应用领域是家电业。越来

---

① 汪建成、毛蕴诗、邱楠：《由 OEM 到 ODM 再到 OBM 的自主创新与国际化路径》，《管理世界》2008 年第 6 期，第 48～56 页。

② 蓝庆新：《论全球价值链下电子信息产业集群升级》，《山西财经大学学报》2005 年第 5 期，第 74～78 页。

③ 水常青、宋永高：《我国企业做 OEM 的实证分析——基于博弈论的视角》，《中国软科学》2004 年第 11 期，第 81～85 页。

④ 蓝庆新：《论全球价值链下电子信息产业集群升级》，《山西财经大学学报》2005 年第 5 期，第 74～78 页。

越多的世界家电著名厂商将生产基地转移到中国，使得中国正在成为全球家电生产的"大车间"。GE、LG、松下、东芝、西门子、伊莱克斯、飞利浦等公司都经由中国企业代工生产。跨国公司选择代工生产的目的无非有二：一是利用中国的廉价劳动力和较高的生产率，降低成本；二是利用本地化生产，打开中国市场。顺应这种趋势，中国家电企业在经历了20世纪90年代的合资热后，到2000年前后又兴起了OEM热。[①] 在家电业里，2001年，松下公司停止在美国肯塔基州生产微波炉，将其生产基地集中到了上海；关掉了美国的一家压缩机厂，把设备转移到广东，在广东打造世界上最大的压缩机制造基地。同年，东芝公司宣布停止在日本国内生产显像管电视，把包含数字电视在内的电视机生产线全部转移到大连。此外，录像机、复印机、空调、CD、DVD等日本家电产品也主要由日本公司在中国的工厂生产。[②]

（2）东部地区主要省份国际代工贸易现状

在我国对外贸易的统计数据中，一般将来料加工和进料加工[③]两种加工贸易方式归类为国际代工方式的范畴。表4-11为广东、上海、江苏、福建和浙江等五个主要的东部省份加工贸易占出口额和工业总产值的比重数据。从加工贸易占各地区出口额的比重看，广东省在1987~2012年均高于50%，其中最高的1996年达到79.46%，并在1989~2005年基本高于70%；上海的这一比重在1995~2011年超过了50%，其中1997~1999年超过60%；江苏在1997~2011年超过50%，最高的2005年为66.72%，并在2003~2010年超过或接近60%；福建省在2006年前均高于40%，最高的1998年达到53.12%；浙江相对较低，总体上介于15%~30%。从加工贸易额占各省份工业总产值的比重来看，广东、上海、江苏和福建的比重较高，广东在2009年之前均超过了20%，上海在1995~2012年基本介于10%~25%，江苏在2000~2011年基本介于10%~20%，福建1996~

---

① 水常青、宋永高：《我国企业做OEM的实证分析——基于博弈论的视角》，《中国软科学》2004年第11期，第81~85页。

② 转引自刘东勋《价值曲线的时代变化和产业价值链竞争》，《上海经济研究》2005年第7期，第53~59页。

③ 来料加工即来料加工贸易，是指外商提供全部原材料、辅料、零部件、元器件、配套件和包装物料，必要时提供设备，由承接方加工单位按外商的要求进行加工装配，成品交外商销售，承接方收取工缴费，外商提供的作价设备价款，承接方用工缴费偿还的业务。进料加工贸易简称进料加工，是指进口料件由经营企业付汇进口，制成品由经营企业外销出口的加工贸易，进口原材料的所有权和收益权属于经营企业。进料加工贸易与来料加工贸易是加工贸易的主要方式，加工贸易与一般贸易相对应。

2007 年介于 10% ~ 15%，浙江相对较低，但在 2005 ~ 2008 年也超过了 5%。

表 4 - 11 东部主要省份加工贸易占出口和工业总产值比重演变趋势

单位：%

年份	加工贸易占出口比重					加工贸易占工业总产值比重				
	广东	上海	江苏	浙江	福建	广东	上海	江苏	浙江	福建
1987	66.58	—	—	—	—	28.61	—	—	—	—
1988	66.05	—	—	—	—	27.62	—	—	—	—
1989	70.72	—	—	—	—	29.28	—	—	—	—
1990	72.04	—	—	—	—	40.25	—	—	—	—
1991	75.51	—	—	—	—	43.12	—	—	—	—
1992	75.50	—	—	27.27	—	40.04	—	—	2.19	—
1993	77.92	20.96	—	23.90	—	32.05	2.68	—	1.56	—
1994	72.12	24.41	—	21.71	—	42.91	4.49	—	1.97	—
1995	74.70	52.97	39.35	22.26	—	36.32	10.72	3.28	1.74	—
1996	79.46	57.91	—	28.19	51.88	37.23	12.24	—	2.14	12.73
1997	73.54	60.43	52.39	26.00	50.63	36.74	13.36	4.88	2.10	14.04
1998	77.18	60.38	54.04	23.84	53.12	35.01	13.84	8.70	4.56	13.61
1999	77.73	61.32	53.83	22.02	52.63	32.67	15.35	9.15	4.53	12.97
2000	78.09	58.31	52.98	20.44	49.13	35.15	17.43	10.81	4.98	13.14
2001	63.14	56.93	52.68	20.44	47.81	21.61	16.68	10.72	4.17	12.53
2002	78.67	54.36	55.26	17.16	48.05	35.40	16.52	12.69	4.27	13.13
2003	77.30	56.99	61.87	17.51	50.35	35.72	19.53	16.79	4.69	13.31
2004	76.02	58.18	65.10	19.32	49.56	34.99	24.26	18.98	4.96	14.11
2005	73.51	57.18	66.72	21.11	46.51	34.42	25.18	20.55	5.75	13.28
2006	69.01	56.15	66.16	22.43	43.00	32.49	25.90	20.43	6.19	11.93
2007	66.67	55.36	64.09	21.29	39.86	29.83	26.22	18.62	5.76	10.49
2008	64.66	54.21	59.64	19.99	39.52	24.39	24.55	14.54	5.25	9.13
2009	62.16	57.40	61.54	18.73	35.02	20.08	22.36	11.44	4.15	6.83
2010	60.81	55.52	59.07	18.29	33.01	19.96	21.89	11.75	4.35	6.71
2011	58.58	51.98	55.08	16.66	27.14	19.44	20.82	10.33	4.13	5.37
2012	56.59	49.09	48.76	15.45	26.10	19.52	19.31	8.42	3.70	4.98

资料来源：依据历年各省统计年鉴的数据计算。

从如表 4 -11 所示各地区加工贸易占出口额比重和工业总产值比重数据看，均体现出以 1998 ~ 2000 年为分界线，呈之前不断升高而之后则不断下降的演变趋势。但从图 4 -5 所示广东、上海、江苏、浙江和福建到 2012 年出口加工贸易额演变趋势看，整体上加工贸易额呈不断升高的趋势，全部五个省份仅在 2009 年、广东在 2001 年、上海和江苏在 2012 年相较于前一年有所降低。由此可见，加工贸易在东部主要省份中，仍在不断扩张，只是近年来相对于一般贸易而言增速减缓而已。

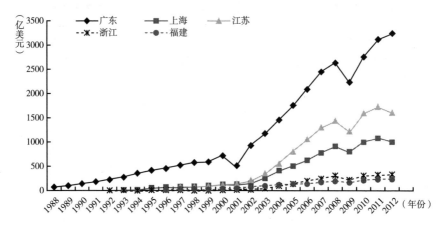

图 4－5　广东、上海、江苏、浙江和福建到 2012 年出口加工贸易额演变趋势

资料来源：依据历年各省统计年鉴中的数据计算作图。

第二节　出口导向型产业发展方式对东部地区的影响

一　东部地区的出口贸易与地区经济波动

1. 数据来源及数据处理

用于分析的数据中，历年的人民币对美元汇率数据来自《中国统计年鉴（2012）》，各省份的 GDP、GDP 增长率和外贸出口额数据来自各省份2012 年的统计年鉴，其中 2012 年统计年鉴中出口额数据不全的，则从《新中国六十年统计资料汇编》中关于各省份出口额数据统计表中补全。样本数据为 1978～2011 年的年度数据。利用生产法统计的 GDP 及其以上一年为基准的指数生成 GDP 平减指数，然后对现价下的 GDP（以亿元人民币为单位）进行调整得到以 1978 年价格为基准的实际 GDP。利用美国的全社会零售价格指数①生成相应的平减指数，对各省份的出口总额（以亿美元为单

---

① 数据来源：http：//www.tradingeconomics.com/。

位）进行平减，得到以 1978 年美元表示的实际出口总额①。

在数据处理过程中，由于需要将实际 GDP 通过汇率转换成以美元为单位的值，而我国目前公布的正式官方汇率仅有 1985 年以后的数据，因此本部分内容中除图 4 - 1 和图 4 - 2 中关于东部地区 1978 ~ 2011 年实际 GDP 和外贸出口额波动演变趋势的分析外，均截取了 1985 ~ 2011 年的数据进行分析。

2. 波动周期分析

将东部各省份 1978 ~ 2011 年的实际 GDP 及出口总额数据首先经过 H - P 滤波，得到各省份实际 GDP 和出口总额的趋势数据和周期性波动数据，然后将各省份实际 GDP 和出口总额的周期性波动数据用于分析各地区经济波动与外贸出口之间的关系。

图 4 - 6 和图 4 - 7 为东部地区 1978 ~ 2011 年实际 GDP 和外贸出口额波动演变趋势。整体上，1992 ~ 1993 年之前，实际 GDP 的波动趋势比较明显，并分别在 20 世纪 80 年代中期、末期和 20 世纪 90 年代初期依次有低谷、高涨和低谷三次经济波动周期。但 1992 ~ 1993 年之前出口额的波动趋势并不明显，仅在 20 世纪 80 年代中期（1983 ~ 1986 年）可见比较模糊的波动周期。因此在 1992 ~ 1993 年之前实际 GDP 和外贸出口额之间波动趋势的对应关系相对较弱。而在 1992 ~ 1993 年之后，实际 GDP 经历了 1993 ~ 1999 年的经济高涨、1999 ~ 2006 年低谷波动期、2006 ~ 2008 年高涨、2008 ~ 2009 年的短暂低谷及之后的回暖等五个主要的经济波动期。与之相对应，出口额也有 1993 ~ 1997 的出口额高于正常趋势值（波动值为正）、1997 ~ 2005 年低于正常趋势值（波动值为负）、2005 ~ 2008 年高于正常趋势值、2009 ~ 2010 年低于正常趋势值及之后的回升等主要波动期。而且，与实际 GDP 波动幅度趋于减小相一致的是，出口额的波动幅度也趋于缩小。

对东部地区各省份实际 GDP 和出口额波动值进行线性回归，得到结果如表 4 - 12 所示。表中的回归结果显示，除江苏、北京和天津回归系数 β 不显著外，河北省的回归系数 β 在 10% 显著性水平上显著，上海在 5% 显著性水平上显著，广东、浙江、福建、山东和海南均在 1% 显著性水平上显著。表明东部地区主要省份出口额波动对实际 GDP 波动有显著性的影响。

---

① 赵陵、宋少华、宋泓明：《中国出口导向型经济增长的经验分析》，《世界经济》2001 年第 8 期，第 14 ~ 20 页。

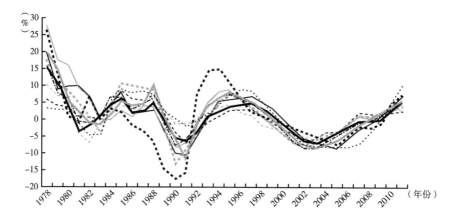

图4-6　东部地区1978~2011年实际GDP波动演变趋势

资料来源：依据笔者对相关数据的计算结果作图。

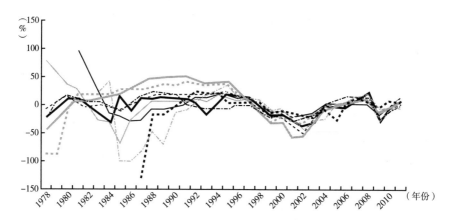

图4-7　东部地区1978~2011年外贸出口额波动演变趋势

注：图4-6和图4-7中反映的数据为以历年东部各省份经过H-P滤波后的波动额占当年实际GDP和出口额的比例。

资料来源：依据笔者对相关数据的计算结果作图。

表4-12　东部地区各省份实际GDP和出口额波动值回归分析

地区	常数项(α)	回归系数(β)	R^2
广东	0.4316(0.0948)	0.2173 *** (2.9060)	0.2387
浙江	0.7842(0.3390)	0.3390 *** (3.5698)	0.3376
江苏	1.5627(0.2472)	0.2180(1.4400)	0.0766
上海	1.0271(0.4545)	0.1875 ** (2.2779)	0.1719
福建	0.2051(0.1176)	0.5831 *** (3.4553)	0.3232
北京	0.5941(0.5554)	0.0456(0.5991)	0.0142

续表

地区	常数项（α）	回归系数（β）	R²
天津	0.6839(0.3236)	− 0.3640(− 1.6349)	0.0966
山东	1.0472(0.2508)	0.8369 *** (0.0096)	0.2392
河北	0.3239(0.1387)	0.8293 * (0.0761)	0.1205
海南	− 0.0571(− 0.1597)	2.1941 *** (3.2642)	0.3166

注：表中，* 为10%显著性水平，** 为5%显著性水平，*** 为1%显著性水平。

3. 东部地区各省份实际 GDP 和出口额波动值的滞后影响分析

（1）相关性分析

测算得到各省份实际 GDP 和出口额波动值滞后影响相关系数如表 4 – 13 所示。

表 4 – 13　东部地区各省份实际 GDP 和出口额波动值滞后影响相关系数检验值

地区	滞后期数					
	0 期	Ⅰ 期	Ⅱ 期	Ⅲ 期	Ⅳ 期	Ⅴ 期
广东	0.5025	0.2482	0.1981	0.6341	0.5080	0.1440
浙江	0.5811	0.2389	0.1914	0.5562	0.3193	0.0450
江苏	0.2767	0.2107	0.22259	0.7568	0.5783	0.2744
上海	0.4146	0.3072	0.3795	0.7045	0.4262	0.0774
福建	0.5685	− 0.0038	− 0.2379	0.3069	0.2870	0.1585
北京	0.1190	0.2559	0.3836	0.4670	0.2457	− 0.0478
天津	− 0.3108	− 0.4345	− 0.2295	0.5826	0.6314	0.5511
山东	0.4891	0.2252	0.1890	0.6542	0.3161	0.0179
河北	0.3471	− 0.0058	0.0293	0.6910	0.2080	0.0042
海南	0.5627	0.5939	0.3915	0.4851	0.4049	− 0.0459

注：天津市滞后Ⅵ期相关系数为 0.3252，滞后Ⅶ期相关系数为 0.0520。

如表 4 – 13 所示，整体上，除天津、北京外各省份实际 GDP 和出口额波动值之间在当期的相关系数均较高，有广东、浙江、福建和海南等四个省超过 0.5，上海、山东和河北也超过了 0.3。而滞后Ⅰ期、滞后Ⅱ期的相关系数分化较大并且整体上相关系数不高，滞后Ⅰ期的相关系数中既有海南省超过 0.5，也有如福建、河北等小于 0 的，滞后Ⅱ期的相关系数中也呈类似的情况。滞后Ⅲ期和滞后Ⅳ期的相关系数比较一致，滞后Ⅲ期的相关系数是所有各期相关系数中最大，除福建、北京和海南外均大于 0.5，并有五个省份大于 0.6；滞后Ⅳ期的相关系数也相对较大，但相比于滞后Ⅲ期已呈减小趋势。到了滞后 V 期,除天津外均已很小。

东部地区各省份实际 GDP 和出口波动值之间相关系数的演变趋势表明,当期出口额和实际 GDP 之间的波动相互影响较大,且相互之间有 1~3 年的滞后影响,并从滞后 4 年开始影响减弱并在第 5 年影响趋于消除。这表明东部地区实际 GDP 的波动受出口额波动的影响较大。

(2)格兰杰因果检验

首先,对 1985 年及以后各省份的实际 GDP 和出口额波动数据先采用 ADF 检验进行单位根检验,得到结果如表 4-14 所示。广东省、浙江省和天津市在 1985~2011 年的实际 GDP 和出口额的波动值均为平稳的时间序列值,而江苏省、北京市、山东省和海南省的实际 GDP 波动值则均含有两个单位根,上海市和福建省的出口额波动值均含有一个单位根。

表 4-14　1993~2011 年东部各省份实际 GDP 和出口额波动值的单位根检验结果

地区		实际 GDP 波动值		出口额波动值	
		t - 统计量	概率	t - 统计量	概率
广东	水平值	- 2.9989	0.0499	- 3.0129	0.0468
浙江	水平值	- 3.5753	0.0148	- 3.6144	0.0125
江苏	水平值	- 1.1585	0.6756	- 3.3786	0.0213
	二阶差分	- 5.1846	0.0003	—	—
上海	水平值	- 3.6325	0.0131	- 1.8857	0.3317
	二阶差分	—	—	- 4.9428	0.0009
福建	水平值	- 4.3302	0.0027	- 1.7915	0.3754
	一阶差分	—	—	- 5.4987	0.0002
北京	水平值	- 2.1288	0.2359	- 3.3752	0.0228
	二阶差分	- 7.6793	0.0000	—	—
天津	水平值	- 4.0773	0.0044	- 3.0063	0.0475
山东	水平值	- 1.1351	0.6853	- 3.8090	0.0080
	二阶差分	- 4.4405	0.0020	—	—
河北	水平值	- 2.0215	0.2762	- 4.1561	0.0042
	二阶差分	- 5.2214	0.0003	—	—
海南	水平值	- 1.7652	0.3881	- 2.6882	0.0906
	二阶差分	- 5.2071	0.0004	—	—

依据表 4-14 中对各省份实际 GDP 和出口额波动值的单位根检验结果,只有广东省、浙江省和天津市的两个时间序列均是平稳的,因而可以直接用

于格兰杰因果检验。其他各个省份的两个时间序列由于并不存在同阶单位根，因而无法进行格兰杰因果检验。广东、浙江和天津等三个省份实际GDP和贸易出口额波动值间的格兰杰因果检验结果如表 4－15 所示。

表 4－15　广东、浙江和天津实际 GDP 和贸易出口额波动值间的
格兰杰因果检验结果

地区	假设	滞后Ⅰ期	滞后Ⅱ期	滞后Ⅲ期	滞后Ⅳ期	滞后Ⅴ期
广东	X 不是 Y 的原因	1.7918 (0.1938)	9.2150 (0.0015)	8.9244 (0.0009)	2.8597 (0.0634)	2.2906 (0.1171)
	Y 不是 X 的原因	0.5832 (0.4528)	3.8263 (0.0392)	3.1049 (0.0542)	6.3249 (0.0040)	4.9278 (0.0130)
浙江	X 不是 Y 的原因	1.8115 (0.1914)	7.0550 (0.0048)	7.4571 (0.0021)	6.9589 (0.0027)	3.8501 (0.0291)
	Y 不是 X 的原因	2.6152 (0.1195)	5.7728 (0.0105)	5.0839 (0.0108)	3.4594 (0.0365)	2.0980 (0.1420)
天津	X 不是 Y 的原因	0.0819 (0.7773)	4.9652 (0.0177)	17.3405 (0.0000)	14.4609 (0.0000)	9.8695 (0.0009)
	Y 不是 X 的原因	0.3467 (0.5617)	0.5008 (0.6135)	1.4280 (0.2693)	1.4910 (0.2578)	2.4902 (0.0963)

注：表 Y 为实际 GDP 波动值占实际 GDP 的比例，X 为出口波动值占出口值的比例。

如表 4－15 所示，广东、浙江和天津的实际 GDP 波动值比例和贸易出口额波动值比例之间，滞后Ⅰ期并没有显现出相互之间的因果关系。广东省和浙江省在滞后Ⅱ期、滞后Ⅲ期、滞后Ⅳ期均体现为实际 GDP 出口额和贸易出口额波动值之间的双向因果关系，而在滞后Ⅴ期，广东省体现为实际GDP 波动是出口额波动的原因，浙江则体现为出口额波动是实际 GDP 波动额的原因。天津市的出口额波动在滞后Ⅱ期、滞后Ⅲ期、滞后Ⅳ期均为实际 GDP 波动的原因，滞后Ⅴ期则为双向因果关系。

4．结论

从以上关于东部地区各省份出口贸易与地区经济波动之间的分析可见，出口贸易对东部地区经济波动（实际 GDP 的波动）有明显的影响。同时，东部地区的经济波动也显著地影响了东部地区的出口贸易。因此，东部地区的经济发展已经与出口贸易形成了强烈的相互依存关系，并因此形成了东部地区出口导向型的经济发展模式。

二 汇率变动对东部地区出口贸易的影响

出口导向型经济发展模式中，国际贸易出口会明显地受到汇率变化的影响，并体现为汇率升高（本币贬值）出口增加（或出口增长加快），汇率降低（本币升值）则出口减少（或出口增长减缓）。对于衡量我国汇率变动与出口额之间变化关系的分析，通行的做法是以我国对最大的贸易伙伴国（比如最大的四个贸易伙伴国或地区）的出口额各自所占比例作为各贸易伙伴国对人民币汇率的加权指数，进而计算出汇率指数来分析出口额与汇率变化之间的关系[①]。

综合我国历年与各主要贸易伙伴国或地区之间出口额数据，占我国出口额最大的四个贸易伙伴国或地区分别是中国香港、日本、美国和欧盟，约占我国出口贸易总额的近60%。但由于欧盟内部并非所有国家均使用欧元作为与我国贸易的结算货币，加之人民币兑欧元的汇率始于2002年，因此为保证数据的可比性和延续性，这里只采用了中国香港、日本、美国的相关数据以尽可能延长样本的时间区间，以分析我国东部地区各省份出口额与人民币的汇率指数间的变化关系。由此得到1996~2011年我国的综合汇率指数，如表4-16所示。

表4-16 1996~2011年我国最大三个贸易伙伴占出口贸易比例及综合汇率指数

年份	贸易比例			历史汇率（RMB/外币）			综合汇率指数
	中国香港	日本	美国	中国香港	日本	美国	
1996	0.36	0.34	0.30	1.08	0.08	8.31	2.87
1997	0.40	0.30	0.30	1.07	0.07	8.29	2.96
1998	0.36	0.28	0.36	1.07	0.06	8.28	3.36
1999	0.33	0.29	0.38	1.07	0.07	8.28	3.50
2000	0.32	0.30	0.38	1.06	0.08	8.28	3.48
2001	0.32	0.31	0.37	1.06	0.07	8.28	3.44
2002	0.33	0.27	0.40	1.06	0.07	8.28	3.64
2003	0.33	0.26	0.41	1.06	0.07	8.28	3.73
2004	0.34	0.25	0.42	1.06	0.08	8.28	3.83
2005	0.34	0.23	0.44	1.05	0.07	8.19	3.96

---

① 赵陵、宋少华、宋泓明：《中国出口导向型经济增长的经验分析》，《世界经济》2001年第8期，第14~20页。

续表

年份	贸易比例			历史汇率（RMB/外币）			综合汇率指数
	中国香港	日本	美国	中国香港	日本	美国	
2006	0.34	0.20	0.45	1.03	0.07	7.97	3.97
2007	0.36	0.20	0.45	0.97	0.06	7.60	3.76
2008	0.34	0.21	0.45	0.89	0.07	6.95	3.45
2009	0.34	0.20	0.46	0.88	0.07	6.83	3.43
2010	0.35	0.19	0.45	0.87	0.08	6.77	3.40
2011	0.36	0.20	0.44	0.83	0.08	6.46	3.15

资料来源：依据历年《中国统计年鉴》中的数据计算。

如表4-16所示，1996~2011年我国的综合汇率指数在2006年之前总体上不断升高（人民币的相对贬值），而在2006年之后则趋于下降（人民币的相对升值）。由此可以预期，1996~2006年，我国各地区出口贸易增长率应该趋于上升，而在2006年之后则应趋于下降。据此，采集东部各省份1996~2011年的出口贸易额增长率数据，再以表4-16中的数据为基础计算出1996~2011年的综合汇率指数变化率，然后测算当期、滞后Ⅰ期、滞后Ⅱ期和滞后Ⅲ期的相关系数，结果如表4-17所示。[①]

如表4-17所示，汇率综合指数的改变对当期的外贸出口增长率影响相对较小，二者的相关系数也多介于0.2~0.4。但滞后Ⅰ期的汇率指数与各地区外贸出口增长率之间的相关系数则普遍较大，十个省份中除河北省和海南省外均超过了0.5，且有浙江、江苏、上海三省市两项指标的相关系数大于0.8，广东、天津和山东三省市的两项指标相关系数也大于0.7。这表明，人民币的当期综合汇率指数改变对下一期东部地区各省份的外贸出口增长率有显著的影响。此外，滞后Ⅱ期、滞后Ⅲ期两项指标相关系数相对较小，表明人民币综合汇率指数的改变对我国东部各省份外贸出口影响的滞后影响并不长。

综上所述，人民币汇率的改变对我国东部地区外贸出口增长率有较强影响，但这种影响主要集中在滞后Ⅰ期，也即t年人民币汇率的改变将对t+1年东部各省份外贸出口增长率产生显著的影响。这样的分析结果也同样支持了东部地区出口导向型的经济发展模式这一基本结论。

---

① 由于相关系数计算到滞后Ⅲ期，因此实际分析的有效数据为2000~2011年。

表 4 - 17　东部地区各省份外贸出口增长率对汇率指数变化率的相关系数

地区	当期	滞后 I 期	滞后 II 期	滞后 III 期
广东	0.3360	0.7455	0.1251	-0.2783
浙江	0.2761	0.8082	0.5347	-0.1029
江苏	0.4765	0.8427	0.3285	-0.1303
上海	0.2673	0.8007	0.3592	-0.2300
福建	0.1241	0.5138	0.1555	-0.4840
北京	0.2317	0.6895	0.2596	-0.0397
天津	0.3311	0.7772	0.4862	-0.1127
山东	0.0586	0.7248	0.4528	-0.1080
河北	-0.1132	0.3867	0.1222	-0.2915
海南	-0.0557	0.2681	-0.0021	-0.3430

三　人民币升值对东部地区产业发展的影响

1. 人民币升值

（1）经济增长与货币升值

经济增长对于长期汇率水平有重要影响。根据马丹、许少强（2005）对巴拉萨—萨缪尔森效应的通俗表达：经历高速经济增长的国家，其可贸易品部门相对于不可贸易品部门的生产率提高较快，这将导致其实际汇率升值。[①] 从各国经济发展历史看，日本、德国的经济增长和日元、马克的升值经验表明，大国在经济快速增长时往往会表现出本国货币升值的趋势。我国的类似情形也符合这一发展规律。在改革开放以来的 30 多年里，我国经济快速增长，国际贸易自 1994 年至今一直保持顺差并且净出口持续增加，这意味着对于人民币而言，无论是对内需求还是对外需求都在快速增加，因而人民币升值有其必然性。

如图 4 - 8 所示，自 2005 年 7 月 22 日我国实行浮动汇率制以来，人民币对世界主要外币都是升值的。人民币对美元、欧元、英镑和港币都呈持续的升值趋势。

以美元为例，2005 年，1 美元对人民币从 8.2290 先后突破了 8.2、8.1、8.0 关口，升值幅度达 2.78%。2006 年 1 月 4 日，中国开始实行询价交易这

---

① 马丹、许少强：《中国贸易收支、贸易结构与人民币实际有效汇率》，《数量经济技术经济研究》2005 年第 6 期，第 23~32 页。

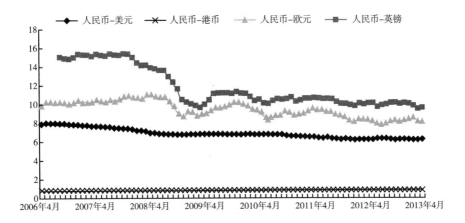

**图 4 - 8　从 2006 年 4 月到 2013 年 4 月，人民币对世界
主要货币的汇率变化情况**

注：纵坐标轴表示人民币/美元、人民币/英镑、人民币/欧元、人民币/港币的汇率中间价。
资料来源：依据国家外汇管理局网站的人民币汇率数据制作。

一国际主流交易机制，宣告了外汇交易方式和人民币汇率形成机制的变革，人民币汇率中间价的形成变得更加市场化了。2006 年的前 6 个月，人民币汇率一直在 8.0 边缘徘徊，7 月（为 7.9910）突破 8.0 大关后，人民币汇率中间价开始一路向下，11 月达到 7.8652，12 月进一步下降至 7.8238。仅 2006 年人民币升值幅度就达 3.01%。2007 年，人民币对美元汇率中间价从 1 月的 7.7898 降到了 12 月的 7.3676，人民币年度升值幅度 5.42%。期间，人民币对美元汇率分别于 5 月（为 7.6704）突破 7.7 关口，7 月（为 7.5805）突破 7.6 关口，11 月（为 7.4233）、12 月进一步突破 7.5、7.4 关口。2008 年以来，人民币对美元于 5 月突破 7.0。但随后受到金融危机的影响，在长达近两年的时间内，人民币对美元汇率的中间价一直徘徊于 6.82 到 6.84 之间。直到 2010 年 6 月，人民币对美元汇率的中间价才开始重新回落，进一步由 6.8165 下降至 12 月的 6.6515，六个月的时间里升值 2.42%。2011 年和 2012 年，人民币对美元的汇率分别由年初的 6.6027 和 6.3168（分别为当年 1 月的汇率平均价）降低到年末的 6.3281 和 6.2900（分别为当年 12 月的汇率平均价），到 2014 年 6 月 19 日进一步升值到 6.2452。至此，以 2005 年汇改日的人民币对美元比价 8.11 计算，人民币对美元升值 22.99%。

（2）人民币兑美元实际汇率的变化

人民币兑美元实际汇率由公式（4-1）所示：

$$\varepsilon = e \times (\frac{P}{P^*}) \qquad (4-1)$$

其中，ε 为实际汇率；e 为中美名义汇率，通过将中美名义汇率中间价采用间接标价法所得到；P 为国内居民消费物价指数，P^* 为美国居民消费物价指数，均为依据通货膨胀率计算得到以 2007 年 11 月为基期的居民消费物价指数。

人民币兑美元实际汇率指数也是以 2007 年 11 月为基期的，转换公式为：

$$I_t = \frac{\varepsilon_t}{\varepsilon_0} \times 100 \qquad (4-2)$$

其中，I_t 表示 t 时期的人民币兑美元的实际汇率指数，$\varepsilon_t e_t$ 表示 t 时期人民币兑美元实际汇率，$\varepsilon_0 e_0$ 表示基期人民币兑美元实际汇率。当 I_t 上升时表示人民币升值，下降时则表示人民币贬值。

依据净出口和中美双边汇率变化的数据计算结果，制作人民币兑美元实际汇率演变趋势图，如图 4-9 所示。

从图 4-9 中可以看出，从 2005 年 7 月到 2010 年 10 月，人民币兑美元的实际汇率总体上呈现上升的趋势，也就是说，人民币是升值的。由此可见，自 2005 年 7 月我国汇率政策由原来的固定汇率转变为浮动汇率制以来，人民币实际汇率持续稳定升值。

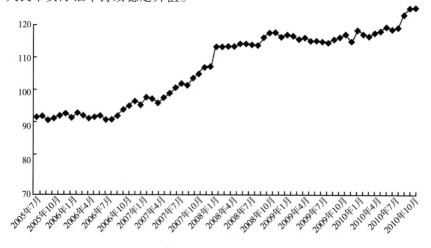

图 4-9　人民币兑美元实际汇率指数变化趋势

资料来源：笔者依据相关数据计算作图。

依据相关数据计算结果，人民币兑美元名义汇率从 2005 年 7 月的 0.1215 上升到 2010 年 12 月的 0.1503，实际汇率从 0.1196 上升到 0.1563，在 5 年多的时间内升值幅度分别为 23.7% 和 30.7%。表明人民币对美元的名义汇率和实际汇率升值幅度都比较大，而且实际汇率升值幅度要高于名义汇率升值幅度。对于这一点，还可以通过比较中国与美国的通货膨胀率来分析。

将中国通货膨胀率减去美国通货膨胀率，得到结果如表 4-18 所示。

表 4-18　中国与美国通货膨胀率差值

单位：%

年月	△π	月份	△π	年月	△π
2005.07	-1.4	2007.05	0.7	2009.03	-0.8
2005.08	-2.3	2007.06	1.7	2009.04	-0.8
2005.09	-3.8	2007.07	3.2	2009.05	-0.1
2005.10	-3.1	2007.08	4.5	2009.06	-0.3
2005.11	-2.2	2007.09	3.4	2009.07	0.3
2005.12	-1.8	2007.10	3.0	2009.08	0.3
2006.01	-2.1	2007.11	2.6	2009.09	0.5
2006.02	-2.7	2007.12	2.4	2009.10	-0.3
2006.03	-2.6	2008.01	2.8	2009.11	-1.2
2006.04	-2.3	2008.02	4.7	2009.12	-0.8
2006.05	-2.8	2008.03	4.3	2010.01	-1.1
2006.06	-2.8	2008.04	4.6	2010.02	0.6
2006.07	-3.1	2008.05	3.5	2010.03	0.1
2006.08	-2.5	2008.06	2.1	2010.04	0.6
2006.09	-0.6	2008.07	0.7	2010.05	1.1
2006.10	0.1	2008.08	-0.5	2010.06	1.8
2006.11	-0.1	2008.09	-0.3	2010.07	2.1
2006.12	0.3	2008.10	0.3	2010.08	2.4
2007.01	0.1	2008.11	1.3	2010.09	2.5
2007.02	0.3	2008.12	1.1	2010.10	3.2
2007.03	0.5	2009.01	1.0	2010.11	4.0
2007.04	0.4	2009.02	-1.8	2010.12	3.1

注：其中 △π 表示中国通货膨胀率减去美国通货膨胀率的差值。

资料来源：根据 Trading Economics 网站（www.tradingeconomics.com）有关数据整理而成。

对比中国与美国的通货膨胀率，可以发现，在 5 年多的时间内，除 2006 年之前和受金融危机影响的 2009 年我国通货膨胀率要低于美国外，其余大部分时间段我国的通胀率都要明显高于美国（见图 4 - 10）。因而在实际汇率计算公式（4 - 1）中，$P/P^* > 1$，从而人民币对美元实际汇率升值幅度要大于名义汇率的升值幅度。

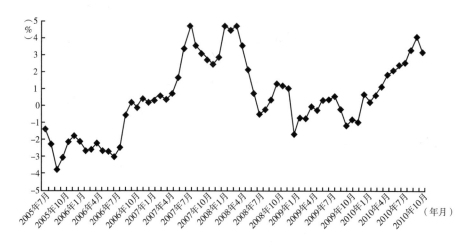

图 4 - 10　中国与美国通货膨胀率差值变化趋势

资料来源：笔者依据相关数据计算作图。

2. 人民币升值与我国净出口的快速增长

与人民币快速升值相伴随的是我国的出口持续高增长和净出口总额不断上升的趋势。其间虽然从 2008 年底到 2010 年初由于受金融危机的影响而出现了出口增长率为负、出现贸易逆差等情况，但自 2010 年初以来，出口增长率和净出口总额又双双出现了强劲的复苏势头（见图 4 - 11）。

在人民币实际不断升值的情况下，我国的出口增长率仍然保持高速增长，这表明我国出口商品仍然具有较强的竞争优势。然而，事实上我国出口商品面临着较高的国别替代弹性。当前，我国出口商品结构以工业制成品为主导，其所占出口总额的比重不断增长。而在工业制成品出口中，以机电、高新技术等为代表的资本和技术密集型产品的比重持续上升，但是大多数这些出口产品停留在资源和劳动密集程度比较高的加工装配环节，具有较低的技术、知识含量和附加值；而以纺织、服装等为代表的劳动密集型产品的比重虽然逐步下降，但数量仍然庞大。尽管我国初级产品出口额占出口总额的比重小而且呈现下降的趋势，但出口总量还是增加的。并且，这些出口商品

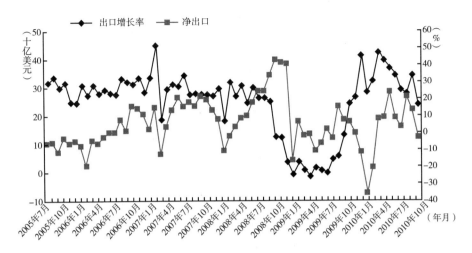

图 4 - 11 中国出口增长率及净出口额变化趋势

注：左纵坐标轴表示净出口额；右纵坐标轴表示出口增长率。
资料来源：依据 Trading Economics 网站的相关数据作图。

除中国能够生产外，来自拉丁美洲、东南亚、南亚、东欧及非洲等地区的发展中国家也能够生产，因而在国际市场上我国出口商品面临着数量众多的发展中国家的竞争威胁。因此，在人民币持续升值的情况下，迫于出口商品的国别替代压力，我国出口的持续高增长表明我国出口商品在国外市场上的价格并不会因为人民币的升值而上升。

这意味着，我国出口商品的国内与国外价格之间，经过汇率换算后存在商品贬值出口问题。公式（4 - 3）为我国出口商品国内价格、国外价格与实际汇率之间的换算公式：

$$P_D - \frac{P_F}{\varepsilon} - \frac{(P_D^A + P_F^A)}{\varepsilon} \qquad (4 - 3)$$

其中：P_D 为商品的国内价格，P_F 为商品的国外价格，P_D^A 为出口商品原材料在中国国内采购部分的价值，P_F^A 为出口商品原材料在国外采购部分的价值，ε 为实际汇率。

根据式（4 - 3），在实际汇率上升和出口商品在国外市场上的价格 P_F 不变的情况下，我国出口商品以人民币衡量的国内价格 P_D 应该有一定程度的降低。如果实际汇率上升，则以人民币衡量的国外商品的相对价格会下降。因此，人民币升值，我国能够以较低的价格进口国外的原材料和中间产品，从而有可能抵消出口产品价格上升的压力。而商品的国外价格 P_F 由出口商品原材料中国国内采购部分的价格 P_D^A 和国外采购部分的价格 P_F^A 构成，其中 P_D^A 对国内价格 P_D 的影响较大，P_F^A 对国内价格 P_D 的影响较小。出口商品原材料中国内采购部分的价格 P_D^A 占国外价格的比例越大，则人民币升值导致的商品出口价格相对上升被进口成本下降所抵销的部分就越小，从而以人民币衡量的出口商品的国内价格 P_D 降低的幅度应该会比较大，如我国的劳动密集型和资源密集型出口产品；出口商品原材料中国外采购部分的价值 P_F^A 占国外价格的比例越大，则人民币升值导致的商品出口价格相对上升被进口成本下降所抵销的部分也越大，从而以人民币衡量的出口商品的国内价格 P_D 降低的幅度应该会比较小，如我国机电产品和高新技术产品的生产依靠从国外大量进口零部件，并尽量缩短进口库存的时间以规避人民币升值增加的不确定性。

综上所述，总体上我国出口商品依旧是以劳动密集型为基础的，存在着"量多质少"的问题，出口商品在国际市场上的总体竞争力水平偏低，面临着严峻的国际竞争威胁。因此，在人民币升值的情况下，为维持出口商品在国际市场上的竞争优势，国内企业采取降低出口商品的以人民币衡量的国际市场价格，使得我国出口商品获得的本币利润下降了。不同的出口产品相对价格降低程度不一样，我国出口的机电和高新技术产品中由于有相当大部分的原材料是从国外进口的，在人民币升值的过程中价值抵销后的相对价格降低程度就比较小；但我国劳动力资源充足，因而劳动密集型和资源密集型出口产品的相对价格降低程度就会比较大。

3. 人民币升值对东部地区产业发展的影响

由于人民币的持续升值，而东部地区出口商品不能因此提高其在国际市场上的销售价格，相关产业的发展只能以继续寻求降低生产成本的方式来维持出口商品在国际市场上的竞争力。由此，将对东部地区产业发展带来以下几个方面的影响。

（1）增加国际采购

如果企业能够以低于竞争对手的价格购买原材料和零配件等生产资料，则在所有其他条件都相同的情况下，该企业明显具有成本和价格方面的竞争优势。随着人民币的持续升值，以人民币衡量的进口原材料、零配件的价格相对下降，因而面对日益激烈的国内外产品市场竞争，增加相关原材料、零配件和设备的国际采购，是降低企业生产成本的一个主要来源，在一定程度上可以抵消人民币升值带来的商品贬值出口的负面影响。

但增加相关原材料、零配件的国际采购，利用国际采购中人民币与外币的汇率兑换可以在一定程度上弱化人民币升值带来的负面影响，却将东部地区进一步蜕变为纯粹利用中国廉价劳动力的加工装配中转站，使得我国在国际产业链中处于更加不利的地位。这主要是因为，当今全球产业转移的趋势是：随着分工深化到产品内部，发达国家对自身的核心竞争力进行了重新定位，通过其跨国公司生产体系的纵向分离，将重心集中在产品的研发、设计和营销等高附加值环节，同时将生产制造等低附加值环节转移到发展中国家，从而形成了某一产品不同工序或环节在空间上分布在不同国家的格局。① 这种分工印证了国际产业链中的"微笑曲线"：两端，即设计和营销，是附加值的集中环节，附加值最低的是位于中间环节的制造。我国作为发展中国家，比较优势还主要集中在劳动密集程度高的加工制造环节，而且大部分产品的核心部件仍然依靠进口。由此可见，我国在国际分工链条中处于明显的劣势和低端地位，在国际分工中的地位仍然较低。② 发达国家将加工生产环节转移到我国东部地区纯粹是利用我国廉价的劳动力和土地等资源，它们完成的是高技术和高附加值环节，我国东部地区从事的却是生产制造业，并且更多的是从国外进口零部件，然后进行简单的加工装配生产，附加值极低，承接的主要行业有服装、鞋业、机电以及 IT 业等。由于生产制造环节的增值空间有限，相对于发达国家来说，我国在国际产业链中获利甚微。

（2）维持劳动力的低工资状态

面对人民币升值的压力，为了维持出口产品在国际市场上的竞争力，东部地区相关产业想方设法地压低成本，而比较直接的方法就是维持劳动力的低工资。

尽管维持劳动力的低工资对东部地区的快速发展产生了积极影响，但继续这种发展模式所带来的负面影响也将越来越大。第一，劳动力的低工资导致了他们的生活水平始终保持在一个很低的层次上，并因此延迟了我国通过内需拉动经济增长以实现经济增长方式内生化的时间。第二，维持劳动力的低工资，使得劳动者不得不以加班的方式来改善生活、住房条件等，这于身心健康不利。第三，低工资不利于劳动者素质的提高。劳动者没有条件发展

① 张少军、刘志彪：《全球价值链模式的产业转移——动力、影响与对中国产业升级和区域协调发展的启示》，《中国工业经济》2009 年第 11 期，第 5～15 页。

② 国家发展和改革委员会产业经济与技术经济研究所《中国产业发展报告（2008）》，经济管理出版社，2008，第 26 页。

自我或为下一代提供良好的教育投资，这将限制我国劳动力资源竞争力的提高。第四，低工资给我国的经济发展造成阻碍作用。维持劳动力低工资的做法让企业赢得了一定的国际市场竞争力，但是这种获取利润的方式，使得企业更加注重降低工资成本和增加产品数量，从而忽视技术创新和提高产品质量，使得产品始终停留在较低的档次。此外，低工资制约了我国劳动力知识和技能的提高，导致高素质人才的缺乏。如此，会导致我国步入继续通过采取粗放型增长的发展模式，以靠大量资源铺路的方式来促进经济快速发展的恶性增长中去①。这种经济增长方式实质上是高消耗、高成本，低产品质量、低经济效益的，势必影响我国经济的可持续性发展。

（3）成本推动型的产业转移

首先，产业由我国东部向中西部地区转移。我国的出口型企业大多集中在东部沿海地区，这种分布的主要成因是能够令产品以较低的成本运往世界市场。但是，东部沿海地区的企业集聚，导致本地不可贸易产品价格的抬高（如房屋价格的上升），加之工资水平的上涨，引起生产成本增加，将促使企业向外迁移。② 改革开放后，经过多年发展，东部人民生活水平有了大幅度提升，生活成本也随之提高，而劳动力的收入水平却增长缓慢，企业若不提高工资就面临着缺乏劳动力的风险，进而影响生产活动。总的来说，东部地区的劳动力、土地和能源等要素成本的上升，制约着我国劳动、资源密集型产业的发展，这样东部相关弱势产业的生存空间就会越来越狭小，获得的比较利益也越来越低，于是在利益的驱动下，这些产业开始纷纷向我国中西部转移。

我国中西部地区拥有广阔的土地和丰富的自然和劳动力资源，要素价格相对低廉。③ 加之我国加大对中西部地区的开发力度以及鼓励东部产业西进的政策措施，吸引着东部地区产业的迁徙。始于 2000 年前后的我国东部产业向中西部地区转移，有利于单纯依靠资本、劳动力和土地等要素密集型产业在维持低成本的基础上继续保持商品在国际市场上的竞争力。

其次，产业向国外的转移。抵消人民币升值所带来的成本增加压力的一

---

① 杜静、任泽旺：《低工资发展模式对社会经济发展的负面影响分析》，《现代商业》2008 年第 23 期，第 146～147 页。

② 陈耀、冯超：《贸易成本、本地关联与产业集群迁移》，《中国工业经济》2008 年第 3 期，第 76～83 页。

③ 任志军：《区域间产业转移及承接研究》，《商业研究》2009 年第 12 期，第 45～48 页。

个主要方法就是将相关产业转移到其他劳动力成本更低和政策受益更大而且具有市场潜力的国家或地区去，使其作为我国的产品出口基地。这些国家或地区主要包括东南亚国家或地区乃至部分非洲国家或地区和印度等。相对于中国来说，这些国家和地区拥有良好的投资环境：第一，丰富的自然资源；第二，货币升值压力较小；第三，可替代性强的劳动力资源，造就了这些国家或地区低廉的劳动力成本；第四，土地成本低；第五，政策受益大，这些国家和地区纷纷设立招商引资优惠政策，比如提供税收政策方面的优惠和零反倾销税等。这些都有利于我国进行海外投资，并且人民币升值使得国外购买力增强，可以利用他国的比较优势提升自身的竞争优势，避免国际竞争力的下降。

以产业外移的方式规避本国日益上涨的成本压力，已成为企业获取低成本的可行途径之一。产业向国外迁移促进企业竞争力的提高，有利于产业结构的调整和升级，并且可以对我国的技术、设备和产品的出口起到带动作用。但是从长期来看，将会给我国的经济发展带来不利的影响。这是因为在人民币升值导致的产业外移中，既包括民族产业的外移，又包括跨国公司在华产业的外移。我国民族产业的外移和企业的跨国化经营，会给国内的就业与我国的国际贸易带来一定的消极影响。而人民币升值后引起的他国跨国公司减少对华直接投资，并可能撤离已经在华的投资，这无论从哪个角度来说，都不利于我国产业的发展。

四　东部地区产业发展的可持续性问题

1. 处于产品价值链底端，利润空间受上、下游企业的双重挤压

（1）产业发展徘徊于产业体系或产业链环节的底端

改革开放后，在基于丰富的劳动力资源禀赋的条件下，按照比较优势原则，劳动密集型产业成为我国的比较优势产业，并因此促进了我国经济的快速增长。但从国际分工格局的角度看，劳动密集型产业因为其处于全球产业体系的底端而极易受到国际经济形势变化的影响。而且，在我国与发达国家的国际贸易中，劳动密集型初级产品和工业制成品交换的贸易条件日益恶化，并因为在需求层面临激烈的替代产品竞争和在供给层面临技术落后所致生产效率低下、产品附加值低、产业发展潜力弱，从而极大地阻碍了我国经济的可持续发展。

从20世纪90年代中后期开始，尽管外资在我国所投资的产业逐渐从劳动密集型产业转向资本密集型产业和知识、技术密集型产业，但这并不意味

着外资在我国投资是因应我国资源比较优势的改变而转化的。实际上，外资在我国的投资大多属于资本密集型和技术密集型产业的产业链中相对资本密集不足和相对技术密集不足的环节，而在这些产业发展环节中的资本设备和生产技术已经成熟，生产线的建成在世界各国的成本相差无几，削减劳动力、土地成本成为大型跨国公司寻求更低生产成本以增强他们的产品全球竞争力的目标。因此，外资企业在我国东部沿海地区投资所发展的资本和技术密集型产业也大多是成品装配型的国际代工模式。正如对东部各省份主导产业演变趋势的分析，到 2011 年，纺织服装皮革业、食品加工与饮料业仍然是河北省、山东省、江苏省、浙江省和福建省等省份的主导产业之一。即使是成为各省份主导产业的通信及计算机等电子设备制造业、汽车运输设备制造业等产业，也因为关键部件、关键技术乃至市场销售渠道均为外国跨国公司掌握而成为单纯的装备车间，产业发展空间极为有限。

事实上，东部地区的产业发展或产业链环节选择会导致我国东部地区长期徘徊于低层次的产业体系或产业链环节。这主要是因为这些产业的发展能够在短期内发展壮大地区产业规模而促进地方经济发展，因而从 GDP 增长率的角度适应了具有任职时限的地方政府官员需要；同时，这些产业的发展扩大了非农就业，满足了农业劳动力获得更高名义工资收入的需求（尽管在剔除社会保障等因素后的实际收入增长率极低，但国内大多数的农业劳动力因为不具备相关知识而赋予了以名义工资收入更高的权重），因而从居民收入增长的角度适应了居民的需要；此外，企业由于从事这些产业的发展能够在短期内带来利润，投资于企业长期利润最大化的技术研发由于面临风险而不易被企业决策者所接受，因而类似的产业发展因为符合企业短期利润最大化目标而满足了短视企业决策者的需要。由于政府、居民和企业三方面的因素，东部地区的这一产业发展模式必然将长期徘徊于低层次的产业发展或产业链环节的选择。

（2）产业发展的附加值低

跨国公司把产品的生产过程向全球分散，在全球范围内协调生产加工、研究开发、市场营销，充分利用世界各国的资源，降低产品生产的成本，从而形成了产品的全球价值链。产品价值链的不同环节所产生的附加值并不相同，产品的研究开发环节由于技术含量高，产生的附加值就比较高；产品的生产加工环节由于技术含量低，产生的附加值比较低；产品的市场营销环节则由于品牌因素，产生的附加值比较高。根据产品价值链上不同环节的增值率的差异，如果我们把产品价值链分为上游、中游和下游三部分，则上游以

研发、核心零部件的生产为代表，中游以一般零部件与组装为代表，下游以
销售与售后服务为代表，上、下游的增值率高，中游的增值率低，从而形成
了所谓的"微笑曲线"，如图 4 - 12 所示。

发达国家和地区的跨国公司由于拥有资金和技术的优势，从而占据着产
品价值链的高附加值环节，而发展中国家和地区尽管拥有劳动力和自然资源
优势，但却只能处于产品价值链的低附加值环节。我国沿海地区虽然在多年
的发展中取得了长足的进步，但仍然未能走出资金缺乏和技术落后的困境。
在国际市场上，技术水平的落后决定了沿海地区只能通过劳动力资源和自然
资源的优势参与国际分工，并处于如图 4 - 12 所示"微笑曲线"低附加值
的生产加工环节。

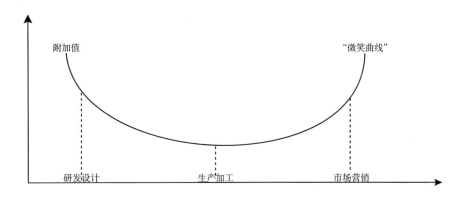

图 4 - 12 产品的全球价值链中的"微笑曲线"

表 4 - 19 上海市、江苏省、浙江省、福建省和广东省主要
年度贸易出口额与加工贸易出口额的情况

单位：亿美元

年份		1990	2000	2005	2008	2010	2011
上海市	贸易出口额	53.21	253.54	907.42	1693.50	1807.84	2097.89
	其中外资企业	2.99	142.61	615.93	1137.35	1259.74	1424.43
	其中加工贸易	24.07	147.83	518.94	917.99	1003.74	1090.56
	加工贸易比重(%)	45.24	58.31	57.19	54.21	55.52	51.98
江苏省	贸易出口额	29.44	257.70	1229.82	2380.36	2705.50	3126.23
	其中外资企业	—	144.55	942.28	1749.60	1923.19	2152.11
	其中加工贸易	7.87	136.52	820.51	1419.65	1598.07	1721.85
	加工贸易比重(%)	26.73	52.98	66.72	59.64	59.07	55.08

续表

年份		1990	2000	2005	2008	2010	2011
浙江省	贸易出口额	101.11①	194.43	768.04	1542.67	1804.65	2163.49
	其中外资企业	24.66	53.48	272.63	542.65	581.37	652.87
	其中加工贸易	26.29	39.75	162.15	308.41	330.11	360.38
	加工贸易比重(%)	26.00	20.44	21.11	19.99	18.29	16.66
福建省	贸易出口额	71.37②	129.01	348.42	569.92	714.93	928.38
	其中外资企业	45.01	75.97	217.53	325.04	349.52	391.24
	其中加工贸易	37.21	63.42	162.06	225.22	235.98	251.96
	加工贸易比重(%)	52.14	49.16	46.51	39.52	33.01	27.14
广东省③	贸易出口额	222.21	919.19	2381.71	4041.88	4531.91	5317.93
	其中外资企业	54.81	425.27	1546.77	2556.29	2818.47	3247.63
	其中加工贸易	160.08	717.80	1750.68	2613.59	2755.75	3115.15
	加工贸易比重(%)	72.04	78.09	73.51	64.66	60.81	58.58
山东省	贸易出口额	34.17	155.29	462.51	931.75	1042.47	1257.88
	其中加工贸易	6.19	80.0	226.34	429.54	498.12	558.07
	加工贸易比重(%)	18.12	51.52	48.94	46.10	47.78	44.37

注：①的数据为1997年浙江省的贸易出口额等数值。②的数据为1996年福建省的贸易出口额等数值。③加工贸易含来料加工和进料加工。

资料来源：根据上海市、江苏省、浙江省、福建省和广东省各年度统计年鉴数据整理而成。

尽管在外商投资的带动下，沿海地区的对外贸易额不断提高，但是从贸易结构上来看，对外贸易主要以加工贸易为主，即为跨国公司进行产品的生产加工。表4-19反映了我国东部地区主要省份部分年份贸易出口额和加工贸易出口额的情况。

从表4-19中的数据可见，1990年，上海市、江苏省、广东省和山东省的加工贸易出口额分别为24.07亿美元、7.87亿美元、160.08亿美元和6.19亿美元，到了2000年，无论是加工贸易总额还是占外贸出口额的比重都大幅度提升，其中上海市、江苏省、广东省和山东省的加工贸易出口额分别为147.83亿美元、136.52亿美元、717.80亿美元和80.0亿美元，占出口贸易总额的比例也分别从45.24%提高到58.31%、26.72%提高到52.98%、72.04%提高到78.09%、18.12%提高到51.52%。尽管2000年之后东部主要省份加工贸易出口额占外贸出口总额的比中有所下降，但一方面，到2011年，上海市、江苏省、广东省的加工贸易出口额仍占出口总额的50%以上，山东省也达到44.37%，只有浙江省和福建省低于30%。另一方面，加工贸易出口额的绝对值仍然快速增长，其中上海市从 2000 年的147.83 亿美元增长到 2011 年的 1090.56 亿美元（增长了近 7.38 倍）、江苏省从 2000 年的 136.52 亿美元增长到了 2011 年的 1721.85 亿美元（增长了近 12.61 倍）、浙江省从 39.75 亿美元增长到了 2011 年的 360.38 亿美元（增长了近 9.07 倍），福建省、广东省和山东省也都分别增长了约 3.97 倍、4.34 倍和 6.98 倍。因此，在跨国公司全球战略的影响下，加工贸易仍然是推动东部沿海地区出口贸易发展的重要力量，同时也推动着我国东部沿海地区对外贸易发展规模的不断壮大。

（3）国际代工企业利润受到纵向压榨

国际代工模式中，下游环节的企业可以利用市场势力对代工企业进行纵向压榨，削弱代工企业的自我发展能力。比如 Allen（1938）指出，中间投入品的替代弹性将降低下游厂商对中间品的需求弹性，从而有利于下游厂商形成买方垄断势力，压榨上游供应商利润。[1]

在我国东部地区国际代工的发展过程中，普遍存在着下游环节企业对代工企业的利润压榨。这可以从外资代工企业和本土代工企业的发展中得到充分体现。

首先，代工企业获得的利润不高。从跨国公司把低附加值的生产环节外包到我国，并且建立自己的子公司进行产品加工组装的过程来看，大致上可以把外资代工企业分成两类。一类是大型跨国公司直接把低附加值的生产环节外包到我国，设立子公司进行产品的加工组装。以个人电脑的生产为例，中央处理器由美国英特尔公司生产，硅芯片在日本生产，主板在中国台湾生产，显示器在韩国生产，而最后的产品组装在中国完成，并由中国香港进行营销。这类外资代工企业的目的是利用当地的廉价劳动力资源降低产品的生产成本，增强市场竞争力。因此，这类外资代工企业的利润不高。另一类是其他国家或地区的代工企业把低附加值的环节转包到我国，并且设立子公司进行加工组装，如中国台湾地区把 IT 产品的加工组装转包到大陆。原因是大型跨国公司为了降低成本而不停更换代工厂商，台湾地区的 IT 产品企业在给大型跨国公司代工的过程中不得不面对市场的激烈竞争，而降低产品成本的一个重要策略就是把低附加值的产品加工组装转包到中国大陆。因此，

---

① 张晔：《外资代工模式下的区域经济增长及其模式超越——以苏州地区为例》，南京大学博士学位论文，2006。

从这个角度看，外资代工企业的利润也不高。

其次，本土代工企业获得的利润也较低。在我国东部沿海地区发展国际代工的过程中，本土企业的发展呈现出以下几个特点：一是本土代工企业的规模小。由于和外资代工企业配套的本土企业大多数是中小企业，规模小和分布不集中的特点决定了本土代工企业缺乏与外资代工企业相抗衡的能力。二是技术水平落后。由于历史的原因，东部沿海地区的中小企业技术水平本来就不高，再加上改革开放后的中小企业正处于创业时期，资金缺乏，因此，技术的研发能力普遍较弱，没有竞争力强的自主知识产权和品牌，只能从事技术水平不高的产品加工组装，使得产品的可替代性很强，缺乏与下游企业的抗衡能力。

最后，市场地位不对等。为了进一步促进经济的发展，各地政府制订了种种优惠的政策措施，吸引外商投资，造成了本土企业与外商投资企业在市场竞争中的地位不平等。在这些先天不足的条件影响下，东部沿海地区的本土代工企业普遍受到下游环节企业的压榨。以苏州的本土代工企业为例。在当地政府政策的推动下，苏州的本土代工企业获得了迅速的发展，并且有效地带动了当地经济的增长。但是，本土代工企业的表面繁荣掩盖了许多本土企业在外资代工企业压榨下的大规模亏损和倒闭的事实，据南京大学商学院"江苏建设国际制造业基地研究"课题组对昆山本土配套企业的调查发现，尽管本土配套企业的数量在近几年有了较大的增长，但利润率却呈迅速下降的趋势。[①]

发展国际代工，嵌入产品的全球价值链，利用自身廉价的劳动力资源和自然资源优势参与国际分工是当前我国沿海地区发展经济的一条重要途径。但是，在国际代工模式下出现的下游环节企业对代工企业的利润压榨严重地损害了本土企业的进一步发展能力。由于沿海地区的代工企业主要是以OEM生产为主，代工企业实现的产品价值增值非常低。一方面，利润空间的狭窄使得广大中小代工企业长期面临着生存危机，如苏州市的本土中小代工企业，由于受到外资代工企业的挤压，形成了"数量多、规模小、倒闭快"的特色；另一方面，利润空间的狭窄严重限制了代工企业对研发的资金投入，更不用说创建自身的产品品牌，而正是不具备自主知识产权和产品品牌，使得本土代工企业难以与外资代工企业相抗衡，也就不具备向产品价

---

① 张晔：《外资代工模式下的区域经济增长及其模式超越——以苏州地区为例》，南京大学博士学位论文，2006。

值链高附加值环节发展的能力。

2. 低居民收入增长和低福利水平削弱了产业发展基础

（1）居民收入的低增长

从 20 世纪 90 年代中期起，我国沿海地区开始为发达国家的跨国公司进行国际代工。通过充分利用自身的资源优势，沿海地区的上海市、江苏省、浙江省、福建省和广东省成功嵌入产品全球价值链，促进了当地经济的迅速发展。

但与改革开放后东部地区经济快速增长并行的是，居民收入增长的速度大大慢于 GDP 的增长。

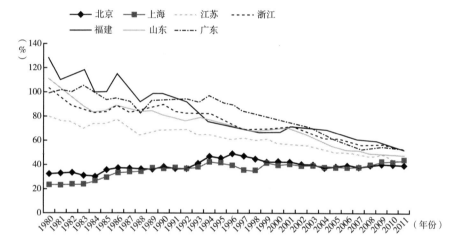

图 4 - 13 1980 ~ 2011 年东部主要省份城镇居民可支配
收入与人均 GDP 之比变化趋势

资料来源：依据历年各省份统计年鉴中的数据计算作图。

如图 4 - 13 所示，改革开放后，东部地区的江苏、浙江、福建、广东和山东的城镇居民人均可支配收入对人均 GDP 的比值总体呈持续下降趋势，其中福建省从 1980 年的 129.3% 下降到 2011 年的 52.6%，江苏省从 80.1%下降到 40.3%，浙江省从 103.6% 下降到 52.3%，广东省从 98.1% 下降到52.9%，山东省从 111.5% 下降到 48.2%。北京市、上海市城镇居民可支配收入与人均 GDP 之比虽然在 1994 ~ 1996 年之前呈上升趋势，但之后北京市也逐渐从 1996 年的 48.3% 下降到 2011 年的 40.3%，而上海则在从 1994 年的 41.0% 下降到 2004 年的 37.2% 后回升到 2011 年的 43.9%。农村居民纯

收入对人均 GDP 的比值也呈相似的变化，如图 4 - 14 所示。东部地区的江
苏省、浙江省、福建省、广东省和山东省的农村居民纯收入对人均 GDP 的
比值在经历了 1984 年之前的短暂升高之后即呈持续下降趋势，从 20 世纪
80 年代中期的 50% 左右下降到 2011 年的 20% 左右。北京市和上海市的农村
居民纯收入对人均 GDP 的比值则在经历了从 1980 年不到 20% 升高到 30%
左右后转向持续下降状态，到 2011 年分别为 18.0% 和 18.9%。

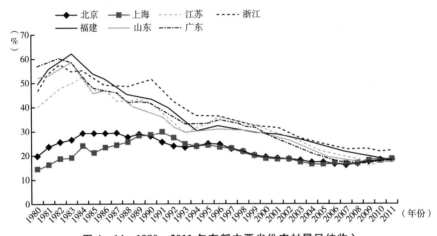

**图 4 - 14　1980 ~ 2011 年东部主要省份农村居民纯收入
与人均 GDP 之比变化趋势**

资料来源：依据历年各省份统计年鉴中的数据计算作图。

东部地区城镇居民可支配收入和农村居民纯收入对人均 GDP 比值的这
种演变趋势表明，东部地区居民收入的增长慢于 GDP 的增长，如表 4 - 20
和表 4 - 21 所示。

**表 4 - 20　1980 ~ 2011 年东部主要省份城镇居民收入增长率与
人均 GDP 增长率的差额**

单位：%

年份	北京	上海	江苏	浙江	福建	广东	山东
1980	4.2	18.9	13.2	—	—	-11.1	-2.6
1981	3.0	-5.6	-8.8	-5.1	-17.4	4.5	5.8
1982	1.5	-2.4	-1.4	-10.5	4.1	-0.2	-3.8
1983	-9.9	-2.5	-9.0	-5.6	3.6	4.4	-10.5
1984	-0.6	8.8	5.8	-3.5	-17.5	-1.4	2.9
1985	4.5	-0.1	-5.0	-3.4	-4.4	-16.6	6.6

续表

年份	北京	上海	江苏	浙江	福建	广东	山东
1986	5.3	10.2	2.3	4.0	14.1	-0.3	9.4
1987	-4.1	-3.3	-12.3	-10.3	-12.4	-10.7	2.7
1988	-10.1	-8.5	-19.1	-5.0	-17.3	-20.6	7.9
1989	-8.3	-2.3	-3.9	-1.6	-0.2	3.3	13.5
1990	2.2	2.2	1.8	2.2	7.7	4.2	5.7
1991	-6.8	-2.5	-3.9	-12.1	-4.6	2.1	2.9
1992	-5.1	-3.4	-3.2	-6.4	-7.5	-2.3	1.1
1993	5.8	4.5	-9.4	-7.3	-13.7	-10.1	6.0
1994	2.4	-2.4	-6.8	-7.2	-11.4	-1.9	21.1
1995	0.3	-9.9	-9.1	-11.0	-7.0	-8.7	10.0
1996	2.2	-6.8	-10.5	-10.4	-4.6	-6.3	2.9
1997	-3.0	-9.3	-1.6	-8.8	-5.7	-5.6	-4.7
1998	-4.2	-3.5	-6.1	-4.3	-4.6	-2.9	-6.6
1999	-2.5	15.2	0.6	-1.5	-2.1	-2.2	-1.9
2000	2.1	-3.6	-5.5	1.0	-2.5	-2.4	2.5
2001	2.0	2.8	-0.8	5.6	8.9	0.4	0.3
2002	0.4	3.0	1.6	1.9	2.3	-0.5	3.5
2003	2.9	3.0	-0.6	-1.3	-2.7	-3.0	-2.9
2004	0.1	-0.6	-4.8	-5.3	-3.5	-5.8	-2.3
2005	2.4	3.3	1.7	-0.8	-2.7	-6.4	-0.6
2006	2.7	0.5	-1.4	-1.3	-3.7	-6.3	-0.5
2007	-2.5	0.5	-2.2	-4.4	-4.4	-5.5	3.4
2008	1.8	1.6	-3.4	-3.2	-1.5	-2.2	2.9
2009	5.1	3.5	—	2.0	-0.7	4.9	—
2010	1.4	4.0	—	-2.6	-5.2	-2.0	—
2011	3.4	8.8	—	0.3	-2.9	-1.1	—

资料来源：依据历年各省份统计年鉴中的数据计算。

　　如表4-20所示，1980~2011年，北京市、上海市的城镇居民可支配收入增长率与人均GDP增长率之差虽然整体上为正的多，但这更多是由于北京和上海早期城镇居民可支配收入与人均GDP之间的巨大差距导致的，因而相对于东部其他省份而言，其在改革开放后城镇居民可支配收入的增长相对较快。江苏、浙江、福建和广东四个省的城镇居民收入增长率与人均GDP增长率之差则在1980~2011年基本上小于0，期间部分省份只有在1986年、1990年、2001年、2002年等少数年份的城镇居民收入增长率与人均GDP增长率之差为正。山东省的城镇居民可支配收入增长率与人均GDP增长率之间差额的演变趋势与北京市和上海市比较相似，其城镇居民可支配收入增长率快于人均GDP增长率的年份较多也主要是因为改革开放之初山东省城镇居民可支配收入对人均 GDP 的比值要大大低于江苏、浙江、福建和广东，因而带有补偿性增长的含义。

表 4 – 21　1980 ~ 2011 年东部主要省份农村居民收入增长率与人均 GDP 增长率的差额

单位：%

年份	北京	上海	江苏	浙江	福建	广东	山东
1980	12.3	- 1.1	13.8	- 11.8	- 1.7	4.6	20.4
1981	19.0	5.1	7.5	18.5	18.4	4.3	15.0
1982	11.6	14.7	10.1	10.5	4.2	2.7	9.5
1983	6.5	- 1.6	4.3	- 4.5	7.2	1.4	7.4
1984	10.1	26.5	6.1	2.9	- 3.3	- 6.6	- 6.5
1985	7.6	- 22.9	- 16.1	- 8.3	- 8.0	- 6.4	- 7.2
1986	- 1.0	6.2	- 2.8	- 5.9	- 4.3	- 3.0	5.3
1987	0.4	- 1.4	- 8.5	3.0	- 4.4	- 5.9	2.2
1988	- 7.8	- 6.1	- 13.2	- 1.8	- 12.2	- 10.5	2.8
1989	- 0.9	- 0.4	- 8.3	- 1.0	- 10.5	- 2.8	5.5
1990	- 1.9	1.4	4.9	- 0.4	6.5	- 7.5	4.9
1991	- 7.2	3.3	- 12.7	- 8.2	- 2.8	- 5.3	0.1
1992	- 8.4	- 12.5	- 14.0	- 9.5	- 7.8	- 8.4	- 10.8
1993	- 6.3	- 11.9	- 15.7	- 11.1	- 12.4	- 13.2	- 2.7
1994	- 3.4	- 11.4	- 9.6	- 15.1	- 15.1	- 11.7	22.7
1995	0.8	- 8.8	- 5.1	- 10.7	0.5	- 5.5	16.2
1996	1.7	- 6.5	1.1	- 6.1	3.4	- 1.0	9.8
1997	- 5.5	- 4.0	- 6.9	- 6.6	- 2.9	- 4.2	- 0.8
1998	- 3.4	- 5.0	- 6.0	- 4.9	- 3.9	- 4.5	- 3.2
1999	- 3.0	- 7.7	- 4.3	- 3.9	- 3.5	- 0.9	- 6.0
2000	0.5	- 9.1	- 6.0	- 0.3	- 4.3	- 6.2	- 4.9
2001	2.2	- 2.0	- 5.1	- 0.8	0.5	- 3.7	- 3.6
2002	3.1	- 2.3	- 5.2	- 3.1	- 4.2	- 6.0	- 5.7
2003	3.3	- 2.0	- 7.7	- 5.4	- 6.3	- 10.0	- 6.5
2004	- 2.2	- 2.5	- 6.7	- 5.3	- 6.2	- 9.1	- 3.4
2005	- 0.7	5.2	- 5.1	- 4.8	- 5.0	- 8.2	- 2.5
2006	- 0.8	0.1	- 5.5	- 2.9	- 5.8	- 6.4	- 2.9
2007	- 1.8	- 2.8	- 6.2	- 4.6	- 7.2	- 5.6	0.5
2008	1.3	0.2	- 5.7	- 2.4	- 4.0	- 0.3	1.8
2009	8.8	3.6		1.8	- 1.5	3.6	
2010	3.3	5.1		- 0.9	- 5.7	0.8	
2011	3.8	8.8		2.3	0.7	3.9	

资料来源：依据历年各省份统计年鉴中的数据计算。

与城镇居民可支配收入增长率与人均 GDP 增长率之差演变趋势相比，农村居民纯收入增长率与人均 GDP 增长率之间的差值在 1984 年之前整体上是大于 0 的，如表 4-21 所示，表明在改革开放之初农村居民的确得到了更多改革开放所带来的利益。但之后直到 2008 年，农村居民纯收入增长率与人均 GDP 增长率之差几乎全部为负，即使是北京市、上海市和山东省也是负多正少，江苏省、浙江省、福建省和广东省几乎没有农村居民纯收入增长率与人均 GDP 增长率之差为正的年份。2009 年及之后，北京市、上海市和广东省的农村居民纯收入增长率与人均 GDP 增长率之差均为正，尽管江苏省和山东省由于缺乏相关数据而无法判断，但整体上 2008 年全球金融危机之后农村居民纯收入增长率是加快了。

（2）居民福利水平没有得到相应的改善

东部沿海地区国际代工企业的利润水平低下的结果一方面造成了居民收入增长速度的下降，另一方面造成了居民福利水平没有随着经济增长而得到相应的改善。如表 4-22 所示，广东省和福建省失业保险和工伤保险的参保人数占 2011 年年末从业人员数额的比重仍然相当低。

表 4-22　广东省和福建省失业保险和工伤保险参保人数和比重的情况（2011 年）

项目		年末从业人员数额	失业保险参保人数	工伤保险参保人数
广东省	人数（万人）	4533.4	1875.62	2847.82
	比重（%）	100	41.37	62.82
福建省	人数（万人）	1812.47	430.90	440.27
	比重（%）	100	23.77	24.29

注：2011 年年末从业人员数仅包括第二产业和第三产业从业人数。
资料来源：《广东省统计年鉴（2012）》和《福建省统计年鉴（2012）》。

削减反映居民福利水平的社会保障支出是代工企业降低成本的必然选择。跨国公司把产品生产中的加工组装环节外包到我国沿海地区进行生产，主要是因为东部沿海地区具有廉价的土地和劳动力资源等优势。但是，产品加工组装环节的技术含量相对比较低，替代性强。为了得到跨国公司外包生产工序的订单，东部沿海地区的代工企业必须尽可能降低成本，以便在竞争中占有优势。而在社会保障体系建设相对滞后条件下，削减企业在员工社会保障等方面的支出，就成为代工企业降低隐性成本的重要选择。

但在当前经济全球化的发展中，发达国家和地区日益关注 WTO 中的

"社会条款"（social clause）。所谓"社会条款"，是指美国等发达国家主张在贸易与投资协议里写入关于保护劳动权的条款，缔约方如果违反该条款，其他缔约方可以予以贸易制裁。其目的在于通过贸易制裁来保证有关社会基本权利的实现。相对于保护环境的"绿色条款"而言，社会条款有时也被称为"蓝色条款"。[①] 在这种背景下，随着我国国内市场的进一步开放，市场经济体制的日益健全，要保证市场经济能够高效率地运行，就必须建立完善的社会保障制度。社会保障制度的日益完善，以及"社会条款"带来的隐性约束，必然对我国东部地区代工企业参与国际竞争依赖的成本优势带来巨大的冲击。

3. 产业结构的趋同化削弱了对外部影响的抗风险能力

表 4 - 23　2005 年东部省份之间的工业产业结构相似系数矩阵

地区	北京	天津	河北	山东	江苏	上海	浙江	福建	广东	海南
北京	1.000	0.810	0.710	0.589	0.769	0.744	0.474	0.593	0.711	0.454
天津	—	1.000	0.550	0.636	0.845	0.939	0.514	0.684	0.876	0.476
河北	—	—	1.000	0.539	0.497	0.430	0.336	0.359	0.236	0.380
山东	—	—	—	1.000	0.780	0.662	0.791	0.816	0.578	0.695
江苏	—	—	—	—	1.000	0.918	0.836	0.880	0.857	0.444
上海	—	—	—	—	—	1.000	0.648	0.748	0.909	0.451
浙江	—	—	—	—	—	—	1.000	0.882	0.623	0.491
福建	—	—	—	—	—	—	—	1.000	0.795	0.521
广东	—	—	—	—	—	—	—	—	1.000	0.396
海南	—	—	—	—	—	—	—	—	—	1.000

表 4 - 24　2011 年东部省份之间的工业产业结构相似系数矩阵

地区	北京	天津	河北	山东	江苏	上海	浙江	福建	广东	海南
北京	1.000	0.711	0.439	0.646	0.694	0.848	0.627	0.615	0.744	0.528
天津	—	1.000	0.863	0.760	0.735	0.742	0.580	0.607	0.637	0.446
河北	—	—	1.000	0.678	0.584	0.466	0.543	0.554	0.391	0.346
山东	—	—	—	1.000	0.811	0.697	0.846	0.852	0.676	0.551
江苏	—	—	—	—	1.000	0.897	0.867	0.795	0.887	0.321
上海	—	—	—	—	—	1.000	0.711	0.662	0.871	0.411

[①]　周长征：《WTO 的"社会条款"之争与中国的劳动标准》，《法商研究》2001 年第 3 期，第 95～105 页。

地区	北京	天津	河北	山东	江苏	上海	浙江	福建	广东	海南
浙江	—	—	—	—	—	—	1.000	0.872	0.714	0.386
福建	—	—	—	—	—	—	D	1.000	0.782	0.366
广东	—	—	—	—	—	—	—	—	1.000	0.345
海南	—	—	—	—	—	—	—	—	—	1.000

资料来源:笔者依据各省、自治区、直辖市统计年鉴中"规模以上工业分行业主要经济指标"中的各行工业总产值数据,通过以下公式计算的得到:

$$s_{ij} = \frac{\sum_k x_i^k x_j^k}{\sqrt{\sum_k (x_i^k)^2 \sum_k (x_j^k)^2}}$$

其中:s_{ij} 为相似系数,x_i^k、x_j^k 分别为 i 地区和 j 地区 k 行业所占的比例。

如表 4 - 23 和表 4 - 24 所示,2005 年和 2011 年,除河北省和海南省与其他省份之间的工业产业结构相似系数相对较低之外,其他各省份之间工业产业结构的相似系数均较高,其中广东、福建、浙江、江苏和上海等对外开放程度最高的五个省份之间的产业结构相似系数最高,2005 年和 2011 年上海和江苏的产业结构相似系数分别为 0.918、0.897,浙江和江苏的产业结构相似系数分别为 0.836、0.867,福建和江苏的产业结构相似系数分别为 0.880、0.795,福建和浙江的产业结构相似系数分别为 0.882、0.872,广东和上海的产业结构相似系数分别为 0.909、0.871,广东和江苏的产业结构相似系数分别为 0.857、0.887,福建和广东的产业结构相似系数分别为 0.795、0.782,均显示出高度的相似性。

除了各省份之间产业结构的高度相似外,比较 2005 年与 2010 年东部地区各省份之间的产业结构相似系数矩阵,可以发现一些省份之间的工业产业结构相似系数仍在提升,比如山东和除海南省之外其他八个东部省份之间的工业产业结构相似系数都提高了,北京、上海、浙江、福建、广东之间的工业产业结构相似系数也都提高了,除浙江、福建、广东和海南省之外的其他六个东部省份之间的相似系数也有不同程度的提高。

地区间产业结构相似系数高意味着地区之间产业发展具有高度的同构化问题。由此,一旦面临全球金融危机带来的全球性经济衰退等不利外部因素的冲击,就势必对我国东部地区的经济发展带来较大的不利影响。正因为如此，改革开放后，在我国日益融入全球经济体系的 20 世纪 90 年代中后期以来，我国经济先后遭到东南亚金融危机、2008 年全球金融危机及随后欧债危机的影响，导致我国经济增长率出现剧烈的波动。

第三节　东部地区产业发展模式的转变

一　注重产业发展的自主技术创新

1. 我国的自主创新战略

长期以来，东部地区的出口商品以相对低廉的价格在国际市场上占据着重要的地位。这是因为东部地区出口的大多是劳动密集程度高、技术含量和附加值都比较低的产品，即使是高新技术产业也多采用装配加工－出口的发展模式，而非依赖于自主技术创新。而通过自主技术创新促进企业生产差异化产品，实现产业由劳动密集型向资本、技术密集型转变，对促进国民经济的健康发展，形成国际核心竞争优势有着重要的意义。

鉴于此，2006 年 2 月颁布的《国家中长期科学和技术发展规划纲要（2006～2020 年）》提出，要把提高自主创新能力摆在全部科技工作的突出位置，明确其中心环节作用，以便更好地调整经济结构、转变增长方式和提高国家竞争力。此外，我国还积极推动国家高新技术开发区的二次创业，提出国家高新区二次创业要坚持实现"五个转变"：一是要加快实现从主要依靠土地、资金等要素驱动向主要依靠技术创新驱动的发展模式转变，坚持把自主创新作为立区之基、强区之本，使国家高新区成为国家创新体系建设的核心基地之一；二是要从主要依靠优惠政策、注重招商引资的发展模式转变，发挥企业主体作用，大幅度提高自主知识产权拥有量，成为增强自主创新能力的重要载体；三是要推动产业发展由大而全、小而全向集中优势发展特色产业、主导产业转变，重点发展、孕育自主创新的特色产业，形成规模化、特色化、国际化的创新集群，成为推动产业结构调整和技术升级的强力引擎；四是要从注重硬环境建设向注重优化配置科技资源和提供优质服务的软环境转变，形成规范高效、竞争有序、服务优良的管理体制和运行机制，营造优越的创业环境、优化的发展环境和优质的服务环境，成为建设创新型国家的先行区；五是要从注重"引进来"、面向国内市场为主向注重"引进来"与"走出去"相结合、大力开拓国际市场转变，以扶持自主创新、提升国家综合竞争力为宗旨，成为引导我国企业走出国门参与国际竞争的重要服务平台。① 此外，还提出要"重点支持 2~3 个国家高新区率先进入世界一流高科技园区行列，成为引领我国高新区发展的旗帜和实施国家自主创新战略的重要载体""建设一批自主创新能力较强的创新型园区，使其成为区域经济增长和结构调整的重要引擎，成为引领科技创新和技术进步的重要载体""扶持一批具有地区特色的高新技术产业园区，使其在带动地方产业升级、调整经济结构、转变经济增长方式和培育产业集群中发挥辐射带动作用"。②

2. 注重自主技术创新的集约型经济增长方式

现阶段，东部地区的经济增长是一种过于依赖货物出口的粗放型经济增长。③ 然而，以加工贸易为主体的对外出口资源依赖性程度高，资源利用率低，生产的低附加值产品耗费大量的能源、资源等，同时，存在着资源的过度开采问题。在资源全球化战略背景下，资源问题将加剧我国与世界其他国家的矛盾，随着全球资源争夺愈加激烈，以及俄罗斯、印度等国经济增长的加速，我国将在全球资源竞争中面临更加严峻的挑战。并且，粗放型增长往往带来环境污染和生态平衡破坏的问题。

加强自主技术创新是东部地区转向集约型经济增长方式的关键，并有利于东部地区经济继续保持快速健康持续发展。以上分析可以表明，自主技术创新能够更加有效率地配置资源，进行合理的投入产出，提高经济效益，实现经济的可持续发展，这也是集约型经济增长方式所要求的。因此，强调自主技术创新实现东部地区经济增长方式由粗放型向集约型转变，有利于东部地区产业结构的升级和优化，提高出口产品的国际核心竞争优势，取得高效益的增长，是东部地区由于人民币升值带来的产业危机下发展路径的重要因素之一。

二　提升东部地区在国际产业链中的地位

由于东部地区长期处于国际产业链的低端，国内装配加工 - 出口产品的

---

① 参见《国家高新技术产业开发区"十一五"规划纲要》，《中国科技产业》2007 年第 5 期，第 78~86 页。
② 参见《国家高新技术产业开发区"十一五"规划纲要》，《中国科技产业》2007 年第 5 期，第 78~86 页。
③ 林民书、徐向阳：《中国经济增长方式转变研究》，《河南社会科学》2009 年第 5 期，第 32~36 页。

国际竞争力主要来自产品的低价优势。在这种情况下，人民币的升值势必造成我国代工企业的利润空间受到两头的挤压，即生产成本的上升削弱产品的低价竞争优势，以及分销商的讨价还价势必使得代工企业不可能因为人民币的升值而提高产品在国际市场上的销售价格。因此，依靠自主技术创新，提升东部地区在国际产业链中的地位，以现有强大的装配加工业为基础向产业链的两头延伸，拓展东部地区企业的生存空间成为人民币升值与商品贬值出口背景下东部地区产业发展模式的必然选择。

由于东部地区装配加工业的国内产业链较短，零部件大部分依赖进口，产品也主要销往国外，带动国内相关上、下游产业发展的作用弱；与发达国家相比，东部地区生产水平落后、产品质量差等导致供给的原材料不符合规定的质量标准，不满足装配加工的要求，使得装配加工产业很难带动国内配套产业的发展。因而促进东部地区产业链的延伸，提高装配加工业的增值能力，有效带动相关产业的发展就显得尤为重要。为提升东部地区在国际产业链中的地位，可以从两个方面着手：一是要向产业链的上、下游延伸，带动国内配套产业的发展；二是要进入高附加值的发展环节，提高东部地区装配加工业的增值能力。

（1）提高国内相关产业配套能力，向产业链两头延伸

东部地区产业的国内产业链越长，获取的产品增值也就越大，对东部地区的经济发展就越有利。提高国内相关产业配套能力，向产业链两头延伸，就是要提高装配加工－出口产业的增长率，同时重视装配加工－出口产业的发展对国内相关产业、产品的带动作用。在科技进步和国际竞争激烈的条件下，东部地区的装配加工企业要重新调整产业资源，努力发展国际产业链中附加值高的上、下游环节，做好上游产品的研发设计和下游的品牌销售，进行产业链延伸。

（2）增加出口产品的附加值

产品研发和品牌的附加值最高，它们对于增加科技产出，提高产品质量和增加产业经济效益具有重要的促进作用。而要提高东部地区出口产品的附加值及提升产品的国际竞争力，关键是要增强企业的技术创新能力和品牌营销能力。因此，东部地区的装配加工企业应当以现有的强大装配加工业为基础，加强自主技术创新能力和品牌营销能力，在国际产业链中占据优势地位。

东部地区装配加工企业在增加高新技术产品和机电产品出口量的情况

下，应尽可能多地参与到这两类产品生产和出口的技术密集型环节当中去，从而提高产品的技术含量和附加值，扩大具有自主知识产权的装配加工产品的出口，从根本上实现东部地区产业链向高附加值的资本、技术密集型产业的延伸。

三　发展战略性新兴产业

1. 战略性新兴产业的内涵和类型

《国务院关于加快培育和发展战略性新兴产业的决定》将战略性新兴产业界定为："以重大技术突破和重大发展需求为基础，对经济社会全局和长远发展具有重大引领带动作用，知识技术密集、物质资源消耗少、成长潜力大、综合效益好的产业。"[1] 在我国，战略性新兴产业包括七大领域：新一代信息技术产业、节能环保产业、高端装备制造业、生物技术产业、新材料产业、新能源产业和新能源汽车产业。各领域的主要内容如表 4 - 25 所示。

表 4 - 25　战略性新兴产业类型与主要内容

名称	主要内容及研发重点
节能环保	为节约资源、保护环境提供技术、装备和服务保障
新一代信息技术	以互联网、云计算为技术基础的一些新兴平台
生物技术	包括生物医药、生物制造和生物农业等
高端装备制造	重点发展航空航天装备、海洋工程装备、高端智能装备和高速铁路技术等
新能源	包括太阳能、地热能、风能、海洋能、生物质能和核聚变能等的发现和应用
新材料	包括特种功能和高性能复合材料，以及以纳米材料为代表的新材料的应用等
新能源汽车	包括燃料电池汽车、混合动力汽车、氢能源动力汽车和太阳能汽车等

资料来源：依据《国务院关于加快培育和发展战略性新兴产业的决定》整理。

2. 发展战略性新兴产业的作用与意义

发展战略性新兴产业有利于推动产业结构调整、提高经济增长的质量和效益、增强综合国力，实现东部地区经济、社会、资源、环境可持续发展的宏伟目标。

（1）战略性新兴产业市场空间巨大，有利于拉动我国经济增长。

战略性新兴产业根据市场需求制定发展方向。国务院发展研究中心

---

① 国务院：《国务院关于加快培育和发展战略性新兴产业的决定（全文）》，《中国科技产业》2010 年第 10 期，第 14 ~ 19 页。

"重点产业调整转型升级"课题组对我国战略性新兴产业一些领域的产值做过测算，测算结果指出：在将来的三年时间里，新能源产业有可能实现4000亿元的产值；到2015年，环保产业可以产生2万亿元的产值，而信息网络和应用市场也至少能够达到数万亿元的规模；数字电视终端和服务在未来六年时间里可累计带动的产值也能够达到2万亿元左右；在2020年，广义生物产业市场可以达到大约6万亿元的规模。对于拉动经济增长方面的研究，该课题组的成果是：在2010年，单核电投资这一项就能够促进国内生产总值增长0.3个百分点。世界银行采用计量方法分析了120个国家的经济，结果表明，宽带服务之普及率每增长10个百分点，经济增长就会提高1.3个百分点。①

（2）加快发展战略性新兴产业，有利于增强自主创新能力和抢占科技制高点。

根据产品生命周期理论，战略性新兴产业还处于产品生命周期的引入期，在该阶段，研发技术尚不成熟，没有形成规模效应。由于产品市场需求潜力巨大，各国将发展战略性新兴产业作为未来产业发展的方向，因而掌握战略性新兴产业的核心关键技术，对于抢占竞争有利、主动地位具有十分重要的作用。战略性新兴产业是伴随着重大技术发明和重大技术突破诞生的，因而具有技术性。第一，战略性新兴产业的建立是以自主创新为基础的，这也是其同传统产业的本质区别；第二，资金、劳动力和资源的投入，以及良好的基础设施，对于加快发展战略性新兴产业起到了一定的推动作用，然而真正作为第一推动力的还是自主创新能力；第三，发展新兴产业所需的先进技术、核心关键技术是建立在自主创新基础之上的，因而自主创新是新兴产业竞争力的根本所在。

我国整体自主创新能力较弱，发展水平同发达国家之间还有相当大的差距，突出表现为我国在国际产业链中从事高端产业的低端环节，产品的附加值不高。我国很少有具备国际竞争力的企业，大多数企业还没有形成和掌握自主知识产权和核心关键技术，产业的发展尚缺乏自主创新能力。然而，加快发展战略性新兴产业，可以有效推动我国产业进行自主研发和自主生产，取代以往生产引进、技术引进的发展模式。对于战略性新兴产业一些领域的研发，我国同步甚至领先于国外的研究，所以我们必须要制定正确的战略目标和发展途径，落实强大有力的战略行动，把握全球经济技术变革和产业发展的新趋势。

加快发展战略性新兴产业要坚持企业的主体地位，这是因为自主创新是企业的灵魂，产品最终要靠企业推向市场。企业要掌握新兴产业的高端技术，必须挣脱关键技术引进的束缚，贯彻执行对引进技术进行再创新；积极开拓"产学研"模式的探索和发展，加强研发高端技术；充分利用全球创新资源，提高新技术、新产品的成功率，加快企业的技术创新和科研成果转化为新产品。

（3）促进战略性新兴产业的快速发展，有利于东部地区向内生经济增长方式方向转变。

当前，东部地区经济增长仍处于粗放型增长向集约型增长过渡的阶段。随着生产要素价格的上升、资源和环境的约束以及国际竞争局势的变化，要求我们认真对待资源的后续能力、生态环境的承载能力，而这些都要依靠转变经济发展方式来完成。因而加快发展战略性新兴产业，将促进经济增长质量和经济效益的提高，转变经济发展方式。为此，发展战略性新兴产业就成为转变经济发展方式的必然选择。加快发展具有自主知识产权、资源利用率高、环境友好型、经济质量和效益明显、发展潜力强大的战略性新兴产业，将带动国民经济更好更快地发展。

3. 东部地区发展战略性新兴产业的主要措施

（1）上海市。2009 年 5 月，上海市出台的《关于加快推进上海高新技术产业化的实施意见》提出要大力发展新能源、民用航空制造业、先进重大装备、生物医药、电子信息制造业、新能源汽车、海洋工程装备、新材料、软件和信息服务业等九个重点领域和重大项目。之后，为加快新兴产业发展，上海先后制定并出台了新能源、新材料、电子信息制造业、软件和信息服务业、海洋工程装备和先进重大装备高新技术产业化行动方案以及推进物联网产业发展行动方案、关于促进新能源汽车产业发展的若干政策规定。

（2）江苏省。江苏省政府将新能源、新材料、新医药、环保、软件和服务外包、传感网产业列为该省六大新兴产业，并分别制定了江苏省新能源产业、装备制造业调整和振兴规划纲要，新材料、物联网、软件和服务外包、生物技术和新医药、节能环保产业发展规划纲要，以及江苏省新能源汽车产业发展专项规划纲要，分别提出了各新兴产业的发展思路及其重点发展领域。

（3）广东省。广东于 2010 年 5 月 20 日发布了《关于加快经济发展方式转变的若干意见》，提出要制定并实施战略性新兴产业发展规划，建立战略性新兴产业技术标准体系，培育 100 个战略性新兴产业项目。广东培育发展新兴产业的重点是抓好高端新型电子信息产业、新能源汽车产业和半导体照明（LED）产业等三大产业，同时培育发展太阳能光伏、核电装备、生物医药等新兴产业。在此背景下，深圳提出要促进新能源、互联网、生物三大战略性新兴产业要素集聚，到 2015 年要达到 6500 亿元的产值规模。

（4）福建省。为了促进新兴产业发展，福建提出要加快培育发展核电、风电、太阳能、生物质能等新能源产业；培育基因工程药物、现代中药等，推进生物资源系列开发；推广应用大气、水污染防治和节能新技术、新装备、新产品等节能环保产业；加快光电材料、催化及光催化材料、稀土材料等的产业化，壮大新材料产业；进一步壮大微波通信、计算机及外设、数字视听等信息网络产业；以及培育海洋生物制药、海水综合利用、海洋能源资源开发等海洋新兴产业。

（5）山东省。山东省将新材料、新医药、新信息产业和海洋工程装备列为战略新兴产业，并已于 2010 年 3 月制定并出台了促进各新兴产业发展的政策措施，拟综合运用财政、税收、土地、金融信贷、政府采购等办法，全力扶持四大新兴产业加快发展，使战略新兴产业年均增幅在 20% 以上。

四　构建区域间外向与全国整体内生型产业发展模式

1. 我国的区域经济体系

一个国家产业在不同地区之间和同一地区内部都存在着不同程度的差异。严格意义上讲，由于我国尚未建立统一完善的市场体系，各地区的市场分割与封锁导致国内出现了众多的地方市场。这些市场大多是狭小而封闭的，使得生产要素得不到快速流通，商品和劳务不具备完全流动性。但事实上，我国区域经济体系中的各个经济区域犹如世界经济中的小型开放经济体，[①] 这些小型开放经济体共同构成和支撑了全国的经济增长，因而在区域分工与区际协作基础上，形成区域间外向与全国整体内生型增长模式下的产

① Kristian Behren, Carl Gaigne. Interregional and international trade: Seventy years after Ohlin. http://www.cepr.org/pubs/new-dps/dplist.asp?dpno=4065, 2003.

业发展模式是可能实现的。因此，要充分利用大国开放经济体的优势，构建完善基于内在经济联系的区域经济体系，促进区域分工协作体系的形成，加快区际贸易的发展，对于提升我国经济的整体国际竞争力具有重要的意义。

2. 区际贸易对产业发展的影响

区际贸易是在不同区域之间进行商品和劳务交换的活动。瑞典经济学家俄林首次用区际贸易代替国内贸易，认为区际贸易产生的根本原因是地区间存在相对的商品和生产要素价格上的差异，而且他们之间会相互影响各自的需求，最终由需求和供给的关系来决定价格体系和贸易。[1] 《经济大辞海》中对区际贸易的定义是："区域之间展开的贸易活动。"同国家通过国际贸易促进经济增长一样，一个地区也可以通过区际贸易获得经济增长。

相对于国际贸易来说，区际贸易明显要自由得多。因为尽管一国内可能有许多不同的区域，而且可能存在不同程度的地区分割和封锁，但由于市场经济体系的统一性和开放性，这种地区分割和封锁将被逐步消除；区域之间不存在阻碍国际贸易的关税和非关税等贸易壁垒；而且区际贸易只使用单一币种进行交易，避免了汇率波动的不确定性。

在全国区域经济体系中，区际贸易的重要作用是促进国内统一市场的形成和发展。由于区际贸易是在本国企业之间展开的市场竞争，因此从国家总体上看无所谓补偿的问题，一个地区的"出口"就是另一个地区的"进口"，反之亦然。[2] 因而在区际贸易中，无论是区域因出口而扩大本区域的产品市场，还是因进口其他区域的产品而缩小本区域同类产品的市场，于国家整体而言，都有利于企业通过相互竞争与学习增强产业的核心竞争力。而且，由于各地区的企业面对的市场由地区性扩大到全国性大市场，因而各地市场面临来自其他地区企业的竞争，从而有助于消除本地企业对地方市场的垄断，形成国内统一、高效率的市场。

发展区际贸易能通过区域之间的优势互补，促进我国经济向内生增长模式的转变。由于区域间生产要素禀赋的差异，各个区域间基于比较优势原则的专业化生产就成为区际贸易利益的核心所在。而且，在国家总体经济发展战略的指导下，区域间基于比较优势的产业发展，能够通过利益补偿机制、

① Kristian Behren, Carl Gaigne. Interregional and international trade: Seventy years after Ohlin. http://www.cepr.org/pubs/new-dps/dplist.asp?dpno=4065, 2003.
② 蔡丛露：《我国区际贸易发展的现状分析及其对策》，《亚太经济》2003年第3期，第28~30页。

财政转移支付等方式规避可能形成的国与国之间贫富差距分化问题。因此，区际贸易可以促使市场机制进行调整，有利于提高国内资源在空间上和产业间的配置效率，从而增强本国产品的竞争力。随着区际竞争力的提高，地方企业面临更大的国内市场竞争压力，企业为了在国内市场中占据优势地位，就会努力去提高产品质量，自发地进行技术创新，注重知识、人才的积累。在区际贸易中，一个区域通过向其他区域出口产品来提高自身的供给，又通过进口其他区域的产品对本区域的产业结构产生影响，从而在增强内部需求的基础上弱化我国整体产业发展的外向型市场需求，并因此促进我国经济向内生增长模式的转变。

3. 区际分工与合作对产业发展的影响

（1）区际分工

区际分工是在一国内经济区域之间进行的生产分工，它的内涵是：以国内各区域在充分利用区内优势的基础上实行区域专门化生产，并通过区际交换实现其专门化部门生产的产品价值与满足自身对本区域不能生产或生产不力的产品的需求，从而扩大区域的生产能力，增进区域利益。[①] 分工能够促进区域经济的发展，有利于各区域有效利用资源、劳动力和技术优势，提高劳动生产率，推动区域内产业的多样化发展。为获得更多的经济利益，各地区基于自身的比较优势进行专业化生产。区域专业化生产的发展将带动区内其他生产部门的综合发展，并形成优势产业，辅助产业和基础产业相协调的区域产业结构。[②] 区际分工的目的是与区外进行商品和劳务交换，并随着区际贸易的发展和扩大，促进全国性区域分工体系的形成。

区际分工包括区际产业分工和区际产业链分工。区际产业分工是指一国内各区域相互关联的产业体系，在充分利用区域内优势的基础上，为获得各种区域利益，在生产力"趋优分布"规律作用下，在地理空间上形成产业空间结构的客观过程和分异状况。[③] 区际产业分工能够有效利用各区域具有比较优势的自然资源、人力资源、资本和技术等要素，提升区域综合效益；同时，合理的区际产业分工对于我国形成新的区域性综合生产力，缩小地区间经济发展水平的差距起着重要的促进作用。区际产业链分工则是指在单一

---

① 张敦富：《区域经济学》，中国轻工业出版社，2003，第 161 页。

② 魏后凯：《现代区域经济学》，经济管理出版社，2006，第 481 页。

③ 曹阳：《区域产业分工与合作模式研究》，吉林大学博士学位论文，2008。

经济区域内并不具备完整的产业链而需要各经济区域之间进行分工协作的情况下，各个经济区域应当利用自身的区域比较优势，重点发展具有区域比较优势和核心竞争力的产业链环节。由此，在参与区域之间的产业链分工时，上游产业生产的产品成为下游产业生产所需的原材料，各个产业链环节与其他产业构筑了良好的关联度，在区域之间实现产业链的重组或重构，原有的产业链得到延伸，最终形成完整的产业链。

（2）区际合作

区际合作是指不同区域之间的经济主体为获得各自利益而自愿进行的以产品和要素在区域间流动为实质内容的协作性和互利性资源配置活动。[①] 促使经济发展水平不同的区域相互之间取长补短，以弥补自身的不足，提高生产力水平。第一，在区域之间，生产要素的流通和商品与劳务的交换，能够促进区域专业化生产的发展，从而形成优势产业；第二，促进互补性发展，即经济较发达地区带动不发达地区的经济发展，同时加强先进地区的"强强合作"，从而促进国家整体经济增长。

（3）区际分工与合作对东部地区产业发展的影响

区际分工与合作共同推动生产力向前发展，产生高效率，提高经济效益。区际分工是合作的前提和基础，而区际合作又保证了分工的实现和发展，因而在促进区域经济增长方面，开展区际合作发挥各区域的优势要有合理的区际分工。事实上，我国自2000年前后开始的产业由东部向中西部地区转移，以及东部地区以强调城市核心功能和缩小地区内部差距为目标的区域内产业转移或产业扩散，就是通过区际分工协作促进地区乃至全国经济发展的典型案例。在产业向中西部地区转移的过程中，可能形成的是东部－中部、东部－西部和东部－中部－西部等三种模式的产业或产业链分工协作体系，并最终将东部地区发展成为我国整体区域经济体系下的核心区域，其产业发展定位为高技术、先进制造业和以生产者服务业为主体的第三产业为主导的产业体系。而在以突出城市核心功能和缩小区域内部差距为目标主导下的区域内产业转移与产业扩散过程中，则可能形成以区域内部的核心或主要经济中心城市为中心，以承担某一或某些主体功能的城市为重要节点，以卫星城镇为市场或生产基地的大都市区发展模式，并在这一区域经济发展模式下形成不同城市等级之间的产业或产业链分工协作体系。

① 曹阳：《区域产业分工与合作模式研究》，吉林大学博士学位论文，2008。

第五章

我国东部地区的产业转移与
西部地区的产业承接

第一节 我国的东、西部地区差距

一 我国东、西部地区的经济发展水平差距

1. 改革开放以来我国的不平衡发展战略

新中国成立以来，我国的区域经济政策经历了从平衡到不平衡再到协调统筹的发展阶段。新中国成立后的 30 年间，我国的区域经济政策以平衡发展、平衡布局为主要特征，经历了"一五"时期在重点建设项目和投资向内地倾斜[①]，1965~1972 年"三线"建设重点放在四川和贵州等西南地区，"四五"时期三线建设重点转向"三西"地区（豫西、鄂西、湘西）[②] 等时间阶段，目标是缩小长期以来存在的地区间发展差距，改变旧中国工业结构不合理的状况。从改革开放后到 20 世纪 90 年代中期，我国转向了非均衡的区域经济政策，目标是在国家投资布局和区域政策强调效率目标背景下整体向东部沿海地区倾斜，以充分利用东部沿海地区的区位优势，让一部分地区先发展起来，迅速提高国家的整体经济实力。这一阶段，非均衡区域经济政策的主要体现是经济特区、沿海经济开放城市及经济开发区的设立。我国的不平衡区域经济发展战略主要体现为：

---

① 陈其霆：《中国区域经济政策概述》，《开发研究》1999 年第 5 期，第 33~34 页。

② 欧阳渊：《中国区域经济政策的演进与思考》，山西大学，2010。

　　首先，从分时期的角度来考察我国改革开放后的不平衡发展战略。"五五"计划后期，即 1979 年以后，固定资产投资体制进行了一系列改革，沿海地区在全国基本建设投资中所占比重达到 42.2%，为新中国成立以来的最高水平。"六五"时期，随着东部、中部、西部三大地带的划分①，沿海发展战略和特区政策的推进，东部沿海 11 个省区市在全国基本建设投资中所占比重上升为 47.7%，首次超过中部、西部投资比重之和（46.5%）。到"七五"时期，东部地区投资比重进一步超过中西部投资比重之和，两者分别为 51.7%、40.0%。从东部与中西部在全国全社会固定资产投资中所占比重看，1982～1985 年东部为 49.91%，中部、西部合计为 43.9%，而"七五"期间东部与中西部分别为 56.2%、39.6%。②

　　其次，财税、信贷、外资外贸、价格等政策的倾斜。改革开放后我国的不平衡经济发展战略，不仅反映在对沿海地区推行的投资倾斜性不平衡的发展战略上，而且反映在对沿海地区实施的财税、信贷、外资外贸、价格等政策的倾斜以及改革开放的梯度推进上。第一，从财税政策的角度看，中国的财政体制从 1980 年开始对过去的"统分统支"体制进行改革。"分灶吃饭""财政包干"制度的实施，增加了沿海地区的财政留成比重。四个经济特区的财政收入几乎是 100% 的留成，同时还要享受省财政的拨款；多数沿海开放城市的财政收入也能大部分留下自用。在对财政体制进行改革的同时，中国也对税收体制进行了改革，对在经济特区、沿海开放城市和经济开发区的外国直接投资实行优惠政策。据统计，1988 年、1989 年东部沿海地区税负水平（税收收入占 GDP 的比重）低于全国平均税负水平的主要有广东、山东、江苏、福建，而西部地区除四川、陕西、新疆（未考虑西藏）三省区外的五省区，税负水平反而高于全国税负水平。第二，从金融信贷政策的角度看，1984 年前后对原有的银行体制进行了重大改革。改革后的金融机构也有了相对独立的经济利益和一定程度的信贷自主权。金融机构对地区经济的影响是通过地区差别利率、产

---

①　将我国划分为东部、中部、西部三个地区的时间始于 1986 年，由全国人大六届四次会议通过的"七五"计划正式公布。东部地区包括北京、天津、河北、辽宁、上海、江苏、浙江、福建、山东、广东和海南等 11 个省（市）；中部地区包括山西、内蒙古、吉林、黑龙江、安徽、江西、河南、湖北、湖南、广西等 10 个省（区）；西部地区包括四川、贵州、云南、西藏、陕西、甘肃、青海、宁夏、新疆等 9 个省（区）。

②　中国地区经济发展课题组：《中国区域经济不平衡发展战略评估与分析》，《管理世界》1993 年第 4 期，第 176～185 页。

业差别利率以及信贷规模的控制而实现的。由于东部沿海地区金融系统比较发达，筹措和运用资金的能力比较强，因而，金融信贷政策在一定程度上也具有对东部沿海地区倾斜的性质。第三，从外资外贸政策、价格政策的角度看。改革开放以来，增加了沿海地区的外汇使用额度和外汇贷款，对沿海地区特别是广东、福建实行了特殊优惠政策，沿海地区外资外贸依存度增强。价格体制的改革，虽然使农产品、加工产品、能源原材料等产品的比价有了一定程度的改善，但农产品、能源原材料等基础产品的价格相对于加工产品仍偏低，因而，价格政策仍然对以加工工业为主的东部沿海地区优惠。第四，从改革开放梯度推进的角度看，中国的改革开放，是由东部沿海地区向内地逐步推进的，形成了明显的改革开放梯度。改革开放梯度推进政策，使东部沿海地区特别是四大特区获得了改革开放的超前收益，因而也是某种程度的政策倾斜。①

2. 日益扩大的东、西部差距

改革开放以来对沿海地区实施的以投资倾斜、财税、信贷、外资外贸、价格等政策倾斜以及改革开放梯度推进为特征的沿海经济发展战略，使改革开放以来地区间经济增长很不平衡。据统计，1979～1990 年，国民收入增长最快是华东和华南地区，全国年增长率超过 10% 的省都集中在该地区，依次为浙江（21.9%）、广东（11.5%）、福建（21.0%）、江苏（10.5）、山东（20%）；国民收入增长最慢的是东北地区，其次是西北地区，再次是华北地区和西南地区，这 4 类地区大多数省区市的国民收入年增长率都低于全国平均 8.4% 的增长率水平。同一时期，工业发展最快的省区也集中分布在华东、华南地区，其中浙江省工业净产值年均增长 16.8%，居全国各省区市增长率之首，然后依次为广东（14.8%）、福建（14.6%）。工业增长最为缓慢的是西北、东北及华北地区。事实上，这种不平衡趋势到 "八五"期间（1991～1995 年）仍在加大。1991～1995 年，全国 GDP 的年均增长速度为 26.61%，东部地区为 28.12%，中、西部地区分别为 25.27% 和23.38%；东部地区 GDP 占全国的比重由 1990 年的 53.59% 上升到 1995 年的 56.85%，中、西部地区则由 1990 年的 30.13% 和 16.28%，下降到 1995年的 28.57% 和 14.58%。

---

① 中国地区经济发展课题组：《中国区域经济不平衡发展战略评估与分析》，《管理世界》1993 年第 4 期，第 176～185 页。

从东部地区与西部地区分省分阶段 GDP 平均增长率看，如图 5 - 1 所示，1980～1989 年，东部省份与西部省份间的 GDP 增长率差距并不明显，主要是东部省份的广东、江苏、浙江和福建的 GDP 增长率要明显地高于西部省区市。1990～1999 年，东部地区所有省份的 GDP 平均增长率均高于 10%，其中广东超过 15%；而西部地区省区市中除了新疆和内蒙古分别为 10.01% 和 10.69% 外，其他省区市均低于 10%，其中青海（7.62%）、宁夏（8.09%）、贵州（8.30%）低于 9%。2000～2011 年，东部地区省份和西部地区省份之间的 GDP 平均增长率再次缩小，但天津、江苏、浙江、福建、广东和山东的 GDP 平均增长率仍然要高于除内蒙古外的其他西部省区市。

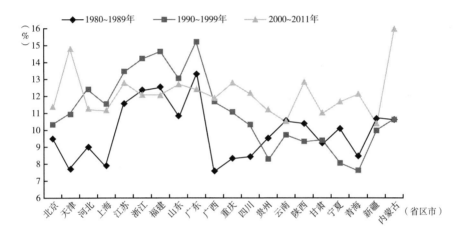

图 5 - 1　东部和西部地区各省分阶段 GDP 平均增长率对比

资料来源：依据各省份历年统计年鉴中的数据计算作图。

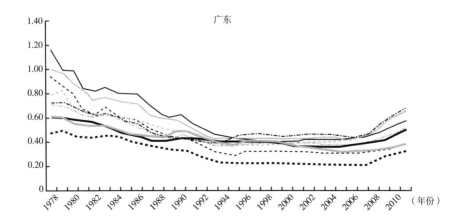

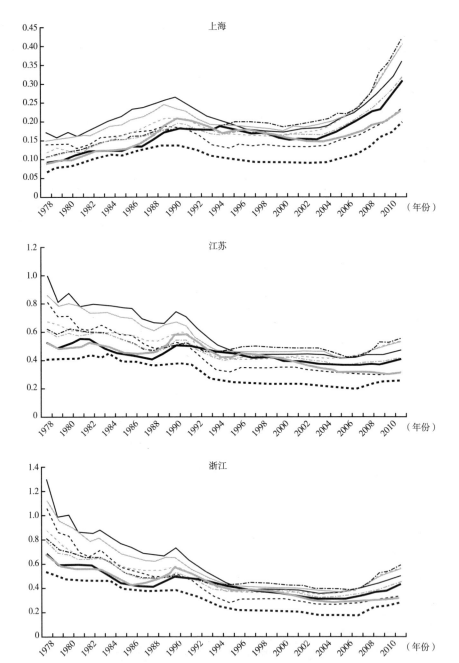

图 5 - 2   1978~2011 年西部省份人均 GDP 对广东、
上海、江苏和浙江比例演变趋势

资料来源：依据历年各省份统计年鉴中的数据计算作图。

　　由于 GDP 增长率的这些差别，导致东、西部地区之间的经济发展水平出现了巨大的差距。如图 5 - 2 所示，西部省份人均 GDP 对广东、江苏和浙江三省人均 GDP 的比例在 2005 年之前都一直处于下降趋势，到目前介于 0. 3 ~ 0. 6。而西部省份对上海人均 GDP 的比值虽然经历了 20 世纪 80 年代和 2005 年之后两个上升期，但也经历了 20 世纪 90 年代初到 2005 年之间的下降期，到目前仅不到上海市人均 GDP 的 45% 。

　　3. 当前东、西部地区在经济增长阶段上的差异性

　　表 5 - 1 为 2011 年我国东、西部地区各省、自治区、直辖市的人均 GDP。按照表 5 - 1 中的数据，结合关于经济增长进程的阶段性划分，西部地区除内蒙古外仍然处于阶段 I 的经济加速增长时期，而东部地区除河北和海南外均已进入到阶段 II 即技术内生化阶段，北京、天津和上海甚至已经达到阶段 II 与阶段 III 的临界值（7500 美元，2000 年基准）。

表 5 - 1　2011 年东西部地区各省、自治区、直辖市人均 GDP（2000 年基准）

单位：美元

东部省区市	人均 GDP	西部省区市	人均 GDP
北　京	6295	广　西	1860
天　津	7357	重　庆	2944
河　北	2776	四　川	2186
山　东	4110[①]	陕　西	2331
上　海	8012	甘　肃	1556
江　苏	5041	青　海	2089
浙　江	4797	宁　夏	1916
福　建	4374	新　疆	2244
广　东	4571	内蒙古	4254
海　南	2479	贵　州	1048
—	—	云　南	1599

　　注：①山东省的统计年鉴中并未公布其人均 GDP 增长率数据，而在《新中国六十年统计资料汇编》中只有山东省 2008 年之前的人均 GDP 增长率数据。因此，山东省 2011 年的人均 GDP 为依据 2008 年的数据，按照 2009 ~ 2011 年 GDP 增长率与 2000 ~ 2008 年山东省 GDP 增长率与人均 GDP 增长率之间的差值测算得到。

　　资料来源：笔者依据相关数据计算。

由于东西部地区经济增长的阶段性差异，因而东西部地区经济增长方式也存在巨大的差别。对于东部地区，其经济增长方式将逐渐由技术外生、依靠资本和劳动力投入推动的粗放型经济增长向技术内生、依靠知识和技术的集约型增长方式转变。而对于西部地区，则主要是通过吸引资本、发挥资源优势做大经济规模，因而通过承接东部地区的产业转移，解决西部地区经济增长进程中的资本与技术短缺状态对于西部地区尤显重要。

4. 东、西部地区经济增长的趋同

对于我国东、西部地区经济增长的趋同性问题，蔡昉和都阳（2000）在分析我国改革开放以来区域经济增长的形式与特征的基础上认为，从全国来看，并不存在着一种普遍的趋同趋势，而是表现为东部、中部和西部地区内部的趋同，以及三个地区之间的差异趋势，即我国区域经济增长存在所谓的俱乐部趋同。[1] 张鸿武（2006）的研究结论也表明，1952～2004年，中部、西部地区内部存在随机性趋同；而在样本期为1978～2004年，东部地区存在与全国发展趋势相同的现象，同时，北、东部、西部都存在内部的随机性趋同（即俱乐部趋同）。[2] 吴玉明（2006）构建的模型则未考虑经济控制变量的情况下，地区虚拟变量在解释省域间的经济增长差异中的作用非常显著，说明地理位置对省域趋同的影响非常明显。[3] 同样，张焕明（2004，2007）、覃成林（2004）、张伟丽（2009）、王荣斌（2011）等人的研究也都得到了与俱乐部趋同相类似的结论。

如果我国东西部地区之间经济增长的确存在如上述学者的研究结论，即存在条件性趋同（或所谓俱乐部趋同），则意味着东西部地区之间的经济发展水平差距将会持续存在。但应该认识到，目前学者的主要研究所采用的数据大多截至2000年前后，即我国西部大开发战略刚实施不久，而振兴东北老工业基地、促进中部崛起战略则尚未启动，或者至少尚未见到明显的效果。但如果考察2000年之后的数据，情况又该如何？

---

① 蔡昉、都阳：《中国地区经济增长的趋同与差异——对西部开发战略的启示》，《经济研究》2000年第10期，第30～38页。

② 张鸿武：《我国地区经济增长的随机性趋同研究——基于综列数据单位根检验》，《数量经济与技术经济研究》2006年第8期，第31～38页。

③ 吴玉鸣：《中国省域经济增长趋同的空间计量经济分析》，《数量经济与技术经济研究》2006年第12期，第101～108页。

表 5 - 2 为 2003 ~ 2011 年我国东西部地区各省份生产总值增长率与全国平均 GDP 增长率之间的比值。

表 5 - 2　2003 ~ 2011 年我国东西部地区省份生产总值增长率与
全国平均 GDP 增长率比值

东部省区市	2003 年	2004 年	2005 年	2006 年	2007 年	2008 年	2009 年	2010 年	2011 年
北　京	0.89	1.15	0.96	1.04	1.18	0.74	0.83	0.84	0.66
天　津	1.20	1.29	1.19	1.18	1.26	1.34	1.34	1.41	1.33
河　北	0.94	1.05	1.09	1.09	1.04	0.82	0.81	0.99	0.92
山　东	1.09	1.25	1.23	1.20	1.15	0.97	0.99	1.00	0.89
上　海	1.00	1.16	0.90	0.97	1.23	0.79	0.67	0.84	0.67
江　苏	1.11	1.20	1.18	1.21	1.21	1.03	1.01	1.03	0.89
浙　江	1.19	1.18	1.04	1.13	1.19	0.82	0.72	0.97	0.73
福　建	0.93	0.96	0.94	1.20	1.23	1.06	1.00	1.13	1.00
广　东	1.21	1.20	1.12	1.19	1.21	0.84	0.79	1.01	0.81
海　南	0.86	0.87	0.83	1.02	1.28	0.84	0.95	1.30	0.97
西部省区市	2003 年	2004 年	2005 年	2006 年	2007 年	2008 年	2009 年	2010 年	2011 年
内蒙古	1.43	1.70	1.93	1.52	1.56	1.45	1.37	1.22	1.16
广　西	0.83	0.96	1.07	1.10	1.23	1.04	1.13	1.15	1.00
重　庆	0.93	0.99	0.93	0.99	1.29	1.18	1.21	1.39	1.33
四　川	0.92	1.03	1.02	1.08	1.18	0.89	1.18	1.23	1.22
贵　州	0.82	0.93	0.94	0.94	1.20	0.92	0.93	1.04	1.22
云　南	0.72	0.92	0.73	0.97	0.99	0.86	0.98	1.00	1.11
陕　西	0.96	1.04	1.02	1.04	1.28	1.33	1.10	1.19	1.13
甘　肃	0.87	0.94	0.96	0.93	1.00	0.82	0.84	0.96	1.02
青　海	0.96	1.00	0.99	0.99	1.10	1.10	0.89	1.24	1.10
宁　夏	1.03	0.91	0.89	1.03	1.03	1.02	0.97	1.10	0.98
新　疆	0.91	0.92	0.89	0.89	0.99	0.89	0.66	0.86	0.97

注：表中数据为，各省、自治区、直辖市 GDP 增长率数据来源于 2011 年和 2007 年《中国统计年鉴》公布的各地区 2002 ~ 2011 年的生产总值及其指数。但由于我国各地区的 GDP 增长率总体上都偏高，因此，为了计算得到表中各地区生产总值增长率与全国 GDP 增长率之间的比值，需要按各地区生产总值及其增长率先测算以 2002 年为 100% 的 GDP 平减指数，然后计算得到各地区以 2002 年为基准的实际 GDP，并加总得到以此方法计算得到的 2002 ~ 2011 年全国实际 GDP，最后计算得到 2003 ~ 2011 年全国平均的 GDP 增长率。

依据表 5 - 2 中的计算结果，可以看到，东部地区的北京、河北、山东、上海、浙江、广东和海南在 2008 年之后的增长率均在整体上慢于全国的

GDP 增长率（即地区生产总值增长率与全国 GDP 增长率比值小于 1），而在 2007 年及之前，山东、上海、浙江和广东的 GDP 增长率则明显快于全国平均水平，即使是北京、河北和江苏，其 2007 年及之前的地区生产总值增长率与全国 GDP 平均增长率的比值也要大于 2008 年之后。在西部地区，除甘肃和新疆外（这两个省份在 2003～2011 年的地区生产总值增长率均慢于全国 GDP 平均增长率），其他九个省、自治区、直辖市在 2006～2007 年之后的地区生产总值增长率均快于全国 GDP 平均增长率（即地区生产总值增长率与全国 GDP 增长率比值大于 1），而在此之前则大多是慢于全国 GDP 平均增长率的。

以上结果表明，我国东、西部地区的 GDP 增长率在 2006～2008 年出现了逆转，即原来相对较快的东部地区增长率开始减缓，而原来相对较慢的西部地区则增长率明显加快。如果按照这种演变趋势，我国东西部地区的经济增长应该是存在趋同性而非俱乐部趋同性的。

二　我国东、西部地区的产业梯度差异

依据戴宏伟[①]的研究，产业梯度系数的测算公式如下：

产业梯度系数(G) = 区位熵(LQ) × 比较劳动生产率($CPOR$)　　　(5-1)

在式（5-1）中，区位熵只是反映了产业的专业化水平，忽略了劳动生产率区域差异给产业成长带来的影响。而比较劳动生产率又称相对国民收入，反映了产业技术水平的高低。由此得到的产业梯度系数，既考虑了地区的专业化水平，又反映了地区之间的相对产业技术水平高低。

$$LQ_{ij} = \frac{x_{ij}/\sum_i x_{ij}}{\sum_i x_{ij}/\sum_j \sum_i x_{ij}}　　　(5-2)$$

式（5-2）中，其中：i 表示第 i 个产业；j 表示第 j 个地区；x_{ij} 表示第 j 个地区的第 i 产业的某项指标。

$$CPOR = \frac{P_j^i}{P^i}　　　(5-3)$$

式（5-3）中，P_j^i 为 j 地区 i 产业的劳动生产率（以 j 地区 i 产业的工

① 戴宏伟等《区域产业转移研究：以"大北京"经济圈为例》，中国物价出版社，2003。

业总产值除以社会从业人数得到）；P^i 为 i 产业的全国平均劳动生产率（以 i 产业的全国工业总产值除以社会从业人数得到）。

但依据式（5－1）计算得到的产业梯度系数没有考虑到产业规模效应。事实上，产业规模是产业梯度的重要影响指标。如果不考虑到产业的绝对规模，则可能产生的结果是，某一地区的某一产业规模并不大，但却因为区位熵或比较劳动生产率的值较高而导致其梯度系数较高。但从产业转移的角度看，一个地区某产业规模本身较小的情况下，是很难通过产业转移去带动其他地区产业发展的。鉴于此，本章节的研究将产业规模纳入到计算产业梯度系数的公式中：

产业梯度系数 ＝ 区位熵(LQ) × 比较劳动生产率($CPOR$) × 规模系数(S)

$$\text{(5 - 4)}$$

式（5－4）中，规模系数（S）的测算方法为：

$$S = \frac{Y_j^i}{Y_j^c} \tag{5 - 5}$$

其中，Y_j^i 为 j 地区 i 产业的工业总产值，Y_c^i 为 i 产业在测算样本区域的中位数。

由此，以 2011 年的数据为基础，测算得到我国东部地区除福建省外、西部地区除宁夏和内蒙古外的 18 个省、自治区、直辖市的工业制造业梯度系数[①]。

将工业制造业梯度系数按照大于 9、4～9、1～4、小于 1 进行分类[②]，得到各产业在各地区的相对优势分布如表 5－3 所示，其中从 Ⅰ 类（相对优势大，或者具有显著性相对优势）、Ⅱ 类（相对优势较大）到 Ⅲ 类（相对优势较小）呈相对优势递减趋势。从表 5－3 中的分类结果可见，西部地区只有四川在饮料制造业和家具制造业、云南在烟草制品业、广西在废弃资源和废旧材料回收加工业等领域出现在产业梯度优势 Ⅰ 类地区中；产业梯度优势 Ⅱ 类地区中也只有四川的农副食品加工业、皮革等制品业、木材加工制品业、文教体育用品制造业、医药制造业、非金属矿物制品业、通信设备制造业等领域，贵州的饮料制造业，新疆和甘肃的石油炼焦及核燃料加工业，以

① 三个省份都缺少按行业分类的从业人员数据。

② 熊必琳、陈蕊、杨善林：《基于改进梯度系数的区域产业转移特征分析》，《经济理论与经济管理》2007 年第 7 期，第 45～49 页。

及广西的通信设备制造业等领域。总体而言，东部地区在工业制造业各领域都体现出明显的梯度优势，而西部地区则在工业制造业各领域中都体现为梯度劣势。

表 5 - 3　2011 年东西部地区产业梯度系数分布

产业分类	Ⅰ类：G≥9	Ⅱ类：4≤G＜9	Ⅲ类：1≤G＜4
农副食品加工业	山东	四川	河北、江苏、广东
食品制造业	山东	天津、广东	河北、四川、陕西
饮料制造业	四川、上海	贵州	山东、广东、江苏、陕西
烟草制品业	云南	上海	贵州、浙江、江苏、广东
纺织业	浙江、山东、江苏	河北、广东	四川
纺织服装、鞋、帽制造业	江苏、广东、山东、浙江		河北
皮革、毛皮、羽毛（绒）及其制品业	浙江、河北、广东、山东	四川	江苏
木材加工及竹、藤、棕、草制品业	山东、江苏	上海、浙江、广东、四川	河北
家具制造业	广东、山东、浙江、四川	上海	河北、广西、重庆
造纸及纸制品业	山东、广东、浙江	江苏	四川、河北、海南
印刷业和记录媒介的复制	广东	山东	四川、河北、北京、上海、重庆、云南、广西
文教体育用品制造业	上海、广东、山东、浙江、江苏	四川	云南、青海
石油加工、炼焦及核燃料加工业	海南、上海	山东、新疆、浙江、甘肃	陕西、天津、河北、北京、江苏
化学原料及化学制品制造业	江苏、山东、浙江	广东	四川、天津、河北、云南
医药制造业	山东	江苏、四川	北京、浙江、贵州、广东、河北、天津
化学纤维制造业	浙江、江苏	上海	新疆
橡胶制品业	山东、浙江、广东	上海、江苏、河北	四川、广西、重庆、天津
非金属矿物制品业	山东、上海	四川	江苏、广东、浙江、河北
黑色金属冶炼及压延加工业	河北、天津、江苏	山东	甘肃、四川、浙江、广东

续表

产业分类	Ⅰ类:G≥9	Ⅱ类:4≤G<9	Ⅲ类:1≤G<4
有色金属冶炼及压延加工业		山东	云南、甘肃、江苏、浙江、青海、广东、上海、天津、陕西、重庆
金属制品业	上海、山东、广东、江苏、河北	浙江、天津	四川
通用设备制造业	江苏、山东	浙江	四川、广东、河北、天津
专用设备制造业	上海、山东	江苏	四川、浙江、北京、河北、天津
交通运输设备制造业		北京、江苏	山东、广东、天津、广西、浙江、重庆
电气机械及器材制造业	上海、江苏、广东	浙江、山东	重庆、河北、广西、北京
通信设备、计算机及其他电子设备制造业	广东、江苏、北京、天津	山东、四川、广西	浙江、重庆
仪器仪表及文化、办公用机械制造业	江苏	浙江、北京	山东、上海、广东、广西、重庆
工艺品及其他制造业	浙江	江苏	北京、甘肃
废弃资源和废旧材料回收加工业	上海、广东、广西、浙江	重庆、江苏、天津	

注：①表中未列出的地区，梯度系数均小于1。②表中各类梯度优势分类中，地区之间按照梯度系数由大到小排序。

资料来源：依据笔者对相关数据计算结果的产业分类整理而成。

第二节　我国东部地区的产业转移

一　产业转移理论

1. 国际产业转移理论

关于国际产业转移的经济动因，学界主要从一国的供给条件、国家行为、经济发展水平、局部创新等要素展开分析，并提出了基于要素禀赋理论的劳动密集型产业转移、边际产业扩张、产品生命周期、国际生产折中理论、国际投资发展周期理论等主要的产业转移理论模型。

刘易斯（W. Arthur Lewis）认为，在欠发达国家，存着收入相对较高的城市现代产业部门（非农产业）和收入相对较低的农村传统经济部门（农业），即"二元经济结构"。劳动力过剩的传统农业部门成为城市现代产业部门的劳动力供给源泉。在劳动力由农业向非农产业转移的过程中，劳动密集型产业在欠发达国家首先获得发展，并引起20世纪60年代非熟练劳动密集型产业由发达国家转移至发展中国家。刘易斯的观点，实际上是建立在赫克歇尔－俄林的要素禀赋理论基础之上。由于当时国际产业转移主要发生在劳动密集型产业方面，因而影响转移的因素主要是上述两类不同国家间在非熟练劳动力丰裕程度方面的差别。①

小岛清（Kiyoshi Kojima）的边际产业扩张理论是在运用国际贸易理论中的赫克歇尔－俄林理论的资源禀赋差异导致比较成本差异的原理来分析日本对外直接投资的基础上所提出的。该理论的主要内容有：第一，一国对外直接投资不是单纯的货币资本流动，而是资本、技术、经营管理知识的综合体由投资国的特定产业部门的特定企业向东道国的同一产业部门的特定企业（子公司、合办企业）的转移。第二，在投资主体上应该从在本国已经或即将丧失比较优势的边际产业（或称为"比较劣势产业"）而在东道国有明显或潜在比较优势的产业领域开始进行。第三，在投资方式上则应选取与东道国技术差距最小的产业或领域，采取与东道国合办的形式。第四，投资的目的在于振兴并促进东道国的比较优势产业以促进其经济发展，并给当地企业带来积极的波及效果，提高当地企业的劳动生产率。②

弗农（R. Vernon）提出的产品生命周期理论，则以产品生命周期的变化来解释产业国际转移现象。他将产品生命周期分为新产品、成熟产品和标准化产品三个时期，不同时期产品的特性存在很大差别。新产品阶段，创新国靠垄断技术和市场获取高附加值，基本保持国内生产国内销售；成熟产品阶段，随着技术垄断和市场寡占地位被打破，企业依赖资本和管理获利，产品开始转移到一般发达国家进行生产销售；标准化产品阶段，生产技术及产品本身已经完全成熟，市场竞争相当激烈，成

---

① 汪斌、赵张耀：《国际产业转移理论述评》，《浙江社会科学》2003年第6期，第45~49页。

② 彭红斌：《小岛清的"边际产业扩张论"及其启示》，《北京理工大学学报》（社会科学版）2001年第1期，第84~86页。

本、价格因素已经成为决定性因素，产品大规模转移至发展中国家进行
生产销售。[1] 弗农的产品生命周期理论从技术层面分析了产业产生、成熟和
衰退的完整历史过程，揭示了发达国家和发展中国家在产业转移和产业发展
中的本质区别。[2]

劳尔·普雷维什（Raul Prebisch）从发展中国家视角来研究产业转移现
象。他认为，发展中国家出于发展的压力而被迫实行的用国内工业化替代大
量进口工业品的进口替代战略，是产业转移发生的根源（劳尔·普雷维什，
1990）。他的观点，借鉴了汉密尔顿、李斯特等人的贸易保护主义理论，突
出了国家行为对国际产业转移的影响。[3]

20 世纪 80 年代初期，邓宁在国际生产折中理论基础上提出了国际投资
发展周期理论。在该理论中，邓宁把一国的对外直接投资与该国的经济发展
阶段联系起来。在经济发展初期，一国基本上处于国际产业单向移入阶段；
随着经济的发展和人均 GDP 的增加与产业结构的调整，以及企业国际竞争
力的提高，该国逐渐走上国际化道路，通过对外直接投资，改变原先国际产
业的单向移入，真正加入到产业国际转移的行列国当中。该理论为解释发展
中国家，主要是一些新兴工业化国家或地区在国际产业转移发展历程中的地
位转变问题提供了一定的理论依据。[4]

在我国，一些学者根据产业转移理论论证了我国东部地区劳动密集型产
业向中西部地区梯度转移的必要性和可行性。他们认为在我国的区域发展
中，东、中、西部经济技术水平存在着明显的梯度差异，东部地区是高区位
区，而中部和西部地区则依次为较低和低区位区。根据梯度转移理论和我国
的地域特征，国内产业将由东到西发生梯度转移。随着经济技术水平的不断
提高，沿海地区的一些劳动密集型产业会由于劳动力成本的上升而失去比较
优势。而中西部地区由于存在着大量的下岗失业人员，劳动力供给肯定比东
部地区充分得多，从而劳动密集型产业在中西部地区更具有比较优势。因
此，劳动密集型产业由东部地区向中西部地区的转移，既能够使东部地区将

---

① Raymond Vemon. "International Investment and International Trade in the Product Cycle".
　 Quarterly Journal of Economics, May 1966.

② 戴宏伟：《产业转移研究有关争议及评论》，《中国经济问题》2008 年第 3 期，第 3 ~ 9 页。

③ 汪斌、赵张耀：《国际产业转移理论述评》，《浙江社会科学》2003 年第 6 期，第 45 ~ 49
　 页。

④ 汪斌、赵张耀：《国际产业转移理论述评》，《浙江社会科学》2003 年第 6 期，第 45 ~ 49
　 页。

已经失去比较优势的产业转移出去，从而将发展的重点放在产业结构的升级和优化上，大力发展资本和技术密集型产业，又能够使中西部地区承接转移来的产业，进而促进地区经济的快速发展。① 如此，通过沿海发达地区的产业梯度转移，中西部地区在产业转移过程中会逐渐缩小与东部沿海地区经济发展的差距。

2. 我国东部地区产业转移现状

改革开放之初在承接国际产业转移基础上发展起来的我国东部地区，到了 21 世纪初，也同样面临着产业升级压力下的产业转移问题。据陈建军针对浙江省 105 家规模以上企业（不同所有制）的调查研究结果显示，58.1% 的企业已经进行了对外扩张和产业转移，55.2% 的企业表示在最近 1～2 年内有可能向中西部地区转移，59.05% 的企业表示在未来的 2～5 年内会向中西部地区转移，而 67.62% 的企业表示将在 5～10 年内具有对外扩张和产业转移意向。这项调查表明，随着浙江省经济的发展，众多企业迫于外在压力和自我发展的需要，不得不选择移出浙江，而中西部地区将是他们不错的选择。② 2010～2012 年，珠三角 6 个产业转出市（广州、深圳、珠海、佛山、东莞、中山）累计转出企业 5983 家，相当于珠三角港资制造业企业的 1/10。截至 2011 年 6 月，广州向市外转移的企业有 266 家。其中，转入省认定的产业转移园有 136 家。佛山与清远、云浮结对共建产业转移园，累计转移项目 581 个。③ 在外资、台资企业数量众多的江苏昆山市，以全国 0.1% 的土地聚集了全国 1.7% 的外资企业和 1/9 的台资企业，创造了全国 2.4% 的进出口总额。但在全球金融危机后国际经济形势严峻的情况下，众多外资、台资企业也在寻求产业转型升级，部分产业将向中西部地区转移。为此，昆山市于 2008 年设立全国第一个产业转移促进中心，以帮助外资、台资企业寻找到更合适的转移地。④

① 邹俊煜：《产业梯度转移理论在区域经济发展中失灵的原因分析及其启示——兼议经济理论应用中约束条件的不可忽略性》，《科技进步与对策》2011 年第 4 期，第 31～33 页。
② 陈建军：《中国现阶段产业区域转移的实证研究——结合浙江 105 家企业的问卷调查报告的分析》，《管理世界》2002 年第 6 期，第 64～74 页。
③ 叶嘉国：《珠三角产业转移趋势及承接地应对之策》，《宏观经济管理》2013 年第 1 期，第 54～56 页。
④ 王乐：《全国首家"产业转移促进中心"在江苏昆山成立》，《中国改革报》2008 年 10 月 21 日，第 7 版。

二　城市功能导向型产业转移

1. 上海市：突出城市作为国际经济中心和长三角首位城市功能的产业转移

上海的产业转移主要是在城市功能转变的推动下实施的。在上海建设国际经济中心城市的总体目标指引下，作为城市功能载体的产业发展就主要集中于技术、知识密集型六大重点工业产业，即电子信息产品制造业、汽车制造业、石油化工及精细化工制造业、精品钢材制造业、成套设备制造业，以及以信息传输、计算机服务和软件业、金融业、租赁和商务服务业以及科学研究、技术服务和地质勘查业等为代表的生产者服务业。在这种背景下，2004～2013年上海地区生产总值中，工业制造业所占比例从44.5%下降到了35.2%，下降了约9个百分点，而第三产业则从50.8%上升到了60.4%，上升了约10个百分点。工业制造业中，重点发展的六大工业产业，2012年工业总产值21063.56亿元，是2001年的5.3倍；占上海市工业总产值的比重为66.0%，比2001年的54.5%提高了11.5个百分点。2012年，第三产业中，信息传输、计算机服务和软件业、金融业、租赁和商务服务业以及科学研究、技术服务和地质勘查业等为代表的生产者服务业占第三产业的比重达到了40.48%，比2001年的35.10%提升了5.38个百分点。

在上海城市功能定位的指引下，与城市功能定位不相符合的工业产业通过各种方式向长江三角洲的周边区域扩散或者向中西部地区进行产业转移。上海促进产业转移的主要措施是政府出台各种政策，积极鼓励上海市各工业园区和开发区与其周边（主要是江苏）合作建立"异地工业园"，帮助企业组团式迁移。上海市"异地工业园"的建立，主要是由上海与所在地地方政府按照双方合作开发的方式，在异地批准建立工业园区等，用于上海外迁企业的链条式发展。已经建立的"异地工业园"主要包括上海外高桥启东产业园、上海华谊集团无为国家级煤基多联产精细化工循环经济示范基地、通用汽车广德研发中心、昆山浦东软件园、嘉定工业区建湖科技工业园、大丰区和海安县的上海杨浦工业园、漕河泾新兴技术开发区海宁分区、新长宁集团湖州多媒体产业园以及上海与盐城共建的11个工业园等（见表5-4）。"异地工业园区"的建立，使上海的制造业发展成为"两头在内、中间在外"的产业布局，即企业的总部或者研发、销售部门留在上海，生产性活动外移到"异地工业园区"。截至2011年底，上海在市外已经建立20多个异地工业园和开发区分区，其中落址江苏的最多，有 11 个，其次是安徽和浙江。[①]

表 5-4　上海市建设"异地工业园"现状

名称	目标地	规划面积（平方公里）	投资金额（亿元）	主体产业
上海外高桥启东产业园	江苏省启东市	5	—	高端机械、电子产业
上海华谊集团无为国家级煤基多联产精细化工循环经济示范基地	安徽省无为县	—	327	煤、化工产业
上海通用汽车广德研发试验基地	安徽省广德县	5.67	16.43	汽车相关配套产业
昆山浦东软件园	江苏省昆山市	0.44	30	软件研发、技术支撑
嘉定工业区建湖科技工业园	江苏省建湖县	1.72	10（首期）	低压电器、节能光源
漕河泾新兴技术开发区海宁分区	浙江省海宁市	15	100	电子信息、新能源、新材料、生物医药、装备机械
大丰杨浦工业园	江苏省大丰区	1.33（首期）	15（已投资）	电子、机电、新材料
上海西郊经济技术开发区东台工业园	江苏省东台市	—	—	机械制造、电子电气、新材料
响水县经济开发区与上海南汇工业园区共建	江苏省盐城市	—	—	电子信息、纺织服装、机械加工
上海漕河泾新兴技术开发区盐城工业园	江苏省盐城市	9.5	—	新能源汽车及汽车零部件、新光源和新能源装备制造、生产性服务业
上海市工业综合开发区滨海工业园	江苏省盐城市	9.8	—	泵阀机械、高新技术、新型材料等
盐都开发区与上海闵行区莘庄工业区合作共建	江苏省盐城市	5.94	—	通信电子产业
上海嘉定汽车产业园亭湖工业园	江苏省盐城市	3.3	—	汽车零部件、光伏新能源、电子、通信
上海南汇工业园区响水工业园	江苏省盐城市	—	—	电子信息、纺织服装、机械加工

资料来源：课题组整理自获取的调查资料。

[①] 杨玲丽：《政府转型理论视野下的上海产业转移升级》，《华东经济管理》2013 年第 1 期，第 8~12 页。

　　从上海市以"异地工业园"为主导的促进产业转移的措施来看，异地工业园主要围绕长江三角洲地区的江苏、浙江和安徽省的县域单位展开，表明上海市在向长江三角洲区域的卫星城镇产业转移已经形成了系统性且具有可持续性的政策措施体系。但同时也可以看到，上海市"异地工业园"的建设并没有向中西部地区扩展，其向中西部地区的产业转移也仍然体现为随机性的、零散的企业行为，而非系统性的、整体性的政府决策行为。

　　2. 北京市：以缓解城市拥堵为目标的城市环绕型产业转移

　　北京的拥堵事实上是由城市功能的拥堵造成的。作为我国的首都，北京市承担了政治（行政中心）、经济（区域乃至全国性的商务中心）、社会、科学研究、教育、文化、产业发展等诸多职能。在多重职能叠加的条件下，北京市的从业劳动力从 2008 年的 812.0 万增长到 2012 年的 951.4 万，在 2009～2012 年的从业劳动力增长率分别为 1.27%、5.23%、4.90%、4.81%，且仍然呈快速增长势头。而从北京市 2012 年的从业人数分布看，总共 951.4 万从业人员中，第三产业为 737.4 万人，并有批发和零售业（124.6 万人）、交通运输仓储和邮政业（64.4 万人）、住宿和餐饮业（47.7 万人）、信息传输软件和信息技术服务业（73.2 万人）、金融业（39.5 万人）、房地产业（47.6 万人）、租赁和商务服务业（101.1 万人）、科学研究和技术服务业（73.9 万人）、教育（48.0 万人）、公共管理社会保障和社会组织（44.8 万人）等十个行业大类的从业人数接近或超过 40 万人。而在承担如此多的城市职能的同时，北京市的制造业从业劳动力仍然达到了 136.3 万人，表明其工业产业功能仍然占有十分重要的地位。

　　尽管北京市有近千万的从业劳动力，但北京市常住人口的劳动参与率（从业劳动力与常住人口之比）却只有 45.98%，大大低于全国平均的 56.65%。这表明，在多重功能叠加的背景下，北京市还吸纳了大量为其就业人口所必要支撑人口（比如家庭成员）之外的人口。比如在教育功能下，北京市 2012 年的高校在校学生人数达到了 177.70 万人，远远超过国内一般中等规模城市的市区总人口数量。多重职能叠加→规模庞大并快速增长的从业劳动力→大量的非"就业人员必要支撑人口"的存在，造成了北京市在功能拥堵条件下严重的城市拥堵状况。

　　正因为如此，北京市加快了产业转移的步伐。北京市的产业转移分为两个阶段，分别是城区拓展下的产业向周边转移阶段和城市职能主导下的向第三产业转移阶段。

（1）第一个阶段是县改区，以拓展城区规模、带动产业向新城区的转移。20 世纪 90 年代后，北京市县改区包括，1997 年通县改为通州区，1998 年顺义县改顺义区，1999 年昌平县改昌平区，2001 年大兴县、怀柔县、平谷县分别改为大兴区、怀柔区和平谷区，北京市的建成区面积也由 1996 年的 476.80 平方公里快速扩展到 2001 年的 747.77 平方公里。①

在北京城区扩展后，产业也加速向新城区转移。如表 5 - 5 所示，2001～2011 年，1997 年后县改区的通州区、顺义区、大兴区、怀柔区和平谷区，除怀柔区外，工业总产值均在快速增长。在这五个最新设立的城区中，通州区的工业总产值从 2001 年的不足 100 亿元增长到 2011 年的超过 2000 亿元，顺义区也从 2001 年的不足 200 亿元上升到超过 1000 亿元，大兴区则在北京经济技术开发区②的带动下工业产业快速发展，工业总产值在 2007 年即已超过了 2000 亿元。在上述五个区工业产业快速发展带动下，北京工业产业发展的中心也不断向这五个区转移。如图 5 - 3 所示，上述五个区占北京市工业总产值的比重在 2007 年之前呈不断上升的趋势，并在 2006 年之后保持在 50% 以上。③

表 5 - 5　2001～2011 年北京市各区县工业总产值

单位：亿元

年份	2001	2002	2003	2004	2005	2006	2007	2008	2009	2010	2011
东 城 区	90	62	50	134	49	53	46	38	62	67	107
西 城 区	64	63	72	299	351	348	395	489	584	686	777
崇 文 区	19	21	24	35	40	37	37	29	—	—	—

① 2010 年 7 月，国务院正式批复了北京市政府关于调整首都功能核心区行政区划的请示，同意撤销北京市东城区、崇文区，设立新的北京市东城区，以原东城区、崇文区的行政区域为东城区的行政区域；撤销北京市西城区、宣武区，设立新的北京市西城区，以原西城区、宣武区的行政区域为西城区的行政区域。
② 北京经济技术开发区，也称亦庄开发区，位于大兴区东北部，由科学规划的产业区、高配置的商务区及高品质的生活区构成，是北京重点发展的三个新城之一。2010 年，北京经济技术开发区同大兴区行政资源整合，形成的新区总面积达到 1052 平方公里。
③ 因 2003 年及之前没有北京市经济技术开发区的工业总产值统计数据，因此五个区占北京市工业总产值的比例在 2003～2004 年有较大的跳跃，从 30.5% 上升到 38.3%。但从前后两个时间区间来看，五个区占北京市共总产值比例在 2001～2003 年呈不断上升趋势，在 2004～2007 年也呈上升趋势。

续表

年份	2001	2002	2003	2004	2005	2006	2007	2008	2009	2010	2011
宣 武 区	106	116	86	198	242	34	33	43	—	—	—
朝 阳 区	642	459	553	701	708	675	674	667	822	1040	1189
丰 台 区	132	146	164	245	269	291	329	387	370	433	408
石景山区	325	333	420	554	602	617	676	692	540	631	379
海 淀 区	433	498	556	740	850	938	1095	1128	1189	1343	1444
门头沟区	24	28	30	40	48	49	56	69	756	950	1026
房 山 区	249	292	336	500	611	569	637	821	426	593	587
通 州 区	66	80	92	183	229	286	348	418	1525	1852	2067
顺 义 区	183	195	376	657	864	1028	1089	1216	775	988	1078
昌 平 区	128	198	296	491	439	482	634	705	366	455	479
大 兴 区	74	94	115	170	204	245	291	349	65	79	90
怀 柔 区	40	42	57	63	86	100	114	130	149	185	199
平 谷 区	81	101	100	103	120	222	303	302	395	485	499
密 云 县	44	59	69	73	93	101	113	126	146	177	223
延 庆 县	6	8	7	15	19	21	28	36	41	51	66
北京经济技术开发区	—	—	—	532	1120	1651	2111	2029	1960	2228	2285

资料来源：依据历年《北京市统计年鉴》中的数据整理。

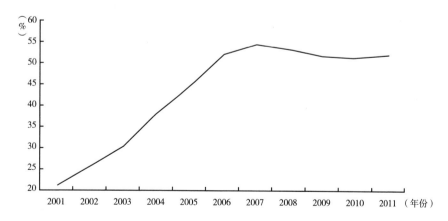

图 5-3　2001~2011 年通州区、顺义区、大兴区、怀柔区、平谷区
总产值之总占北京市工业总产值比例演变趋势

资料来源：依据历年《北京市统计年鉴》中的数据计算作图。

除了产业向北京周边城区转移外，北京一些产业还加快向河北转移，而河北也在积极规划承接北京的产业转移。河北围绕新兴产业，谋划一批具有发展潜力的产业基地，旨在通过吸纳承接北京产业转移，加快高端产业聚集，促进区域内产业融合提升。河北省先后在北京周边规划了三大高端装备制造业基地、三大新能源汽车基地、四大电子信息产业基地、六大新材料基地、九大新能源基地和九大生物工程基地，实现项目落地无障碍。地处河北东部的大厂县，近年来先后启动潮白河、夏垫两大产业园区建设，全面承接产业转移。据初步统计，河北省共与百家央企签订战略合作协议 96 项，投资 11990 亿元。与百家院所签订战略合作协议 105 项。

（2）以城市职能外迁主导下的第三产业转移阶段。由城区拓展带动工业产业向北京市新城区转移未能从根本上缓解北京的城市拥堵状况，因为工业制造业仅占北京市就业人口的 15% 左右，其余 85% 的就业人口都集中在第三产业。因此，分解北京市的城市功能，将第三产业向城市核心区之外的北京城区、郊区县乃至周边城市转移，成为缓解北京城市拥堵状况的必然选择。由此，以城市职能外迁主导下的第三产业转移成为北京产业转移第二阶段的主要特征。这体现在以下几个方面。一是教育职能外迁下的高等院校、科研院所向周边地区的扩展，比如北京大学新校区设在昌平区，人民大学新校区选址在北京通州区，中国人民公安大学的团河校区、北京建筑工程学院新校区位于大兴区，中央戏剧学院、北京城市学院和北京信息科技大学的新校区位于昌平区，中央民族大学新校区位于丰台区，北京邮电大学和北京航空航天大学在沙河的高教园区等。二是其他城市职能向周边城市的疏解。在拟议中的北京市城市规划调整中，明确提出首都职能要集中在核心职能上，要把非首都核心职能的产业发展尽可能地压缩和疏解到周边。《河北省新型城镇化规划》也明确提出由保定市来承接北京市部分行政事业单位、高等院校、科研院所和医疗养老院等部门的功能疏解。河北沧州的渤海新区也在洽谈北京高校落户于该市的高教园区。

在北京市产业转移的两个阶段中，形成了如图 5-4 所示环绕式圈层布局模式。如图 5-4 所示，北京及周边地区被分成了 3 个圈：半小时都市服务圈、一小时都市服务圈和两小时都市服务圈。其中，半小时都市服务圈是指从中心城区出发，利用轨道交通半个小时能到达的区域；一小时都市服务圈，是利用市郊铁路搭建的服务圈，主要连接起怀柔、密云、平谷等远郊区县和燕郊、廊坊等周边城市；两小时都市服务圈，则依托城际列车连接保定、石家庄、秦皇岛、张家口等城市。

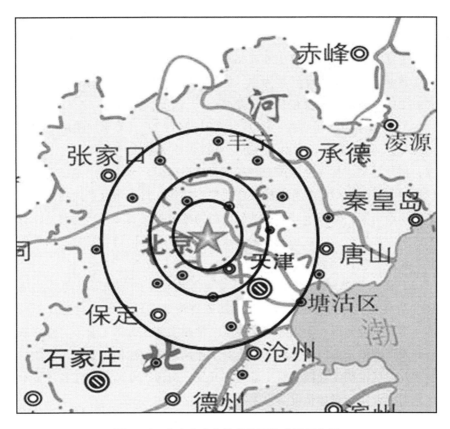

图 5 - 4　北京市产业转移的环绕式圈层布局

资料来源：笔者依据北京市产业转移并结合地图绘制。

三　区域内部差距导向型产业转移

1. 江苏省：缩小南北之间差距主导下的产业南北转移

江苏省的苏南、苏中和苏北地区之间存在较大的差距①。2012 年，苏南地区的人均地区生产总值达到了 101370 元，而苏中地区只有 62208 元，苏北地区只有 40914 元，苏中和苏北分别只有苏南地区的 61.37% 和 40.36%；城镇居民人均可支配收入方面，苏南地区为 35827 元，苏中地区为 27095

---

①　在江苏省的相关政策措施中，一般而言的苏北包含了统计意义上的苏中地区和苏北地区。

元，苏北地区为 20822 元，苏中地区和苏北地区分别只有苏南地区的75.63% 和 58.12%；农村人均纯收入方面，苏南地区为 17160 元，苏中地区为 12877 元，苏北地区为 10502 元，苏中地区和苏北地区分别只有苏南地区的 75.04% 和 61.20%。

由于江苏省的苏南、苏中和苏北地区之间存在较大的差距，因此江苏省的产业转移以省内的南北转移为主。江苏省促进南北产业转移以缩小江苏省南北差距的具体措施主要包括三个方面。

（1）政策方面。江苏省于 2005 年 8 月即出台了《关于加快南北产业转移的意见》。明确提出要大力支持苏北基础设施、基础产业和重化工业项目发展；用地计划应优先保障产业转移项目建设需要，允许苏南地区使用苏北地区用地指标，但应与向苏北转移产业项目挂钩，促进南北产业转移和苏北地区的招商引资；对投资开发区基础设施的苏南投资者实行奖励政策，省级技术改造专项资金、工业经济新增长点扶持资金等都向符合资金使用条件的南北产业转移项目倾斜。①

（2）园区共建方面。园区共建主要是苏南地区的苏州等地与苏北地区开展"结对子"式的工业园区共建。江苏省南北共建园区的典型代表主要有苏州宿迁工业园区、无锡新沂工业园、常州高新区大丰工业园、常熟东南经济开发区泗洪工业园、无锡锡山丰县工业园、昆山沭阳工业园区、江宁经济技术开发区淮阴工业园、张家港经济开发区宿豫工业园、镇江经济技术开发区东海工业园，具体情况参见表 5-6。

表 5-6　江苏省南北共建园区概况

实施地	名称	目标地	主要产业
苏州市	苏州宿迁工业园区	宿迁市	电子机械、新材料、轻工食品、纺织服装
	昆山花桥经济开发区淮安工业园	淮安	电子、冶金机械、生物医药
	武进经济开发区射阳工业园	盐城市射阳县	机械电子、新材料制造、高端纺织
	昆山高新技术产业园区淮安工业园	淮安市	电脑及周边产品和电子元件产业
	太仓港经济开发区灌南工业园	连云港灌南县	精细化工
	吴中经济开发区宿城工业园	宿迁市	纺织服装、机械电子
	常熟东南经济开发区泗洪工业园	宿迁市泗洪县	纺织服装、轻工食品、电子和机械

---

① 参见：http://www.jsdpc.gov.cn/pub/jsdpccs/qtjg/sbb/zcfg/200710/t20071017_ 16018. htm。

续表

实施地	名称	目标地	主要产业
苏州市	苏州宿迁工业园区	宿迁市	电子机械、新材料、轻工食品、纺织服装
	吴江经济开发区泗阳工业园	宿迁市泗阳县	纺织服装、电器照明、木材加工
	昆山高新技术产业园区沭阳工业园	宿迁市沭阳县	纺织服装、电子机械
	昆山经济技术开发区连云港工业园	连云港市	电子机械
	苏州盐城沿海合作开发区	盐城市	冶金、造纸、能源电力、环保产业
	昆山花桥经济开发区淮安工业园	淮安市	电子、冶金机械、生物医药、生产型服务业
	张家港经济开发区宿豫工业园	宿迁市宿豫区	机械、汽配产品加工产业
南京市	南京高新技术开发区洪泽工业园	淮安市洪泽县	机械、电子、新材料、纺织
	江苏省国信集团淮安工业园	淮安市	新能源、IT 产业及与天然气深加工
	南京雨花经济开发区盱眙工业园	淮安市盱眙县	机械、电子
	南京江宁经济技术开发区连云港工业园	连云港市	医药电子、装备制造、仓储物流
	江宁经济技术开发区淮阴工业园	淮安市淮阴区	以先进制造业为主,电子、IT 为辅
	南京经济技术开发区涟水工业园	淮安市涟水县	纺织服装、机械电子
无锡市	无锡邳州工业园	徐州市邳州市	机械、农副产品加工
	无锡蠡园高新区贾汪工业园	徐州市贾汪区	机械、电子
	锡山经济技术开发区兴化工业园	泰州市兴化市	品牌食品、高端机械、电子电器、新能源和高科技产业
	宜兴环保科技工业园沛县园区	徐州市沛县	环保类
	江阴睢宁工业园	徐州市睢宁县	机械电子、纺织服装、板材家具
	无锡锡山丰县工业园	徐州市丰县	纺织服装、机械加工及电动车业
	无锡新沂工业园	苏州市新沂市	石英制品精加工、机械、电子等
镇江市	句容经济开发区海州工业园	连云港市海州经济开发区	新型装备制造、新能源、新材料
	丹徒经济开发区赣榆工业园	连云港赣榆县	精密机械、电子信息、服装玩具
	宜兴经济开发区金湖工业园	淮安市金湖县	机械制造、仪表线缆和新型材料
	丹阳经济开发区灌云工业园	连云港灌云县	机械加工、轻工食品、纺织服装
	镇江经济技术开发区东海工业园	连云港东海县	硅产业、农副产品、纺织、服装、机械等
	江阴高新技术产业开发区黄桥工业园	泰州市泰兴市	工业气体、特种冶金、机械零部件

续表

实施地	名称	目标地	主要产业
常州市	武进高新区阜宁工业园	盐城市阜宁县	电子信息、纺织服装、机械电器、新型建材
	常州高新区大丰工业园	盐城大丰市	纺织服装、机械电器、新型材料
	武进经济开发区射阳工业园	盐城市射阳县	精密机电、生物食品、新材料、高端纺织

　　注：1. 依据江苏省省发改委的相关资料，到 2012 年 6 月，江苏省南北共建的工艺园区总计为 37 个，但其中包含了与上海共建的上海嘉定汽车产业园区亭湖工业园、上海闵行盐都工业园、上海市工业综合开发区滨海工业园、上海漕河泾新兴技术开发区盐城工业园、上海南汇工业园区响水工业园、上海西郊工业园区东台工业园、上海嘉定工业园区建湖工业园等七个（参见表 5 - 4）。但综合各方面的资料，到 2014 年，江苏省南北共建园区实际为 35 个，相比于 2012 年 6 月增加了 5 个。

　　2. 与大规模的南北挂钩工业园区共建相对比，江苏省向中西部地区的产业转移的工业园区共建目前只有江苏（绵竹）工业园 1 个。

　　资料来源：课题组依据调研所获得的各方面资料整理。

　　（3）招商推介方面。江苏省在推动南北产业转移以促进苏北地区经济发展方面，除了政府政策支持、园区共建外，还定期或不定期地召开各类以促进苏北地区经济增长为目标的投洽会或推介会。其中主要的投洽会为"江苏苏北地区投资贸易洽谈会"（简称苏北投洽会）。苏北投洽会自 2003 年举办第一届以来，先后于 2005 年、2006 年、2008 年、2010 年和 2012 年举办了六届。除此之外，从 2007 年开始，江苏省还每两年举办一次"江苏省苏北发展投资推介会"，形成偶数年"江苏苏北地区投资贸易洽谈会"、奇数年"江苏省苏北发展投资推介会"的格局。除此之外，相关的投洽会或推介会还包括，2006 年 10 月 30 日在南京举办的由江苏农行主办的以"加强银企合作，促进南北对接，助推共同发展，服务两个率先"为主题的银企南北合作融资洽谈会；2013 年 9 月 11 日下午，江苏省苏北办在无锡组织苏南苏北各市和部分客商代表召开了南北产业转移项目对接会等。

　　在江苏省大力促进南北产业转移的带动下，苏中和苏北地区对苏南地区人均 GDP 的比值自 2005 年后呈不断上升的趋势，如图 5 - 5 所示。其中，苏中地区从 2005 年的 46.28% 升高到 61.38%，苏北地区则从 27.72% 上升到 40.36%，分别升高了约 15 个百分点和 13 个百分点。

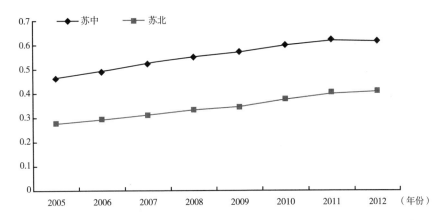

图 5 - 5　2005～2012 年江苏省苏中、苏北对苏南地区人均 GDP 比值变化趋势

资料来源：依据历年《江苏省统计年鉴》中的数据计算作图。

2. 广东省：以珠三角为中心的轴线型产业转移

在广东省内部，区域经济被分成了珠三角、东翼、西翼和山区等四个版块①，2012 年，四个版块的人均地区生产总值分别为 84355 元、24315 元、30271 元、23467 元，东翼、西翼和山区的人均地区生产总值仅为珠三角的 28.82%、35.88%、27.82%，与珠三角经济发展水平的差距明显。

针对广东省内区域经济发展水平差距较大，结合珠三角产业区域转移的客观需求，广东省先后出台了《关于我省山区及东西两翼与珠江三角洲联手推进产业转移的意见》（粤府〔2005〕22 号）《中共广东省委广东省人民政府关于推进产业转移和劳动力转移的决定》（粤发〔2008〕4 号）《关于抓好产业转移园建设加快产业转移步伐的意见》（粤府〔2009〕54 号）《关于进一步推进产业转移工作的若干意见》（粤府〔2010〕61 号）等政策性文件，并制订了《广东省产业转移区域布局指导意见》。在《关于进一步推进产业转移工作的若干意见》中，提出了包括拓展园区发展空间、创新园区管理和合作共建机制、加强园区招商引资工作、加强园区环境保护和规划工作、强化产业转移园区综合竞争优势、加快园区产业建设、加大财政金融支持力度、加强政务服务和督促检查等 8 项内容 28 条政策措施。该意见中，

---

① 珠江三角洲包括：广州、深圳、珠海、佛山、江门、东莞、中山、惠州和肇庆。东翼指汕头、汕尾、潮州和揭阳。西翼指湛江、茂名和阳江。山区指韶关、河源、梅州、清远和云浮。

就"产业转移园"支持园区用地指标不足、用地成本过高的问题，提出要在满足一定条件前提下申报扩大园区范围，降低园区工业土地出让地价，在省级权限范围内适当减征或免征土地行政事业性收费和土地使用税，对发展比较好的产业转移园适当增加用地指标等措施。而在解决园区"资金难"问题方面，广东明确鼓励创新投融资模式，鼓励金融机构和各类信用担保机构为园区提供服务，鼓励民间投资主体参与园区开发建设，鼓励成立园区开发投资公司并发行公司债券等。①

（1）广东省的"双转移"计划。在促进产业转移的具体措施方面，广东省主要采取了实施"双转移计划"和建设"产业转移园"等主要措施。所谓"双转移"计划，是指广东省于 2008 年 5 月出台的《中共广东省委广东省人民政府关于推进产业转移和劳动力转移的决定》（粤发〔2008〕4号）提出，在产业转移方面要引导珠三角的部分低附加值劳动密集型产业向东翼、西翼和山区版块转移，同时加快引进、发展先进制造业和现代服务业，以防止珠三角地区产业"空心化"；在劳动力转移方面，东、西两翼和粤北山区要根据珠三角地区用工需要，着力培养和输出具有较高技能和素质的适用型劳动力，同时各区域版块要结合产业升级和承接产业转移，积极培育产业集群，大力发展县域经济和特色产业，提高非农产业吸纳就业能力。② 广东省双转移计划中产业转移路线如图 5 - 6 所示。

（2）广东省的"产业转移工业园"。"产业转移工业园"是广东省促进珠三角产业向东西两翼和粤山区转移的重要措施。如表 5 - 7 所示，在已经设立的 39 个产业转移工业园中，东翼为 5 个，西翼 10 个，粤山区县市为 18个，在珠三角内部的产业转移工业园则有 6 个，西翼和山区版块是珠三角产业转移工业园建设的重点，二者合计占产业转移工业园总数的 2/3 以上。在西翼所设立的 10 个产业转移工业园中，湛江、茂名和阳江分别为 3 个、3个和 4 个，从数量上大致相当。而在山区版块，韶关的产业转移工业园数量最大，为 5 个；其次是河源，为 4 个；梅州和云浮都有 3 个；清远最少，只有 2 个。与西翼和山区版块相比，东翼的汕头、汕尾、潮州分别只有 1 个，揭阳有 2 个，在数量上明显地少于西翼和山区版块的各个地区。

---

① 《关于进一步推进产业转移工作的若干意见》，参见：http://zwgk.gd.gov.cn/006939748/201011/t20101119_ 12370.html。

② 中共广东省委办公厅：《中共广东省委、广东省人民政府关于推进产业转移和劳动力转移的决定》（粤发〔2008〕4号），2008。

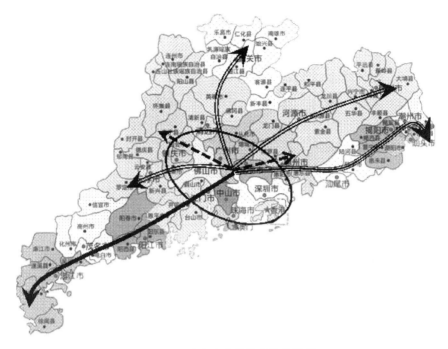

图5-6 广东省产业转移路线示意

资料来源：引自《中共广东省委广东省人民政府关于推进产业转移和劳动力转移的决定》。

表5-7 广东产业转移工业园概况

区域板块	地级市	产业转移工业园
东翼	汕头	汕头市产业转移工业园
	汕尾	深圳（汕尾）产业转移工业园
	潮州	深圳（潮州）产业转移工业园
	揭阳	珠海（揭阳）产业转移工业园；珠海（揭阳）产业转移工业园
西翼	湛江	广州（湛江）产业转移工业园；佛山顺德（廉江）产业转移工业园；深圳龙岗（吴川）产业转移工业园
	茂名	珠海（茂名）产业转移工业园；广州白云江高（电白）产业转移工业园；东莞大朗（信宜）产业转移工业园
	阳江	中山火炬（阳西）产业转移工业园；佛山禅城（阳东万象）产业转移工业园；东莞长安（阳春）产业转移工业园；广州（阳江）产业转移工业园
山区	韶关	东莞（韶关）产业转移工业园；东莞石龙（始兴）产业转移工业园；东莞东坑（乐昌）产业转移工业园；东莞大岭山（南雄）产业转移工业园；中山三角（浈江）产业转移工业园
	河源	中山（河源）产业转移工业园；深圳罗湖（河源源城）产业转移工业园；深圳福田（和平）产业转移工业园；深圳南山（龙川）产业转移工业园

续表

区域板块	地级市	产业转移工业园
山区	梅州	深圳盐田（梅州）产业转移工业园；东莞石碣（兴宁）产业转移工业园区；广州（梅州）产业转移工业园；东莞石碣（兴宁）产业转移工业园
	清远	佛山（清远）产业转移工业园；佛山禅城（清新）产业转移工业园
	云浮	佛山顺德（云浮新兴新成）产业转移工业园；佛山（云浮）产业转移工业园；佛山禅城（云城都杨）产业转移工业园
珠三角	惠州	东莞凤岗（惠东）产业转移工业园；东莞凤岗（惠东）产业转移工业园；东莞桥头（龙门金山）产业转移工业园
	肇庆	顺德龙江（德庆）产业转移工业园；中山大涌（怀集）产业转移工业园；中山（肇庆大旺）产业转移工业园

资料来源：课题组依据调查研究过程中获取的资料整理得到。

四 东部地区向中、西部地区的产业转移

1. 东部产业发展模式与产业向西部地区转移趋势

改革开放 30 年来，由于在我国推行了自东向西的渐进式改革开放战略，东部沿海地区率先获得了改革开放的政策性优势，加上东部地区自身的地理区位优势，使得其经济发展速度大大快于中西部地区。而在产业发展上，改革开放 30 年来的东部沿海地区实际走过了一条从劳动密集型产业（衣帽鞋袜、非耐用小型家用电器），到资本密集型耐用消费品产业（耐用家用电器、汽车）再到技术密集型高新技术产业（信息技术、生物技术和纳米技术产业）的产业发展和产业升级之路。到如今，我国（主要是东部沿海地区）已经成为世界工厂。但实际上，无论是早期的劳动密集型产业还是自 20 世纪 90 年代初期开始的资本密集型产业以及 20 世纪 90 年代中后期在东部沿海地区加速发展的技术和知识密集型产业，其发展都体现出这样几个特征：一是产业发展依赖于外来资本冲破本地区经济增长进程中的资本桎梏，促进了东部沿海地区的经济发展。实际上，时至今日，外资仍然在东部沿海地区经济增长进程中占据着极重要的地位。二是无论是资本密集型还是技术和知识密集型产业在东部沿海地区的发展，都严重依赖于从国外引进的技术和生产线，而在我国境内（主要是东部沿海地区）仅仅完成了产品的装配环节。三是由于处于产业链中间环节的产品装配（国际代工模式），两头（技术开发以及原配件的生产、产品的销售）在外的产业发展模式在国际市

场上受到两头挤压，利润空间和生存空间都很有限，因此近年来东部沿海地区都无一例外地提出了要加强自身的自主创新能力，实现产业的高级化和在产业链中地位的高度化。

东部沿海地区如今面临的产业发展形势，需要解决这样两个问题：一是缓解东部沿海地区日益提高的产业发展成本。改革开放以来，由于国内外资本、劳动力的集聚，推动了东部地区土地、劳动力工资等成本的上升。但是，以出口为导向、加工贸易为主导的产业发展模式近年来在东部地区遇到了瓶颈：由于土地价格、劳动力工资的上升导致产品生产成本的急剧上升，在国际市场上赖以生存的强大竞争力——成本优势逐渐丧失。这样就对东部地区的产业发展提出了一个严峻的课题，那就是如何缓解日益提高的产业发展的成本压力，继续保持其在国际市场上的产业竞争力。二是在力求通过增强自身的自主创新能力，提升在国际产业链中的地位的同时，在为现有产业继续谋求生存和发展空间的情况下，寻求更多的资源如资本、（知识和技术密集型）劳动力、土地资源来服务于现时情况下新的经济发展战略。

东部地区产业发展中这样两个问题的解决，提升到国家发展战略的层次，就变成如何将在东部地区逐渐丧失成本优势的加工贸易型产业，转移到更具成本优势的中西部地区，在实现东部地区自身产业升级的情况下，促进中西部地区的产业升级，形成产业在我国东、中、西部地区的合理梯度分布，促进我国经济整体的快速发展。

因此，产业由东部地区向中西部地区转移的趋势已经形成。在国际市场上成本优势的丧失，以及东部地区与中西部地区间的产业区位熵差异则是推动我国东部产业西迁的动力。

2. 我国东部地区产业向中西部地区转移的主要类型

尽管如本章节对于我国东部地区产业转移的分析表明，东部地区的产业转移主要是在东部地区内部，尤其是各省内部或各经济区域内部的产业转移，但我国东部地区产业向中西部地区的转移也的确存在并不断发展。

东部地区向中西部地区的产业转移主要有三种类型：一是民间资本主导的机会投资型；二是政府主导的定向规划型；三是外资主导的成本导向型。

（1）民间资本主导的机会投资型产业转移。改革开放后，东部地区经过三十多年的发展，居民财富，尤其是私营企业主的财富大量积累，形成了我国庞大的民间资本存量。这些民间资本，在东部地区的投资收益率已经随着经济发展水平的提升、生产要素价格日益上涨而逐渐下降的情况下，为了寻求新的投资机会以获取更高的投资收益率，而在全国各地寻求投资机会，并因此推动东部地区产业向中西部地区的转移。这种产业转移类型，产业转出地主要是东部地区民营企业发展密集地区，比如浙江的温州、台州、金华等部分地区、福建的泉州（下辖的晋江和石狮）、广东的潮汕地区。其中，浙江成为中国最大的内资（主要是民间资金）输出省份，浙商也已成为中国最大的民营经济投资创业主体。浙江资本的流向和产业转移方向是由东向西、由南向北。其外迁企业以劳动密集型产业为主，比如，温州市以生产阀门、水泵、电机、塑料编织、皮革加工、汽车配件、服装及印刷业企业外迁为主；台州市外迁企业主要集中在医药化工、塑料制品、食品、纺织、模具、泵业、工艺品、汽车配件业等。据不完全统计，目前约有 140 万名浙商分布在西部 12 个省（区市），创办企业总数 1.3 万多家，累计投资总额 1300 多亿元。浙江企业已经成为西部大开发中的一支中坚力量。[①]

（2）政府主导的定向规划型产业转移。这种产业转移的方式是由政府主导的，具体做法有三种。第一种是以经济区域或经济带的延伸为主体，通过产业在延伸后的经济区域或经济带内的转移促进产业向中西部地区的转移。比如由珠江三角洲沿珠江顺流而上向西江流域的扩展，由长江三角洲向长江经济带的延伸，由丝绸之路的概念将海上丝绸之路和路上丝绸之路联系起来，促进产业向中西部地区的转移。以珠三角向西江流域扩展的产业转移模式为例，珠江三角洲一方面依据广东省的整体规划，向广东省的东、西两翼和山区进行产业转移，另一方面也以珠江流域为纽带，通过肇庆与广西梧州、贺州接壤，进而拓展到西江流域的路径促进产业向广西境内的转移。而广西也充分利用这一优势，积极主动承接来自珠三角地区的产业转移。第二种则是央企在西部大开发、促进中部地区崛起等国家战略的基础上，向中西部投放的产业投资项目，以促进东部地区产业向中西部地区转移。这种产业转移模式的典型代表有，广西北部湾经济区钦州石化、中电北海产业园等项目，以中石油集团、中石化集团、大唐集团、华能集团、国家电网公司、中国电力投资集团、神华集团等能源企业为代表对重庆市投放高达 3000 亿元的投资合作项目等。第三种则是东部地区到西部地区建立异地产业园。这种产业转移模式在 2008 年汶川地震之后，东部地区对西部受灾地区的对口支援中体现最为明显，比如江苏（绵竹）工业园等。

---

① 《2010 年：产业转移对中西部地区的影响》，《中国民族》2011 年第 1 期，第 34~35 页。

（3）外资主导的成本导向型产业转移。外资主导的成本导向型产业转移方式，主要是将改革开放后在东部沿海地区的投资项目，在面临东部地区的土地成本、劳工成本日益上升的背景下，向中西部地区转移，以在中西部地区仍然相对廉价的劳动力工资、土地价格，尤其是在中西部地区为获得外商投资而展开的政策性竞价的基础上获得的税收等方面的补贴，而使得外资企业在中西部地区的生产能够获得更多的成本优势。这种类型的产业转移典型案例主要有三星在西安的投资项目，惠普将生产基地转移到重庆，富士康向河南郑州的转移。这种产业转移，向中西部地区转移的大多只是生产基地，而外资企业在中国的总部、营销中心、研发中心等部门则仍然留在东部地区。

第三节　我国西部地区的产业承接

一　西部地区承接产业转移的措施

1. 国家与地方有关承接东部地区产业转移的政策性文件

（1）2010 年 8 月，《国务院中西部地区承接产业转移的指导意见》出台，提出要依托中西部地区产业基础和劳动力、资源等优势，推动重点产业承接发展，促进西部地区推动劳动密集型产业、能源矿产开发和加工业、农产品加工业、装备制造业、高新技术产业等产业及加工贸易的发展。

（2）2008 年 8 月，陕西省颁发了《陕西省人民政府办公厅关于加强承接产业转移工作的通知》，提出要以"长三角"和"珠三角"地区为重点，主动承接我国发达地区的产业转移。其中指出，要以开发区（园区）为主要承接载体，充分利用"西洽会"等会展平台，重点引进对产业聚集和开放型经济贡献度大的骨干企业和重大项目，着力抓好高新技术产业、装备制造业、能源化工产业、现代服务业、特色资源开发与加工业的产业承接，特别是承接劳动密集型与高附加值产业、加工贸易和服务外包产业，大力培育和发展飞机、汽车、输变电、工程机械、机床、能源化工、新一代移动通信、集成电路、软件、医药、果品等产业集群。①

（3）2011 年 6 月，四川省出台了《四川省人民政府关于承接产业转移

---

① 参见 http://www.shaanxi.gov.cn/0/104/6079.htm。

的实施意见》。其中提出要充分发挥四川省资源丰富、生产要素成本低、产业配套能力强、市场潜力大、科研实力较强等优势，通过产业承接促进电子信息产业、生物产业、航天航空产业、现代中药产业等高新技术产业，装备制造业、汽车制造业等先进制造业，油气化工产业、钒钛钢铁及矿产品开发加工业等能源矿产开发和加工业，以及纺织服装业、皮革产业、家具产业、家电产业等劳动密集型产业，重点围绕便携式电脑、集成电路、电子元器件、光电显示产品、光伏产品、机械装备、生物医药、特色化工、轻纺类等产品发展加工贸易业。①

（4）2013 年 2 月，贵州省颁发了《贵州省人民政府关于进一步做好承接产业转移工作的意见》。其中提出要承接发展能源矿产开发和加工业、装备制造业及家电、纺织、服装、玩具、皮革加工、塑料制品加工等劳动密集型产业。②

2. 广西桂东承接产业转移示范区

2010 年 10 月广西桂东承接产业转移示范区建设启动，其承接对象为珠三角和港澳地区。桂东承接产业转移示范区"主要包括毗邻广东省的四个市：梧州、贵港、贺州和玉林。根据发展规划，国家和广西壮族自治区将为广西桂东承接产业转移示范区建设提供各项政策支持，先行先试，重点打造装备制造业、原材料产业、轻纺化工、高技术产业、现代农业、现代服务业等六大产业的承接转移"。③ 在广西桂东承接产业转移示范区内，梧州、贵港、贺州和玉林承接产业转移的实际情况各有不同，其中梧州和玉林最具代表性。

（1）梧州市。梧州由于紧邻珠三角地区的肇庆市，并且桂江与浔江在梧州交汇后形成珠江的主干流西江，加上梧州在历史上与广东省的深厚渊源，因而梧州在承接产业转移以促进自身经济发展方面，也将重点放在作为珠江三角洲后花园和珠三角产业向广西部分地区转移中转站的地位上。其主要做法包括：首先，设立粤桂合作特别试验区并制定相应的发展规划。依据课题组调研获取的《粤桂合作特别试验区建设发展规划（2012 ~ 2030）》，试验区的产业发展重点要"以承接广东及东部沿海地区产业转移为依托，

---

① 参见 http://www.sc.gov.cn/sczb/2009byk/lmfl/szfwj/201106/t20110617_ 1156465. shtml。
② 参见 http://www.gzgov.gov.cn/tzgz/tzzc/75009. shtml。
③ 广西桂东承接产业转移示范区简介: http://www.gxi.gov.cn/gjw_ zt/jjfz/gdcyfz/bjzl/ 201207/t20120706_ 440603. htm。

着力打造电子信息、轻工食品、林产林化等优势产业集群"。其次，以粤桂合作特别试验区为基础，梧州明确提出要建设成为"广西与广东合作的前沿阵地"。由此，梧州作为广西承接粤港澳产业转移的示范基地，以建设成为西江上游龙头城市为目标，要布局发展与肇庆产业布局关联度极高的八大千亿元产业，分别是有色金属产业、电子信息产业、医药制造业、机械产业、修造船及海洋工程装备产业、建材业、食品业、造纸与木材加工业。同时注重布局联结珠三角与广西的产业发展，如肇庆电子电器、先进装备业连接广西电子产业基地、装备制造业，柳州汽车制造业与肇庆汽车配件形成产业配套，梧州进出口再生资源产业园对接肇庆下游产业有色金属加工业等。

（2）玉林市。玉林市尽管也被划归桂东承接产业转移示范区，但在承接产业转移方面与梧州有较大的差异。由于相距北部湾港口群的距离更近，加上玉林到北海的高速公路建成通车，使得玉林市通过承接东部地区产业发展面向海外市场的劳动密集型产业成为可能。事实上，劳动密集型产业向中西部地区的转移，最重要的约束条件就在于远离海港而带来的运输成本劣势。但玉林因为距离北部湾港口群较近，因而在承接东部地区劳动密集型产业（尤其是纺织业）不会被运输成本劣势所限。因此，玉林市就会综合自身的产业发展基础和海运成本优势两个方面来制定承接东部地区产业转移的战略。在兼具海洋运输成本优势和已有服装产业基础等两大优势条件下，玉林市成为西部地区承接东部服装产业西迁的重要目标地。事实上，针对玉林市的调查研究结果表明，玉林市福绵区已经拥有"彬辉圣"、"新勇"、"帝皇"、"喜莉喜"、"圣健华"、"智利来"等一批个性鲜明的服装品牌，产品销往全国各地以及东南亚、欧洲、非洲等地区，是广西最大的服装生产加工基地，服装的每日生产量可达到50万件，年产量1.2亿件，其中裤子达到了0.9亿件，比重达到了75%，产值15亿元。目前，玉林市福绵区已有服装企业超过了1000家，形成了以牛仔裤和西裤为生产核心，其从业人员已经有4亿多人，被称为"世界休闲裤之都"。

3. 广西北部湾经济区

2008年，广西北部湾经济区被提升到国家战略层面后，北部湾开放开发步伐加快。与梧州和玉林以市场作为承接东部地区产业转移的主体驱动力不同的是，广西北部湾经济区承接东部产业转移的推动力总体上来自政府推动的国家西部大开发战略。在国家西部大开发战略的引导下，加上广西北部湾经济区自身临海区位所具有的海洋运输优势，承接产业转移在广西北部湾经济区的体现就是一批重大项目的相继落户并建成投产。从广西北部湾经济区调研获得的资料表明，一些重大的产业转移与承接项目包括，作为国家西部大开发战略下中国石油在西部地区布局的重要产业项目，落户于钦州石化产业园的中国石油广西石化1000万吨/年炼油工程；作为中国电子信息产业集团与广西战略合作的重要组成部分的中国电子北海产业园；广西玉柴石油化工有限公司的20万吨/年溶剂油项目和北部湾玉柴能源化工有限公司的200万吨/年重油制芳烃项目；以及落户于防城港企沙工业区的粮油加工产业集群、磷化工加工产业集群、规划容量为240万千瓦的防城港电厂、防城港千万吨级钢铁项目一期、红沙核电一期、企沙风电场等临港产业项目；以及在北海工业园区引进中国电子集团、长城计算机公司、创新科存储公司、景光电子公司、冠德电子公司、微创软件公司、新未来公司、北海国发公司、贝因美公司、福达汽车公司等国内企业，和泰国正大集团、韩国泰华木业公司等国外企业，并将逐步形成电子信息、汽车（机械）制造、海洋生物、食品药品、新能源新材料等产业的集群化发展态势。

事实上，广西北部湾经济区承接的产业转移项目，总体上都是充分利用了广西北部湾经济区已有防城港、钦州港和北海港所形成的广西北部湾港口群带来的海洋运输优势，在政府相关政策推动下，以"无中生有"的方式形成了广西北部湾经济区未来的主导产业发展方向。

4. 重庆沿江承接产业转移示范区

2011年2月，重庆设立沿江承接产业转移示范区。重庆沿江承接产业转移示范区"包括涪陵、巴南、九龙坡、璧山、永川、双桥、荣昌等7个区县，目标是以现有产业为基础，高起点、有选择地承接先进制造、电子信息、新材料、生物、化工、轻工、现代服务业等七大产业，打造18条产业链"。① 针对重庆市沿江承接产业转移示范区的调查研究结果表明，2010~2012年，重庆市沿江承接产业转移示范区利用国内资本转移达到10646亿元，占重庆市的利用内资金额13473亿元的79%。在国内资本向重庆市沿江承接产业转移示范区大量转移的背景下，东方希望、上海重工业集团、格力电器、北车集团、惠普（重庆）生产基地等众多沿海或原落户于沿海地区的电子信息产业项目转移到重庆沿江承接产业转移示范区，并直接导致重

---

① 《重庆沿江承接产业转移示范区获得发改委批复》，http://news.cntv.cn/map/20110206/100660.shtml。

庆市的电子信息制造业产值从 2009 年的 106 亿元增长到 2012 年的 1487 亿元，在重庆市工业行业中的排名也从第 14 位蹿升到仅次于汽车产业的第 2 位。

在重庆市沿江承接产业转移示范区获得批复后，在随后编制的承接产业转移规划中，明确提出在涪陵区重点发展精细化工产业，在九龙坡区、巴南区和璧山县等地区重点发展先进装备制造业和战略性新兴产业，在永川区、大足区和荣昌县等地重点发展轻工业、重型汽车制造、生物产业等。此外，各个地区还先后出台了承接产业转移的专项规划或政策措施，比如九龙坡区的《承接沿海产业扶持办法》、大足县的《五金产业基地规划》等。

5. 成都市承接产业转移的合作工业园区

成都市承接产业转移的主要做法，是鼓励东部沿海或其他地区各类投资主体，与部分有条件的区（市）县积极搭建区域合作平台、共建合作工业园区或专业产业园区，通过建立"飞地经济"，承接产业链或产业集群的整体转移。已经建立的主要合作工业园区包括如下。

（1）新津与浙江合作共建—川浙合作工业园。其前身为 1993 年设立的四川省省级希望城开发区，2002 年更名为"川浙合作工业园区"。川浙合作工业园的发展定位为承接东部沿海产业转移，服务成都经济圈的一般性制造业、加工业基地。其中 A 区主要发展以路桥构件为主的机械产业、以肉制品和方便食品为主的食品产业；化工区主要发展以新能源、新材料为主的化工产业。主要企业包括天威硅业（保定天威集团上市子公司、保定天威保变电气股份有限公司、四川省投资集团有限责任公司、四川岷江水利电力股份有限公司共同出资）、中蓝晨光（由总部设在北京的中国蓝星集团总公司全资子公司中蓝晨光化工研究院投资）、中国化工集团"双超百亿"西部基地项目（中国化工集团投资）、昊华化工（中国昊华化工集团总公司投资）、开利空调（美国开利公司与信息产业电子第十一设计研究院有限公司合资成立）、法国液化空气（法国液化空气集团投资）、希望（希望集团所属的300 余家企业中最大的一个）、新筑路桥、建中香料、琪乐塑业（四川琪乐集团的核心公司）、恒力磁材等主要入驻企业。

（2）都江堰与江苏合作共建—川苏科技产业园。川苏科技园是都江堰市利用江苏等发达地区向西部产业转移的机遇，搭建的四川、江苏两省企业投资区域合作平台。川苏都江堰科技产业园是四川省承接蓉苏合作项目的主要区域。该产业园的产业发展重点是高新技术、机械制造、新型材料、生物制药、特色食品等。川苏科技产业园到目前为止已经初步形成了以申都药业（上海、都江堰对口合作项目）、春盛中医药等项目为龙头的现代中医药制造业，以天旺食品等项目为龙头的健康食品产业，以普什宁江机床、都江机械、华都核能（四川普什宁江机床有限公司和中国核动力研究设计院共同出资组建）为龙头的金属加工机械业，以拉法基水泥（四川省都江堰市建工建材有限责任公司和拉法基中国海外控股公司共同投资组建）、恒创特种纤维（中外合资）为龙头的材料产业等产业的集聚发展态势。

（3）彭州与福建的合作共建—闽彭产业园。该园区是2008年汶川地震后福建对口援建彭州的后续项目。园区主要围绕"创家纺服装之都，建绿色塑胶之城，造高端引领之势，走产城一体之路"的总目标，承接福建工业产业转移和援建项目，着力将闽彭产业园建成形态布局合理、业态集聚繁荣、文态闽彭相容、生态时尚环保的现代化园区。园区重点发展"一重一轻"产业，即石化及下游产业和家纺服装产业。入驻的企业主要包括福建援建或承接福建产业转移项目福建企业四川亚通塑胶有限公司、闽彭拖拉机厂（塑胶管材）、福建援建的纺织服装技术创新（西南）中心等。园区规划面积11平方公里，预计可以承接福建及其他东部地区产业转移企业100家以上，并带动100多亿元的社会资金的投入。

（4）成都与新加坡合作共建—新川创新科技园。新川创新科技园是由新加坡和四川省合作开发建设的高科技产业创新发展集聚区，由中新双方合资在成都高新区组建"中新（成都）创新科技园开发有限公司"进行整体规划、开发，预计总投资1000亿元人民币。其中，新加坡方面由淡马锡控股、新加坡腾飞集团、新加坡吉宝企业有限公司、新加坡胜科工业有限公司等四个股东组建新川投资控股有限公司，并由淡马锡将牵头组织新方开发财团与成都高新区在成都合作建设新川创新科技园。项目的定位为"一个产业、人文、生态高度融合的创新示范城"，并将承接四川现有优势产业和新加坡先进的技术和管理理念，聚集产业链上的高端业态，同时导入具有可行性的新兴产业，重点发展服务外包、信息技术、生物医药、数字新媒体、环保、培训、精密仪器、金融等八大产业。新川创新科技园自2012年5月正式启动建设以来，已全面完成土地调规和报征，建设工作进展顺利，预计2014年6月建成投运。目前已有腾讯、宝德、微芯生物、欧珀、晨华等5家企业签署了投资合作协议，投资总额达67亿元。正在洽谈的项目则超过了100个。

（5）崇州与重庆合作共建——重庆工业园。重庆工业园是 2008 年汶川地震后重庆市对口援建崇州的主要项目。"重庆工业园"将按照市场化的运作方式和标准化厂房的建设模式进行打造，引进重庆的制造业以及其他有特色的产业进入园区。崇州工业区产业定位为以制鞋为主导的轻工业，并带动重庆建材、食品、机械等相关企业入驻。截至目前，工业区共引进项目 263 个，协议总投资 157 亿元，总占地 15791 亩。引进项目中，制鞋及配套企业 149 个，总投资 60 亿元；家具企业 20 个，总投资 47 亿元；食品加工、建材等轻工类项目 94 个，总投资 50 亿元。在建企业 135 家，建成投产企业 78 家，其中规模企业 26 家。共引进大中制鞋及配套企业 500 家以上，年产皮鞋 1.2 亿双，产值 100 亿元，提供就业岗位 10 万个，入园企业则包括康奈鞋业、浙川实业有限公司、派中派鞋业、丹露鞋业、三分多鞋业等国内著名鞋业制造企业。

二 我国西部地区承接产业西迁的数据检验①

由于目前仍然缺乏关于我国产业区域转移的统计资料，因此对我国产业转移尤其是产业西迁问题的数据论证只能采用间接指标。这里将分别以劳动密集型产业的典型代表纺织业和纺织服装业的数据，以及西部地区优势产业的数据来讨论我国的产业西迁问题。

1. 西部地区承接东部产业西迁的整体推断

为推断西部各省、自治区、直辖市可能承接产业转移的数据，笔者收集整理了 2003～2011 年西部主要地区工业分行业总产值数据，并计算了各行业自 2004～2011 年的产值增长率。对其中可能承接产业转移的行业推断依据是，2004～2011 年，持续保持行业总产值的高增长率，或者在某一年或某几年产值突然高速增长，然后回归到正常或略高于地区工业总产值增长率的状态。做出如此判断的依据是，如果某一行业产值的持续高增长，表明该行业的发展可能获得了外部支持，否则无法通过自身的需求或供给扩张保持产出的持续高速增长。同样，如果某一行业的产值在某一年或者某几年突然出现高速增长之后回归正常或略高于地区工业产值增长率的情况，则显然是在这些年份因为外部因素的出现而在短期内扩大了产能，但之后因为缺少外部因素的进一步投入而保持了相对正常的增长状态。由此，笔者整理得到西部主要省份可能承接产业转移的行业数据如表 5-8 所示。

---

① 本部分分析的所有产业产值的增长率均为名义增长率。

表5－8 西部地区主要省份可能承接产业转移的行业产值增长率数据

单位：%

地区	行业	2004 年	2005 年	2006 年	2007 年	2008 年	2009 年	2010 年	2011 年
广西	食品制造业	24.8	23.8	111.5	－21.4	57.7	28.7	41.2	40.0
	纺织服装、服饰业	37.2	39.4	55.6	160.9	35.7	66.5	78.6	151.5
	石油加工及炼焦	22.2	41.0	79.6	21.4	－4.6	12.7	202.9	160.8
	金属制品业	15.6	－23.7	405.5	－45.9	48.7	64.7	29.9	84.0
	电气机械及器材制造业	22.4	22.9	120.6	－0.5	4.6	65.4	38.3	50.7
	通信及计算机等电子设备制造	45.6	60.7	186.0	－31.3	11.6	61.3	93.1	55.5
重庆	农副食品加工业	58.3	42.4	14.2	46.2	41.8	24.3	44.6	33.0
	纺织服装、鞋、帽制造业	83.6	10.8	21.4	47.3	103.4	10.4	51.2	64.8
	皮革及毛绒制品业	125.6	7.4	35.3	38.8	28.4	8.1	43.1	62.0
	家具制造业	414.8	－35.2	165.6	27.2	21.6	43.6	23.1	37.9
	电气机械及器材制造业	50.1	55.8	34.2	35.4	32.4	24.6	43.1	37.3
	通信及计算机等电子设备制造	90.3	－23.1	28.1	46.5	40.0	40.3	111.5	262.2
四川	食品制造业	37.1	37.2	20.9	43.7	42.9	24.9	37.4	26.9
	纺织业	32.4	38.1	33.4	35.6	28.0	23.5	26.7	28.1
	纺织服装、鞋、帽制造业	47.2	46.3	45.8	85.1	44.1	54.9	25.9	34.2
	木材加工及木竹藤棕草制品	54.1	40.0	26.3	63.8	68.9	32.2	34.6	44.9
	家具制造业	96.3	59.4	68.1	66.7	47.9	33.2	50.8	57.5
	石油加工及炼焦	83.5	41.3	44.3	48.7	89.3	－12.8	50.6	16.5
	橡胶和塑料制品业	38.0	28.6	23.3	49.2	48.2	37.0	20.3	49.3
	金属制品业	37.5	44.0	47.5	63.0	83.0	31.1	17.3	40.5
	通用设备制造业	66.8	37.9	52.5	36.9	34.0	32.5	30.7	2.7
	通信及计算机等电子设备制造	－8.6	27.7	23.5	53.4	21.2	34.6	31.8	59.4
陕西	石油加工及炼焦	40.4	78.7	83.6	13.6	29.2	2.9	36.2	30.8
	有色金属冶炼及压延加工	45.5	58.8	52.2	49.5	58.2	2.7	55.6	42.2
甘肃	电气机械及器材制造	20.6	5.0	12.6	16.0	22.2	97.5	101.1	28.5
内蒙古	木材加工及木竹藤棕草制品	227.7	107.5	68.4	77.0	50.5	28.1	24.6	19.2
	金属制品	42.5	11.1	35.4	75.9	57.1	138.0	64.7	－1.4
	通用设备制造	63.2	32.6	87.5	52.2	67.9	78.6	8.0	41.8
	交通运输设备制造	124.1	26.0	36.8	63.5	23.0	36.4	67.4	10.4
	电气机械及器材制造	50.1	11.0	85.3	58.1	65.8	145.9	73.9	34.7

资料来源：依据各省、自治区、直辖市历年统计年鉴中数据整理得到。

如表 5 - 7 所示，西部主要省、自治区、直辖市可能承接产业转移的工业行业有如下特征：一是食品制造业、纺织服装和服饰业、木材加工及木竹藤棕草制品业等劳动密集型产业较多的承接了产业转移，但所带来的行业产值增长率似乎要低于其他资本或技术密集型产业。二是承接产业转移的资本或技术密集型产业主要集中在石油加工业、电气机械及器材制造业、通信及计算机等电子设备制造业、通用设备制造业等少数行业。

2. 以纺织业为代表的劳动密集型产业承接产业西迁现状

以纺织业为代表的劳动密集型产业是我国产业区域转移尤其是由东部地区向西部地区转移的焦点产业，比如宁夏就曾承接了来自河北清河奥莱克绒毛制品公司、深圳市默根服装公司、浙江简雅羊绒服饰有限公司、江苏宝应宝珠制衣有限公司、江苏南京豪若服饰公司的产业转移，《宁夏银川承接产业转移（生态纺织）示范区实施方案》也于 2011 年 9 月为国家发改委正式批准。在四川、贵州、陕西等地方政府出台的承接产业转移的政策性文件中也提出要承接发展纺织服装业，广西桂东承接产业转移示范区和重庆沿江承接产业转移示范区也都将纺织服装等轻工业（轻纺化工）作为发展重点。因此，东、西部省份纺织业及服装业产值的变化应该能够在相当程度上说明我国东部劳动密集型产业向西部地区的转移情况。如果产业转移快且规模大，则西部地区纺织业及纺织服装业的产值增长率应该明显快于全国该产业产值增长率，而东部地区则应该正好相反。表 5 - 8 为近年来东、西部省份纺织业和纺织服装业产值总和增长率与全国该行业增长增长率的相对值。

如表 5 - 8 所示，除宁夏外，西部地区的四川和广西在 2003 年之前、重庆在 2002 年之前、陕西在 2008 年之前纺织业和纺织服装业产值总和的增长率均慢于全国水平，而之后则整体上快于全国纺织业和纺织服装业产值总和的增长率。与之相对应的是，东部主要省份纺织业和纺织服装业产值总和的增长率在 2005 年之前整体上是快于全国平均水平的，而在 2005 年之后，江苏和浙江两省纺织业和纺织服装业产值总和的增长率均慢于全国平均水平，福建、广东和山东等三省纺织业和纺织服装业产值总和的增长率也有少数年份慢于全国的该项增长率，但整体上还是快于全国平均水平的。而在 2008 年全球金融危机发生后的 2009 ~ 2011 年，西部省份中除宁夏外其他四个省份纺织业和纺织服装业总产值的增长率均大大超过全国平均值，与之相比，东部省份中除江苏和浙江远低于全国平均增长率外，福建、山东和广东也各有一年的增长率慢于全国平均水平。

表 5 - 9 2001 ~ 2011 年东、西部省份纺织业和纺织服装业产值总和
增长率与全国该行业增长率的相对值演变趋势

年份	四川	重庆	陕西	宁夏	广西	江苏	浙江	福建	广东	山东
2001	0.70	0.15	-0.54	7.24	0.32	1.19	2.30	1.58	0.58	1.21
2002	0.66	0.18	-0.11	7.00	-0.36	0.95	1.78	2.06	1.09	1.50
2003	0.58	1.39	0.44	5.67	0.07	0.84	1.38	2.28	0.96	1.62
2004	1.80	1.51	0.44	1.17	1.35	1.22	1.50	2.00	1.00	1.98
2005	1.66	0.74	0.74	2.03	1.60	1.53	0.97	1.18	0.79	1.87
2006	1.09	0.97	0.55	0.64	2.42	0.78	0.56	0.78	0.50	0.93
2007	1.78	1.30	0.13	1.08	-0.13	0.82	0.89	1.04	0.89	1.27
2008	1.76	1.88	0.56	0.78	1.19	0.99	0.45	1.03	1.21	1.14
2009	3.30	4.34	1.98	2.21	1.88	0.29	0.31	1.51	1.35	1.40
2010	1.20	1.31	1.61	0.86	2.41	0.86	0.85	0.98	1.25	0.66
2011	2.22	1.20	1.22	1.09	3.91	0.27	0.05	2.16	0.45	1.19

资料来源：笔者依据相关数据计算得到。

表 5 - 9 为西部地区五个省份 2001 ~ 2011 年纺织业和纺织服装业产值总和的增长率。如表中数据显示，2005 年之后，西部五个省份除宁夏外，纺织业和纺织服装业产值总和的增长率整体上表现出快速稳定的增长趋势。而在全球金融危机后的 2009 ~ 2011 年，西部五省纺织业和纺织服装业总产值的增长率均超过 10%，而且除四川外均明显快于之前的增长率。综合表 5 - 9 和表 5 - 10 中的数据，可以认为，自 2000 年前后开始的我国产业由东部地区向西部地区的产业转移，的确推动了西部地区以纺织业和纺织服装业为代表的劳动密集型产业的发展，全球金融危机爆发后的 2009 ~ 2011 年，这种产业转移有加速的趋势。

表 5 - 10 2001 ~ 2011 年西部地区主要省份纺织业和纺织服装业产值总和增长率

单位：%

年份	四川	重庆	陕西	宁夏	广西
2001	7.3	1.6	-5.7	75.6	3.3
2002	8.5	2.4	-1.4	91.0	-4.7
2003	11.6	27.9	8.8	113.9	1.5
2004	33.4	28.2	8.2	21.8	25.2
2005	38.8	17.3	17.3	47.5	37.5
2006	34.4	30.6	17.3	20.3	76.4
2007	40.2	29.5	3.0	24.4	-2.9

续表

年份	四川	重庆	陕西	宁夏	广西
2008	30.0	32.1	9.5	13.3	20.4
2009	27.7	36.4	16.6	18.5	15.7
2010	26.6	29.1	35.8	19.1	53.6
2011	29.1	15.7	16.0	14.3	51.2

资料来源：历年各省份统计年鉴。

　　正如表 5-10 所示，尽管经历了 2005 年之后的快速稳定增长，但到 2011 年，西部地区各省份的纺织业和纺织服装业总产值仍然很低，其中产值最大的四川也仅仅 962 亿元，接近于山东省 2002 年、广东省 2000 年的产值规模，但却分别只有江苏省 2011 年此两大产业总产值的 1/9 左右、山东省的 1/8 左右、浙江省的 1/7 左右，即使是表 5-10 中东部地区纺织业和纺织服装业规模最小的福建省，其 2011 年的总产值也是四川省的 3 倍多，且比表 5-11 中 2011 年西部五省纺织业和纺织服装业产值总和（1716 亿元）还要多 70% 以上。

表 5-11　2000~2011 年东、西部主要省份纺织业和纺织服装业总产值演变趋势

单位：亿元

年份	四川	重庆	陕西	宁夏	广西	江苏	浙江	福建	广东	山东
2000	78	26	55	3	25	1658	1272	244	1021	777
2001	84	27	52	5	26	1864	1578	284	1083	875
2002	91	27	51	10	25	2095	1944	360	1236	1046
2003	102	35	56	21	25	2447	2484	525	1474	1386
2004	136	45	60	25	31	3000	3176	720	1749	1896
2005	188	53	71	38	43	4078	3895	918	2071	2728
2006	253	69	83	45	76	5085	4580	1143	2394	3525
2007	355	89	85	56	73	6025	5507	1411	2876	4541
2008	461	118	93	64	88	7039	5928	1658	3472	5423
2009	589	161	109	75	102	7208	6084	1869	3866	6059
2010	745	208	148	90	157	8585	7228	2275	4937	6950
2011	962	241	172	103	238	8888	7274	2919	5227	8031

资料来源：历年各省份统计年鉴。

　　由此，可以得出以下结论：2000 年后，东部地区以纺织业和纺织服装业为代表的劳动密集型产业开始了向西部地区的转移，全球金融危机后这种

转移有加速的趋势。但截至 2011 年，东部地区向西部地区以纺织业和纺织服装业为代表的劳动密集型产业转移仍然规模较小，或者可以界定为尝试性的。我国纺织业和纺织服装业为代表的劳动密集型产业发展主体及其增量仍然在东部地区。

3. 西部地区优势产业承接产业西迁现状

（1）各地区优势产业产值增长率及其与全国的比较

根据各地区优势产业产值增长率及其与全国的比较数据：

广西壮族自治区。2001～2011 年，广西主要优势产业中产值提升幅度最大的石油加工业，提升了超过了 40 倍，而提升幅度最小的农副食品加工业也接近 10 倍。由此，2001～2011 年，广西主要优势产业均呈快速增长趋势，并且明显快于如表 5－5 所示的广西纺织业产值增长率。2001～2011 年，广西主要优势产业的产值增长率与全国相关产业产值增长率的比值多是大于 1 的，尤其是作为产业西迁的广西石油加工业，产值增长率明显快于全国平均增长。

重庆市。2001～2011 年，重庆市各主要优势产业产值幅度提升最大的是通信及计算机等电子设备制造业，达到 49.3 倍，而产值规模扩张最大的是交通运输设备制造业，产值增长超过了 1800 亿元。而从产值增长率看，通信及计算机等电子设备制造业主要是 2006 年之后尤其是 2010 年和 2011 年的爆发式增长（2009 年富士康与惠普公司一道落户重庆；2010 年宏碁公司与重庆签约，将其全球生产基地和中国第二营运总部布局重庆），而电气机械及器材制造业则在 2001～2011 年呈平稳快速增长，这两个产业的产值增长率均大大超过了全国相同产业的产值增长率。

四川省。2001～2011 年，四川省的主要优势产业中，增长最快的是专用设备和通用设备制造业。通信及计算机等电子设备制造业虽然整体增长不快，但却在 2005 年之后保持了快于其他产业的平稳快速增长趋势（富士康、英特尔、戴尔、联想、仁宝、纬创、德州仪器等公司相继落户四川），并且其增长率大大快于全国该产业的增长率。除了通信及计算机等电子设备制造业外，四川省的通用设备制造业、专用设备制造业、化学原料及化学制品业的增长率也明显快于全国同类产业的增长率。

陕西省。2001～2011 年，陕西省优势产业中产值增长最快的是黑色金属冶炼及压延加工业、有色金属冶炼及压延加工业、石油加工业（长庆油田和延长油田在 2003 年后的产能扩张），这三个产业在此期间均保持了平稳快速的增长趋势，并且增长率也大大快于全国相同产业的增长率。

三 我国东部地区产业西迁的主要特点及面临的障碍

1. 我国东部地区产业转移的当前阶段及未来演变

（1）当前阶段。当前阶段，东西部地区之间的产业发展特征主要体现为东部地区的产业升级和西部地区的产业规模扩张。事实上，由于改革开放以来东部在外商投资和国家政策的驱动下，地区经济快速增长，经济发展的初始资本积累业已完成，而原有产业发展模式则在土地成本、劳动力成本和环境成本等因素的驱动下面临产业升级。这种产业升级一方面可能意味着现有产业的深化发展，另一方面则可能面临着产业向区域外的转移，以便为产业升级腾出资源和空间。而在西部，由于自身地理区位的劣势，以及改革开放之后我国区域不平衡发展战略的影响，经济增长相对较慢，因而在当前经济发展过程中资本相对缺乏，技术相对落后，产业规模也相对较小。因此，在当前经济和产业发展中，主要的目标是以现有的资源和优势产业为基础，利用外部的资本、技术，促进经济和产业规模的扩大。因而，西部地区需要通过产业承接来促进自身的经济和产业发展。但这种产业承接不应该是如改革开放初期东部地区承接国际产业转移般更多地带有盲目性，而应该是基于自身资源和优势产业有选择性地承接。

（2）未来演变。未来，随着我国东部地区自主创新战略主导下的产业升级越来越深入，东部地区将逐渐成为我国的产业技术研发中心，而西部地区则在融入以东部地区为主导的国内价值链下，依靠地方特色促进产业和经济的发展。事实上，与国际经济发展中主要由发达国家完成产业技术研发并通过产业转移过程中的技术溢出效应促进发展中国家技术进步一样，技术的集聚性在我国国内区域经济发展过程中也同样存在。只是，在一国内部的经济区域之间，由于技术流动的最大障碍即国界线的消失，技术流动更加容易，成本也更低，因而技术溢出效应对我国区域经济增长的促进作用也应该更加明显。但国内东、西部地区之间的这种技术研发中心与外围的分工应该建立在构建完善国内价值链的基础上，由此，西部地区方能在充分利用东部地区的产业技术形成具有地方特色的产业和经济发展道路。

2. 我国东部地区产业西迁的主要特点

（1）产业在东部地区内部的转移远远大于向西部地区的转移

事实上，我国的不平衡发展战略从东、中、西版块战略的角度上看是优先发展东部地区，但在东部地区各省份内部、东部地区不同省份之间也存在不平衡发展的问题，因而在东部地区内部乃至东部省份内部也形成了经济发展水平差异的梯度区域。在这种情况下，相对于向中西部地区尤其是西部地区的产业转移，东部省份为促进内部经济发展水平相对落后区域的发展，在各省份内部通过产业转移实现不同地区的产业升级是更为现实且理性的选择。比如广东省，就"试图以行政手段对产业转移进行调控，让珠三角产业转移基本上定向留在广东省内，'肥水不流外人田'，从而实现把总量做大的目的，保住老大地位"①。同样，江苏省产业转移的重点也是促进苏中、苏北的发展，要鼓励苏南等发达地区产业项目通过整体搬迁、扩大规模、投资新建、参股控股、兼并收购等方式向苏北转移、扩张。② 在如此政策推动下，截至 2012 年，江苏省在过去十年内累计向苏北五市产业转移 500 万元以上，项目 17439 个，总投资 10151 亿元，实际引资额 5036 亿元。2012 年上半年，苏北地区新开工 500 万元以上产业转移项目就达 1079 个；新开工项目总投资 1617 亿元，苏北实际引资额 737 亿元。③ 同样在江苏省，纺织服装产业骨干企业向苏北地区延伸的规模不断扩大。服装龙头企业波司登在苏北的徐州市、泗洪县等地建立了生产基地，苏州天源服装有限公司在盱眙县投资建厂，江苏晨风集团在宿迁开发区成立了晨风（宿迁）服饰有限公司，红豆则正在建设淮安科技创新园。而随着江苏恒力集团宿迁恒力工业园的兴建，宿迁市也开工建设宿城区纺织工业园，积极呼应"南北产业转移"。④

（2）目前的产业转移仍然是建立在缺乏产业发展基础之上的"无中生有"发展方式

事实上，如表 5-6 所示，2000 年西部主要省份的纺织业和纺织服装业总产值均不足 100 亿元，其中宁夏、重庆和广西甚至不足 50 亿元。直到 2008 年全球金融危机爆发，陕西、宁夏和广西这两个行业的总产值仍然不足 100 亿元，重庆也仅仅 118 亿元，规模最大的四川也不超过 500 亿元。在薄弱的发展基础上通过产业转移促进劳动密集型产业"从无到有"的发展，

① 参见：http：//finance. sina. com. cn/g/20050710/13051780125. shtml。另外，此处所指的"老大"意为保持广东在全国 31 个省、自治区、直辖市中 GDP 总量最大。
② 《江苏南北产业转移收效显著 苏北已成投资"热土"》，http：//www. mofcom. gov. cn/aarticle/resume/n/201209/20120908346288. html。
③ 《苏北已成投资"热土"10 年累计承接转移 5000 亿元》，http：//js. xhby. net/system/2012/09/19/014609652. shtml。
④ 王翔：《江苏纺织在产业转移中开拓新空间》，《中国纺织报》2009 年 6 月 2 日，第 1 版。

产业规模扩大所需要的时间就会十分漫长。如表 5 - 6 中的数据显示，从 2000 年到 2011 年，四川、重庆和广西的纺织业和纺织服装业产值规模均扩大了约 10 倍，但也仅仅相当于同一时期福建和山东两省的产值规模扩大比例，但福建和山东两省的这两个产业的产值规模均已达到数千亿元，远远大于四川、重庆和广西。

即使是重庆市和四川省的通信及计算机等电子设备制造业、广西的石油加工业等在承接产业转移基础上发展起来的当前优势产业，之前在这些省份的发展基础也非常薄弱。重庆和四川的通信及计算机等电子设备制造业、广西的石油加工业虽然在承接产业转移的基础上较短时期内即达到千亿元产值规模，但一方面后期增长仍有待观望，二来在吸引相关产业跨国公司前来投资的过程中因为与其他省区的竞争存在过度补贴而带来财政风险，因此其对地方经济发展的影响并不乐观。比如据称西安市为竞争得到三星电子总计 200 亿美元的投资而给予的政策优惠达到 2000 亿元，折合美元超过 300 亿美元。尽管这样的政策优惠被否认，但却显示出国内各地尤其是西部地区的地方政府的确存在为吸引跨国公司的产业转移而过度补贴的事实。事实上，在全球金融危机后，西部部分地区推动承接产业转移以促进发展的地方产业，仍有很多是立足于缺乏产业发展基础的"无中生有"发展方式。因而其对地方经济发展的影响到底如何，前景并不明确。

（3）产业西迁中的资本密集型产业快于劳动密集型产业

事实上，无论是重庆、四川的通信及计算机等电子设备制造业，还是陕西和广西的石油加工业，都是在我国产业西迁大背景下发展起来的。通信及计算机等电子设备制造业本应归于技术密集型产业，但因为相关产业的核心技术并不在国内，其在我国实际上是属于"资本 + 土地 + 劳动力"的发展模式，因此仍可归于资本密集型产业的范畴。这些产业在西部地区短期内即可达到千亿元产值规模，而西部省份的劳动密集型产业在西部大开发启动我国产业西迁进程十数年后产值规模仍停留在百亿元的规模，表明资本密集型产业向西部地区的转移要明显快于劳动密集型产业。

资本密集型产业与劳动密集型产业在我国产业西迁进程中的这种反差实际上是必然的。这有两个方面的原因。一是满足市场需求方面的原因。由于资本密集型产业向西部地区的转移，除了满足出口需求外，国内需求是其重要的目标市场之一。劳动密集型产业的产品在国内市场总体上已经呈现出供给远远大于需求的情况下，产业向西部地区的转移也无法解决其面临的需求不足问题。而资本乃至技术密集型产业则仍然可能通过产品的创新而不断发掘新的客户群体，因而资本乃至技术密集型产业向西部地区的转移则仍然可能因此而开发西部地区庞大的市场需求而继续扩大其产能。二是成本方面的原因。成本方面的原因主要在于资本、技术密集型产业与劳动密集型产业相比，单位价值的运输成本（运费率）要小得多。在东部地区面临发展困境的劳动密集型产业大多以出口满足国外市场需求为目标，在人民币不断升值从而利润率越来越低的情况下，劳动密集型产业转移到西部地区后其在运往沿海港口过程中的陆路运输成本就成为进一步削弱其在国际市场上竞争力的重要因素。与劳动密集型产品相比，资本密集型产业的单位产值运输成本更低，因而其在向中西部地区转移过程中企业面临的主观障碍要小得多。正是在市场需求和单位价值运输成本（运费率）差异等两方面因素的作用下，在我国产业西迁过程中，资本、技术密集型产业的转移要快于劳动密集型产业。

（4）产业转移变成产业复制

在我国的产业区域转移过程中，产业转移实际上变成了产业复制，即将产业发展模式原样复制到转移目的地，而并没有在转移过程中实现自身发展模式的升级。这样的产业转移模式，不仅产业转移了，甚至连其在东部地区产业发展过程中存在的问题也"转移"到了目的地。结果，转移产业在东部地区遇到的问题在西部地区同样遇到，并因此将西部地区的产业发展模式拉回到东部地区改革开放之初的发展道路上，而忽视了西部地区在改革开放30多年后形成的发展基础。

（5）环境污染备受关注

在我国东部地区向西部地区的产业转移中，大多是容易造成环境污染的高排放、高能耗产业。事实上，在环境问题日益突出的背景下，东部地区也在寻求产业发展的低能耗、低排放发展模式，因而不可能也不愿意将自身拥有的清洁产业转移到西部而将高能耗、高排放产业留在本地。事实上，由于西部地区是我国各类水源的上游地区，本就脆弱的生态环境对于污染排放的稀释能力十分薄弱。因此，东部地区向西部地区的产业转移过程中，犹如先后发生于云南昆明和四川彭州的 PX 项目引发民众对环境环境污染问题的关注，环境污染问题日益成为制约我国产业西迁的重要因素。

（6）产业西迁缺乏系统的规划

与东部地区产业内部转移相比，我国的产业向西部地区的转移缺乏系统的规划。在广东省内部的产业转移中，不仅制定了《关于我省山区及东西两翼与珠江三角洲联手推进产业转移的意见》（粤府〔2005〕22 号）、《中共广东省委广东省人民政府关于推进产业转移和劳动力转移的决定》（粤发〔2008〕4 号）、《关于抓好产业转移园建设加快产业转移步伐的意见》（粤府〔2009〕54 号）、《关于进一步推进产业转移工作的若干意见》（粤府〔2010〕61 号）等政策性文件，还制订了《广东省产业转移区域布局指导意见》，构建形成了促进产业在广东省内转移的完善的政策体系。江苏省也针对产业南北转移、产业转移园建设等方面形成了系统的政策措施。而对于产业向西部地区的转移，除了国务院于 2010 年 8 月 31 日颁布了《国务院关于中西部地区承接产业转移的指导意见》外，并没有其他国家层面的政策措施或规划出台，而且这个意见还仅是具有指导性，而东部各省份针对产业内部转移的政策措施则多少带有一定的政策强制性。除了国家层面的相关政策措施缺乏外，东部地区各省份同样没有促进产业向西部地区转移的系统性规划或措施，而西部地区即使构建完善了承接东部地区产业转移的政策措施，也可能面临政策目的性不强、可操作性弱等问题。

3. 我国东部地区产业西迁面临的主要障碍

（1）生产方式

东部地区劳动密集型产业大多选址于乡镇乃至村镇，意味着这些产业的发展具有很大的灵活性，可以随着国家政策或全球经济形势的变化而快速转变。东部地区的这种生产方式在珠三角地区、潮汕地区和长三角地区都有集中的体现。以珠三角为例，在改革开放之后吸引外商投资的过程中，由于前来投资的外商大多属于侨乡侨资，加上灵活的政策导向，因而众多外商投资企业散布于县、镇、乡乃至村，在带动各级城镇经济发展和基础设施建设的同时，形成了游离于产业园集中规划的、城中村与村中城相结合的珠三角产业发展模式。这种产业发展模式看似缺乏政府规划引导而不具可持续发展潜力，但却给了企业适应市场需求而不断调整经营发展方向的最大灵活性。同样的情况在长江三角洲也有明显的体现。以绍兴为例，纺织企业大多集中在乡村的一些简易标准工业厂房中，由于这些标准的工业厂房分布在乡村，因而厂房租金成本较低，而且厂房承租周期较短（多为一年期，但可依据自身需要而增加或延长承租期），因而企业依据市场需求调整生产和经营范围的灵活性极强。但与珠江三角洲以侨资为主体不同的是，绍兴的此类企业主要为非侨资的民营企业（浙江的整体情况均与此类似）。

在中西部地区，由于乡镇、村镇的基础设施建设水平较低，缺少该类企业在东部地区相类似的发展环境，因而东部地区分布于乡镇乃至村镇的企业转移到中西部地区后，必须进入城市的相应工业区，生产方式与东部地区相比有了根本性的转变，也极大地降低了这些企业经营生产活动的灵活性。

（2）成本约束

成本约束体现在两个方面。一是运输成本大大提升。由于劳动密集型产业无论是原材料还是产品在运输过程中都有一个典型的特征，即货物体积大而价值低，因而单位价值的运输成本就相对较高，从而导致其将企业迁移到西部地区后的运输成本大大升高。二是劳动力成本并没有下降。在东部地区，劳动密集型产业主要定位于乡镇或村，虽然付给劳动力的名义工资水平相对于西部地区要高一些，但劳动力的生活成本（包括租房、衣食住行等方面的开支）相对较低。而在西部地区，由于转移企业主要布局于城市或县城工业集中区，劳动力的租房、生活成本等方面则相对较高，实际上在相当程度上抵消了名义工资相对较低的成本优势。

（3）信息劣势

这种信息劣势体现在两个方面。一是产业集群带来的马歇尔外部性。在东部地区，劳动密集型产业实际上是相对集中化分布的，产业集聚带来了强大的市场信息、技术、劳动力等方面的优势，也就是所谓的马歇尔外部性。但迁移到西部地区后，由于这些产业本来就不具备发展优势，产业的集中化发展所形成的集群优势不再。二是客户群体对产品需求的相对定向性。事实上，即使不是企业的长期固定客户，也会在寻求产品供应企业的时候首先到东部沿海地区相关产业的集聚地寻求相关的产品供给。而迁移到西部的企业，一方面可能会在相当程度上失去其长期的客户群体，也会因为客户群体的需求定向性而无法获得可能的潜在客户群。

第六章

西部地区优势产业评价

第一节　西部地区工业产业发展历程

一　改革开放后西部地区的产业发展历程

1. 三次产业结构

如表 6 - 1 中的数据显示，西部地区 12 个省份自治区的产业结构，除贵州和西藏外均呈二、三、一态势，第二产业尤其是工业成为拉动西部地区经济增长的主要动力。具体来看，1978 ~ 2011 年，西部地区三次产业结构均经历了从第一产业所占产业结构的比重超过 20%、30% 甚至是 40% 下降到 10% 左右，而第三产业则从所占比重的 20% 左右上升到 30% ~ 40% 的过程。但西部地区各省、自治区、直辖市的第二产业所占比例总体上变化不大，贵州、甘肃和宁夏的第二产业所占比重甚至还略有下降。与全国三次产业结构相比，西部地区各省、自治区、直辖市第一产业比重仍然偏高。2011 年，我国三次产业结构为 10.0∶46.6∶43.4，第一产业比重已经降低到 10%，且近年来仍然延续了下降趋势。而在西部 12 个省、自治区、直辖市中，仅有内蒙古、重庆、陕西、青海和宁夏的第一产业比重低于 10%，广西、新疆的第一产业比例超过了 17%。

2. 西部大开发政策的影响

（1）经济增长速度加快。首先，如图 6 - 1 所示，从 1997 年到 2011 年，西部地区 GDP 增长速度呈不断加快的趋势。其次，西部地区与东部地区之

表 6 - 1 1978 年和 2011 年西部各省、自治区、直辖市的三次产业结构对比

单位：%

地区	1978 年			2011 年		
	第一产业	第二产业	第三产业	第一产业	第二产业	第三产业
内蒙古	32.7	45.4	21.9	9.1	56	34.9
广　西	40.9	34.0	25.1	17.5	48.4	34.1
重　庆	34.6	48.1	17.3	8.4	55.4	36.2
四　川	44.5	35.5	20.0	14.2	52.5	33.4
贵　州	41.6	40.2	18.2	12.7	38.5	48.8
云　南	42.7	39.9	17.4	15.9	42.5	41.6
西　藏	50.7	27.7	21.6	12.3	34.5	53.2
陕　西	30.5	52.0	17.5	9.8	55.4	34.8
甘　肃	20.4	60.3	19.3	13.5	47.4	39.1
青　海	23.6	49.6	26.8	9.3	58.4	32.3
宁　夏	23.5	50.8	25.7	8.8	50.2	41
新　疆	35.8	47.0	17.2	17.2	48.8	34

资料来源：历年各省份统计年鉴。

间的经济增长速度差距也在逐步缩小。1997 年西部地区 GDP 平均增长率为
9.5%，与东部地区 11.1% 的 GDP 平均增长率差距为 1.6 个百分点，到
2007 年减小为 0.7 个百分点，而 2008 年和 2009 年西部地区的 GDP 增长率
甚至分别快于东部地区 0.6 个和 0.7 个百分点。

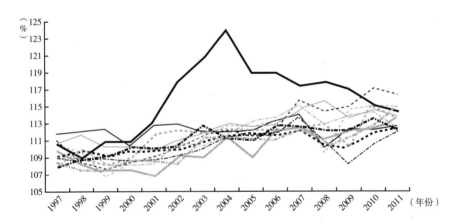

图 6 - 1 1997 ~ 2011 年西部地区各省份的经济增长率变化趋势

资料来源：根据历年西部地区各省份的统计年鉴计算整理。

（2）产业结构不断优化。1997 年西部地区三次产业结构比例为 26.4∶41.1∶32.5，到 2009 年调整为 14.4∶46.6∶38.9，第一产业的比重有了明显的下降，第二产业和第三产业的比重则分别提高 5.5 个和 6.4 个百分点，产业结构得到优化。

（3）对外开放不断深化。统计显示，从 2000 年到 2008 年，西部地区进出口贸易总值年均增速超过 20%，高于全国平均增速 1.3 个百分点；进出口总值占全国比重由 1999 年的 3.8%，上升至 2008 年的 4.2%。西部地区实际使用外资金额占全国的比重由 1998 年的 5.2%，上升至 2008 年的 7.2%。西洽会、西博会、中国—东盟博览会等已成为东、西部互动合作和吸引外商投资的重要平台。[①]

（4）基础设施建设进一步完善。2000 ~ 2008 年累计新开工重点工程 102 项，投资总规模达 1.7 万亿元，西气东输、西电东送等一批重点工程相继建成；临策铁路、兰新铁路乌精二线、精伊霍铁路通车运营，兰渝铁路、成都至兰州铁路、重庆至贵阳铁路开工建设。西部地区累计新建铁路超过 8000 公里，新增公路通车里程 88.8 万公里（其中高速公路 13927 公里）。截至 2008 年底，铁路营业里程近 3 万公里，"五纵七横"国道主干线西部路段 1.6 万公里全线贯通，西部地区民用运输机场达 79 个。

（5）社会事业不断取得进步。2000 ~ 2008 年，西部地区建成乡镇卫生院 16440 个，村卫生室近 18 万个，新型农村合作医疗参合率达到 85%，累计救助困难群众 5696 万人次。累计扫除文盲 600 多万人，普通高校数量从 1999 年的 251 所增加到 2007 年的 467 所，在校学生数增加 3.6 倍。博物馆增加了 179 个，综合文化站增加了 1421 个。[②]

3. 西部地区产业发展中的外商投资

（1）西部地区实际利用外资金额分布及其演变趋势

改革开放初期，西部地区由于经济基础薄弱，外商极少到西部地区投资。随着西部大开发战略的深入推进，加上中央与地方制定的一系列积极引进外资的政策措施，以及西部地区投资环境的不断改善，近年来西部地区实际利用外资的规模已经超过了中部地区。如表 6 - 2 所示，除广西外，2000

---

①　数据来源于《西部大开发 10 周年：改革开放为发展提供强大动力》，http://www.chinawest.gov.cn。

②　数据来源于《十年崛起新西部——西部大开发十年成就综述之一》，http://www.chinawest.gov.cn。

年前西部各省、自治区、直辖市实际利用外资金额均较小，到 2000 年，仅有广西和内蒙古当年实际利用外资金额超过 5 亿美元，而甘肃、青海、宁夏和新疆在 2000 年的实际利用外资金额甚至不到 1 亿美元。2000 年之后，尤其是 2005 年之后，西部地区实际利用外资金额增长明显加快，如图 6 - 2 所示。但 2000 年尤其是 2005 年后西部地区实际利用外资金额的快速增长主要集中在重庆市和四川省。

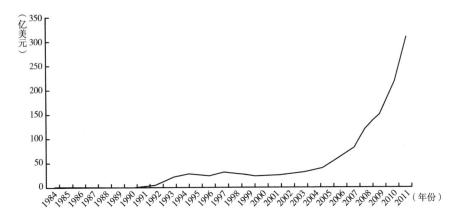

图 6 - 2 1984 ~ 2011 年西部地区实际利用外资总金额演变趋势

资料来源：依据历年各省份统计年鉴中的数据计算作图。

表 6 - 2 1990 ~ 2011 年西部各省、自治区、直辖市实际利用外资金额演变趋势*

单位：亿美元

年份	广西	重庆	四川	贵州	云南	陕西	甘肃	青海	宁夏	新疆	内蒙古
1990	0.3	0.0	0.2	0.3	0.0	0.4	0.1	0.0	0.1	0.1	0.3
1991	0.4	0.1	0.2	0.3	0.0	0.3	0.2	0.0	0.1	0.0	0.6
1992	1.8	1.0	0.8	0.4	0.2	0.5	0.4	0.0	0.1	0.1	0.8
1993	8.7	2.6	3.8	0.5	1.0	2.3	0.5	0.0	0.3	0.5	1.9
1994	8.2	4.5	5.2	0.8	2.0	2.4	0.9	0.0	0.7	0.5	2.9
1995	6.7	3.8	2.8	1.0	2.3	3.2	1.1	0.0	0.7	0.7	6.2
1996	6.7	2.2	2.3	1.1	1.8	3.3	0.9	0.0	0.5	0.7	3.8
1997	8.8	3.9	2.5	1.4	1.7	6.1	0.5	0.2	0.5	0.3	4.4
1998	8.9	4.3	5.0	1.8	1.5	3.0	0.4	0.1	0.6	0.2	4.4
1999	6.4	2.4	4.5	2.0	1.5	2.4	0.4	0.1	0.4	0.2	4.0
2000	5.3	2.4	4.4	2.0	1.3	2.9	0.6	0.0	0.9	0.3	5.5
2001	3.8	2.6	5.8	1.4	0.7	3.7	0.7	1.0	0.5	0.2	4.7
2002	4.2	2.8	6.6	0.9	1.1	4.1	0.5	1.4	0.3	0.4	5.8

续表

年份	广西	重庆	四川	贵州	云南	陕西	甘肃	青海	宁夏	新疆	内蒙古
2003	4.6	3.1	5.8	1.3	1.7	4.7	0.4	1.7	0.7	0.4	6.7
2004	3.0	4.1	7.0	1.4	1.4	5.3	0.4	2.3	1.3	0.5	9.0
2005	3.8	5.2	8.9	2.0	1.7	6.3	0.2	2.7	1.4	0.5	14.0
2006	4.5	7.0	12.1	1.8	3.0	9.3	0.3	2.8	1.4	1.0	19.7
2007	6.8	10.9	14.9	1.5	4.0	12.0	1.2	3.1	1.7	1.3	23.9
2008	9.7	27.3	30.9	1.7	7.8	13.7	1.3	2.2	1.2	1.9	28.6
2009	10.4	40.2	35.9	1.8	9.1	15.1	1.3	2.2	1.4	2.2	29.8
2010	9.1	63.4	60.3	3.4	13.3	18.2	1.4	2.2	2.3	2.4	33.9
2011	10.1	105.3	94.8	7.2	17.4	23.6	0.7	1.7	3.4	3.4	38.4

* 表中所示各省、自治区、直辖市的实际利用外资金额尤其是2009～2011年的数据与《中国外商投资报告》中的相关数据有较大的差距。比如2010年，表中西部地区各省、自治区、直辖市实际利用外资金额加总为209.8亿美元，但《中国外商投资报告（2011）》中引用商务部的外资统计数据显示，西部地区2010年实际利用外资金额为90.2亿美元。依据《中国外商投资报告（2011）》，截至2010年西部地区总实际利用外资金额563.7亿美元，与表6-2中所有西部省区2010年前加总的1017.8亿美元（1990年前实际利用外资金额总计为8.8亿美元）也有很大的差距。

资料来源：2008年前的数据来自《新中国六十年统计资料汇编》，2009～2011年的数据来自各省、自治区、直辖市相应年份的统计年鉴。

按照表6-2中的数据计算，从2000年到2011年，重庆市和四川省实际利用外资金额之和占西部地区的比例从26.4%上升到了65.4%。除了重庆市和四川省外，西部地区实际利用外资增长较快的还有内蒙古、陕西和云南，此5个省区实际利用外资金额之和占西部地区的比例从2000年的63.8%提高到91.4%，集中化的趋势更加明显。

（2）西部地区外商投资的行业分布

表6-3 2004～2011年西部地区主要省份外商投资主要行业比例分布情况

单位：%

地区	行业	2004年	2005年	2006年	2007年	2008年	2009年	2010年	2011年
广西	制造业	67.5	68.1	76.9	65.7	59.7	50.7	51.5	63.6
	房地产业	14.8	17.8	9.1	15.3	4.5	17.5	13.1	3.2
	合计	82.3	85.9	86.0	81.0	64.1	68.3	64.6	66.7
重庆	制造业	55.3	29.8	44.1	30.5	31.8	35.7	29.9	33.5
	房地产业	36.0	60.7	33.4	58.4	61.7	35.9	37.8	29.1
	合计	91.3	90.5	77.6	88.9	93.5	71.6	67.7	62.6

续表

地区	行业	2004 年	2005 年	2006 年	2007 年	2008 年	2009 年	2010 年	2011 年
陕西	制造业	45.9	44.5	46.2	51.3	50.6	38.3	48.2	59.7
	房地产业	6.5	35.9	27.7	32.6	29.5	24.7	26.0	14.5
	合计	52.4	80.5	73.9	83.9	80.1	63.0	74.3	74.2
贵州	制造业	65.5	51.5	44.7	48.3	51.3	85.1	48.5	39.0
	房地产业	7.0	1.4	35.8	38.5	9.0	4.6	10.6	4.4
	合计	72.5	52.9	80.5	86.8	60.3	89.7	59.0	43.4
内蒙古	工业制造业	36.1	49.5	54.5	70.6	60.2	45.4	57.8	46.2
	电、燃气及水生产业	40.4	9.4	28.7	19.0	21.7	27.5	24.8	20.1
	合计	76.5	58.9	83.2	89.5	81.9	72.8	82.6	66.4
云南	工业制造业	33.6	36.6	27.5	30.4	23.3	27.4	19.5	15.0
	电、燃气及水生产业	2.5	6.3	33.4	25.6	7.5	14.6	11.9	13.6
	房地产业	8.0	7.0	2.8	13.0	25.3	11.5	8.2	16.9
	社会服务业	18.1	17.4	15.4	10.9	19.7	13.8	16.7	12.3
	合计	62.2	67.2	79.1	79.7	75.8	67.3	56.4	57.7

资料来源：笔者依据各省、自治区、直辖市统计年鉴中的相关数据计算得到。

　　如表6-3所示，外商投资在西部地区主要都投向了两个方面，一是工业制造业①，二是房地产业。从表中数据看，2004~2011年，广西此两个行业占外商投资的比重之和均超过60%，2007年前甚至超过80%；重庆市的这两个行业在2004~2011年占外商投资的比重之和除2010年、2011年外均超过70%，其中2004年、2005年、2008年三年超过90%；陕西该两个行业占外商投资的比重除2004年和2009年外也均超过70%；贵州在同一时期两个行业占外商投资的比重之和也在40%~80%，但2009年后有下降的趋势，其中2011年仅占43.4%。相比于西部地区的其他省份，外商投资在内蒙古自治区和云南省的投资重点则有所不同。其中在内蒙古的投资重点除工业制造业外，电、燃气及水生产业取代了房地产业，工业制造业和电、燃气及水生产业占内蒙古外商投资的比重之和总体均在70%以上。而在云南省，外商投资的领域相对比较分散，工业制造业仅占外商投资的1/5~1/3，而房地产业、社会服务业和电、燃气及水生产业也都占有外商投资的较大比重，以上四类行业合并占云南省外商投资金额的50%~80%。

---

① 目前所获得的数据中均没有显示各省份外商投资在工业制造业中的具体行业分布。

二 西部地区的工业产业结构演变趋势

1. 西部地区工业产业内部结构整体状况

从表6-4中关于2011年西部各省、自治区、直辖市（不含西藏）工业产业内部结构数据可见，除电力、热力的生产和供应业外，各省、自治区、直辖市工业产业的发展主要集中在少数几个产业上，比如内蒙古的煤炭的开采和洗选业、黑色金属冶炼及压延加工业、有色金属冶炼及压延加工业、农副食品加工业和化学原料及化学制品制造业，占内蒙古工业产业总产值的53.7%；广西的农副食品加工业、黑色金属冶炼及压延加工业、交通运输设备制造业、非金属矿物制品业和有色金属冶炼及压延加工业，占广西工业产业总产值的47.6%；重庆的交通运输设备制造业、电气机械及器材制造业、计算机通信和其他电子设备制造业、黑色金属冶炼及压延加工业和化学原料及化学制品制造业，占重庆工业产业总产值的48.9%；四川的农副食品加工业、酒饮料和精制茶制造业、化学原料及化学制品制造业、非金属矿物制品业、黑色金属冶炼及压延加工业以及计算机、通信和其他电子设备制造业，占四川省工业产业总产值的43.6%；贵州的煤炭的开采和洗选业、酒饮料制造业、化学原料及化学制品制造业、黑色金属冶炼及压延加工业，占贵州工业产业总产值的42.1%；云南的烟草制品业、化学原料及化学制品制造业、黑色金属冶炼及压延加工业及有色金属冶炼及压延加工业，占云南工业产业总产值的53.6%；陕西的煤炭的开采和洗选业、石油开采、有色金属冶炼及压延加工业、交通运输设备制造业及石油加工、炼焦及核燃料加工业，约占陕西工业产业总产值的48.2%；甘肃的石油加工、炼焦及核燃料加工业、黑色金属冶炼及压延加工业和有色金属冶炼及压延加工业，占甘肃工业产业总产值的49.5%；青海则主要集中在石油开采业、化学原料及化学制品制造业、有色金属冶炼及压延加工业和黑色金属冶炼及压延加工业，占青海工业产业总产值的60.2%；新疆石油开采业，石油加工、炼焦及核燃料加工业及黑色金属冶炼及压延加工业，占新疆工业产业总产值的55.7%；宁夏主要集中在煤炭的开采和洗选业、有色金属冶炼及压延加工业、化学原料及化学制品制造业、黑色金属冶炼及压延加工业及石油加工、炼焦及核燃料加工业，占宁夏工业产业总产值的52.1%。西部地区各省、自治区、直辖市工业产业内部结构不仅相对集中，而且主要偏向于资源的开采和加工产业，比如煤炭的开采和洗选业、石油开采及加工、黑色和有色金属的冶炼及压延加工业等。

表6-4 2011年西部各省、自治区、直辖市（不含西藏）工业产业内部结构

单位：%

产业	内蒙古	广西	重庆	四川	贵州	云南	陕西	甘肃	青海	宁夏	新疆
煤炭开采洗选	21.5	0.2	3.6	4.5	18.3	4.6	13.1	3.9	7.0	15.1	2.9
石油开采	0.6	0.0	0.1	1.4	0.0	0.0	10.8	7.3	13.2	0.1	21.5
黑色金属矿采选	2.8	1.0	0.1	1.4	0.3	1.9	0.4	0.4	0.6	0.0	1.6
有色金属矿采选	2.6	2.0	0.0	1.0	0.4	2.1	1.0	1.0	2.2	0.0	0.9
非金属矿采选业	1.2	0.9	0.6	1.1	1.2	0.9	0.2	0.3	0.7	0.0	0.3
其他矿采选业	0.0	0.0	0.0	0.0	0.0	0.0	0.0	0.0	0.1	0.0	0.0
农副食品加工业	7.3	11.6	4.4	8.1	2.5	3.9	3.8	3.6	1.5	2.3	4.1
食品制造业	3.8	1.4	1.2	1.9	1.4	1.3	1.9	0.7	2.5	1.8
酒、饮料和精制茶	1.3	2.3	1.2	6.3	5.8	1.5	1.8	1.6	1.0	1.0	1.1
烟草制品业	0.4	1.1	1.1	0.7	4.4	15.3	1.1	1.5	0.0	0.3	0.5
纺织业	2.6	1.1	1.7	2.7	0.2	0.2	1.0	0.3	4.1	1.9
纺织服装、服饰业	0.2	0.7	0.6	0.5	0.1	0.0	0.2	0.1	0.4	0.0	0.1
皮革、毛皮制品	0.1	0.8	0.9	1.1	0.0	0.0	0.2	0.0	0.3	0.1
竹木材加工	0.9	3.4	0.3	0.9	0.2	0.4	0.1	0.0	0.1
家具制造业	0.1	0.5	0.6	1.3	0.2	0.0	0.1	0.0	0.1	0.1
造纸及纸制品业	0.6	1.9	1.2	1.7	0.7	0.7	0.0	1.7	0.3
印刷和记录媒介	0.1	0.6	0.6	0.6	0.3	0.8	0.4	0.1	0.3	0.1	0.1
文教、体育用品	0.0	0.4	0.2	0.3	0.0	0.3	0.1	0.8	0.0	0.0
石油加工、炼焦及核燃料加工业	3.1	5.3	0.5	1.7	1.4	3.3	11.6	19.4	3.0	7.8	23.9
化学原料化学制品制造业	6.2	5.4	7.0	7.1	8.6	9.9	3.3	4.7	13.0	9.5	6.9
医药制造业	1.6	1.8	2.1	3.0	4.1	2.2	1.9	1.0	1.5	1.3	0.2
化学纤维制造业	0.0	0.0	0.1	0.5	0.0	0.2	0.1	0.1	0.0	0.0	1.6
橡胶和塑料制品业	0.8	1.3	2.3	2.2	2.7	0.6	1.2	0.5	0.0	1.3	1.1
非金属矿物制品业	4.0	6.6	5.8	7.4	5.4	3.7	3.8	3.4	3.8	4.6	4.1
黑色金属冶炼及压延加工业	9.3	12.0	6.9	7.9	9.4	12.1	4.8	14.1	9.7	8.6	10.3
有色金属冶炼及压延加工业	9.4	6.4	4.7	2.8	5.2	16.3	6.5	16.0	24.3	11.1	2.0
金属制品业	0.9	1.5	2.7	2.5	0.9	0.7	1.2	1.2	0.4	1.1	1.3
通用设备制造业	1.3	0.9	4.2	5.2	1.1	1.0	2.8	0.9	0.9	1.3	0.1
专用设备制造业	1.5	3.2	1.9	3.5	0.7	0.8	2.8	1.1	0.1	1.7	0.4

产业	内蒙古	广西	重庆	四川	贵州	云南	陕西	甘肃	青海	宁夏	新疆
交通运输设备制造业	1.8	11.0	20.8	3.8	3.2	1.6	6.2	0.5	0.2	0.1	0.1
电气机械制造业	1.5	3.3	6.5	3.2	1.7	1.0	2.8	4.1	0.8	2.1	3.3
计算机、通信设备	0.3	2.8	7.7	6.8	0.8	0.2	2.1	0.4	0.0	0.0	0.3
仪器仪表制造业	0.0	0.2	1.1	0.3	0.2	0.2	0.8	0.0	0.1	0.4	0.0
工艺品及其他制造业	0.4	0.1	0.7	0.3	0.3	0.1	0.1	0.8	0.0	0.3	0.1
废弃材料回收加工	0.1	0.6	0.8	0.1	0.1	0.0	0.1	0.0	0.2	0.0	0.0
电力、热力的生产和供应	9.3	7.7	5.2	5.5	17.0	11.7	7.0	10.1	12.6	20.9	7.0
燃气的生产和供应	2.4	0.1	0.7	0.6	0.5	0.4	3.5	0.3	0.0	0.4	0.3
水的生产和供应	0.1	0.1	0.2	0.3	0.2	0.2	1.0	0.1	0.1	0.2	0.1

资料来源：依据各省份 2012 年统计年鉴中的数据计算。

2. 分地区工业产业结构演变状况

如表 6 - 5 所示，1990～2011 年，在内蒙古自治区工业产业内部结构中，煤炭开采和洗选业、黑色与有色金属采矿冶炼压延业在工业产业中所占比例不断升高，到 2011 年二者合计已经超过 45%；而在内蒙古工业产业中曾经占有较大比重的纺织服装和皮革制造业、机械工业所占比例则分别从 8.9% 下降到 3.0%、从 11.5% 下降到 4.3%；其他占有较大比重的如食品饮料制造业、化学原料及化学制品业、非金属矿采选及制品业所占比例则变化不大。因此，整体上，内蒙古的产业演变呈现出向资源开采和初加工产业演变的趋势，而体现产业深度化发展的食品制造业（2011 年占 3.8%）、医药制造业、机械工业、交通运输设备及通信设备制造业等行业则发展缓慢。

表 6 - 5　1990～2011 年内蒙古和广西工业产业结构演变趋势

单位：%

产业	内蒙古					广西				
	1990 年	1995 年	2000 年	2005 年	2011 年	1990 年	1995 年	2000 年	2005 年	2011 年
煤炭开采和洗选业	6.9	7.0	7.6	11.0	21.5	1.3	1.0	0.7	0.6	0.2
石油和天然气开采业	0.6	1.2	2.3	1.4	0.6	0.0	0.0	0.0	0.0	0.0
黑色与有色金属采矿冶炼压延业	14.8	16.8	25.2	27.0	24.0	9.8	11.4	17.3	20.4	21.1
非金属矿采选及制品业	5.6	6.7	3.7	3.8	5.2	6.9	11.1	7.2	5.5	7.5
食品饮料制造业	14.0	11.3	12.5	16.8	12.4	20.7	21.2	19.3	16.2	15.2
烟草制品业	1.8	1.6	0.7	0.6	0.4	5.1	2.0	2.1	2.2	1.1
纺织服装和皮革制造业	8.9	13.0	10.6	5.3	3.0	9.8	5.9	3.1	2.7	2.6

产业	内蒙古					广西				
	1990 年	1995 年	2000 年	2005 年	2011 年	1990 年	1995 年	2000 年	2005 年	2011 年
木材与造纸业	2.4	2.5	1.3	1.3	1.5	3.9	4.5	4.2	3.6	5.2
石油加工、炼焦及核燃料加工业	0.0	1.4	3.5	3.0	3.1	0.2	0.8	1.5	1.4	5.2
化学原料及化学制品业	4.4	6.6	5.6	5.1	6.2	8.5	7.4	7.8	7.3	5.3
医药制造业	1.4	1.4	1.2	1.6	1.6	1.9	2.2	3.3	2.9	1.8
橡胶和塑料制品业	1.4	1.0	0.7	0.2	0.8	3.2	2.4	1.6	1.0	1.2
金属制品业	3.1	2.4	0.9	0.4	0.9	1.9	2.2	1.2	0.5	1.5
机械工业	11.5	5.9	2.0	3.8	4.3	10.4	10.7	9.2	7.3	7.3
交通运输设备制造业	1.0	1.5	1.3	1.5	1.8	3.9	6.9	9.4	13.2	10.9
通信设备、计算机及其他电子设备	3.2	2.2	1.4	2.2	0.3	1.3	1.1	1.4	1.3	2.7

注：表中数据依据历年各省、自治区、直辖市统计年鉴中公布的"按行业分规模以上工业企业主要指标"数据分类整理。表中："黑色与有色金属采矿冶炼压延业"包含统计年鉴中的"黑色金属矿采选业、有色金属矿采选业、黑色金属冶炼及压延加工业和有色金属冶炼及压延加工业"，"非金属矿采选及制品"包含"非金属矿采选业、非金属矿物制品业"，"食品饮料"包含"农副食品加工业、食品制造业、饮料制造业"，"橡胶和塑料制品"包含"橡胶制品业、塑料制品业"，"机械工业"包括"通用设备制造业、专用设备制造业、电气机械及器材制造业"。除以上行业外，还有统计年鉴中"按行业分规模以上工业企业主要指标"的"其他采矿业"、"工艺品及其他制造业"、"废弃资源和废旧材料回收加工业"、"电力、热力的生产和供应业"、"燃气生产和供应业"、"水的生产和供应业"未纳入本表中。下同。

资料来源：依据历年各省份统计年鉴中的数据计算。

同样在表 6-5 中，广西壮族自治区工业产业结构中，黑色与有色金属采矿冶炼压延业、交通运输设备制造业、石油加工、炼焦及核燃料加工业所占比例不断升高，分别从 9.8% 上升到 21.1%、3.9% 上升到 10.9%、从 0.2% 上升到 5.2%；而作为广西传统优势产业的食品饮料制造业则从 20.7% 下降到 15.2%（其中的农副食品加工业从 13.7% 下降到 11.6%，食品制造业从 4.6% 下降到 1.4%）、纺织服装和皮革制造业从 9.8% 下降到 2.6%、机械工业从 10.4% 下降到 7.3%。尽管交通运输设备制造业所占比例升高了 7 个百分点，但食品饮料制造业、机械工业、纺织服装和皮革制造业、化学原料及化学制品业、通信设备及计算机等产业所占比例的降低（或基本保持不变）同样表明，广西工业产业的演变也呈现出向资源开采和初加工演变的趋势。尤其是食品饮料制造业仅占广西工业产业的 1% 左右，与广西占全国蔗糖产量 2/3 形成鲜明对比，表明其在蔗糖产业深加工方面严重不足。

表 6-6 中，1990~2011 年，重庆市工业产业结构中最主要的变化是机

械工业、纺织服装和皮革制造业的下降和交通运输设备制造业的升高。此外，黑色与有色金属采矿冶炼压延业、化学原料及化学制品业、非金属矿采选及其制品业所占比例虽有所波动，但仍然在重庆市工业产业结构中占有重要的比例。而 1990～2011 年四川省的工业产业结构中，总体上除纺织服装和皮革制造业所占比例下降较大外，其他产业所占比例均变化不大，基本保持了黑色与有色金属矿采选冶炼及压延业、非金属矿采选及其制品业、食品饮料制造业、化学原料及化学制品业、机械工业等主体产业格局。

表 6 - 6　1990～2011 年重庆和四川工业产业结构演变趋势

单位：%

产业	重庆					四川				
	1990 年	1995 年	2000 年	2005 年	2011 年	1990 年	1995 年	2000 年	2005 年	2011 年
煤炭开采和洗选业	3.4	2.5	1.8	2.4	3.2	2.3	2.5	1.6	2.6	4.4
石油和天然气开采业	0.0	0.0	0.1	0.2	0.1	1.9	2.4	2.9	3.0	1.3
黑色与有色金属采矿冶炼压延业	13.9	12.6	9.2	11.3	10.5	14.1	13.6	14.2	15.4	12.7
非金属矿采选及其制品业	4.4	3.9	5.8	5.3	5.7	5.1	8.0	6.6	5.5	8.3
食品饮料制造业	7.4	4.8	4.7	5.5	6.1	13.8	15.5	15.4	15.6	16.0
烟草制品业	2.1	0.7	3.2	1.8	1.0	2.4	2.4	2.8	1.2	0.7
纺织服装和皮革制造业	10.8	5.0	3.0	2.7	2.8	10.7	7.7	4.3	3.1	4.2
木材与造纸业	1.9	1.3	0.9	1.0	1.3	3.4	3.4	2.6	2.0	2.5
石油加工、炼焦及核燃料加工业	0.1	0.2	0.3	0.4	0.4	0.1	0.3	0.2	1.3	1.6
化学原料及化学制品业	9.5	7.3	7.8	6.7	6.2	8.2	8.3	7.5	8.7	6.9
医药制造业	3.0	2.4	3.6	2.9	2.8	1.7	2.1	3.7	2.9	2.9
橡胶和塑料制品业	3.0	2.0	1.0	1.3	2.1	1.6	1.5	1.3	1.9	2.2
金属制品业	2.5	2.0	1.0	1.3	2.4	2.8	2.4	1.4	1.3	2.5
机械工业	22.2	8.5	7.3	11.6	11.2	14.5	11.0	9.4	10.9	11.7
交通运输设备制造业	7.5	14.8	32.5	33.8	18.6	4.4	4.8	5.1	6.5	3.7
通信设备、计算机及其他电子设备	1.6	1.7	1.7	1.1	6.9	4.6	6.2	10.7	5.1	6.7

注：四川省 1990 年和 1995 年数据为当年数据减去重庆当年统计年鉴中相应数据后计算所得。

资料来源：依据历年各省份统计年鉴中的数据计算。

在如表 6 - 7 所示 1990～2011 年贵州省的工业产业结构中，除了煤炭开采和洗选业所占比例不断提升、黑色与有色金属采矿冶炼及压延业所占比例先上升后不断下降外，烟草制品业、机械工业和交通运输设备制造业所占比例持续下降，食品饮料制造业、化学原料及化学制品业所占比例大致保持不变。在 1990～2011 年云南省工业产业结构变化中，主要是黑色与有色金属采矿冶炼及压延业所占比例的快速上升，以及烟草制品业所占比例虽然不断下降但仍占有较高比重，此两类行业约占云南省工业产业比重的 50% 。其他主要行业中，机械工业所占比例不断下降，而食品饮料制造业、化学原料及化学制品业所占比例则变化不大。

表 6-8 中，陕西省在 1990~2011 年工业产业结构演变趋势中主要体现为石油和天然气开采业、石油加工、炼焦及核燃料加工业、黑色与有色金属采矿冶炼及压延业所占比例的升高，而纺织服装和皮革制造业、化学原料及化学制品业、机械工业、计算机及通信等电子设备制造业所占比例不断下降，其他主要行业如食品饮料制造业、交通运输设备制造业所占比例则分别大致维持在 7% 和 8% 。同一时期，甘肃省的工业产业结构主要变化也是石油和天然气开采业、石油加工、炼焦及核燃料加工业、黑色与有色金属采矿冶炼及压延业所占比例的升高，而纺织服装和皮革制造业、化学原料及化学制品业、机械工业所占比例不断下降，通信、计算机等电子设备制造业在甘肃省的工业产业中所占比例极低。甘肃省的其他主要行业还包括占 6% 的食品饮料制造业、占 4% 左右的非金属矿采选及制品业。

表 6-7 1990~2011 年贵州和云南第二产业结构演变趋势

单位：%

产业	贵州					云南				
	1990 年	1995 年	2000 年	2005 年	2011 年	1990 年	1995 年	2000 年	2005 年	2011 年
煤炭开采和洗选业	3.9	4.8	3.1	6.3	18.3	1.9	1.3	1.2	1.7	4.5
石油和天然气开采业										
黑色与有色金属采矿冶炼及压延业	9.7	20.0	18.4	19.5	15.3	17.6	15.3	16.7	29.8	32.3
非金属矿采选及制品业	5.0	6.1	6.4	3.2	6.6	3.6	4.3	4.6	3.6	4.6
食品饮料制造业	7.0	8.5	6.7	6.5	9.7	8.9	9.2	6.6	5.1	6.6
烟草制品业	14.3	11.0	14.2	6.8	4.4	29.5	36.1	35.2	22.9	15.2
纺织服装和皮革制造业	4.1	2.9	1.0	0.5	0.3	4.2	2.5	0.9	0.4	0.3
木材与造纸业	1.6	1.7	1.0	0.6	1.7	1.7	2.4	2.3	1.7	1.1
石油加工、炼焦及核燃料加工业	0.0	0.2	0.0	0.2	1.4	0.0	0.1	0.1	1.4	3.3
化学原料及化学制品业	6.5	8.3	9.0	11.6	8.6	7.9	7.7	8.6	9.7	9.9
医药制造业	1.1	1.8	5.0	5.0	4.1	1.0	1.0	2.5	1.9	2.2
橡胶和塑料制品业	4.5	4.4	3.4	2.6	2.7	2.2	1.7	1.5	0.8	0.6
金属制品业	2.1	2.3	1.4	1.1	0.9	1.7	1.0	0.8	0.4	0.7
机械工业	14.4	6.0	4.2	4.1	3.5	7.8	5.3	3.9	3.3	2.8
交通运输设备制造业	8.8	8.9	8.0	4.0	3.2	1.9	2.5	1.8	2.3	1.6
通信、计算机等电子设备制造业	5.4	2.0	1.8	1.6	0.8	1.0	0.6	0.4	0.3	0.2

表 6 - 8   1990～2011 年陕西和甘肃第二产业结构演变趋势

单位：%

产业	陕西					甘肃				
	1990 年	1995 年	2000 年	2005 年	2011 年	1990 年	1995 年	2000 年	2005 年	2011 年
煤炭开采和洗选业	2.4	2.1	1.7	5.3	13.1	2.2	1.8	1.9	2.5	3.9
石油和天然气开采业	0.8	2.6	14.6	18.3	10.8	4.2	9.1	5.2	4.5	7.3
黑色与有色金属采矿冶炼及压延业	7.0	8.3	5.8	10.8	12.6	17.9	26.1	23.8	30.8	31.5
非金属矿采选及制品业	5.0	4.5	3.2	2.3	4.0	4.2	5.3	6.1	2.9	3.6
食品饮料制造业	7.3	7.1	7.1	6.2	7.5	8.6	6.7	5.3	5.2	6.1
烟草制品业	5.0	3.3	2.8	1.8	1.1	0.0	1.0	1.2	1.8	1.5
纺织服装和皮革制造业	14.5	9.7	4.9	2.1	1.2	5.4	4.1	2.5	1.1	0.6
木材与造纸业	1.9	2.3	1.5	0.8	0.7	1.1	0.8	0.7	0.4	0.2
石油加工、炼焦及核燃料加工业	0.9	2.2	5.2	9.9	11.6	8.2	10.7	13.6	24.5	19.4
化学原料及化学制品业	6.0	5.7	4.4	4.0	3.3	9.9	9.9	9.3	4.9	4.7
医药制造业	2.2	3.2	5.2	3.7	1.9	1.4	1.0	1.8	1.4	1.0
橡胶和塑料制品业	1.7	1.6	0.6	0.4	1.2	0.0	1.4	2.9	0.5	0.5
金属制品业	2.3	2.0	1.2	0.6	1.2	0.0	1.7	1.4	0.5	1.2
机械工业	15.5	14.2	10.7	10.5	8.4	8.6	4.6	5.5	4.2	6.1
交通运输设备制造业	6.7	8.8	9.0	8.7	6.2	0.0	0.0	0.7	0.0	0.5
通信、计算机等电子设备制造业	9.1	9.7	10.2	3.7	2.1	0.0	0.0	2.8	0.5	0.4

资料来源：依据历年各省份统计年鉴中的数据计算。

表 6 - 9   1990～2011 年青海和宁夏第二产业结构演变趋势

单位：%

产业	青海					宁夏				
	1990 年	1995 年	2000 年	2005 年	2011 年	1990 年	1995 年	2000 年	2005 年	2011 年
煤炭开采和洗选业	1.8	1.2	0.6	1.9	7.0	9.3	8.8	7.5	10.4	15.1
石油和天然气开采业	3.6	16.2	27.3	21.7	13.2	2.3	2.5	8.8	0.2	0.1
黑色与有色金属采矿冶炼及压延业	28.0	34.7	35.2	39.2	36.7	15.3	19.1	17.2	16.7	19.6
非金属矿采选及制品业	5.8	5.2	4.7	3.5	4.4	5.5	4.5	3.6	3.6	4.7
食品饮料制造业	8.3	7.3	3.6	2.0	3.4	8.2	8.1	5.5	6.7	5.8
烟草制品业	0.5	0.5	0.0	0.0	0.0	1.1	0.4	0.3	0.2	0.3
纺织服装和皮革制造业	7.5	5.6	1.3	1.4	1.2	5.5	2.5	3.7	5.8	4.4
木材与造纸业	1.0	0.5	0.2	0.1	0.0	2.8	2.5	3.5	3.0	1.8
石油加工、炼焦及核燃料加工业	0.6	0.2	0.0	0.0	3.0	1.2	6.9	8.2	9.6	7.8
化学原料及化学制品制造业	5.4	4.0	6.3	7.0	13.0	10.3	11.3	11.3	10.8	9.5
医药制造业	1.2	1.0	1.5	1.3	1.5	0.7	0.6	1.5	1.9	1.3

续表

产业	青海					宁夏				
	1990年	1995年	2000年	2005年	2011年	1990年	1995年	2000年	2005年	2011年
橡胶和塑料制品业	0.9	0.6	0.0	0.0	0.0	7.3	7.7	4.4	3.5	1.3
金属制品业	2.5	2.4	0.6	1.2	0.4	2.2	1.2	2.5	1.4	1.1
机械工业	12.6	8.7	1.2	2.0	1.8	15.0	12.4	8.1	5.4	5.1
交通运输设备制造业	3.2	1.5	0.8	0.7	0.2	1.0	0.0	0.0	0.0	0.1
通信、计算机等电子设备制造业	0.5	0.2	0.1	0.0	0.0	0.1	0.2	0.0	0.1	0.0

资料来源：依据历年各省份统计年鉴中的数据计算。

表6-10 1990~2011年新疆第二产业结构演变趋势

单位：%

产业	新疆				
	1990年	1995年	2000年	2005年	2011年
煤炭开采和洗选业	2.6	2.9	2.1	1.3	2.8
石油和天然气开采业	17.7	30.9	34.8	37.3	21.0
黑色与有色金属采矿冶炼压延业	5.7	6.1	5.6	9.3	14.4
非金属矿采选及制品业	5.0	5.1	5.1	2.7	4.3
食品饮料制造业	13.6	11.8	8.3	6.0	6.8
烟草制品业	1.0	0.6	0.3	0.4	0.5
纺织服装和皮革制造业	24.6	16.5	9.2	3.3	2.0
木材与造纸业	1.6	1.5	0.9	0.8	0.4
石油加工、炼焦及核燃料加工业	4.1	6.9	15.9	23.7	23.4
化学原料及化学制品业	3.1	3.0	2.3	2.9	6.8
医药制造业	0.9	0.8	0.6	0.2	0.2
橡胶和塑料制品业	2.3	2.5	2.3	2.2	1.0
金属制品业	1.4	1.3	1.4	0.7	1.2
机械工业	5.1	3.7	2.9	1.8	3.7
交通运输设备制造业	2.2	1.1	0.9	0.3	0.1
通信、计算机等电子设备制造业	0.7	0.1	0.0	0.3	0.3

资料来源：依据历年新疆统计年鉴中的数据计算。

在表6-9所示青海省工业产业结构演变趋势中，黑色与有色金属采矿冶炼压延业占有青海省工业产业的最大比例且仍在不断提高，近年来已经接近40%；而居第二位的石油和天然气开采业所占比例大致以2000年为分界线，并体现为之前不断上升和之后不断降低两种截然相反的演变趋势，到2011年占青海省工业产业比重的13.2%。但石油和天然气开采业并没有带动青海省石油化工业的发展，其占青海省工业产业的比例仍然很低。而在表

6-9 中所示宁夏回族自治区的工业产业结构中，煤炭开采和洗选业、黑色与有色金属采矿冶炼压延业所占比例最高并且仍呈不断上升的趋势，机械工业所占比例从 1990 年的 15.0% 下降到了 2011 年的 5.1%，而食品饮料制造业、纺织服装和皮革制造业、化学原料与化学制品制造业及石油加工、炼焦及核燃料加工业等行业所占比例则几乎没有改变。

如表 6-10 所示，在 1990～2011 年新疆工业产业结构演变趋势中，石油和天然气开采业及石油加工、炼焦及核燃料加工业始终占有最高的比重，二者占比数据合计最高的 2005 年超过了新疆工业总产值的 60%，到 2011 年仍高达 44.4%。此外，纺织服装和皮革制造业在新疆工业产业中所占比例从 1990 年的 24.6% 下降到 2011 年的不足 2%；食品饮料制造业所占比例也下降了一半，从 13.6% 下降到 6.8%；所占比例本就不高的机械工业、橡胶和塑料制品业等行业所占比例仍略有下降。

3. 西部省、自治区、直辖市工业产业演变特征

从以上关于西部地区 11 个省、自治区、直辖市工业产业结构演变趋势的分析可见，西部地区工业产业演变趋势呈现出以下几个特征：

首先，自然资源采掘业（比如煤炭开采和洗选业、石油和天然气开采业、黑色和有色金属矿采选业）发展较快，并由此带动石化工业（石油加工、炼焦及核燃料加工业）、黑色金属冶炼及压延加工业和有色金属冶炼及压延加工业的快速发展，从而这几个行业所占比例快速提升。这在西部 11 个省、自治区、直辖市均有所体现，而在新疆、青海、宁夏、陕西、甘肃和内蒙古体现得尤其明显。

其次，尽管自然资源采掘业的加快发展带动了石化工业（石油加工、炼焦及核燃料加工业）、黑色金属冶炼及压延加工业和有色金属冶炼及压延加工业的快速发展，但西部地区对自然资源的精深加工仍然相对缺乏，其所涉及的产业链环节仍然是低端的。这体现在西部地区各省、自治区、直辖市的机械工业、化学原料与化学制品业、金属制品业、机械工业和交通运输设备制造业等行业所占比例较低且发展缓慢。

再次，被认为是劳动密集型的传统产业，比如农副食品加工业、食品制造业、饮料制造业（即使是酒类发展快速的贵州和四川，到 2010 年饮料行业所占比例也分别只有 5.75% 和 6.30%）、烟草制造业（除云南外）、纺织业、纺织服装和服饰业、木材加工与竹木制品业以及皮革、毛皮、羽毛及其制品和制鞋业在西部地区各省、自治区、直辖市的工业产业中所占比例均较

低，且在 1990 ~ 2011 年体现为不断下降的趋势（这种现象在西部各省、自治区、直辖市均有所体现）。

最后，被认为是资本、技术密集型的机械工业、汽车运输设备制造业（重庆除外）、通信设备、计算机及其他电子设备业、化学原料及化学制品、石化工业（新疆除外）等行业在西部各省、自治区、直辖市的发展均相对较慢。

第二节 西部地区优势产业评价指标测算

依据优势产业评价指标，以西部地区 2011 年的数据测算各项指标，以此作为西部地区优势产业分类与区域分布的依据。

一 主要工业产业指标比例

本课题研究选取西部地区 11 个（不含西藏自治区）省、自治区、直辖市的工业总产值、工业增加值、从业人数、利税总额等四个指标，分别计算各行业在工业产业中的比例，然后对工业总产值、从业人数、利税总额、工业增加值所占比例依次按照 0.4、0.3、0.2、0.1 的权重进行加权得到综合指数如表 6 – 11 所示。

表 6 – 11 2011 年西部各地区工业产业分行业比例加权综合指数

工业行业	广西	重庆	四川	陕西	甘肃	青海	宁夏	新疆	内蒙古	贵州	云南
煤炭开采和洗选业	0.5	6.4	6.4	17.1	5.2	9.7	33.3	5.3	25.6	23.9	8.1
石油天然气开采业	0.0	0.1	1.1	12.9	6.2	14.5	0.1	29.3	0.7	0.0	0.0
黑色金属矿采选业	1.0	0.2	1.3	0.4	5.2	0.8	0.0	1.8	2.8	0.4	2.0
有色金属矿采选业	2.3	0.1	1.2	1.2	1.3	2.9	0.0	1.4	3.0	0.4	2.9
非金属矿采选业	1.1	0.6	1.2	0.2	0.7	1.3	0.1	0.4	1.2	1.3	1.2
其他采矿业	0.0	0.0	0.0	0.0	0.0	0.1	0.0	0.0	0.0	0.0	0.0
农副食品加工业	11.5	3.5	7.1	2.9	3.1	1.1	2.3	3.4	6.0	1.8	4.2
食品制造业	1.7	1.2	2.0	1.7	1.4	0.9	3.2	1.9	3.7	1.4	1.4
饮料制造业	2.7	1.3	6.9	1.8	1.8	1.2	1.3	1.4	1.7	9.5	2.1
烟草制品业	2.2	2.1	0.6	1.5	1.3	0.0	0.3	0.6	0.3	7.0	21.0
纺织业	1.6	1.6	2.9	1.8	2.8	0.9	5.0	3.0	2.6	0.2	0.4
纺织、服装、鞋帽制造业	0.9	0.8	0.6	0.3	0.0	0.0	0.0	0.1	0.1	0.2	0.0
皮革、毛皮、羽毛及制品业	1.2	1.1	1.3	0.0	0.2	0.0	0.0	0.3	0.1	0.0	0.1
木材加工及制品业	4.1	0.2	0.9	0.2	0.1	0.0	0.0	0.2	0.1	1.0	0.6

续表

工业行业	广西	重庆	四川	陕西	甘肃	青海	宁夏	新疆	内蒙古	贵州	云南
家具制造业	0.6	0.6	1.6	0.1	0.0	0.0	0.1	0.2	0.1	0.2	0.0
造纸及纸制品业	2.0	1.1	1.6	0.8	0.4	0.0	1.5	0.4	0.6	0.5	0.9
印刷业和记录媒介	0.7	0.6	0.7	0.5	0.2	0.3	0.2	0.1	0.1	0.3	0.9
文教体育用品制造业	1.0	0.2	0.2	0.1	0.0	1.0	0.0	0.0	0.0	0.0	0.2
石油加工、炼焦及核燃料加工业	2.9	0.4	1.3	9.8	10.4	3.0	9.1	13.8	2.5	1.0	2.3
化学原料及化学制品业	5.5	5.9	6.7	3.3	5.3	15.9	10.1	6.7	6.1	7.3	8.0
医药制造业	2.2	2.1	3.2	2.0	1.0	1.6	2.2	0.3	1.7	3.6	2.2
化学纤维制造业	0.0	0.0	0.5	0.1	0.1	0.0	0.0	1.2	0.0	0.0	0.1
橡胶制品业	1.3	2.0	2.2	1.3	0.1	0.0	0.9	1.1	0.0	1.4	0.6
塑料制品业	0.0	0.0	0.0	0.0	0.0	1.6	0.0	0.0	0.6	0.6	0.0
非金属矿物制品业	8.3	5.9	7.5	3.8	5.5	4.2	6.4	4.9	4.1	5.2	3.9
黑色金属冶炼及压延加工业	8.5	4.6	6.3	3.2	11.8	9.3	7.6	6.7	8.1	6.4	8.4
有色金属冶炼及压延加工业	5.6	3.1	2.0	4.8	11.7	18.0	10.4	1.7	7.4	4.1	12.5
金属制品业	1.5	2.6	2.5	1.3	1.2	0.5	1.1	1.0	0.8	1.0	0.8
通用设备制造业	1.1	4.1	4.7	2.6	1.5	1.4	1.9	0.1	1.4	1.2	1.1
专用设备制造业	3.0	1.7	3.5	2.7	1.5	0.1	2.3	0.5	1.8	0.7	0.9
交通运输设备制造业	10.5	28.3	4.8	9.0	1.3	0.1	0.1	0.1	1.3	3.4	1.4
电气机械及器材制造业	3.0	5.1	3.1	2.5	2.8	0.6	2.3	2.4	1.1	1.2	0.9
通信、计算机等电子设备制造业	3.4	5.0	6.5	2.1	0.7	0.0	0.0	0.4	0.3	0.7	0.2
仪器仪表办公用机械制造业	0.2	1.2	0.3	1.0	0.1	0.1	0.6	0.0	0.0	0.0	0.2
工艺品及其他制造业	0.2	0.8	0.3	0.1	0.7	0.2	0.0	0.0	0.4	0.4	0.2
废弃资源回收加工业	0.5	0.4	0.1	0.0	0.0	0.1	0.0	0.0	0.1	0.0	0.0
电力热力生产和供应业	7.0	3.9	5.0	5.6	7.7	8.4	24.9	6.9	10.4	12.7	9.6
燃气生产和供应业	0.1	0.7	0.6	2.1	0.2	0.9	0.6	0.3	1.7	0.3	0.3
水的生产和供应业	0.3	0.3	0.4	0.6	0.3	0.2	0.4	0.1	0.3	0.4	0.3

依据表 6-11 中的数据，得到西部地区各省、自治区、直辖市排序前五位的优势产业如表 6-12 所示。

表 6 – 12　西部地区各省、自治区、直辖市排序前五位的优势产业

地区	1	2	3	4	5
广　西	农副食品加工业	交通运输设备制造业	黑色金属冶炼及压延加工业	非金属矿物制品业	电力热力生产和供应业
重　庆	交通运输设备制造业	煤炭开采和洗选业	化学原料及化学制品业	非金属矿物制品业	电气机械及器材制造业
四　川	非金属矿物制品业	农副食品加工业	饮料制造业	化学原料及化学制品业	通信、计算机等电子设备制造业
贵　州	煤炭开采和洗选业	电力热力生产和供应业	饮料制造业	化学原料及化学制品业	烟草制品业
云　南	烟草制品业	有色金属冶炼及压延加工业	电力热力生产和供应业	黑色金属冶炼及压延加工业	煤炭开采和洗选业
陕　西	煤炭开采和洗选业	石油天然气开采业	石油加工炼焦核燃料加工业	交通运输设备制造业	电力热力生产和供应业
甘　肃	黑色金属冶炼及压延加工业	有色金属冶炼及压延加工业	石油加工炼焦核燃料加工业	电力热力生产和供应业	石油天然气开采业
青　海	有色金属冶炼及压延加工业	化学原料及化学制品业	石油天然气开采业	煤炭开采和洗选业	黑色金属冶炼及压延加工业
宁　夏	煤炭开采和洗选业	电力热力生产和供应业	有色金属冶炼及压延加工业	化学原料及化学制品业	石油加工炼焦核燃料加工业
新　疆	石油天然气开采业	石油加工炼焦核燃料加工业	电力热力生产和供应业	化学原料及化学制品业	黑色金属冶炼及压延加工业
内蒙古	煤炭开采和洗选业	电力热力生产和供应业	黑色金属冶炼及压延加工业	有色金属冶炼及压延加工业	化学原料及化学制品业

二　区位熵指数

将 2011 年各地区的工业总产值、从业人数、利税总额的行业分布比例除以全国的同类数据得到各地区分别以工业总产值、从业人数、利税总额为基础的区位熵指数，然后再按照工业总产值、从业人数、利税总额分别赋以 0.4、0.4、0.2 的权重，得到加权区位熵指数，如表 6 – 13 所示。①

----

① 因全国数据中缺少工业增加值分行业数据，因此在计算区位熵时仅采用了工业总产值、从业人数和利税总额等三个指标的分行业数据。

表 6 – 13 2011 年西部各地区工业产业分行业区位熵加权综合指数

工业行业	广西	重庆	四川	陕西	甘肃	青海	宁夏	新疆	内蒙古	贵州	云南
煤炭开采和洗选业	0.1	1.3	1.3	3.1	1.2	1.7	2.8	1.1	5.0	4.9	1.7
石油天然气开采业	0.0	0.1	0.7	5.9	3.2	7.3	0.0	11.5	0.4	0.0	0.0
黑色金属矿采选业	1.0	0.2	1.2	0.5	2.9	1.1	0.0	1.8	3.2	0.4	2.2
有色金属矿采选业	3.1	0.1	1.6	1.9	2.3	3.9	0.0	2.0	4.6	0.6	4.6
非金属矿采选业	2.1	1.2	2.3	0.5	1.3	2.7	0.0	0.7	2.4	2.2	2.2
其他采矿业	—	—	—	—	—	—	—	—	—	—	—
农副食品加工业	2.6	0.8	1.6	0.7	0.7	0.3	0.3	0.8	1.3	0.4	1.0
食品制造业	0.9	0.7	1.1	1.0	0.8	0.5	0.5	1.2	2.0	0.9	0.8
饮料制造业	1.7	0.8	4.3	1.2	1.3	0.8	0.5	0.9	1.2	4.9	1.5
烟草制品业	1.5	1.9	0.7	2.0	1.9	0.0	0.2	0.6	0.6	6.8	19.0
纺织业	0.3	0.4	0.7	0.4	0.1	0.2	0.7	0.6	0.6	0.1	0.1
纺织服装鞋帽制造业	0.4	0.4	0.3	0.1	0.1	0.3	0.0	0.0	0.1	0.1	0.0
皮革毛皮羽毛及制品业	0.7	0.7	0.9	0.0	0.2	0.0	0.1	0.1	0.1	0.1	0.1
木材加工及制品业	3.5	0.2	0.8	0.1	0.1	0.0	0.1	0.1	0.8	0.4	0.6
家具制造业	0.7	0.8	2.1	0.1	0.1	0.0	0.1	0.3	0.2	0.2	0.0
造纸及纸制品业	1.4	0.8	1.1	0.6	0.3	0.0	0.5	0.2	0.4	0.4	0.6
印刷业和记录媒介	1.2	1.1	1.2	0.8	0.3	0.6	0.1	0.2	0.5	0.4	1.6
文教体育用品制造业	1.5	0.4	0.4	0.1	0.0	1.8	0.0	0.0	0.1	0.1	0.5
石油加工炼焦核燃料加工业	0.9	0.3	0.6	4.0	3.8	1.0	1.5	5.7	1.3	0.6	1.2
化学原料及化学制品业	0.9	1.0	1.1	0.6	1.0	2.7	0.7	1.2	1.1	1.2	1.4
医药制造业	1.1	1.1	1.6	1.1	0.6	0.9	0.4	0.9	1.8	1.1	1.1
化学纤维制造业	0.0	0.1	0.8	0.1	0.1	0.0	0.0	2.2	0.0	0.0	0.2
橡胶制品业	1.5	2.3	2.6	1.5	0.1	0.0	0.6	1.4	0.1	1.6	0.8
塑料制品业	0.0	0.0	0.0	0.0	0.0	0.0	0.0	0.0	0.3	0.3	0.0
非金属矿物制品业	1.6	1.1	1.4	0.8	1.0	0.9	0.6	1.0	0.8	1.1	0.8
黑色金属冶炼及压延加工业	1.4	0.9	1.3	0.6	2.2	2.1	0.6	1.3	1.7	1.3	1.7
有色金属冶炼及压延加工业	1.8	0.9	0.6	1.6	4.1	5.8	1.3	0.6	2.3	1.4	4.3
金属制品业	0.5	0.9	0.9	0.5	0.4	0.2	0.2	0.0	0.3	0.3	0.3
通用设备制造业	0.2	0.8	0.9	0.5	0.3	0.3	0.3	0.0	0.3	0.2	0.2
专用设备制造业	0.9	0.5	1.1	0.9	0.5	0.2	0.2	0.2	0.6	0.2	0.3
交通运输设备制造业	1.5	3.9	0.7	1.4	0.2	0.1	0.2	0.2	0.2	0.6	0.2
电气机械及器材制造业	0.5	0.8	0.9	0.4	0.4	0.1	0.2	0.1	0.1	0.1	0.1
通信、计算机等电子设备制造业	0.5	0.7	0.9	0.3	0.1	0.1	0.2	0.0	0.1	0.1	0.1
仪器仪表办公用机械制造业	0.2	1.1	0.3	1.0	0.1	0.1	0.4	0.0	0.0	0.2	0.2

续表

工业行业	广西	重庆	四川	陕西	甘肃	青海	宁夏	新疆	内蒙古	贵州	云南
工艺品及其他制造业	0.2	0.7	0.3	0.1	0.7	0.1	0.0	0.0	0.5	0.3	0.1
废弃资源回收加工业	1.6	1.4	0.5	0.0	0.2	0.3	0.1	0.0	0.4	0.2	0.1
电力热力生产和供应业	1.9	1.0	1.2	1.4	2.1	1.9	2.2	1.9	2.6	3.1	2.4
燃气生产和供应业	0.4	2.1	1.9	5.6	0.8	2.0	0.6	1.2	4.3	1.3	1.0
水的生产和供应业	1.2	1.4	2.0	3.9	1.3	0.9	1.0	0.5	1.2	1.5	1.3

依据表 6-13 中的数据,广西的加权区位熵综合指数大于 1 的工业行业有农副食品加工业、有色金属冶炼及压延加工业、交通运输设备制造业等 18 种,重庆有交通运输设备制造业、橡胶制品业、仪器仪表办公用机械制造业等 12 种,四川有饮料制造业、医药制造业、有色金属矿采选业等 19 种,陕西有石油天然气开采业、石油加工炼焦核燃料加工业、有色金属冶炼及压延加工业等 13 种,甘肃有有色金属冶炼及压延加工业、石油加工炼焦及核燃料加工业、石油天然气开采业等 12 种,青海有石油天然气开采业、有色金属冶炼及压延加工业、黑色金属冶炼及压延加工业等 11 种,宁夏有煤炭开采和洗选业、石油加工炼焦及核燃料加工业等 4 种,新疆有石油天然气开采业、石油加工炼焦及核燃料加工业等 12 种,内蒙古有煤炭开采和洗选业、有色金属矿采选业、食品制造业等 14 种,贵州有烟草制品业、饮料制造业、煤炭开采和洗选业等 13 种,云南有烟草制品业、有色金属矿采选业、有色金属冶炼及压延加工业等 14 种。

三 影响力系数与感应度系数

以西部地区各省、自治区、直辖市 2007 年的价值型投入产出表数据为基础,通过求解直接消耗系数矩阵和里昂惕夫逆矩阵,得到各地区工业行业的影响力系数和感应度系数如表 6-14 和表 6-15 所示①。

---

① 与表 6-13 相比,在表 6-14 和表 6-15 中,金属矿采选业包含了黑色金属矿采选业和有色金属矿采选业,食品制造及烟草加工业则包含了农副食品加工业、食品制造业、饮料制造业、烟草制品业,纺织服装皮革羽绒业包含了纺织业、纺织服装鞋帽制造、皮革毛皮羽毛及其制品业,木材加工及家具包含了木材加工及制品业、家具制造业,造纸印刷及文体用品业包含了造纸及纸制品业、印刷业和记录媒介、文教体育用品制造业,化学工业包含了化学原料及化学制品、医药制造业、化学纤维制造业、橡胶制品业、塑料制品业,金属冶炼及压延加工业包含了黑色金属冶炼及压延加工业和有色金属冶炼及压延加工业,通用、专用设备制造业包含了通用设备制造业和专用设备制造业。

表 6－14 西部各省、自治区、直辖市工业行业的影响力系数（2007 年）

工业行业	广西	重庆	四川	陕西	甘肃	青海	宁夏	新疆	内蒙古	贵州	云南
煤炭开采和洗选业	0.92	0.91	0.98	0.81	0.88	1.01	0.74	0.88	0.84	1.04	1.05
石油和天然气开采业	0.47	0.83	1.05	0.78	0.86	0.97	1.15	0.65	0.71	0.45	0.40
金属矿采选业	0.91	0.87	0.90	0.97	1.04	1.32	1.07	0.93	0.97	1.05	1.17
非金属矿及其他采矿业	0.87	1.05	1.00	1.03	0.92	0.82	1.11	1.09	1.02	1.05	1.17
食品制造及烟草加工业	1.02	0.94	1.00	1.08	1.05	1.07	1.08	1.08	1.06	0.94	0.74
纺织业	1.11	1.12	1.11	1.10	1.14	0.80	0.88	1.11	1.19	1.28	1.04
纺织服装皮革羽绒业	1.12	1.30	1.16	1.11	1.08	0.88	0.98	1.01	1.17	1.28	1.19
木材加工及家具制造业	1.15	1.23	1.09	1.13	1.11	1.23	1.15	1.33	1.19	1.18	1.12
造纸印刷及文体用品业	1.14	1.28	1.09	1.16	1.06	1.14	1.15	1.10	1.11	1.20	1.13
石油加工、炼焦及核燃料加工业	0.78	1.11	1.19	1.21	1.31	0.66	1.28	1.17	1.27	1.44	1.18
化学工业	1.15	1.10	1.14	1.00	1.17	2.28	1.09	1.09	1.13	1.22	1.19
非金属矿物制品业	1.22	1.09	1.11	1.04	1.10	0.89	1.06	1.14	1.08	1.27	1.20
金属冶炼及压延加工业	1.26	1.20	1.21	1.20	1.11	2.29	1.18	1.27	1.13	0.52	1.22
金属制品业	1.24	1.22	1.22	1.30	1.32	0.73	1.30	1.42	1.20	1.15	1.23
通用、专用设备制造业	1.31	1.24	1.22	1.26	1.22	0.67	1.19	1.19	1.42	1.13	1.22
交通运输设备制造业	1.67	1.39	1.28	1.38	0.96	0.61	1.24	1.60	1.66	1.08	1.24
电气机械及器材制造业	1.23	1.28	1.23	1.30	1.30	1.12	1.23	1.36	1.28	1.17	1.29
通信、计算机等电子设备制造业	1.38	1.21	1.15	1.26	1.10	0.53	1.39	1.06	1.50	1.12	1.18
仪器仪表及办公机械制造业	1.19	1.19	1.14	1.16	1.15	0.74	1.10	1.02	0.98	1.10	1.13
工艺品及其他制造业	1.05	1.02	1.15	1.03	1.04	0.80	0.91	0.98	0.86	1.39	1.28
废品废料回收加工业	0.78	1.17	0.58	0.44	0.91	1.10	1.04	1.09	1.05	0.45	0.40
电力热力生产和供应业	1.17	1.00	0.98	0.95	1.05	1.02	0.96	1.01	0.92	1.15	1.10
燃气生产和供应业	1.01	0.89	1.01	1.04	1.05	0.65	0.81	0.83	0.83	1.59	1.21
水的生产和供应业	1.08	0.87	0.95	1.01	0.79	0.83	0.89	0.96	0.94	0.97	0.83

表 6－15 西部各省、自治区、直辖市工业行业感应度系数（2007 年）*

工业行业	广西	重庆	四川	陕西	甘肃	青海	宁夏	新疆	内蒙古	贵州	云南
煤炭开采和洗选业	1.14	2.17	1.56	1.94	1.85	0.91	1.79	0.88	0.87	1.87	2.11
石油和天然气开采业	0.91	0.75	1.10	1.14	1.86	0.88	1.24	0.65	1.22	0.48	0.42
金属矿采选业	1.05	1.00	0.84	1.11	1.13	1.12	0.73	0.93	0.83	0.51	1.39
非金属矿及其他采矿业	0.61	0.71	0.59	0.61	0.54	0.61	0.52	1.09	1.07	0.61	0.64
食品制造及烟草加工业	1.00	0.86	1.14	0.94	0.96	0.94	1.02	1.08	0.80	0.76	0.75

续表

工业行业	广西	重庆	四川	陕西	甘肃	青海	宁夏	新疆	内蒙古	贵州	云南
纺织业	0.74	0.87	0.92	0.86	0.86	0.69	0.62	1.11	0.61	0.87	0.89
纺织服装皮革羽绒业	0.64	0.94	0.70	0.55	0.66	0.66	0.53	1.01	1.02	0.60	0.55
木材加工及家具制造业	0.80	0.70	0.71	1.03	1.10	0.72	0.93	1.33	1.01	0.76	0.68
造纸印刷及文体用品业	1.24	1.38	1.14	1.32	1.15	1.66	0.93	1.10	1.26	1.22	1.30
石油加工、炼焦及核燃料加工业	1.46	1.44	1.36	1.88	1.56	1.54	1.92	1.17	1.59	1.57	1.81
化学工业	2.51	2.96	2.47	2.24	2.80	1.55	2.56	1.09	0.76	2.43	2.12
非金属矿物制品业	0.78	0.93	0.73	0.95	0.85	0.85	0.80	1.14	1.97	0.76	0.69
金属冶炼及压延加工业	2.48	3.39	2.60	2.24	2.42	3.09	2.07	1.27	1.10	1.67	2.14
金属制品业	0.92	0.73	0.66	1.67	1.47	0.73	2.36	1.42	1.03	1.17	0.78
通用、专用设备制造业	1.47	1.34	1.21	1.67	1.47	1.01	1.11	1.19	1.52	1.21	1.58
交通运输设备制造业	1.25	1.48	1.01	1.04	0.67	0.82	0.70	1.60	0.73	0.78	1.02
电气机械及器材制造业	0.90	0.91	0.88	1.06	1.03	0.91	1.12	1.36	1.26	0.79	0.90
通信、计算机等电子设备制造业	1.29	1.25	1.11	1.04	0.80	0.78	0.62	1.06	0.59	1.11	1.20
仪器仪表及办公机械制造业	0.59	0.77	0.73	0.97	0.78	0.75	0.81	1.02	0.54	0.63	0.56
工艺品及其他制造业	0.54	0.40	0.47	0.55	0.49	0.58	0.43	0.98	0.56	0.67	0.48
废品废料回收加工业	0.87	0.55	0.57	0.56	0.51	0.67	0.49	2.17	0.60	0.53
电力热力生产和供应业	2.71	1.95	1.77	2.41	2.68	3.18	2.94	1.01	0.51	2.64	1.96
燃气生产和供应业	0.79	0.62	0.66	0.46	0.55	0.55	0.53	0.83	0.61	0.80	0.46
水的生产和供应业	0.53	0.42	0.45	0.59	0.48	0.82	0.50	0.96	0.65	0.49	0.43

* 新疆各工业行业的影响力系数和感应度系数完全一致。经笔者多次核对数据来源和计算过程无误。

依据表 6-14 和表 6-15 中西部各省、自治区、直辖市工业分行业的影响力和感应度数据，广西工业行业中影响力系数最高的主要是交通运输设备制造业（1.67），通信、计算机及其他电子设备制造业（1.38），通用和专用设备制造业（1.31），金属冶炼及压延加工业（1.26）等，而感应度系数最高的主要是电力热力生产和供应业（2.71），化学工业（2.51）、金属冶炼及压延加工业（2.48），通用和专用设备制造业（1.47）等，并有 7 个行业大类的影响力系数和感应度系数均大于 1。重庆市影响力系数最高的是交通运输设备制造业（1.39），感应度系数最高的是金属冶炼及压延加工业（3.39），影响力系数和感应度系数均大于 1 的有 7 个行业大类；四川省工业行业影响力系数最高的是交通运输设备制造业（1.28），感应度系数最高的是金属冶炼及压延加工业（2.60），影响力系数和感应度系数均大于1的有8个行业大类；陕西省工业行业影响力系数最高的是交通运输设备制造业（1.38），感应度系数最高的是电力热力生产和供应业（2.41），影响力系数和感应度系数均大于1的有9个行业大类；甘肃省工业行业影响力系数最高的是金属制品业（1.31），感应度系数最高的是化学工业（2.80），影响力系数和感应度系数均大于1的有11个行业大类；青海省工业行业影响力系数最高的是金属冶炼及压延加工业（2.29），感应度系数最高的是电力和热力生产和供应业（3.18），影响力系数和感应度系数均大于1的有5个行业大类；宁夏工业行业影响力系数最高的是通信、计算机等电子设备制造业（1.39），感应度系数最高的是电力热力生产和供应业（2.94），影响力系数和感应度系数均大于1的有8个行业大类；新疆工业行业影响力系数和感应度系数最高的都是交通运输设备制造业（1.60）；内蒙古工业行业影响力系数最高的是交通运输设备制造业（1.66），感应度系数最高的是电力热力生产和供应业（2.17），影响力系数和感应度系数均大于1的有11个行业大类；贵州省工业行业影响力系数最高的是煤气生产和供应业（1.59），感应度系数最高的是电力热力生产和供应业（2.64），影响力系数和感应度系数均大于1的有8个行业大类；云南省工业行业影响力系数最高的是电气机械及器材制造业（1.29），感应度系数最高的是金属冶炼及压延加工业（2.14），影响力系数和感应度系数均大于1的有10个行业大类。

四　竞争力指标

本章研究拟定反映西部地区工业行业动态竞争力的指标包括利税率、劳动生产率和产品销售率与全国该项数值的比例①，以反映各地区工业行业在全国的竞争力。具体指标的计算方法是：首先，先采用各地区的利税总额和工业销售值与各地区的工业总产值分别计算出利税率和销售率，以工业总产值和行业从业人数计算出劳动生产率。其次，将各地区的分行业利税率、销售率和劳动生产率除以全国数据的该三项指标。最后，将各地区经过第二步得到的指标值进行加权平均得到综合竞争力指标。本部分内容拟定的权重为

---

① 因全国数据中缺少工业分行业的增加值数据，因此此处仅考虑了利税率、生产率和销售率三个指标。

利税率、销售率和劳动生产率各占三分之一。由此得到的结果如表 6 – 16
所示。

如表 6 – 16 所示，从综合竞争力指数看，综合竞争力指数大于 1（含等
于 1）的工业行业，广西有农副食品加工业、烟草制品业、石油加工炼焦及
核燃料加工业等 23 个工业行业，重庆有交通运输设备制造业等 18 个工业行
业，四川有通信设备、计算机及其他电子设备制造业等 23 个工业行业，陕
西有煤炭开采和洗选业、石油加工炼焦及核燃料加工业等 20 个工业行业，
甘肃有黑色金属冶炼及压延业加工业等 11 个行业，青海有石油加工炼焦及
核燃料加工业等 4 个行业，宁夏有有色金属矿采选业等 13 个行业，新疆有
石油天然气开采、石油加工炼焦及核燃料加工业等 18 个行业，内蒙古有煤
炭开采和洗选业等 30 个行业，贵州有饮料制造业等 9 个行业，云南有烟草
制品业等 19 个工业行业。

表 6 – 16　西部各省、自治区、直辖市工业分行业综合竞争力指数（2011 年）

工业行业	广西	重庆	四川	陕西	甘肃	青海	宁夏	新疆	内蒙古	贵州	云南
煤炭开采和洗选业	0.7	0.7	0.8	1.5	0.5	0.7	1.8	0.9	1.6	0.8	0.8
石油天然气开采业	—	0.6	0.7	1.1	1.1	0.7	1.0	1.4	1.1	—	—
黑色金属矿采选业	0.9	0.6	0.9	0.7	0.5	—	0.7	1.2	0.9	0.7	0.9
有色金属矿采选业	1.0	0.7	1.0	1.0	0.6	—	1.6	1.4	1.1	0.8	1.0
非金属矿采选业	1.0	1.0	1.1	0.9	2.5	0.5	0.8	1.1	1.0	1.4	1.3
其他采矿业	—	—	—	—	—	1.3	—	1.2	—	—	—
农副食品加工业	1.2	0.9	0.9	0.9	0.5	0.7	0.7	0.9	1.1	0.8	1.2
食品制造业	0.9	0.9	0.9	0.9	1.0	0.7	0.8	0.7	1.2	1.3	0.8
饮料制造业	1.0	0.9	1.1	1.1	0.6	0.6	0.7	1.2	0.9	2.0	0.8
烟草制品业	2.5	1.5	0.9	1.4	0.8	0.5	—	1.6	0.8	1.5	1.7
纺织业	0.8	1.0	1.1	0.8	14.7	0.8	0.9	0.8	1.3	0.5	1.0
纺织服装鞋帽制造业	1.2	1.0	1.2	1.2	1.2	0.8	0.6	0.6	1.1	0.9	1.0
皮革毛皮羽毛及制品业	0.9	0.9	1.1	0.9	0.9	0.6	—	1.9	1.2	1.1	1.0
木材加工及制品业	0.9	0.9	1.0	1.2	1.1	1.4	—	1.0	1.0	0.9	0.8
家具制造业	1.2	1.2	1.0	1.2	0.9	0.4	—	0.7	1.5	1.7	0.7
造纸及纸制品业	0.8	1.0	1.0	0.9	0.9	—	0.9	1.4	0.8	0.9
印刷业和记录媒介	1.2	0.9	1.0	1.2	0.5	—	0.9	0.8	1.1	1.3	1.4
文教体育用品制造业	1.0	1.6	2.0	1.8	0.8	—	1.0	—	—	0.7	2.9
石油加工、炼焦及核燃料加工业	2.9	1.4	1.5	3.0	0.7	1.1	2.0	1.2	1.2	0.9	1.2

工业行业	广西	重庆	四川	陕西	甘肃	青海	宁夏	新疆	内蒙古	贵州	云南
化学原料及化学制品加工业	0.9	0.9	0.9	0.8	0.6	0.5	1.4	1.2	1.0	1.0	0.8
医药制造业	1.0	0.9	0.9	1.0	0.6	0.7	0.8	0.8	1.1	1.0	1.1
化学纤维制造业	—	1.0	0.9	1.3	0.6	—	—	0.6	—	—	2.7
橡胶制品业	0.9	1.0	1.0	1.0	3.8	0.3	—	0.9	1.1	0.8	0.9
塑料制品业	—	—	—	—	3.6	—	—	—	1.3	0.8	—
非金属矿物制品业	1.0	0.9	0.9	0.9	1.4	0.7	0.9	1.0	1.1	0.7	0.9
黑色金属冶炼及压延加工业	1.0	0.9	0.8	0.9	1.2	0.5	—	1.0	1.0	0.8	0.9
有色金属冶炼及压延加工业	0.9	0.9	0.9	0.9	0.6	0.5	0.9	0.9	1.2	0.8	0.9
金属制品业	1.1	0.9	1.0	0.8	0.9	0.6	0.9	1.0	1.4	0.8	0.8
通用设备制造业	1.0	1.0	1.0	1.0	0.7	0.6	0.7	1.0	1.0	0.6	0.8
专用设备制造业	1.1	1.0	1.0	0.8	0.5	0.8	0.9	0.9	0.8	0.7	0.7
交通运输设备制造业	1.0	1.3	0.8	0.7	2.3	1.2	0.5	0.1	1.0	0.6	1.0
电气机械及器材制造业	1.2	1.1	1.1	0.8	0.9	0.6	1.0	1.9	1.4	0.6	1.0
通信、计算机等电子设备制造业	1.3	1.1	1.2	0.9	0.5	—	—	1.3	1.4	0.9	1.5
仪器仪表办公用机械制造业	1.0	0.9	1.1	0.9	0.4	1.0	1.8	1.4	1.0	0.6	1.0
工艺品及其他制造业	1.0	0.8	0.9	2.1	0.9	—	0.1	—	1.8	0.9	1.0
废弃资源回收加工业	1.0	1.5	1.2	1.1	0.4	0.6	1.5	—	0.8	0.6	0.7
电力热力生产和供应业	0.8	0.8	1.1	1.1	0.5	0.6	1.1	1.1	1.7	0.6	1.1
燃气生产和供应业	0.9	0.9	1.0	2.6	0.8	0.6	—	0.9	2.9	0.6	0.7
水的生产和供应业	1.1	1.5	1.7	3.0	0.9	0.7	1.5	0.3	0.8	0.7	1.7

第三节　西部地区优势产业分类及其区域分布

一　优势产业评估方案

1. 产业范围

在以上计算西部地区工业分行业各项优势产业评价指数的基础上，按照西部地区各省、自治区、直辖市工业分行业生产总值数据，选取 2011 年工业总产值超过 500 亿元的工业行业作为各地区的优势产业评价基准。按照此标准，得到 2011 年各地区工业总产值超过 500 亿元的工业行业如表 6-17 所示。

表 6－17　西部各省、自治区、直辖市工业总产值超过 500 亿元的工业行业

单位：亿元

地区	产业	总产值	地区	产业	总产值
广西	黑色金属冶炼及压延加工业	1523	四川	农副食品加工业	2429
	交通运输设备制造业	1490		黑色金属冶炼及压延加工业	2360
	农副食品加工业	1483		非金属矿物制品业	2202
	电力、热力的生产和供应业	986		化学原料及化学制品制造业	2116
	非金属矿物制品业	845		通信、计算机等电子设备制造业	2044
	化学原料及化学制品制造业	672		饮料制造业	1882
	石油加工、炼焦及核燃料加工业	685		电力、热力的生产和供应业	1646
重庆	交通运输设备制造业	3466		通用设备制造业	1545
	通信、计算机等电子设备制造业	815		交通运输设备制造业	1509
	化学原料及化学制品制造业	736		煤炭开采和洗选业	1349
	黑色金属冶炼及压延加工业	733		专用设备制造业	1050
	电气机械及器材制造业	691		医药制造业	897
	非金属矿物制品业	608		有色金属冶炼及压延加工业	822
	电力、热力的生产和供应业	545		纺织业	799
	有色金属冶炼及压延加工业	501		金属制品业	757
贵州	煤炭开采和洗选业	1063		橡胶制品业	656
	电力、热力的生产和供应业	988	内蒙古	煤炭开采和洗选业	3719
	黑色金属冶炼及压延加工业	543		有色金属冶炼及压延加工业	1620
云南	有色金属冶炼及压延加工业	1265		电力、热力的生产和供应业	1607
	烟草制品业	1185		黑色金属冶炼及压延加工业	1603
	黑色金属冶炼及压延加工业	933		农副食品加工业	1270
	电力、热力的生产和供应业	907		化学原料及化学制品制造业	1080
	化学原料及化学制品制造业	767		非金属矿物制品业	686
陕西	煤炭开采和洗选业	1869		食品制造业	655
	石油加工、炼焦及核燃料加工业	1658		石油加工、炼焦及核燃料加工业	536
	石油和天然气开采业	1541	甘肃	石油加工、炼焦及核燃料加工业	1198
	交通运输设备制造业	1370		有色金属冶炼及压延加工业	986
	电力、热力的生产和供应业	999		黑色金属冶炼及压延加工业	872
	有色金属冶炼及压延加工业	920		电力、热力的生产和供应业	623
	黑色金属冶炼及压延加工业	683	新疆	石油加工、炼焦及核燃料加工业	1572
	非金属矿物制品业	539		石油和天然气开采业	1413
	农副食品加工业	537		黑色金属冶炼及压延加工业	680
宁夏	电力、热力的生产和供应业	520			

2. 评价指标

针对各地区工业总产值超过 500 亿元的行业，分别列出各地区分行业的各项评价指标如表 6－18 所示。

从表 6 - 18 中的数据可见，整体上，西部地区各省、自治区、直辖市的综合比例指数大多超过 5%，表明这些产业在各地区的工业产业中均占有极重要的地位；区位熵指数也多超过了 1，表明表中所列产业在西部地区的工业总产值、从业人数和利税总额中所占比例大多超过了全国的平均水平；影响力系数总体上接近 1，表明表中所列产业对西部各地区各产业发展的辐射、拉动效应较强；感应度系数大多超过 1.5 甚至超过 2，表明表中所列产业需要更多为其他部门提供产出量，因而会在受到社会需求压力的情况下对西部各地区的经济发展存在较大的制约作用。但表中竞争力系数大多小于或等于 1，表明与全国整体水平相比，西部各地区的这些产业竞争力不强。

表 6 - 18　西部各省、自治区、直辖市工业总产值超过 500 亿元的优势产业评价指标

地区	产业	综合比例指数	区位熵综合指数	影响力系数[①]	感应度系数[②]	竞争力综合指数
广西	黑色金属冶炼及压延加工业	8.5	1.4	1.3	2.5	1.0
	交通运输设备制造业	10.5	1.5	1.7	1.3	1.0
	农副食品加工业	11.5	2.6	1.0	1.0	1.2
	电力、热力的生产和供应业	7.0	1.9	1.2	2.7	0.8
	非金属矿物制品业	8.3	1.6	1.2	0.8	1.0
	化学原料及化学制品制造业	5.5	0.9	1.2	2.5	0.9
	石油加工、炼焦及核燃料加工业	2.9	0.9	0.8	1.5	2.9
重庆	交通运输设备制造业	28.3	3.9	1.4	1.5	1.3
	通信、计算机等电子设备制造业	5.0	0.7	1.2	1.3	1.1
	化学原料及化学制品制造业	5.9	1.0	1.1	3.0	1.1
	黑色金属冶炼及压延加工业	4.6	0.9	1.2	3.4	0.9
	电气机械及器材制造业	5.1	0.8	1.3	0.9	1.1
	非金属矿物制品业	5.9	1.1	1.1	0.9	0.9
	电力、热力的生产和供应业	3.9	1.0	1.0	2.0	0.9
	有色金属冶炼及压延加工业	3.1	0.9	1.2	3.4	0.9
四川	农副食品加工业	7.1	1.6	1.0	1.1	1.0
	黑色金属冶炼及压延加工业	6.3	1.3	1.2	2.6	0.8
	非金属矿物制品业	7.5	1.4	1.1	0.7	0.9
	化学原料及化学制品制造业	6.7	1.1	1.1	2.5	0.9
	通信、计算机等电子设备制造业	6.5	0.9	1.2	1.1	1.2

续表

地区	产业	综合比例指数	区位熵综合指数	影响力系数①	感应度系数②	竞争力综合指数
四川	农副食品加工业饮料制造业	6.9	4.3	1.0	1.1	1.1
	电力、热力的生产和供应业	5.0	1.2	1.0	1.8	1.1
	通用设备制造业	4.7	0.9	1.2	1.2	1.0
	交通运输设备制造业	4.8	0.7	1.3	1.0	0.8
	煤炭开采和洗选业	6.4	1.3	1.0	1.6	0.8
	专用设备制造业	3.5	1.1	1.2	1.2	1.0
	医药制造业	3.2	1.6	1.1	2.5	0.9
	有色金属冶炼及压延加工业	2.0	0.6	1.2	2.6	0.9
	纺织业	2.9	0.7	1.1	0.9	1.1
	金属制品业	2.5	0.8	1.2	1.0	1.0
	橡胶制品业	2.2	2.6	1.1	2.5	1.0
陕西	煤炭开采和洗选业	17.1	3.1	0.8	1.9	1.5
	石油加工、炼焦及核燃料加工业	9.8	4.0	1.2	1.9	3.0
	石油和天然气开采业	12.9	5.9	0.8	1.1	1.1
	交通运输设备制造业	9.0	1.4	1.4	1.0	0.7
	电力、热力的生产和供应业	5.6	1.4	1.0	2.4	1.1
	有色金属冶炼及压延加工业	4.8	1.6	1.2	2.2	0.9
	黑色金属冶炼及压延加工业	3.2	0.6	1.2	2.2	0.9
	非金属矿物制品业	3.8	0.8	1.0	1.0	0.9
	农副食品加工业	2.9	0.7	1.1	0.9	0.9
甘肃	石油加工、炼焦及核燃料加工业	10.4	3.8	1.3	1.6	0.7
	有色金属冶炼及压延加工业	11.7	4.1	1.1	2.4	1.2
	黑色金属冶炼及压延加工业	11.8	2.2	1.1	2.4	0.6
	电力、热力的生产和供应业	7.7	2.1	1.1	2.7	0.5
宁夏	电力、热力的生产和供应业	24.9	2.2	1.0	2.9	1.1
新疆	石油加工、炼焦及核燃料加工业	13.8	5.7	1.2	1.2	1.2
	石油和天然气开采业	29.3	11.5	0.7	0.7	1.4
	黑色金属冶炼及压延加工业	6.7	1.3	1.3	1.3	1.0
内蒙古	煤炭开采和洗选业	25.6	5.0	0.8	0.9	1.6
	有色金属冶炼及压延加工业	7.4	2.3	1.1	1.1	1.2
	电力、热力的生产和供应业	10.4	2.6	0.9	0.5	1.7
	黑色金属冶炼及压延加工业	8.1	1.7	1.1	1.1	1.0
	农副食品加工业	6.0	1.3	1.1	0.8	1.1
	化学原料及化学制品制造业	6.1	1.1	1.1	0.8	1.0
	非金属矿物制品业	4.1	0.8	1.1	2.0	1.1
	食品制造业	3.7	2.0	1.1	0.8	1.2
	石油加工、炼焦及核燃料加工业	2.5	1.3	1.3	1.6	1.2

续表

地区	产业	综合比例指数	区位熵综合指数	影响力系数①	感应度系数②	竞争力综合指数
贵州	煤炭开采和洗选业	23.9	4.9	1.0	1.9	0.8
	电力、热力的生产和供应业	12.7	3.1	1.2	2.6	0.7
	黑色金属冶炼及压延加工业	6.4	1.3	0.5	1.7	0.6
云南	有色金属冶炼及压延加工业	12.5	4.3	1.2	2.1	0.9
	烟草制品业	21.0	19.0	0.7	0.8	1.7
	黑色金属冶炼及压延加工业	8.4	1.7	1.2	2.1	0.9
	电力、热力的生产和供应业	9.6	2.4	1.1	2.0	1.1
	化学原料及化学制品制造业	8.0	1.4	1.2	2.1	0.8

注：①②中影响力系数和感应度系数由于存在产业分类融合的问题，因此在应用投入产出法计算该两项系数时存在产业分类融合的产业大类，在本表中则按照相应的指数分别指定到相应的产业。

二 优势产业分类及其区域分布

依据表 6-18 中西部各地区工业总产值超过 500 亿元的各项指标数据，按照综合比例指数超过 5%、区位熵指数超过 1、影响力系数超过 1、感应度系数超过 1.5 和竞争力系数超过 1 的标准，将西部地区优势产业分为三类。其中优势产业Ⅰ类是 5 个指标中有 4 个达到上述标准的，优势产业Ⅱ类是有 2~3 个指标达到上述标准的，优势产业Ⅲ类则是仅有 1 个指标达到上述标准的。由此，得到西部各地区优势产业及其分类如表 6-19 所示。

表 6-19 西部各省、自治区、直辖市优势产业分类

地区	分类	工业行业		
广西	Ⅰ类	黑色金属冶炼及压延加工业	农副食品加工业	电力、热力的生产和供应业
	Ⅱ类	交通运输设备制造业	非金属矿物制品业	化学原料及化学制品制造业
	Ⅲ类	石油加工、炼焦及核燃料加工业	—	—
重庆	Ⅰ类	交通运输设备制造业	—	—
	Ⅱ类	通信、计算机等电子设备制造业	化学原料及化学制品制造业	黑色金属冶炼及压延加工业
		电气机械及器材制造业	非金属矿物制品业	电力、热力的生产和供应业
		有色金属冶炼及压延加工业	—	—

续表

地区	分类	工业行业		
四川	I类	黑色金属冶炼及压延加工业	化学原料及化学制品制造业	饮料制造业
		电力、热力的生产和供应业	橡胶制品业	—
	II类	农副食品加工业	非金属矿物制品业	通信、计算机等电子设备制造业
		通用设备制造业	交通运输设备制造业	煤炭开采和洗选业
		专用设备制造业	医药制造业	有色金属冶炼及压延加工业
		纺织业	金属制品业	
陕西	I类	煤炭开采和洗选业	石油加工、炼焦及核燃料加工业	电力、热力的生产和供应业
	II类	石油和天然气开采业	交通运输设备制造业	有色金属冶炼及压延加工业
		黑色金属冶炼及压延加工业	—	—
	III类	非金属矿物制品业	农副食品加工业	
甘肃	I类	石油加工、炼焦及核燃料加工业	有色金属冶炼及压延加工业	黑色金属冶炼及压延加工业
		电力、热力的生产和供应业	—	—
宁夏	I类	电力、热力的生产和供应业	—	—
新疆	I类	石油加工、炼焦及核燃料加工业	—	—
	II类	石油和天然气开采业	黑色金属冶炼及压延加工业	
内蒙古	I类	有色金属冶炼及压延加工业	农副食品加工业	化学原料及化学制品制造业
		石油加工、炼焦及核燃料加工业	—	—
	II类	煤炭开采和洗选业	电力、热力的生产和供应业	黑色金属冶炼及压延加工业
		非金属矿物制品业	食品制造业	—

续表

地区	分类	工业行业		
贵州	I 类	煤炭开采和洗选业	电力、热力的生产和供应业	—
	II 类	黑色金属冶炼及压延加工业	—	—
云南	I 类	有色金属冶炼及压延加工业	黑色金属冶炼及压延加工业	电力、热力的生产和供应业
		化学原料及化学制品制造业	—	—
	II 类	烟草制品业	—	—

第七章

西部地区优势产业发展制约因素

第一节　西部地区经济发展水平相对滞后

一　西部地区经济增长历程及当前阶段性定位

1. 改革开放后西部地区的经济增长历程

改革开放后，西部地区各省、自治区、直辖市经济均获得快速发展。如
图7–1所示，西部地区 12 个省、自治区、直辖市的地区生产总值占全国的

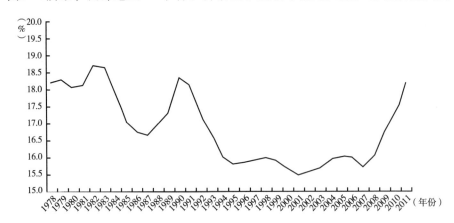

**图 7 – 1　1978 ~ 2011 年西部地区 12 个省、自治区、直辖市的
地区生产总值占全国比例的演变趋势**

资料来源：依据 2012 年各省及全国统计年鉴中的数据计算作图。

比例虽然在 2001 年之前整体呈下降的趋势（从 18.5% 左右下降到 15.5% 左右），但之后的整体上升趋势更快，在 2001～2011 年的十年间从 15.5% 上升到 18.2%，提高了 2.7 个百分点。到 2011 年，西部地区 12 个省、自治区、直辖市中，四川、内蒙古、广西、重庆和陕西的地区生产总值已经超过万亿元，内蒙古的人均地区生产总值超过 5 万元，而生产总值最低的贵州也达到了 16413 元。1978～2011 年，西部地区 12 个省、自治区、直辖市的地区生产总值平均增长率均接近或超过 9%，其中内蒙古、广西、重庆、四川、云南、西藏、陕西和新疆平均增长率均超过 10%，高于同期全国的 9.9%；同一时期，西部地区的人均 GDP 平均增长率均接近或超过 8%，其中内蒙古、重庆、四川和陕西超过 9%，高于同期全国的 8.8%。

　　分阶段来分析，改革开放以来，西部地区的经济增长历程大致可以划分为三个阶段，如图 7-2 所示。阶段 I 是 1978 年到 20 世纪 90 年代初（大致是 1993 年前后）。在该阶段，西部地区各省、自治区、直辖市的经济增长率波动极大，既有超过 20% 的高速增长率，也有接近 10% 的负增长。在该阶段，大体又可以划分为 1985 年前的增长率总体上升、1985～1989 年的增长率总体下降和 1989～1993 年增长率总体上升等三个细分阶段。阶段 II 是 1993～2000 年。在这一阶段，西部地区各省、自治区、直辖市的经济增长率波动幅度明显减小，基本集中在 7%～13%，但整体增长率却体现为趋于下降的趋势。第三阶段是 2000 年之后，在西部大开发政策的刺激下，西部地区经济增长率呈不断加快的趋势。从图 7-2 中可见，2004 年之后，西部

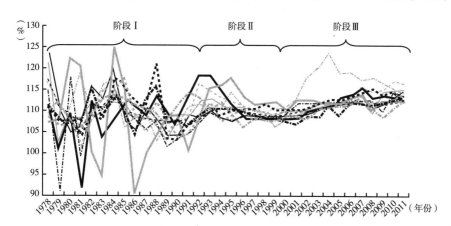

图 7-2　西部 12 个省、自治区、直辖市 GDP 指数阶段性演变趋势

资料来源：依据历年各省份统计年鉴中的数据作图。

地区 12 个省、自治区、直辖市的经济增长率几乎都保持在 10% 以上，尤其是 2009～2011 年这三年中皆保持着 11%～13% 的增长率，大大快于全国 8.3%、10.2%、9.6% 的增长率。

尽管西部地区 12 个省、自治区、直辖市在改革开放后经济获得快速发展，但同样必须认识到的是，西部地区经济发展水平仍然比较落后。从 1978 年到 2011 年，尽管西部地区 12 个省、自治区、直辖市中仅有青海省的 GDP 平均增长率低于全国的 9.9%，但人均 GDP 增长率却只有内蒙古、重庆、四川和陕西高于全国的 8.8%。而且，如表 7-1 所示，到 2011 年，西部地区 12 个省、自治区、直辖市中，仅有内蒙古的人均 GDP 超过了全国平均的 35181 元，云南、西藏和甘肃的人均 GDP 不足全国平均水平的 60%，贵州省的人均 GDP 甚至不及全国平均水平的一半。

表 7-1　西部地区省、自治区、直辖市 2011 年主要经济指标

地区	地区生产总值		人均地区生产总值	
	总值（亿元）	平均增长率（%）	总值（元）	平均增长率（%）
内蒙古	14359.9	12.7	57974	11.4
广　西	11721	10.2	25326	8.8
重　庆	10011.4	10.8	34500	10.5
四　川	21026.7	10.4	26133	10.0
贵　州	5701.8	9.8	16413	8.6
云　南	8893.1	10.0	19265	8.6
西　藏	605.8	10.4	20077	8.7
陕　西	12512.3	10.8	33464	9.9
甘　肃	5020.4	9.7	19595	8.6
青　海	1670.4	8.9	29522	8.3
宁　夏	2102.2	9.9	33043	7.7
新　疆	6610.05	10.4	30087	8.5

注：其中平均增长率为 1978～2011 年的平均增长率。测算公式为：

$$\bar{g} = \left(\prod_{t=1978}^{2011} (I_t/100) \right)^{(2011-1978)} \times 100 - 100, 其中 I_{1978} = 100$$

其中 I_t 为 t 年地区生产总值指数（单位:%），$\bar{g}$ 为平均增长率。

资料来源：依据各省及全国 2012 年统计年鉴中的相关数据计算。

2. 西部各省、自治区、直辖市当前所处经济增长阶段

如表 7-2 所示，2011 年西部地区各省、自治区、直辖市中，人均 GDP 最高的内蒙古为 4254 美元，略高于长期经济增长路径的阶段 I 与阶段 II 之

间的临界值（约 3500 美元）①。此外，重庆市的 2944 美元也接近于阶段 I 与阶段 II 之间的临界值。但其他各个省、自治区、直辖市的人均 GDP 均低于阶段 I 与阶段 II 之间的临界值，表明西部地区主体上仍然处于经济增长进程的阶段 I。由此逆推，即西部地区整体上仍处于增长率趋于上升的经济增长阶段，这意味着未来一段时间内西部地区整体上的经济增长率仍将呈现出不断加快的趋势。但西部地区目前的经济发展水平仍然落后于全国总体介于阶段 I 与阶段 II 之间的临界点，与东部发达省份相比落后得更多。

表 7 - 2　西部地区各省、自治区、直辖市 2011 年人均 GDP 与人口城市化率

地区	人均 GDP（美元，2000 年基准）	人口城市化率（%）
广　西	1860	41.80
重　庆	2944	55.02
四　川	2186	41.83
陕　西	2331	47.30
甘　肃	1556	37.15
青　海	2089	46.22
宁　夏	1916	49.82
新　疆	2244	43.54
内蒙古	4254	56.62
贵　州	1048	34.96
云　南	1599	36.80

注：表中的人均 GDP 数据为笔者按照各省、自治区、直辖市 2012 年统计年鉴中公布的 2000 ～ 2011 年人均 GDP 及其增长率数据，计算出以 2000 年为基准的人均 GDP，再按照 2000 年人民币兑美元的汇率计算得到表中以美元为单位的人均 GDP 数据。

资料来源：依据各省份 2012 年统计年鉴中的数据计算。

二　西部地区相对缓慢的城市化与工业化

1. 西部地区的城市化进程

城市化率方面，西部地区城市发展起步晚，发展缓慢。自西部大开发战略实施以来，西部地区城市化发展步伐有所加快，2000 年西部地区城市化率只有 24.1%，到 2005 年上升至 34.6%，2009 年为 39.4%，截至 2011 年已达到 41.0%，西部地区城市化虽取得了显著成效，但西部地区城市化率

---

① 关于长期经济增长路径及其阶段划分，参见秦敬云待发表论文《长期经济增长路径分化及其实证研究》。

不仅远低于东部地区，同时也低于全国的平均水平。2005 年，东部地区城市化率为 53.3%，西部地区为 34.6%，落后 18.7 个百分点。2009 年，东部地区城市化率上升至 56.9%，西部则为 39.4%，仍然落后 17.5 个百分点，到 2010 年更是落后了 19 个百分点。[①] 2011 年，西部地区的内蒙古、广西、重庆、四川、贵州、云南、西藏、陕西、甘肃、青海、宁夏和新疆等 12 个省、自治区、直辖市的城镇人口所占比重分别为 56.6%、41.8%、55.0%、41.8%、35.0%、36.8%、22.7%、47.3%、37.2%、46.2%、49.8% 和 43.5%。除西藏低于 30% 外，其他均已进入快速城市化阶段，其中内蒙古、重庆的城市人口比重已经超过 50%，高于全国标准的 51.3%。但西部地区城市化发展水平仍然较低。到 2011 年，全国的城市人口比重达到了 51.3%，西部 12 个省、自治区、直辖市中仅有内蒙古和重庆略高于全国平均水平，贵州、云南、甘肃和西藏的城镇人口比重仍然低于 40%，大大落后于全国整体城市化进程。

2. 西部地区工业化进程判断

表 7 - 3 2011 年西部地区各省、自治区、直辖市工业化进程
主要指标及工业化阶段判断

单位: %

地区	项目	人均 GDP（美元）	三次产业结构	制造业占 GDP 比例	人口城市化率	第一产业就业比重	整体工业化阶段
广西	指标	1860	17.5 : 48.4 : 34.1	41.4	41.8	53.3	工业化初期到中期
	分指标工业化阶段	工业化初期	工业化中期	工业化中期	工业化初期	工业化初期	
重庆	指标	2944	8.4 : 55.4 : 36.2	46.9	55.0	38.1	工业化中期
	工业化阶段	工业化中期	工业化后期	工业化中期	工业化中期	工业化中期	
四川	指标	2186	14.2 : 52.5 : 33.3	45.1	41.8	42.7	工业化初期到中期
	工业化阶段	工业化初期	工业化中期	工业化中期	工业化初期	工业化中期	
陕西	指标	2331	9.8 : 55.4 : 34.8	46.8	47.3	40.0	工业化中期
	工业化阶段	工业化初期	工业化后期	工业化中期	工业化初期	工业化中期	

① 牛艳红、王春国：《西部地区城市化现状及趋势》，《开放导报》2012 年第 5 期，第 86~88 页。

续表

地区	项目	人均 GDP（美元）	三次产业结构	制造业占 GDP 比例	人口城市化率	第一产业就业比重	整体工业化阶段
甘肃	指标	1556	13.5∶47.4∶39.1	38.3	37.2	61.26	工业化初期
	工业化阶段	工业化初期	工业化中期	工业化初期	工业化初期	前工业化阶段	
青海	指标	2089	9.3∶58.4∶32.3	48.6	46.2	39.4	工业化初期到中期
	工业化阶段	工业化初期	工业化后期	工业化中期	工业化初期	工业化中期	
宁夏	指标	1916	8.8∶50.2∶41.0	38.9	49.8	48.9	工业化初期
	工业化阶段	工业化初期	工业化后期	工业化初期	工业化初期	工业化初期	
新疆	指标	2244	17.2∶48.8∶34.0	40.8	43.5	48.7	工业化初期到中期
	工业化阶段	工业化初期	工业化中期	工业化中期	工业化初期	工业化初期	
内蒙古	指标	4254	9.1∶56.0∶34.9	49.5	56.6	45.9	工业化中期
	工业化阶段	工业化中期	工业化后期	工业化中期	工业化中期	工业化初期	
贵州	指标	1048	12.7∶38.5∶48.8	32.1	35.0	66.6	工业化初期
	工业化阶段	前工业化阶段	工业化中期	工业化初期	工业化初期	前工业化阶段	
云南	指标	1599	15.9∶42.5∶41.6	33.7	36.8	59.4	工业化初期
	工业化阶段	工业化初期	工业化中期	工业化初期	工业化初期	工业化初期	

资料来源：人均 GDP 为笔者依据 2011 年各省份统计年鉴中的国民经济核算数据计算得到（其中贵州、宁夏 2008 年之前的数据来源于《新中国六十年统计资料汇编》），其他数据来源于各个省份 2011 年的统计年鉴。

　　如表 7-3 所示，到 2011 年，西部地区中，除内蒙古、重庆和陕西可以整体上定位于工业化中期阶段外，其他省份均仍处于工业化初期或初期向工业化中期过渡的阶段，而贵州省的人均 GDP 和第一产业就业比重等两项指标仍然处于前工业化阶段，甘肃省的第一产业就业比重也仍然处于前工业化阶段。与之相比，东部地区北京市和上海市已经接近于后工业化阶段，天津市处于工业化后期到后工业化的过渡阶段，江苏、浙江、福建和广东四省大致处于工业化后期阶段，山东和河北两省也已达到工业化中期阶段。因此，西部地区的工业化进程要大大落后于东部地区。

第二节　西部地区优势产业发展的生产要素制约

一　劳动密集型产业西迁的劳动力成本约束

1. 我国技术自主化阶段面临资本与劳动力有效供给不足

在笔者构建的经济增长进程及路径分化模型中，当前我国人均 GDP 在路径 2 上大致定位于临近经济增长率顶峰的位置，接近于阶段 I 和阶段 II 的临界值，即正处于技术自主化阶段。在该阶段，我国将完成经济增长方式由主要依赖于外部技术引进向自主技术创新转变。在两部门经济增长模型下，由于资本和劳动力在物质生产部门和知识生产部门之间分配，资本与劳动力的有效供给成为我国经历技术自主化阶段所需时间的决定性因素。

在面临资本与劳动力有效供给不足的情况下，我国的产业西迁进程也会因此受到影响。一方面，西部地区在承接东部产业转移过程中最需要的是来自东部地区的产业资本，但东部地区在促进自主技术创新以迈过技术自主化阶段进而实现经济增长方式转变的过程中，同样需要庞大的资本投入。另一方面，东部地区的产业西迁所急需的就是解决其在东部地区面临的劳动力不足问题，但转移到西部的产业同样面临着劳动力有效供给的不足（比如转移到西部、中西部地区的一些电子信息产业国际代工企业同样面临着程度不同的用工难问题）。因此，技术自主化阶段我国资本和劳动力的有效供给将会制约着我国的产业西迁，并因此影响我国的经济发展。

2. 劳动密集型产业西迁的成本约束

事实上，到目前为止，西部地区劳动密集型产业的发展都相对滞后于东部地区。但这并不意味着西部地区应该承接东部地区的劳动密集型产业来促进西部地区的经济发展。原因有两个方面。

首先，西部地区目前相对低廉的工资水平并不能转化为西部地区承接东部劳动密集型产业的劳动力成本优势。东部地区劳动密集型产业由于面临土地成本的升高、人民币升值带来的贸易条件恶化，以及东部地区产业升级的压力，都在推动东部地区劳动密集型产业向外部转移以寻求保持其在出口贸易中的国际竞争优势。而一般认为，向西部地区转移可以利用西部地区相对低廉的劳动力成本，在一定程度上缓解其目前在出口贸易中面临的劣势，并能够继续维持我国劳动密集型产业的国际竞争力。但实际上，在产业西迁的过程中，尽管相对于东部地区，西部地区可能仍然具有一定的劳动力成本优势，但这种优势在目前地区工资差距作为一种公共信息的条件下将被大大缩小。因此，转移到中西部地区后的企业并没有真正摆脱其在东部地区所面临的劳动力成本上升的问题。因为尽管迁移到了西部地区，但东部地区同类企业的劳动力工资已经成为公众信息，从而成为西迁企业所雇用劳动力的工资预期。尽管中西部地区劳动力的实际工资还需综合考虑背井离乡带来的语言、风俗、东部地区相对高昂的生活成本等因素加以调整，但在当前我国经济发展水平和国民素养上，名义工资的大幅度减少更难以被产业工人所接受。这意味着迁移到中西部地区的企业其支付给劳动力的工资可能与东部差距并不大。

其次，在目前仍然落后的基础设施条件尤其是到东部沿海地区出海通道匮乏的条件下，劳动密集型产业发展所需的生产、运输条件不能得到满足。而且，由于劳动密集型产业的产品大多具有体积大而价值低的特点，因而运输费率（单位产品价值的运输成本）较高。因此转移到西部地区的劳动密集型产业不仅不能享受到劳动力成本优势，却反而要承受由此带来的产品、原材料运输成本的大幅度上升。由于转移到西部地区的劳动密集型产业，其市场空间主要在东部地区乃至国外，而原材料的来源也大多依赖于石化产业、化学产业的周边产物乃至进口，因此转移到西部地区的劳动密集型产业的发展可能会面临与东部地区目前的国际代工型产业发展模式相同的困境，就是原材料和市场都不在西部地区，而仅仅是中间的装配环节放在了西部地区，在两头挤压下，其发展和生存都会受到极大的限制。

由此，在成本约束下，东部地区的劳动密集型产业难以通过产业西迁解决其目前在东部地区面临的发展困境。

二　西部地区优势产业发展中的产业资本不足

1. 西部地区的资本投入

（1）西部地区的全社会固定资产投资

西部地区整体上仍处于经济增长率不断加快的阶段。而在该阶段，经济增长的主要动力来自于要素投入即资本与劳动力投入量的增加。劳动力投入因我国目前仍处于劳动力过剩时期而在经济增长进程中其增量影响并不明显，在这种情况下，资本投入的增加就显得尤其重要。西部地区 12 个省、自治区、直辖市占全国 61.5% 的国土面积和 27.0%（2011 年）的人口，但全社会固定资产投资总额却仅仅占全国的 20% 左右（如图 7 – 3 所示）。

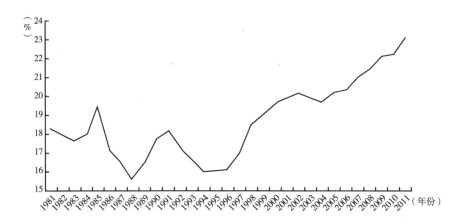

图 7 – 3　1981～2011 年西部 12 个省、自治区、直辖市全社会固定资产投资总额占全国比例的演变趋势

资料来源：笔者依据相关数据计算作图。

如图 7 – 3 所示，2002 年之前，西部地区 12 个省、自治区、直辖市全社会固定资产投资总额占全国的比例都低于 20%，尤其在 1995～1996 年之前呈不断下降的趋势，并从 1981 年的 17.92% 下降到 1995 年的 16.01% 和 1996 年的 16.05%。1996 年之后尤其是在 2000 年西部大开发战略的带动下，西部地区全社会固定资产投资总额占全国的比例虽然呈不断上升的趋势，但到 2011 年也仅仅占 23.14%，15 年间仅仅上升 7 个百分点左右，且仍然低于西部地区人口占全国人口的比例（2011 年为 27.0%）。

（2）外商直接投资

如图 7 – 4 所示，2006 年前西部地区 12 个省、自治区、直辖市占全国实际利用外资总额比例均低于 10%，其中 1996～2006 年的 10 年间均保持在 6% 左右的低水平。到 2010 年底，西部地区实际利用外资金额累计为 563.7 亿美元，仅占全国标准的 5.4%。近年来，西部地区实际利用外资金额占全国的比重有较大的提升，但到 2008 年也仅达到 13.66%，而到 2010 年又再次下降到 8.5%。①

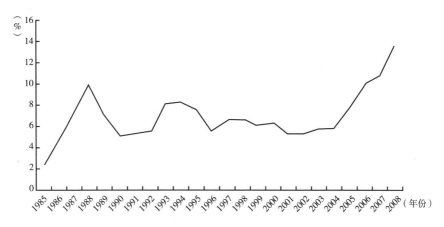

图 7-4　1985~2008 年西部地区 12 个省、自治区、直辖市
占全国实际利用外资总额的比例演变趋势

资料来源：依据《新中国六十年统计资料汇编》及《2011 年中国外商投资报告》中的数据作图。

2. 产业资本不足

如表 7-4 所示，2005~2011 年，西部地区优势产业资本产出比总体呈现出不断下降的趋势，尤其是一些资本密集型产业，比如广西的黑色金属冶炼及压延加工业，在 2005~2011 年的资本产出比从 1.30 下降到 0.64；交通运输设备制造业，广西从 2005 年的 0.93 下降到了 2011 年的 0.56，重庆从 2005 年的 1.20 下降到 2011 年的 0.65，陕西从 2005 年的 1.32 下降到 2011 年的 0.95；化学原料及化学制品制造业，广西从 2005 年的 1.28 下降到了 2011 年的 0.86，内蒙古从 2005 年的 1.51 下降到了 2007 年的 1.00，云南从 2005 年的 1.98 下降到了 2007 年的 1.73；有色金属冶炼及压延加工业，重庆从 2005 年的 1.92 下降到 2011 年的 0.91，四川从 2005 年的 0.82 下降到了 2007 年的 0.66，陕西从 2005 年的 1.03 下降到 2007 年的 0.62 再于 2011 年回升到 1.00，内蒙古从 2005 年的 1.53 下降到 2007 年的 0.63，云南从 2005 年的 1.98 下降到 2007 年的 0.93。而在此期间，资本产出比基本保持

———————

① 图中的数据来自于《新中国六十年统计资料汇编》，西部地区累计实际外资利用金额及其比例来自于《2011 年中国外商投资报告》。

不变或略有上升的仅有电力、热力的生产和供应业及石油加工、炼焦及核燃料加工业等少数行业。

表 7 - 4　2005 年、2007 年、2011 年西部地区优势产业资本产出比及与全国平均值对比

地区	产业	2005 年		2007 年		2011 年
		K/Y④	全国	K/Y	全国	K/Y
广西	黑色金属冶炼及压延加工业	1.30	1.16	0.78	1.13	0.64
	交通运输设备制造业	0.93	1.01	0.65	0.80	0.56
	农副食品加工业	1.06	0.70	0.84	0.59	0.67
	电力、热力的生产和供应业	3.84	3.83	5.31	3.49	4.23
	非金属矿物制品业	1.96	1.53	1.51	1.14	1.14
	化学原料及化学制品制造业	1.28	1.30	0.94	1.11	0.86
	石油加工、炼焦及核燃料加工业	0.90	1.39	0.62	1.12	2.21
重庆①	交通运输设备制造业	1.20	1.01	0.82	0.80	0.65
	通信设备、计算机及其他电子设备制造业	0.86	0.75	0.55	0.75	0.68
	化学原料及化学制品制造业	1.45	1.30	1.48	1.11	1.68
	黑色金属冶炼及压延加工业	1.37	1.16	1.46	1.13	1.60
	电气机械及器材制造业	0.76	0.65	0.71	0.53	0.58
	非金属矿物制品业	1.85	1.53	1.75	1.14	1.51
	电力、热力的生产和供应业	4.55	3.83	4.78	3.49	4.35
	有色金属冶炼及压延加工业	1.92	1.20	1.07	0.75	0.91
四川②	农副食品加工业	0.37	0.70	0.31	0.59	—
	黑色金属冶炼及压延加工业	1.18	1.16	1.05	1.13	—
	非金属矿物制品业	1.24	1.53	1.07	1.14	—
	化学原料及化学制品制造业	1.09	1.30	0.98	1.11	—
	通信设备、计算机及其他电子设备制造业	1.36	0.75	0.60	0.75	—
	饮料制造业	0.83	1.08	0.65	0.84	—
	电力、热力的生产和供应业	4.81	3.83	3.75	3.49	—
	通用设备制造业	0.44	0.77	0.40	0.65	—
	交通运输设备制造业	0.83	1.01	0.79	0.80	—
	煤炭开采和洗选业	0.68	1.14	0.57	1.05	—
	专用设备制造业	0.77	0.92	0.58	0.72	—
	医药制造业	0.91	1.07	0.70	0.88	—
	有色金属冶炼及压延加工业	0.82	1.20	0.66	0.75	—
	纺织业	0.67	1.14	0.53	0.95	—
	金属制品业	0.57	0.78	0.40	0.63	—
	橡胶制品业	0.55	1.15	0.50	1.06	—

续表

地区	产业	2005 年		2007 年		2011 年
		K/Y④	全国	K/Y	全国	K/Y
陕西	煤炭开采和洗选业	1.40	1.14	0.90	1.05	0.47
	石油加工、炼焦及核燃料加工业	1.09	1.39	0.63	1.12	0.52
	石油和天然气开采业	1.51	0.88	0.55	0.84	2.20
	交通运输设备制造业	1.32	1.01	0.88	0.80	0.95
	电力、热力的生产和供应业	5.47	3.83	4.11	3.49	3.93
	有色金属冶炼及压延加工业	1.03	1.20	0.62	0.75	1.00
	黑色金属冶炼及压延加工业	1.16	1.16	0.71	1.13	0.94
	非金属矿物制品业	2.63	1.53	1.83	1.14	1.30
	农副食品加工业	0.85	0.70	0.64	0.59	0.58
甘肃③	石油加工、炼焦及核燃料加工业	1.35	1.39	2.18	1.12	2.40
	有色金属冶炼及压延加工业	1.28	1.20	0.89	0.75	1.10
	黑色金属冶炼及压延加工业	2.09	1.16	1.86	1.13	1.34
	电力、热力的生产和供应业	5.56	3.83	3.77	3.49	4.12
宁夏	电力、热力的生产和供应业	2.32	3.83	2.88	3.49	3.35
新疆	石油加工、炼焦及核燃料加工业	4.33	1.39	2.99	1.12	—
	石油和天然气开采业	1.15	0.88	1.05	0.84	—
	黑色金属冶炼及压延加工业	1.67	1.16	1.85	1.13	—
内蒙古	煤炭开采和洗选业	1.19	1.14	0.72	1.05	—
	有色金属冶炼及压延加工业	1.53	1.20	0.63	0.75	—
	电力、热力的生产和供应业	5.09	3.83	5.16	3.49	—
	黑色金属冶炼及压延加工业	0.80	1.16	1.00	1.13	—
	农副食品加工业	0.57	0.70	0.45	0.59	—
	化学原料及化学制品制造业	1.51	1.30	1.00	1.11	—
	非金属矿物制品业	1.86	1.53	1.30	1.14	—
	食品制造业	0.68	0.94	0.57	0.79	—
	石油加工、炼焦及核燃料加工业	1.03	1.39	0.87	1.12	—
云南	有色金属冶炼及压延加工业	1.98	1.20	0.93	0.75	—
	烟草制品业	0.29	0.31	0.21	0.22	—
	黑色金属冶炼及压延加工业	1.91	1.16	1.93	1.13	—
	电力、热力的生产和供应业	3.53	3.83	4.46	3.49	—
	化学原料及化学制品制造业	1.98	1.30	1.73	1.11	—

注：①重庆市 2011 年的资本产出比实际为 2010 年的数据。②四川省 2005 年的资本产出比实际为 2006 年的数据。③甘肃省 2011 年的资本产出比实际为 2008 年的数据。④K/Y 为资本产出比。

资料来源：笔者依据相关数据计算。

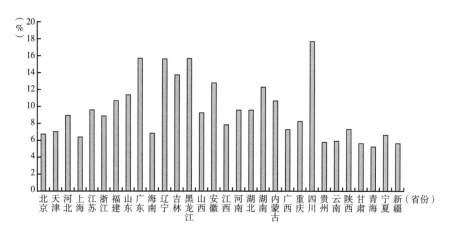

图7-5　我国各省、自治区、直辖市固定资本折旧率对比

注：笔者依据《中国国内生产总值核算历史资料：1952～2004》中的相关数据计算制图。

事实上，西部地区产业资本的匮乏还体现在西部地区的固定资本折旧率上。图7-5为依据1978～2004年全国30个省、自治区、直辖市（西藏除外）的固定资本存量、固定资本折旧数据①，经过五次迭代后得到的各地区固定资本折旧率均值。从图7-5可见，西部地区除内蒙古和四川超过10%外，其他均小于或等于8%，其中贵州、云南、甘肃、青海、新疆等五个省份的固定资本折旧率低于6%，加上宁夏、陕西和广西，西部地区共有八个省份的固定资本折旧率低于全国整体的7.25%。

西部地区固定资本折旧率低，究其原因是西部地区固定资本形成的投资率低。事实上，同样采用1978～2004年的数据分析结果显示，国内各省、自治区、直辖市的投资率与折旧率呈现出明显的正向变化趋势，如图7-6所示。

3. 基础设施建设滞后

（1）交通基础设施

落后的交通基础设施给西部地区的经济发展带来较大的不利影响，体现为：一是增加了商贸往来的运输成本；二是降低了城市在区域经济中的辐射作用。②

---

① 因从公开的数据获取渠道中，仅有《中国国内生产总值核算历史资料：1952～2004》中公布了各地区1978～2004年的固定资本存量及固定资本折旧数据，因此笔者对各地区的固定资本折旧率推算仅限于1978～2004年。另外，此处仅仅是引用了笔者关于我国固定资本折旧率探讨论文中的相关结论，具体的测算结果不在此列出。

② 高峰、孙成权、张志强、张健：《西部资源型城市经济转型面临的挑战与机遇》，《中国人口·资源与环境》2004年第4期，第98～101页。

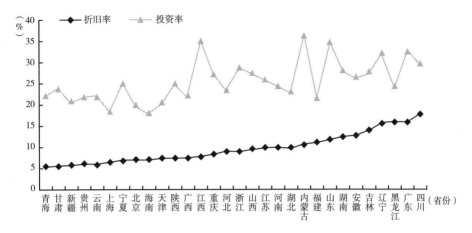

图 7 - 6　全国各省、自治区、直辖市固定资产折旧率与投资率变化趋势

注：图中各省份的数据按照折旧率从低到高排序。

资料来源：笔者依据相关数据计算作图。

交通设施是最重要的基础设施，它不但是西部地区内部之间要素进行有效配置的前提，而且还是西部地区加深和外部沟通的重要桥梁。据相关研究，交通基础设施建设对五年期经济增长率有显著而稳定的影响。[①] 但目前西部地区交通基础设施相对较差。体现为：第一，交通运输道路网密度低。到 2011 年底，西部地区虽占全国 70% 的国土面积，却仅拥有 36307 公里的铁路、32017.5 公里的内河航道、1622784 公里的公路，其分别占全国铁路的 38.94%、内河航道的 25.69%、公路里程的 39.52%，其中公路设施中，高速公路、一级公路、二级公路分别占全国的 29.80%、18.36%、28.15%。全国交通线路综合密度为 4504.43 公里/万平方公里，西部地区只有 2503.64 公里/万平方公里，仅为全国平均水平的 55.58%，东部地区的 21.57%，仅自身比 2000 年的线路综合密度略提高 2 ~ 3 个百分点。[②] 交通运输网道路密度低，最终影响到资源的优化配置，延缓了西部发展的进程。第二，出海条件差。一个地区离出海港口的远近和出海成本是成正比的。按各地区中心城市（省会城市或自治区首府）到最近的主要港口之间的最短铁

---

① 刘生龙、胡鞍钢：《交通基础设施与经济增长：中国区域差距的视角》，《中国工业经济》2010 年第 4 期，第 14 ~ 23 页。

② 数据依据《中国国土资源统计年鉴（2011）》中关于我国国土面积数据、《中国统计年鉴（2012）》中关于各项交通设施数据计算得到。

路运输距离计算，东部和中部的平均距离分别为 167 公里和 909 公里，而西部地区则高达 2052 公里，分别是东部和中部地区的 12.3 倍和 2.3 倍。除内蒙古以外，西部地区离出海口的距离都在 1300 公里以上，其中重庆、四川、云南、青海和新疆的距离超过 2200 公里。①

（2）文化、教育、卫生基础设施建设滞后

整体上，西部地区的文化、教育、卫生等方面的基础设施水平仍然比较落后。如表 7-5 所示，西部地区总计有高等学校 599 所，占全国的 24.12%；高等学校在校学生人数中，仅有重庆、陕西高于全国平均值，广西、贵州、云南、西藏、青海和宁夏 6 个省份均大大低于全国平均水平的 2253 人/十万人；医院和卫生院床位方面，仍有广西、重庆、四川、贵州、西藏、甘肃等 6 个省、自治区、直辖市低于全国平均水平的 3.50 张/千人；公共图书馆 1075 个，馆藏图书 14806 万册（或万件），分别占全国的 36.42% 和 21.24%。

表 7-5　西部地区的文教卫生基础设施分布

省 份	高等学校数（所）	高等学校在校学生（人/十万人）	医院和卫生院床位（张/千人）	公共图书馆（个）	馆藏图书（万册或万件）
全 国	2483	2253	3.50	2952	69719
内蒙古	47	1920	3.64	114	1098
广 西	74	1688	2.63	108	1997
重 庆	60	2522	3.22	43	1149
四 川	95	1904	3.47	169	3136
贵 州	48	1254	2.55	94	1194
云 南	64	1520	3.56	152	1699
西 藏	6	1446	3.04	4	57
陕 西	98	3378	3.61	112	1223
甘 肃	44	2041	3.26	100	1160
青 海	9	1082	3.93	49	368
宁 夏	16	1912	3.77	27	517
新 疆	38	1521	5.39	103	1210
合 计（全国除外）	599	—	—	1075	14808

资料来源：根据《中国统计年鉴（2012）》有关数据整理。

---

① 白永秀、严汉平：《西部地区基础设施滞后的现状及建设思路》，《建论坛·经济社会版》2002 年第 7 期，第 2~5 页。

三　西部地区优势产业发展的技术制约

1. 技术进步与地区经济发展①

(1) 区域经济增长中技术的获得

区域经济增长中技术的获得无非有两条途径：一是区域内自身的研发部门开发；二是从其他区域引进。这里依然假定，一国范围内各个区域之间的技术转移是完全自由的，也就是说，技术外溢性特征的发挥不存在人为的或者是体制性的障碍，而是完全通过市场机制由成本/收益比来决定。这与一个国家宏观经济增长中技术的获取存在很大的不同。由于种种原因，技术在各个国家之间的转移并不是完全自由的，而是存在种种人为或体制性的障碍，因此，一国如果不进行技术的研究和开发工作就可能面临着经济不能长久、持续增长的问题。但是在一国内部区域经济增长中则不同，由于技术转移是完全自由的，加上技术的外溢性特征，使得单个区域即使不进行任何技术开发也可能获得足够的用于区域经济增长所需的技术。

从技术的基本特征来看，这种情况的出现也是可能的。首先，由于技术具有生产的一次性和使用的多次性特征，因而技术的使用成本必然低于技术的开发成本，因此经济区域单纯通过技术引进以满足区域经济增长的需要是符合收益大于成本的经济学规律的。其次，由于技术生产的高投入与高风险特征，使得单个区域尤其是那些经济发展水平相对落后的区域在技术开发上面临较大的困难。即使是经济发展水平较高的区域也无法承担进行全方位技术研发所带来的成本。因此，区域经济增长中技术的获得必然以引进为主。

(2) 技术对区域经济增长的贡献

基于以上的分析，通过技术的获得方式可以将经济区域划分为三种类型：第一种类型是某些经济区域由于具有较多、较好的研究机构（比如中国的高等院校、研发机构），人才资源和资金来源充足而成为技术生产的核心区域；第二种类型的区域则可以依靠技术生产核心区域的技术而生存，即所谓的技术寄生区域；第三种类型则居于其间，即自己生产为本区域经济增长中所迫切需要的并且自身研发部门也力所能及的技术，而通过市场途径从其他区域获得另外一些也为本区域经济增长所需要的，或者是已经生产出来

---

① 本部分内容主体上来自课题组成员秦敬云的博士学位论文，秦敬云：《要素投入与我国城市经济增长》，厦门大学博士学位论文，2007 年 4 月。

的成熟技术或者是自己所无法生产而需要其他区域生产的新技术。

通过技术的获得方式将区域划分为三种类型,但技术进步对区域经济增长的贡献可能并不与这三种区域的分类有必然的联系。也就是说,从事专业化技术生产的核心区域,其经济增长中的技术贡献不一定高于另外两种类型的区域,而技术寄生型的区域经济增长中技术的贡献反而有可能是最高的。对于区域经济增长中技术贡献的这种判断,可以得到验证的是针对长江三角洲绍兴市的相关研究结果,表明缺乏高水平高等教育机构、研发机构的绍兴市,其经济发展水平在长三角城市中处于中下游,但是其技术的效率在1999～2005 年的 5 个年份中处于前列。[①]

2. 我国技术研发活动的集聚性趋势

对于我国研发活动机构、人员及成果等指标的集聚性趋势,如表 7 - 6 所示,从 2000 年和 2009 年两次全国 R&D 资源清查数据看,在绝对值上,东部地区与中部、西部和东北地区的差距都在扩大。从增长倍数看,东部地区 R&D 单位、R&D 全时人员、R&D 折合全时当量、R&D 经费、R&D 项目、申请专利和科技论文分别增长 1.07 倍、2.99 倍、2.13 倍、5.56 倍、2.43 倍、10.24 倍和 1.23 倍;相较之下,中部地区分别增长 0.63 倍、2.02 倍、1.35 倍、6.07 倍、2.77 倍、8.48 倍和 1.21 倍,除 R&D 经费外增长倍数均小于东部地区;西部地区分别增长 0.04 倍、1.12 倍、0.54 倍、3.98 倍、2.56 倍、6.75 倍和 1.38 倍,除科技论文外增长倍数均小于东部地区;东北地区分别增长 - 0.10 倍、1.32 倍、0.78 倍、4.65 倍、1.84 倍、6.52 倍和 1.05 倍,所有项目均小于东部地区。

此外,学者对我国企业省级层面样本数据的研究显示,企业研发在中国各省级单元的区位选择主要考虑的因素是市场规模、技术基础、人力资源、基础设施和集聚效应,尤其是先期的市场规模是吸引研发企业进入的主要原因。[②] 在这种情况下,技术集聚趋势在我国区域经济增长中可能将进一步加剧。这种加剧虽然是以从事技术研发活动的经济区域数量趋于普遍性为前提的,但关键技术、核心技术和新技术的研发活动却无疑将更加集中于核心区域,从而在我国区域经济增长中日益凸显其技术核心区域的带头作

① 姚先国、薛强军、黄先海:《效率增进、技术创新与 GDP 增长—基于长三角 15 城市的实证研究》,《中国工业经济》2007 年第 2 期,第 60～67 页。

② 韩剑:《基于集聚效应的我国企业 R&D 区位选择研究》,《软科学》2008 年第 11 期,第 35～38 页。

用，而技术研发核心区域之外的区域经济增长则更多依赖于核心区域的技术溢出效应。

表 7 – 6 2000 年和 2009 年全国 R&D 资源分地区主要指标

项目		2000 年				2009 年			
		东部	中部	西部	东北	东部	中部	西部	东北
R&D 单位（个）		15130	4662	5092	2370	31314	7611	5316	2142
R&D 人员	全时人员（万人）	30.15	10.65	13.05	6.64	120.22	32.2	27.7	15.38
	其中博士	—	—	—	—	110658	23634	25518	19024
	折合全时当量（万人年）	44.93	16.49	20.89	9.83	140.73	38.81	32.14	17.45
R&D 经费（亿元）		620.64	124.43	155.16	78.62	4072.09	879.49	773.44	444.47
R&D 项目（万项）		11.44	3.28	3.62	1.99	39.26	12.37	12.9	5.65
申请专利（件）		23678	4780	4164	2600	266164	45327	32262	19558
科技论文（万篇）		29.82	12.54	11.86	6.66	66.41	27.77	28.29	13.63

资料来源：依据《全国 R&D 资源清查综合资料汇编（2000）》和《全国 R&D 资源清查综合资料汇编（2009）》中的相关数据整理得到。其中对《全国 R&D 资源清查综合资料汇编（2000）》中原统计为东、中、西地区的数据以《全国 R&D 资源清查综合资料汇编（2009）》中关于东部、中部、西部和东北的划分依据进行了重新计算。

3. 西部地区缓慢的技术进步

如图 7 – 7 所示，在 2011 年和 2012 年全国各地区综合科技进步指数排序中，西部地区排位最高的是陕西，在 2011 年和 2012 年分别排在第 7 位和第 8 位，其次是重庆和四川，分别排在 13 ~ 15 位，而之后分别是甘肃（从 2011 年的第 17 位下降到 2012 年的第 21 位）、内蒙古（2011 年和 2012 年均排第 18 位），其他省份均排在第 20 名以外，其中广西、云南、贵州和西藏 4 个省份在 2011 年和 2012 年均排在倒数前 4 位，分居第 28 位、29 位、30 位和 31 位。与西部各省、自治区、直辖市较低的综合科技进步指数相对应的是西部各地区在科技进步、环境指数、科技活动投入指数、科技活动产出指数、高新技术产业指数、科技促进经济社会发展指数的排名也都相对靠后。如表 7 – 7 所示，西部地区有 6 个省份的科技进步环境指数排名全国 20 名之后，有 9 个省份科技活动投入指数排名全国 20 名之后且全部西部省份均排在前 10 之外，科技活动产出指数和高新技术产业指数也与之类似，而在科技促进经济社会发展指数方面，西部 12 个省份最高排名的宁夏也仅仅排在第 14 名。

表7-7　2012年西部省、自治区、直辖市科技进步主要监测指标值及在全国的排名

地区	科技进步环境指数		科技活动投入指数		科技活动产出指数		高新技术产业指数		科技促进经济社会发展指数	
	指标值	排名	指标值	排名	指标值	排名	指标值	排名	指标值	排名
陕　西	61.21	7	56.05	10	55.52	6	51.66	11	60.06	18
四　川	42.66	20	43.02	18	39.51	12	62.75	6	57.64	19
重　庆	50.37	14	51.42	13	41.72	10	61.09	7	53.70	27
广　西	36.49	26	34.01	25	10.13	30	45.05	21	54.71	24
甘　肃	40.89	22	38.54	23	30.55	15	40.40	27	55.21	23
贵　州	28.21	30	22.01	29	10.82	29	44.01	22	51.81	31
云　南	36.75	25	29.69	28	17.63	24	42.26	26	53.25	29
宁　夏	43.55	17	40.12	22	23.10	20	37.40	29	60.88	14
青　海	43.62	16	30.19	27	32.80	14	38.02	28	57.32	20
新　疆	42.95	19	31.48	26	22.85	21	33.30	30	56.95	21
内蒙古	51.76	12	40.78	20	16.72	28	42.59	24	60.78	16
西　藏	27.47	31	10.22	31	4.30	31	45.30	18	53.02	30

资料来源：科学技术部发展计划司，《2012年全国及各地区科技进步统计监测结果》。

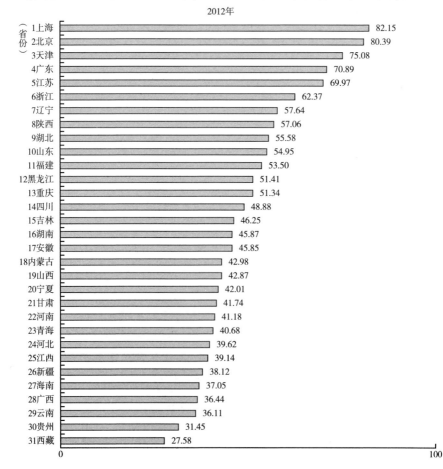

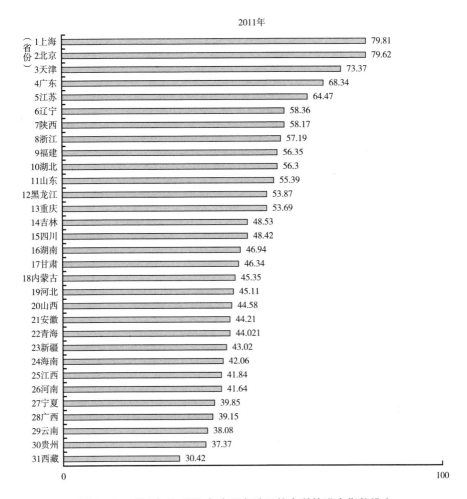

图 7 - 7　2011 年和 2012 年全国各地区综合科技进步指数排序

资料来源：《2012 年全国及各地区科技进步监测结果》。

　　受技术进步缓慢的影响，西部地区经济增长中的技术贡献率也较低。以广西为例，采集广西 1951～2009 年的 GDP、GDP 增长率、全社会固定资产投资总额和就业人员总数等数据，通过永续盘存法测算广西历年的固定资本存量，再利用索洛增长模型得到如表 7-8 所示的结果。

　　从表 7-8 中的回归分析结果可见，无论是基于 1952～2009 年还是 1978～2009 年时间段的增长测算都表明，常量参数 C（取对数后的柯布－道格拉斯生产函数中代表技术进步的 LnA）对广西目前的经济增长中技术进步的作用还没有得到体现。唯一表明技术进步对于广西经济增长影响逐渐增加的现象体现在，从 1952～1981 年、1978～1994 年和 1995～2009 年三个时间段的分段回归分析结果，其常量参数 C 的 t 值在逐渐增加，并在 1995～2009 年时间段由负变正，表明随着时间的推进，技术进步对广西经济增长的促进作用逐渐有所体现。因此，未来预期随着广西经济的进一步增长，人均 GDP 的不断提高，技术进步对于广西经济增长的促进作用将会越来越明显。这也意味着，注重科技进步、依靠科技促进广西的经济发展将会越来越重要。[①]

表 7 - 8   1952～2009 年各时间区段广西经济增长测算回归结果[*]

时间段（年）	变量回归系数			AdjR^2	DW
	C	K	L		
1952～2009	− 8.2143 （− 7.2708）	0.4348 （11.2806）	1.4846 （8.4692）	0.9892	0.1564
1952～1981	− 11.8906 （− 10.9130）	0.2170 （6.8674）	2.1013 （12.6372）	0.9789	0.5904
1978～2009	− 4.0820 （− 3.4108）	0.6267 （20.7070）	0.8036 （4.5457）	0.9950	0.3781
1978～1994	− 2.7147 （− 0.5767）	0.6519 （2.8046）	0.6046 （0.7861）	0.9702	0.4320
1995～2009	2.7402 （0.1612）	0.6613 （3.5824）	− 0.0922 （− 0.0397）	0.9899	0.3796

注：括号中为参数系数的 t 值。

[*] 表中回归结果均采用以柯布 - 道格拉斯生产函数取对数之后得到的对数线性回归方程来进行回归分析。

资料来源：秦敬云、李经宇、文礼朋：《改革开放以来广西经济增长及中长期预测研究》，《广西社会科学》2012 年第 4 期，第 20～24 页。

第三节   西部地区优势产业发展的资源与环境制约

一   西部地区的自然资源及其功能定位

1. 西部地区丰富的资源

西部地区自然资源丰富，在土地资源方面国土面积占全国陆地国土面积

[①] 摘自课题组成员秦敬云等人发表的论文，秦敬云、李经宇、文礼朋：《改革开放以来广西经济增长及中长期预测研究》，《广西社会科学》2012 年第 4 期，第 20～24 页。

的 70.36%，耕地面积占全国的 36.93%①，草地面积占全国的 70.36%；在森林资源方面，西部地区林地面积占全国的 57.89%，森林面积占全国的 59.77%，森林蓄积量占全国的 60.28%，活立木总蓄积量占全国的 59.87%；能源、黑色金属矿产基础储量中，西部地区占全国石油储量的 36.29%，天然气储量的 84.06%，煤炭资源的 41.09%，铁矿的 31.46%，锰矿的 72.82%，铬矿的 98.88%，钒矿的 77.44%；有色金属、非金属矿产基础储量中，西部地区占全国铜矿的 44.61%，铅矿的 67.38%，锌矿的 73.95%，铝土矿的 66.29%，硫铁矿的 50.61%，磷矿的 54.65%；水资源方面，西部地区占有全国水资源的 58.07%，其中地表水资源占全国的 59.79%，地下水占全国的 56.87%，并占有全国湿地面积的 50.42%；② 此外，西部地区还拥有全国 145 个国家级自然保护区，12 项世界自然文化遗产，78 个国家级风景名胜区，240 个国家森林公园，53 个国家地质公园，分别占全国的 45.45%、30.77%、37.50%、32.52% 和 38.41%③。

西部地区的主要矿产资源在分布上也呈现出明显的地区集中特点。例如，煤炭资源集中于陕西北部、内蒙古、山西，天然气集中于陕西北部、四川和新疆塔里木盆地，锰矿集中于云南、广西，铬矿主要分布在西藏、甘肃和新疆。此外，云南、贵州的磷矿，云南、西藏的铜矿，贵州、广西的铝土矿储量都很丰富，钾盐几乎全分布在青海的柴达木盆地，铂族金属主要集中在甘肃。储量丰富且分布集中，富矿占相当比例，便于规模化开采和利用。④

作为全国最重要的水源生成和大气动源之所，西部地区成为整个国家赖以生存和发展的基本生态环境屏障。然而，在地形地貌、大气环流和地球重力的作用下，西南山高坡陡、水土流失严重、西北干旱少雨、人类生存环境极其恶劣。因此，任何过量和不合理的资源开发活动都会打破地区生态环境的均衡阈值，引发难以预计的灾难，其后果甚至威胁到整个社会的正常活动和国家的生存。⑤

---

① 依据《中国国土资源统计年鉴（2011）》中的数据计算得到。
② 依据《中国统计年鉴（2012）》中的数据计算得到。
③ 以上数据依据《全国主体功能区规划》中所列相关条目中的数据统计和计算得到。
④ 汪向阳：《西部矿产资源开发的可持续发展研究》，《西安电子科技大学学报》（社会科学版）2003 年第 2 期，第 14～19 页。
⑤ 张雷：《21 世纪中国西部矿产资源开发的战略思考》，《中国人口·资源与环境》2001 年第 3 期，第 36～41 页。

2. 自然资源与经济增长效应在西部地区的体现

对于自然资源对西部地区经济增长的影响，相关研究表明，西部地区长期经济增长的主要源泉还不能彻底摆脱依赖大规模资源投入的局面，西部地区资源开发和利用将不可避免地成为西部经济发展的动力源泉。[1] 邵帅和齐中英以 1991 ~ 2006 年的整体数据集为研究样本，对西部地区能源开发的"资源诅咒"效应的研究结果表明，自 20 世纪 90 年代以来，西部的能源开发对经济增长产生了抑制作用，从而带来了"资源诅咒"效应。但对 1991 ~ 1998 年的西部大开发前期阶段和 1999 ~ 2006 年的西部大开发战略实施阶段的分析则表明，西部大开发前能源开发强度变量的系数为正，而西部大开发后其系数为负，且都在 1% 水平上显著，说明西部大开发前西部地区并不存在"资源诅咒"效应，而西部大开发后的能源开发则引发了"资源诅咒"效应[2]。而在资源富集地区的西部资源型城市绝大多数兴起于计划经济时代，走上了追求资源产品生产数量扩张的道路，导致资源型城市主导产业单一，第一、第三产业发展严重滞后，整个城市经济对资源型产业具有高度依赖性，难以对资源型产业的衰退产生缓冲作用。[3] 但郑长德的研究则认为，"自然资源诅咒"在我国各地区层面上即使存在，也不是经济增长率意义上的，而是人均地区生产总值意义上的。由此，真正影响西部地区资源富集而人均地区生产总值较低的因素是区域开发成本。由于我国西部地区山高谷深，落差大，自然条件恶劣，社会发育程度较低，使得西部地区区域开发成本高，即使是自然资源禀赋好，也无法实现把潜在的资源优势转化为现实的经济优势和经济发展的推动力。[4]

3.《全国主体功能区规划》对西部地区的功能定位

在资源富集的我国西部地区，同样也是我国环境保护的最重要地区。在 2010 年颁布的《全国主体功能区规划》中，尽管在西部地区并不包含如长三角、珠三角和环渤海湾地区的优化开发区，但却将全国 18 个重点开发区

---

[1] 李社宁：《资源利益约束下西部经济持续增长的财税对策》，《财政研究》2007 年第 4 期，第 46 ~ 48 页。

[2] 邵帅、齐中英：《西部地区的能源开发与经济增长——基于"资源诅咒"假说的实证分析》，《经济研究》2008 年第 4 期，第 147 ~ 160 页。

[3] 张米尔：《西部资源型城市的产业转型研究》，《中国软科学》2001 年第 8 期，第 102 ~ 105 页。

[4] 郑长德：《自然资源的"诅咒"与西部地区的经济发展》，《西南民族大学学报》（自然科学版）2006 年第 6 期，第 1248 ~ 1257 页。

中的 10 个放在了西部地区。但与此同时，在限制开发区内设置了包括甘肃新疆主产区、河套灌区主产区等两个农产品主产区，以及阿尔泰山地森林草原生态功能区、三江源草原草甸湿地生态功能区、若尔盖草原湿地生态功能区、甘南黄河重要水源补给生态功能区、祁连山冰川与水源涵养生态功能区、桂黔滇喀斯特石漠化防治生态功能区、三峡库区水土保持生态功能区、塔里木河荒漠化防治生态功能区、阿尔金草原荒漠化防治生态功能区、呼伦贝尔草原草甸生态功能、科尔沁草原生态功能区、浑善达克沙漠化防治生态功能区、阴山北麓草原生态功能区、川滇森林及生物多样性生态功能区、秦巴生物多样性生态功能区、藏东南高原边缘森林生态功能区、藏西北羌塘高原荒漠生态功能区、武陵山区生物多样性及水土保持生态功能区等 18 个重点生态功能区，以及包含 145 个国家级自然保护区、12 项世界自然文化遗产、78 个国家级风景名胜区、240 个国家森林公园、53 个国家地质公园在内的禁止开发区。以上重点开发区、限制开发区尤其是重点生态功能区以及禁止开发区的设置，对于西部地区在未来经济发展过程中的功能定位已经明确，即是在以生态环境保护为主体的背景下适度开发西部的部分地区。从而促使西部地区在未来的经济发展路径、优势产业发展道路上据此做出调整。

二　产业西迁面临的资源与环境约束

东部地区的产业由于面临日益增加的劳动力成本、土地成本而选择西迁，其目的是在西部地区获得相对廉价的土地资源、环境资源（西部地区为吸引西迁企业而降低其对环境保护的要求从而使西迁企业因较低的环境保护投入而降低了企业的生产经营成本）。但西部地区面临着严峻的资源约束。

（1）土地资源的约束

劳动密集型产业的发展大多属于土地资源耗费型的。而西部地区的土地大多是丘陵甚至是山地，不足以支撑作为装配加工业发展对土地资源提出的巨大需求。首先，西部地区难以利用的土地面积广是西部地区土地资源开发利用中的一大限制条件。西部地区未利用土地（二级类）占全国未利用土地总面积的 86.11%，未利用土地中是以难以利用的裸岩石砾地为主，占西部地区未利用土地总面积的 44.11%。其次，水土资源分布不一致也是西部地区土地资源开发与利用中的一大限制条件。西北六省份，包括新疆、青海、甘肃、宁夏、陕西和内蒙古，占西部地区土地总面积的 62%，地势较为平坦，易于开垦利用，但气候干燥，多处于干旱区，年降雨量不足 200 毫米，从而对这些地区的开发和经济发展产生了较大的制约作用。

（2）水资源约束

西部地区水资源约束主要体现在以下几个方面。首先，水资源的相对丰富和相对贫乏。相对于全国其他地区而言，西部地区的水资源较为丰富。2010 年，全国人均水资源量为 2310.4 立方米，西部地区人均水资源量为 4213.3 立方米，几乎是全国人均水资源量的两倍，因而显得水资源量相对丰富。但在西部地区，内蒙古人均水资源量为 1576.1 立方米，重庆的人均水资源量为 1616.8 立方米，陕西的人均水资源量为 1360.3 立方米，均只有全国平均值的 1/2 到 2/3；甘肃和宁夏的人均水资源量分别为 841.7 立方米和 148.2 立方米，仅为全国平均值的 36.4% 和 6.4%，水资源匮乏，尤其是宁夏，水资源极度贫乏。而在水资源丰富的西藏、青海、云南、广西等地，却多为山地和高原，难以开发利用。其次，西部地区在工业尚未充分发展的情况下，水质已经不高。如表 7－9 所示，2010 年广西主要河流中，总长 730 公里的红水河，Ⅳ类水质（主要适用于一般工业用水区及人体非直接接触的娱乐用水区）以下的河流长度为 136 公里，为河流总长的 18.6%；总长 726 公里的柳江，Ⅳ类水质以下的长度为 414 公里，劣Ⅴ类水质长度达到 224 公里，占柳江总长的 30.9%；此外，郁江、黔浔江也都有不少河流段水质低于Ⅳ类，甚至是劣Ⅴ类水质。

表 7－9　2010 年广西主要河流水质评价

单位：公里

水　系		湘江	资水	红水河	柳江	郁江	桂贺江	黔浔江
全年期	评价河长	127	83	730	726	1581	704	464
	Ⅰ类	—	—	—	—	—	—	—
	Ⅱ类	127		206		203	263	
	Ⅲ类	—	83	388	312	1052	378	257
	Ⅳ类			102	99	222	59	92
	Ⅴ类	—	—	34	91	70	4	31
	劣Ⅴ类	—	—	—	224	34		84

资料来源：《2010 年广西水资源公报》。

（3）环境资源约束

西部地区大多是我国的自然保护区、风景名胜区或者水源保护区，因此，高能耗、高排放产业大量发展对环境带来的不利影响是西部地区承接劳动密集型产业的发展所必须考虑的因素之一。而且，西部地区脆弱的生态环境一旦被破坏，其所造成的影响就不会仅是局限于西部地区，而是会顺着各大江大河直接威胁东部地区的发展。中国西部大开发战略实施以来，占国土面积71.4%的西部地区，以"高污染、高消耗、低效益"为特征，以牺牲生态环境为代价的粗放式经济模式，在实现经济快速增长的同时，造成矿产资源和能源日趋短缺，生态环境总体恶化，投资增长给环境保护带来的压力正在空前加大。特别是随着"投资西进"和产业转移步伐加快，西部生态脆弱地区的资源、能源开发强度明显增大，生态压力还在加剧。由于西部生态平衡较为脆弱，所能承载的人口和经济活动有一定限度，超出这个限度进行开发甚至会造成西部不可逆转的荒漠化和贫困化。完全利用市场机制开发西部很容易超出生态限度，因为市场机制下人们所追逐的是个人短期经济效益，而对群体性的长期生态后果则缺乏预见和控制。如果现在设想让西部成为主要的资源工业区，资源型高污染工业得以放手大规模发展，从流域生态角度来看，西部是长江、黄河两大水系的源头，一旦西部发生严重的工业污染，则会对东部经济产生极为不利的影响。①

---

① 冯宗宪、于璐瑶、俞炜华：《资源诅咒的警示与西部资源开发难题的破解》，《西安交通大学学报》（社会科学版）2007年第2期，第7~18页。

第八章

产业西迁与促进西部地区
优势产业发展机制

第一节 东、西部地区的产业结构差异

一 东、西部地区的三次产业结构差异

如表 8-1 所示，到 2011 年，除河北省和海南省外，东部地区各省份的第一产业产值比例均已低于 10%，除北京、上海和海南外，第二产业的产值比例均在 50% 左右。与之相比，西部各省、自治区、直辖市中，尚有广西、四川、贵州、云南、甘肃和新疆等六个省、自治区的第一产业产值比例超过 10%；第二产业产值比例的差异则比较大，既有内蒙古、重庆、陕西、青海等第二产业产值比例超过 50% 的，也有贵州、云南等省在 40% 左右的。此外，从近年来东、西部地区三次产业结构数据看，整体上东、西部地区第一产业产值比例均呈不断下降趋势，东部地区第二产业产值比例呈下降趋势而西部地区第二产业产值比例仍呈上升趋势，东、西部地区的第三产业产值比例则均呈上升趋势。

从表 8-1 中东、西部地区的就业结构数据看，东部地区中除海南第一产业就业比例超过 40%、山东和河北的第一产业就业比例超过 30% 外，其他 7 个省份的第一产业就业比例均已低于 30%，其中北京、天津和上海的第一产业就业比例已经低于 10%；第二产业已经成为东部地区吸纳就业的主要产业，除北京、天津、上海和海南外，其他 6 个省份第二产业的就业比重都是三次产业中最高的。而在西部地区，第一产业仍是吸纳劳动力的主

表 8 - 1 2011 年东、西部地区各省自治区、直辖市三次产业产值和就业结构数据

单位：%

地　区	产值结构			就业结构		
	第一产业	第二产业	第三产业	第一产业	第二产业	第三产业
北　京	0.8	23.1	76.1	5.5	20.5	74.0
天　津	1.4	52.4	46.2	9.6	41.4	49.0
河　北	11.9	53.5	34.6	36.3	33.3	30.4
山　东	8.8	52.9	38.3	34.1	33.7	32.2
江　苏	6.2	51.3	42.4	21.5	42.4	36.1
上　海	0.7	41.3	58.0	3.4	40.3	56.3
浙　江	4.9	51.2	43.9	14.6	50.9	34.6
福　建	9.2	51.6	39.2	26.3	37.8	35.9
广　东	5.0	49.7	45.3	23.9	42.4	33.7
海　南	26.1	28.3	45.5	49.0	11.9	39.1
内 蒙 古	9.1	56.0	34.9	45.9	17.7	36.4
广　西	17.5	48.4	34.1	53.3	19.1	27.6
重　庆	8.4	55.4	36.2	38.1	24.7	37.2
四　川	14.2	52.5	33.4	42.7	25.3	32.0
贵　州	12.7	38.5	48.8	66.6	12.0	21.4
云　南	15.9	42.5	41.6	59.4	13.1	27.5
陕　西	9.8	55.4	34.8	40.0	28.4	31.6
甘　肃	13.5	47.4	39.1	61.3	15.4	23.3
青　海	9.3	58.4	32.3	39.4	23.9	36.7
宁　夏	8.8	50.2	41.0	48.9	16.3	34.8
新　疆	17.2	48.8	34.0	48.7	15.6	35.7

资料来源：各省、自治区、直辖市 2011 年统计年鉴。

要产业，全部 11 个省、自治区、直辖市第一产业就业比重均在 30% 以上，其中贵州和甘肃两省超过了 60%，广西、云南则仍超过 50%；第二产业就业比重全部在 10%～30%，并且只有重庆、四川、陕西和青海四个省份的第二产业就业比重超过 20%（低于 30%）；第三产业就业比重全部介于 20%～40%，并且都大于第二产业的就业比重。

二　东、西部地区工业产业结构差异性

表 8 - 2 为 2011 年东、西部地区省份之间工业产业结构的相似系数。

表 8 - 2　2011 年东、西部的地区省份之间工业产业结构的相似系数

地　区	北京	天津	河北	山东	江苏	上海	浙江	福建	广东	海南
内蒙古	0.451	0.551	0.573	0.627	0.395	0.298	0.435	0.472	0.272	0.301
广　西	0.667	0.751	0.735	0.829	0.657	0.637	0.648	0.720	0.515	0.526
重　庆	0.826	0.756	0.530	0.749	0.779	0.850	0.723	0.693	0.664	0.357
四　川	0.678	0.758	0.683	0.896	0.785	0.704	0.722	0.818	0.669	0.397
贵　州	0.573	0.539	0.569	0.592	0.433	0.371	0.481	0.484	0.323	0.306
云　南	0.381	0.518	0.580	0.585	0.445	0.366	0.485	0.460	0.302	0.319
陕　西	0.677	0.738	0.495	0.678	0.472	0.526	0.519	0.503	0.414	0.623
甘　肃	0.425	0.667	0.645	0.612	0.425	0.370	0.481	0.456	0.338	0.685
青　海	0.340	0.551	0.458	0.554	0.401	0.281	0.454	0.388	0.276	0.262
宁　夏	0.555	0.514	0.556	0.641	0.439	0.344	0.559	0.505	0.334	0.458
新　疆	0.358	0.638	0.503	0.537	0.330	0.300	0.375	0.354	0.276	0.730

资料来源：笔者依据各省、自治区、直辖市统计年鉴中"规模以上工业分行业主要经济指标"中的各行工业总产值数据，通过以下公式计算得到：

$$s_{ij} = \frac{\sum_k x_i^k x_j^k}{\sqrt{\sum_k (x_i^k)^2 \sum_k (x_j^k)^2}}$$

其中：s_{ij} 为相似系数，x_i^k、x_j^k 分别为 i 地区和 j 地区 k 行业所占的比例。

　　如表 8 - 2 中的数据显示，东部省份与西部省份之间的工业产业相似系数中，除广西、重庆和四川与多数东部省份之间的工业产业结构相似系数较高外，其他西部省份与东部省份之间的工业产业结构相似系数均较低。如表 8 - 2 所示，内蒙古与东部十个省份之间的工业产业结构相似系数全部小于 0.7，且只有内蒙古与天津、河北和山东之间的相似系数大于 0.5；贵州与东部十个省份之间的工业产业结构相似系数全部小于 0.6，且只有与北京、天津、河北和山东四个省份之间的相似系数大于 0.5；云南省除了与天津、河北和山东之间的相似系数大于 0.5 之外，与其他东部省份之间的工业产业结构相似系数均小于 0.5；甘肃省仅与天津、河北、山东和海南之间的相似系数大于 0.6，与其他六个省份之间的相似系数均小于 0.5；青海更是只有与天津和山东之间的相似系数超过 0.5，其他均小于 0.5；宁夏与东部地区各个省份之间的相似系数大多介于 0.4 ~ 0.6，新疆则主要介于 0.3 ~ 0.4。即使是与东部省份之间工业产业结构相似系数较高的广西、重庆和四川，比

东部地区内部的工业产业结构相似系数相比也小得多。表8-2中东部与西部地区的工业产业结构相似系数比表8-3中西部省区之间工业产业结构相似系数相比也要略小一些。这种对比表明，东、西部地区各省份之间的工业产业结构差异性相对较大，而东部地区内部和西部地区内部的工业产业结构差异性则相对较小，从而为东、西部地区之间通过产业转移或产业深化形成互补型发展模式奠定了基础。

表8-3 2011年西部地区省份之间工业产业结构的相似系数

地 区	内蒙古	广西	重庆	四川	贵州	云南	陕西	甘肃	青海	宁夏	新疆
内蒙古	1.000	0.600	0.487	0.678	0.894	0.669	0.763	0.626	0.681	0.867	0.411
广 西		1.000	0.816	0.847	0.603	0.668	0.656	0.674	0.554	0.606	0.485
重 庆			1.000	0.771	0.537	0.484	0.641	0.404	0.413	0.460	0.265
四 川				1.000	0.711	0.605	0.665	0.555	0.535	0.639	0.447
贵 州					1.000	0.733	0.707	0.582	0.654	0.911	0.383
云 南						1.000	0.549	0.728	0.781	0.748	0.402
陕 西							1.000	0.761	0.665	0.722	0.757
甘 肃								1.000	0.789	0.750	0.811
青 海									1.000	0.769	0.568
宁 夏										1.000	0.510
新 疆											1.000

资料来源：同表8-2。

三 东、西部地区优势产业差异

对比东、西部地区优势产业，其差异性主要体现在以下几个方面。

第一，通信及计算机等电子设备制造业几乎成为所有东部省份（河北和海南除外）的优势产业，其分别是北京、天津、江苏、上海、福建和广东的优势产业Ⅰ类，在山东和浙江两省为优势产业Ⅱ类。但在西部地区则只在重庆和四川两省份是其优势产业（均为优势产业Ⅱ类）。同样的情况也出现在交通运输设备制造业。在西部地区，以交通运输设备制造业作为优势产业的只有广西（优势产业Ⅱ类）、重庆（优势产业Ⅰ类）、四川（优势产业Ⅱ类）和陕西（优势产业Ⅱ类）。而在东部，以交通运输设备制造业作为优势产业Ⅰ类的有北京、天津、江苏、上海，另有山东和浙江（优势产业Ⅱ类）、福建（优势产业Ⅲ类）以及拥有全国第二大交通运输设备生产规模但却未被列入优势产业的广东。

第二，采掘业在多数的西部省份作为优势产业，而东部地区以采掘业作为优势产业的省份则较少。在西部省份中，采掘业作为优势产业的有陕西的煤炭开采和洗选业（优势产业Ⅰ类）、新疆的石油和天然气开采业、内蒙古的煤炭开采和洗选业（优势产业Ⅱ类）、贵州的煤炭开采和洗选业（优势产业Ⅰ类）。而在东部地区，优势产业中有采掘业的只有河北（黑色金属矿采选业，优势产业Ⅱ类）和山东（煤炭开采和洗选业，优势产业Ⅲ类）两省。

第三，黑色（有色）金属冶炼及压延加工业在东、西部地区均有多个省、自治区、直辖市将其作为优势产业。在西部地区，分别有广西的黑色金属冶炼及压延加工业（优势产业Ⅰ类）、重庆的黑色（有色）金属冶延加工业（均为优势产业Ⅱ类）、四川的黑色（有色）金属冶炼及压延加工业（黑色，优势产业Ⅰ类；有色，优势产业Ⅱ类）、陕西的黑色（有色）金属冶炼及压延加工业（优势产业Ⅱ类），甘肃的黑色（有色）金属冶炼及压延加工业（优势产业Ⅰ类）、新疆的黑色金属冶炼及压延加工业（优势产业Ⅱ类）、内蒙古的黑色（有色）金属冶炼及压延加工业（黑色，优势产业Ⅱ类；有色，优势产业Ⅰ类）、云南省的黑色（有色）金属冶炼及压延加工业（均为优势产业Ⅰ类）。而在东部地区也有广东（黑色和有色，优势产业Ⅱ类）、福建（黑色，优势产业Ⅱ类）、浙江（黑色和有色，优势产业Ⅱ类）、江苏（黑色，优势产业Ⅰ类；有色，优势产业Ⅱ类）、山东（黑色和有色，优势产业Ⅱ类）、河北（黑色，优势产业Ⅰ类；有色，优势产业Ⅱ类）、天津（黑色，优势产业Ⅰ类）等省份将黑色（有色）金属冶炼及压延加工业作为优势产业。

第四，将劳动密集型产业作为优势产业的省份中，以纺织业、纺织服装业、皮革制品业作为优势产业的主要出现在东部省份，而农副食品加工类则主要出现在西部省份。东部省份中，纺织业、纺织服装业、皮革制品业作为优势产业分别有山东（纺织业，优势产业Ⅰ类）、江苏（纺织业，优势产业Ⅰ类；纺织服装业，优势产业Ⅱ类）、浙江（纺织业，优势产业Ⅱ类）、福建（纺织业，优势产业Ⅰ类；皮革制品业，优势产业Ⅰ类；纺织服装业，优势产业Ⅱ类）、广东（纺织业，优势产业Ⅱ类；纺织服装业，优势产业Ⅱ类）。在西部省份中，以农副食品加工业作为优势产业的分别有广西（优势产业Ⅰ类）、四川（优势产业Ⅱ类）、陕西（优势产业Ⅲ类）、内蒙古（优势产业Ⅰ类）。但在西部地区，没有省份将食品制造业作为优势产业，而在东部地区也只有山东省（优势产业Ⅱ类）。

第五，通用设备制造业、专用设备制造业、电气机械及器材制造业作为优势产业更多地出现在东部省份而较少出现在西部省份。东部省份中，除北京、天津、河北和海南外，其他省份的优势产业中均包含有通用设备制造业、专用设备制造业、电气机械及器材制造业中的某一种或某几种行业，在西部地区满足这一条件的则只有重庆（电气机械及器材制造业，优势产业Ⅱ类）、四川（通用设备制造业和专用设备制造业，均为优势产业Ⅱ类）。此外，对于化学原料及化学制品业、石油炼胶及核燃料制品业、化学纤维制品业等行业，在东、西部地区均有较多省份将这些行业中的某一种或某几种产业作为优势产业，差异性相对较小。

四　东西部产业发展差异对我国产业西迁的影响

东、西部地区产业发展差异对我国产业西迁的意义主要体现在以下几个方面。

一是由三次产业产值结构和就业结构、人均 GDP 等指标的差异以及由此决定的东、西部地区工业化进程差异，形成了东、西部地区的梯度差异，为东部地区产业向西部地区转移创造了最基本的条件。根据梯度转移理论，产业转移在客观上存在的区域性梯度差异，使得产业转移成为可能。通过区际产业转移，存在技术经济水平梯度差异的两个地区按互补性原则，将一个地区内失去比较优势的产业转往具有比较优势的地区，这样，既可摆脱包袱，充分利用沉淀资金，获得比较利益，又可为本地区发展其他优势产业提供有效空间，推动产业升级。其最终结果是使各区域的产业类型和水平与自身的资源禀赋、要素价格和经济发展总体水平相适应。梯度理论表明，区域间经济发展水平的梯度差异是产业转移发生的客观基础。[①] 事实上，在我国东、西部地区之间存在着经济发展水平、基于工业化阶段性的产业发展水平差异，因而，东部地区向西部地区的产业转移成为可能。

二是东、西部地区工业产业结构的相似性较弱。这表明，东、西部地区可以通过区际合理分工协作和区际贸易促进彼此的共同发展。区域分工与区际合作的基础是比较优势差异，而东、西部地区要素资源禀赋的差异性导致

---

① 彭兰、冯邦彦：《基于梯度转移理论的广东省产业转移研究》，《江苏商论》2009 年第 8 期，第 128～130 页。

地区产业结构的差异性，各地区对不同产品的需求偏好和生产成本都会对生产组合产生影响，这种自然的区域差异也是区域经济发展的巨大推动力。东、西部地区通过适应自身资源禀赋和比较优势的产业政策引导形成的地区主导或优势产业，能够通过差异性互补来完成区域内过剩产能的跨区消化，对区域是外向开放的经济增长，对系统整体则是内生的自我消费的提升，从而降低对出口导向型产业发展模式的依赖。而东、西部地区工业产业结构较弱的相似性则意味着东、西部之间可以通过增加区际产业关联度，实现区域间合理分工、梯度互补的产业体系，促进区际贸易发展，进而促进东、西部地区经济和产业的共同发展。

三是东、西部地区优势产业的差异表明，在东部地区产业西迁以促进西部地区优势产业发展的过程中，不会削弱东部地区产业和经济发展的基础。优势产业是一个地区经济发展的基础，是一个地区参与区域乃至国际竞争的竞争力源泉。如果东、西部地区优势产业高度一致，则在通过产业西迁促进西部地区优势产业发展的过程中，势必会造成两种可能的结局：一是拆东墙补西墙式的产业转移，虽然促进了西部地区优势产业的发展，但却动摇了东部地区优势产业发展的基础进而削弱了东部地区经济的可持续发展能力；二是即使未能在促进西部地区优势产业发展的同时动摇东部地区优势产业发展的基础，也会因为产业结构的高度雷同而加剧了同类产业的内部竞争，进而可能造成产能过剩等影响我国经济发展的不利局面。因此，差异性的东、西部优势产业布局，有利于我国东部地区产业西迁以促进西部地区的优势产业发展。

第二节　产业西迁与西部优势产业发展的国内区域经济一体化

一　东部地区外向型经济增长方式转变下的区域经济一体化

1. 我国外向型经济增长方式的战略性转变

改革开放以来，我国经济增长走的是外向型的经济增长方式。在外向型经济增长方式促进我国经济快速增长的过程中，消费、投资和出口是拉动经济增长的三驾马车。而三驾马车中，消费对于我国经济增长的贡献是相对稳定的；正常情况下投资对我国经济增长的贡献也是相对稳定的，但在其他因素导致经济增长乏力的时候，投资的增加也会增强其对经济增长的贡献（比如，我国在经济增长不力时通常会增加固定资产投资）；出口对我国经济增长的贡献主要是体现在经济增长率中除消费和投资外的剩余部分。由于我国自20世纪90年代中期以来外贸出口快速增长，加大了我国经济增长对出口贸易的依赖程度，也因此导致我国经济增长日益受到国际经济形势波动的影响。

这种影响在1997年东南亚金融危机和2008年全球金融危机中都有明显的体现。受1997年东南亚金融危机的影响，我国经济在之后长达五年多的时间内在6%～8%的增长率徘徊，大大低于当时我国潜在经济增长率10%。2008年全球金融危机及之后的欧债危机，同样导致我国经济增长率从2007年之前五年间每年超过10%的增长率快速下降到10%以下，并从2012年第二季度起到2014年第一季度，持续八个季度GDP增长率低于8%。尽管8%可能是我国当前的潜在经济增长率，但2008年的全球金融危机无疑大大地加速了我国经济潜在增长率的下降过程。因此，两次外部因素导致的我国经济波动，总体上都是因为我国在外向型经济增长方式下，国外经济波动导致我国外部需求降低而使得我国经济增长率出现大幅度的下滑。

外向型经济增长方式对我国经济的影响，不仅仅是体现在我国经济受国际经济形势波动而出现增长率下滑。事实上，随着我国经济规模的不断扩大，经济发展水平的不断提高，延续外向型经济增长方式对我国经济而言还面临以下两个严峻的问题：其一，在我国已经成为世界第二大经济体的条件下，基于小型开放经济体依靠贸易红利促进国民福利的提升对我国已不再适用。其二，在我国劳动力工资的不断上升和人民币的不断升值使得我国出口产品在国际市场上单纯依赖于价格优势的竞争力日益被削弱。

正因为如此，2008年全球金融危机及之后的欧债危机的爆发，一方面突出了我国经济增长受国际经济形势波动影响的问题；另一方面也加快了国际国内学者及政府决策机构对关于我国经济增长方式转变的思考和探索。事实上，随着我国经济规模的扩大和经济发展水平的提高，向主要依靠内部需求的经济增长方式转变势在必行。但在扩大内部需求以促进外向型经济增长方式的转变，从而降低国际经济形势波动对我国经济持续稳定增长影响的过程中，其路径和机制到底是怎样的呢？2011年在全国发展改革委员年会上，时任国务院副总理的李克强明确提出，"区域经济的协调发展是促进内需扩大的重要源泉"。这表明，国内政府决策部门也在探索通过区域经济协调发展来缓解我国经济对外部需求的过度依赖，寻找我国外向型经济增长方式转变的合理途径。与之相呼应的是，2009 年以来，我国陆续出台了近 20 个经济区域的发展规划，并在 2011 年出台了《全国主体功能区规划》。应该说，无论是陆续出台的多项区域发展规划还是《全国主体功能区规划》，都在相当程度上摒弃了之前基于行政管理体制的区域经济体系，而将我国的区域经济联系机制转移到以市场为导向上来。这一点在习近平听取"京津冀协同发展专题汇报"时，提出的"京津冀要自觉打破自家'一亩三分地'的思维定式"中得到明确的体现。

基于此，我国的外向型经济增长方式转变主要体现在两个方面。

（1）从应对国际经济形势看，我国的经济增长应从"以获取贸易红利，提高国内居民福利"转向"改善贸易条件以获取外部资源，促进我国的经济增长"上来

首先，作为全球第二大经济体，国际贸易中我国获得的生产者剩余和消费者剩余都将减少。从改革开放之初，作为国际贸易中的小型经济体（占国际贸易中的比例极小），产品的进出口不会改变国际市场上的产品供求形势也不影响国外的产品均衡价格。到如今，作为大国经济体，我国在参与国际贸易的过程中将改变国际市场上的产品供求形式从而影响国外的产品均衡价格。并且，进出口商品的各类价格将呈如图 8 - 1 所示的变化趋势。

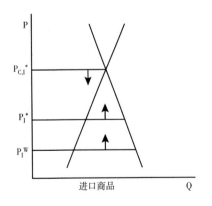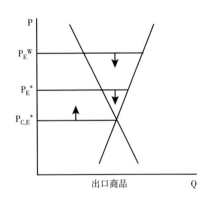

图 8 - 1　我国进出口商品价格变化趋势

注：I、E 分别表示进口、出口商品，Q 为商品数量，P 为价格。$P_{C,I}^{*}$ 为进口商品的国内均衡价格，P_{I}^{*} 为该商品的进口价格，P_{I}^{W} 为该商品的世界（或国外）价格。P_{E}^{W} 为出口商品的世界（或国外）价格，P_{E}^{*} 为该商品的出口价格，$P_{C,E}^{*}$ 为该商品的国内均衡价格。

这种变化导致我国商品进出口带来的消费者剩余和生产者剩余都将减少。体现在：其一，出口方面，自 20 世纪 90 年代后期开始，在出口占据国际市场同类商品较大份额的情况下，在降低我国出口商品国际市场上价格的同时缩小了国际国内价格差，从而生产者剩余减少。其二，在进口方面，由于国内消费者对进口商品的需求大量增加，在推高进口商品国外价格的同时缩小了国内外价格差，因而消费者剩余减少。其三，人民币的升值则同时缩小了出口商品和进口商品的国内外价格差，因而同时降低了我国的生产者剩余和消费者剩余。其四，在国内劳工成本、环境成本不断上升的情况下，出口商品自身价格在不断升高；在国内技术不断进步的条件下，进口商品的国内价格也在不断下降；因此降低了我国进出口贸易的生产者剩余和消费者剩余。因此，如果以 U 表示我国在参与国际贸易过程中所获得的贸易福利，以 $P_{C,E}^*$、$P_{C,I}^*$ 分别表示封闭条件下我国的国内出口产品和进口产品的均衡价格，以 P_E^W 和 P_I^W 表示出口产品和进口产品的国际市场价格，以 P_E^*、P_I^* 分别表示出口商品和进口商品在开放条件下的国内价格，以 Q^E、Q^I 分别表示出口商品量和进口商品量，以 C 表示人民币汇率。

则我国参与国际贸易获得的福利可以表示为：

$$U = U^E(P_E^W - P_{C,E}^*, Q^E) + U^I(P_I^W - P_{C,I}^*, Q^I) \qquad (8-1)$$

且：

$$P_E^W = P(Q^E, P_{C,E}^*, C), \quad P_I^W = P(Q^I, P_{C,I}^*, C) \qquad (8-2)$$

并且，随着我国经济规模的不断扩大，由进出口产品给我国带来的边际效用是递减的，即：

$$\frac{\partial P_{C,E}^*}{\partial Q^E} > 0, \frac{\partial U}{\partial Q^E} = \frac{\partial U^E}{\partial Q^E} < 0 \qquad (8-3)$$

$$\frac{\partial P_{C,I}^*}{\partial Q^I} < 0, \frac{\partial U}{\partial Q^I} = \frac{\partial U^I}{\partial Q^I} < 0 \qquad (8-4)$$

我国进出口贸易生产者剩余和消费者剩余减少机制，对国外则刚好相反。即在国外：

$$\frac{\partial P_{C,E}^*}{\partial Q^E} < 0, \frac{\partial U}{\partial Q^E} = \frac{\partial U^E}{\partial Q^E} > 0 \qquad (8-5)$$

$$\frac{\partial P_{C,I}^*}{\partial Q^I} > 0, \frac{\partial U}{\partial Q^I} = \frac{\partial U^I}{\partial Q^I} > 0 \qquad (8-6)$$

因此，在国内外价格和边际效用完全相反的演变趋势下，以及我国在国际贸易中从小国到大国地位的转变，都意味着我国进出口贸易"将从小国开放经济获得贸易红利转向大国开放经济提供贸易红利"，即从对外贸易中拉动本国经济增长转向对外贸易中拉动他国经济增长。

其次，与世界经济的同周期性，导致我国应对国际经济形势的政策关注点转变。1997 年东南亚金融危机和 2008 年全球金融危机及之后的欧债危机对我国经济增长率的影响表明，我国经济自 20 世纪 90 年代中期开始即已基本体现为跟世界经济的同周期性。与世界经济的同周期性意味着，一方面，我国的经济政策必须与世界各国之间相互协调，从而导致我国经济政策自主性大大削弱；另一方面，由于面对相同的世界经济环境和相似的经济走向（繁荣或萧条），在各国经济政策同步的情况下我国经济政策的有效性将会大大降低。

拟定国内外的货币政策（M^D、M^F）、国内外的财政政策（F^D、F^F）、国内外的利率政策（I^D、I^F）等政策变量，并从这些政策变量的内外相互影响角度，探讨国内政策变量的政策效应，即国内的政策效应 e 将会受到国内外政策的共同影响，其公式为：

$$e = e(M^D, M^F; F^D, F^F; I^D, I^F) \tag{8-7}$$

最后，在这种形势下，面对国际经济形势变化，"我国的政策关注点应逐渐从被动适应国际经济形势的变化转向主动引导国际经济形势朝有利于我国的方向变化"。

（2）我国外向型经济增长方式的战略性转变

首先，在我国未来的经济增长中，应通过消费需求向国内的转变以规避国际经济形势变化对我国经济的影响。从改革开放到 20 世纪 90 年代中期，我国由供不应求逐渐过渡到了供过于求。依赖于廉价劳动力和资源的商品因其在国际市场上的价格优势，从而出口成为化解国内需求不足的主要途径。但随着人民币的不断升值，劳工成本的不断攀升，劳动保障支出的增加，资源环境压力的日益加大，出口商品的价格竞争力被大大削弱，并将因此恶化我国出口商品的贸易条件。

由此，可以确定出口厂商的收益 R 与出口产品的价格、产量及其他变量之间存在以下关系：

$$R = PQ \tag{8-8}$$
$$P_{C,E}^* = P(W, S, E, C) \tag{8-9}$$
$$Q = Q^D + Q^* \tag{8-10}$$

其次，在利润最大化条件下：MR＝MC，但因为 $P_{C,E}^* = P$（W，R，S，E，C），则：

$$MC = MC_L + MC_K + MC_S + MC_E + MC_C \qquad (8-11)$$

即我国出口商品的成本不仅体现在劳工成本（W）、资金租金（R）的变化上，还与完善劳动和社会保障体系所产生的成本（S）、环境成本（E）、汇率变化（C）等密切相关。

再次，构建我国的国内消费函数。需求由国内需求和国外需求两部分构成。即：

$$Q = Q^D + Q^F \qquad (8-12)$$

而对于国内需求函数，则应综合考虑到影响国内商品需求的居民收入（Y）、财富存量（W）、商品价格（P）、商品品质（T）是否适合于国内居民消费（F）以及其他因素（σ），这些变量都会对国内 QD 占总需求 Q 的比例产生直接的影响。从而构建如下国内需求函数：

$$Q^D = Q^D(Y, W, P, T, F, \sigma) \qquad (8-13)$$

该需求函数中，除一般意义上的居民收入、价格和商品质量外，增加了财富和对国内居民偏好适应度两个变量，这两个变量是我国在外向型经济增长方式转变条件下创造国内需求最关键的因素。

因此，随着我国居民收入的不断增长，财富存量的不断增加，从而带来财富性收入的快速增长，居民消费扩张与升级释放出来的消费能力和消费潜力意味着，未来我国经济增长进程中，"对于需求形式的变化要从寻求外部需求转向创造内部需求"。

最后，在融入世界经济过程中，提升在国际价值链中的地位，基础是依赖于国内价值链的一体化内生经济增长。为此，我国要打破目前将中西部地区剥离于东部沿海地区融入全球价值链的现实状况，而应该构建包括基于自身地理特征和区位的国内功能性经济区域体系，基于不同产业在区域内和区域间合理分布的横向产业体系，基于同一产业不同环节、不同产品乃至不同生产区段构成的纵向产业体系的国内价值链体系。由此，"要促进国内经济在全国区域经济一体化的基础上向内生经济增长方式转变，从而实现我国在参与国际贸易的过程中从注重量的扩张向注重价值链提升的转变"。

2. 我国外向型经济增长方式战略性转变与我国区域经济政策调整

(1) 新中国成立以来我国的区域经济体系发展历程[①]

我国区域经济体系发展历程呈现出从区域经济政策导向转向以区域内在经济联系，区域经济政策的立足点从着眼于全国均衡经济增长转向着眼于功能性经济区域划分，区域经济政策的目标转向促进经济增长方式的转变等三个主要趋势。在三大趋势主导下，我国区域经济体系呈如下发展历程：

第一，东、中、西三分法。我国的东、中、西部区域经济划分方式适应我国改革开放后外向型经济增长方式下优先发展东部地区的需要。但东、中、西三分法的区域经济体系导致了我国地区间经济发展差距的扩大。

第二，版块战略。针对东、中、西三分法带来的地区间差距扩大等问题，1997～2006年，我国实施了区域经济的版块战略，依次是1997年提出"实施西部大开发战略"、2003年十六届三中全会出台振兴东北老工业基地及2006年促进中部崛起战略。

第三，城市群战略。20世纪90年代，我国城市化进程的加快，逐渐形成了长三角、珠三角和环渤海湾地区等三大城市群。以此为基础，各区域提出了渝蓉城市群、关中城市群、福厦城市群、武汉地区城市群、哈大齐城市地带、中原城市密集区、湘中地区城镇密集区等区域性城市群以及山东半岛、辽东半岛、杭甬等次级城市群。但城市群战略的重心仍然是在东部地区，无法打破外向型经济增长方式的基础。

第四，主体功能区战略。主体功能区阶段经历了2004年海峡西岸经济区战略构想的提出，之后海峡西岸经济区、成渝经济区和北部湾经济区先后被提升到国家战略层面，再到2009年以来系列区域规划的出台等不同的演变时期。2011年6月8日出台的全国主体功能区规划提出要推进环渤海、长江三角洲、珠江三角洲地区建设，形成3个特大城市群，同时推进哈长、江淮、海峡西岸、中原、长江中游、北部湾、成渝、关中—天水等地区的重点开发。因此，主体功能区战略是近年来我国区域协调统筹发展战略的集中体现，并将主导着今后较长一段时期内我国的区域协调统筹发展战略。主体功能区战略标志着我国将构建区域经济体系作为促进我国经济增长方式转变提升到国家政策层面。

[①] 秦敬云、文礼朋：《我国区域统筹发展战略的阶段性演变及其趋势研究》，《广西师范大学学报》（哲学社会科学版）2012年第3期，第49～53页。

（2）我国区域经济体系发展趋势

我国外向型经济增长方式的战略性转变意味着，我国要在调整应对国际经济形势政策的基础上，实现外向型经济增长方式的转变。因此，构建完善的区域经济体系，在区域分工协作基础上实现我国区域经济整体的一体化发展，成为我国的必然选择。由此，我国的区域经济政策需要实现四个转变，即我国的区域经济政策导向转向以区域内在经济联系，区域经济政策立足点转向区域功能性定位，我国区域经济政策的目标转向促进经济增长方式的转变，区域经济政策凸显政策"先行先试区域"的重要性。

3. 我国区域经济一体化发展机制

（1）基于内在经济联系的区域经济组织结构体系

我国并行着两种区域经济体系，分别是新中国成立以来基于行政隶属关系的区域经济体系，和改革开放后随着区域内部联系加强及区域分工需要的基于经济内在联系的区域经济体系。在经济增长方式转变的背景下，我国将从基于行政隶属关系的区域经济组织结构体系（如图8-2所示）转向基于内在经济联系的区域经济组织结构体系（如图8-3所示），实现区域经济体系从"行政经济区域"到"中心城市—经济区域"再到"市场—经济区域"的转变。基于内在经济联系的区域经济组织结构体系在促进区域经济

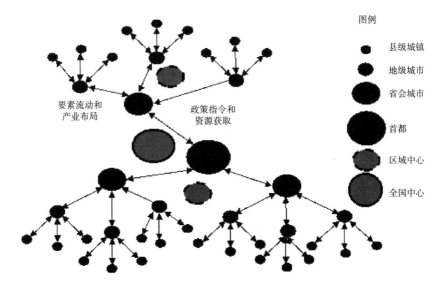

图8-2 基于行政隶属关系的我国经济区域联系网状分布

资料来源：笔者依据自己的研究绘制。

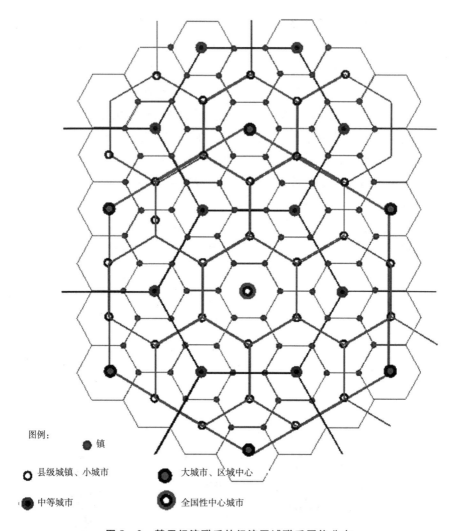

图例：

● 镇

◎ 县级城镇、小城市　　　⬤ 大城市、区域中心

◉ 中等城市　　　◉ 全国性中心城市

图 8 - 3　基于经济联系的经济区域联系网络分布

注：改编自克里斯塔勒的中心地理论模型。

差异化发展的基础上，能够增强我国经济面对外部危机时的抗风险能力。

（2）单个经济区域产业发展路径

单个经济区域的产业发展路径如图 2 - 2 所示。如该图所示，与经济发展阶段相对应，产业发展也体现为从单一或少数产业发展向产业规模扩张、产业多元化进而向产业服务化转变，并在产业分工与产业集聚上体现为"产业大类专业化→产业集聚度上升→产业系类专业化→产业集聚度降低→生产环节专业化"的产业发展路径。

（3）经济区域之间的经济联系机制

一是国内各经济区域犹如世界经济中的小型开放经济体，各经济区域在整个区域经济体系内呈外向型经济增长模式；二是全国区域经济体系中各个经济区域之间的外向型经济联系体现在基础部门的合理划分和选择上；三是由于国内区域经济体系中各经济区域不存在国与国的行政界线分隔，因此经济区域之间依照比较优势在区域之间、区域内部各次区域之间分工协作以促进共同发展。

（4）在区域主体产业融入区域经济一体化下的发展模式

主体产业的发展是经济区域融入区域经济体系的着力点。而区域经济一体化的重点是经济区域主体产业的发展，将通过"区域品牌化→品牌区际化→区际一体化"的区域产业发展模式融入区域经济体系。区域品牌化意味着区域产业发展须基于自身产业基础，通过自主品牌战略促进单个经济区域产业实现量的扩张和质的提升。品牌区际化则表明区域产业发展的空间视野应该是基于对本区域产品有高度需求的国内其他区域进而扩张至国际区域市场。区际一体化则意味着地区产业发展虽有自身的优势，但产业链分工应是基于全国区域经济体系的，并通过各个经济区域的产业分工协作，实现区域市场一体化、全国整体经济发展的一体化。

4. 区域经济一体化发展机制模型

以前述四个方面内容为基础，将形成如图 8-4 所示的区域经济一体化发展机制模型。在深入探讨各因素和变量之间的相互作用关系后表明，在"区域经济组织结构体系→单个经济区域产业发展路径→经济区域之间的经济联系机制→一体化区域经济体系的产业发展模式"区域经济一体化发展机制下，其对我国经济发展的意义为，在强调经济区域之间经济联系的基础上，单个经济区域实现对内对外全面开放，进而促进区域经济体系整体分工协作下的一体化发展。因此，经济增长方式体现为：单个经济区域外生经济增长，而全国整体则实现了向内生经济增长方式的战略性转变。

二 区际分工下的西部地区优势产业深化

1. 产业深化

产业深化，指一国产业总体状态上或者某一产业内部的加工和再加工程度逐步向纵深化发展，实现高加工度化与技术集约化的趋势，即一个国家或地区从只能生产初级产品或加工原材料，到能够生产高技术产品；从只能生

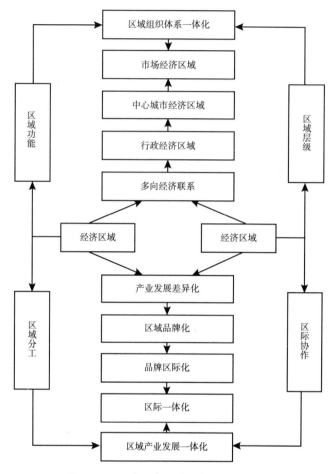

图 8 - 4 区域经济一体化发展机制模型

资料来源：笔者依据自己对该问题的研究绘制。

产较为粗糙的低质量产品，到能够生产高质量产品等。[1]

对于"产业深化"概念的理解，大致可以认为其描述了一个地区对于产业发展的关注应当遵循"产业—行业—产品—区段—环节"的深化发展路径，而在该路径的每一个阶段都对应了一个国家或地区的经济发展阶段，从而使得政府的政策侧重点是有差别的。在一个国家或地区的经济发展初期，产业政策更多地停留在产业层面去分析和关注产业发展问题。比如，改革开放初期及之前，我国的产业发展侧重点是满足人们的基本生活需求，消

---

① 李江涛：《产业深化理论——一个新理论框架》，中共中央党校博士学位论文，2004。

费者偏好的差异性较小，因而产业发展的关注点在于第一产业，以轻工业为主的第二产业，以居民服务业、交通和住宿为主的第三产业。到了 20 世纪 90 年代，伴随我国短缺经济向过剩经济的转换，消费者在满足基本生活需求后消费需求的横向扩张推动了我国产业发展从产业向行业的演变，一些工业细分行业、服务业的细分行业开始被划分出来。① 到了 20 世纪 90 年代中后期，供过于求状态的加剧，以及伴随消费者收入增加而分化的消费者偏好，促进了我国各行业产品类别的细分。进入 21 世纪，东部地区产业发展面临升级，对东部地区乃至我国作为世界工厂在全球价值链中地位（产品区段）的探讨成为产业政策的焦点。同时，为规避出口导向型经济发展模式中国际经济环境对我国经济增长稳定性的不利影响，构建国内价值链成为国内产业发展模式转变的重要路径。而在融入全球价值链的过程中，对目前我国在不同产品区段乃至某一环节的探讨也逐渐深入。

2. 承接产业转移与西部地区优势产业深化发展路径

（1）基于部门分工基础的产业深化。经济中存在三个部门：研究与开发部门、中间产品生产部门、最终产品生产部门。东部地区在产业深化的过程中，可以实现三个部门的分离，比如利用东部地区更高的技术水平和综合科研能力，将西部地区优势产业的研究与开发部门布局于东部地区，以充分利用外部技术资源获得西部地区优势产业发展所需的技术支持。

（2）基于产品品种的产业深化。基于产品品种的产业深化，关键在于不断发掘差异化的消费者需求，并根据细分化的消费者目标市场开发适销对路的商品以满足不同消费者的需求。

（3）基于产业链环节的产业深化。基于产业链环节的产业深化，重点是西部地区一些产业延伸产业链，增加其附加值。比如西部地区目前的资源开发，多以出售初级资源或简单加工的初级产品为主。以内蒙古的煤炭采掘为例，作为电煤大量运往东部沿海地区，出现了严重的"用高级能源运输初级产品或初级能源"的问题。其产业深化的路径则是将内蒙古的煤炭在采掘出来后直接转化为电能再输送到东部能源需求地区。这样一方面降低能

---

① 这一点可以从我国关于工业经济指标统计中 1985 年及之前仅提供冶金工业、电力工业、煤炭及炼焦工业、石油工业、化学工业、机械工业、建筑材料工业、森林工业、食品工业、纺织工业、缝纫工业、皮革工业、造纸工业和文教艺术用品等 14 类工业产业的数据，而在之后则按照采掘业、制造业、电力煤气及水生产供应业等三大门类 39 个行业分类公布统计数据得到佐证。

源输送成本；另一方面还有利于煤炭发电后废弃、废渣的综合处理和利用。与内蒙古的煤炭采掘相类似的是广西的蔗糖业，其产量占全国糖产量的2/3，但在制糖业549.2亿元产值的背后却是食品制造业产值仅仅134.6亿元（除罐头制造业外），而与蔗糖业相关的其他产业链环节也同样面临深化发展问题。

（4）基于产品质量提升的产业深化。产品质量问题是当前我国工业产业发展中亟待解决的重大问题。苏丹红、瘦肉精、三聚氰胺、牛奶和肉鸡抗生素等都是近年来发生在我国的涉及产品质量的重大事件。因此，基于产品质量提升的产业深化，要求西部地区优势产业在承接产业转移的过程中抓住当前全球经济危机条件下催生的新技术、新工艺，尤其是我国战略性新兴产业的发展，促进我国工业生产流程向智能化、数字化转变，以提升产品质量，这对于西部地区优势产业的转型与升级至关重要。与产品质量提升密切相关的是，一方面要促进工业生产流程再造，从工厂外物流到工厂内物流，构建精准物流体系，以及我国工业制造业数字化、智能化的工业流程演变。另一方面则是要从法制、法规上引导企业注重产品质量的提升，促进西部地区优势产业的深化发展。

（5）基于产品发展战略的品牌化产业深化。产业的升级离不开企业的发展。中国的很多产业成为全球经济基因，但却是由于贴上了其他国家的品牌才成为全球经济基因。而中国经济要想持续发展，就必须摆脱这种被动发展的局面，而自主品牌战略的实施则是扭转被动局面的不二途径。对于自主品牌与企业发展，一是要选择成功的中国自主品牌，研究其品牌发展历程，总结出它们成功的共性，同时选择企业投入很多、却最终没有成功或消失的品牌，研究导致它们失败的共性因素，归纳出自主品牌战略实施过程中应借鉴的经验和规避的风险。二是基于自主品牌战略的宏观思考，即站在中国品牌战略角度，研究中国政府应该把自主品牌的培育和建设作为国家战略，逐渐形成完整的品牌战略思路和支持政策体系，在宏观上形成一批具有国际竞争力的自主品牌，从而提高产品附加值，进而转变经济增长方式。三是实施基于"三螺旋理论"的自主品牌战略发展范式。中国自主品牌战略的实施范式应把企业、政府和消费者作为三支螺旋力量，每支螺旋既具有内生力量，又互为外生力量，从而形成一种全新的自主品牌战略实施范式，最终加快中国品牌的成长，形成中国品牌力量，最终促进中国产业升级和经济增长模式的转变。

三　开展产业融合与国内区际贸易以促进西部地区优势产业发展

1. 产业融合

植草益认为产业融合是通过技术革新和放宽限制来降低行业间的壁垒，加强各行业间的竞争合作关系。Grenstei 和 Khana 则认为产业融合是为了适应产业增长而发生的产业边界的收缩或消失。卢东斌强调产业融合是高新技术及其产业作用于传统产业，使得两种（或多种）产业合成一体，逐步成为新产业。综合各种观点，从更广泛的视野看，所谓"产业融合"是指不同产业或同一产业内的不同行业通过相互渗透、相互交叉，最终融为一体，逐步形成新产业的动态发展过程。其特征在于融合的结果出现了新的产业或新的增长点。[1] 产业融合成为产业发展及经济增长的新动力，主要是因为，随着产业融合在整个经济系统中越来越具有普遍性，它将导致产业发展基础、产业之间关联、产业结构演变、产业组织形态和产业区域布局等方面的根本变化。[2]

2. 承接产业转移与西部地区优势产业融合路径

随着西部地区经济发展水平的提升，东西部之间的产业差异性会越来越小。这一点可以从本课题研究过程中对我国东部各省份之间、西部各省份之间和东部与西部省份之间工业产业结构相似系数测算结果看出，处于相同发展水平的地区之间产业相似系数较高，而不同发展水平的地区之间产业相似系数较低。随着西部地区经济快速增长，与东部地区经济发展水平差距的缩小，也必然导致东、西部地区之间产业相似系数的升高，即东、西部地区之间产业差异性缩小，也即出现东、西部地区的产业相似性的问题。

在产业相似程度日趋提高的情况下，如果不能寻求到新的产业增长点，势必会造成东、西部地区在未来产业发展中竞争性超过协作性。由此，东部地区的产业西迁就会在促进西部地区优势产业发展的同时削弱东部地区自身的产业发展基础。因此，在承接产业转移过程中通过产业融合寻求西部地区优势产业新的增长点对于促进西部地区优势产业进而促进西部地区经济增长至关重要。西部地区产业融合路径主要有以下三个方面。

---

[1]　厉无畏：《产业融合与产业创新》，《上海管理科学》2002 年第 4 期，第 4~6 页。

[2]　周振华：《产业融合：产业发展及经济增长的新动力》，《中国工业经济》2003 年第 4 期，第 46~52 页。

（1）模块化的西部地区产业融合。基于模块化的产业融合，要求西部地区优势产业通过承接产业转移以加快发展的过程中，基于生产要素在地区乃至全国自由流动的前提下，由技术、需求、制度等多种因素驱动，经过模块化的价值分解和功能整合，使不同产业或同一产业内的不同行业在不断加强横向联系的同时，逐渐形成具有新产业属性或新业态的复杂性产业网络。①

（2）区域分工协作下的西部地区产业融合。区域分工协作下的西部地区产业融合，要求西部地区在促进经济发展区域化的同时，主动融入基于内在经济联系的全国区域经济体系中，并在各经济区域之间就资本和技术密集型产业与劳动和资源密集型产业的分工协作，重点是通过资本和技术密集型产业促进劳动和资源密集型产业的升级；在初加工产品与精、深加工产品在产业水平上的分工协作，重点是促进地区之间石化工业、煤炭工业等资源型产业的产业链不断向高端延伸；在区域装备制造业配套生产能力及产品多样性的分工协作下，以交通运输、专用和通用设备制造等为核心内容的泛长三角装备制造业，正在经历产业水平升级要求下的生产过程更专、更精、更细、更尖的分工和结构调整；以及建立区域产业一体化的政策协调机制，加强省份之间各个类别和各种形式的对话平台建设。

（3）外部技术进步下的西部地区产业融合。产业技术进步是指产业发展的要素不断复杂化、高级化、知识化的过程，主要表现在产业资本、产业内容、产业组织、产业关系、产业布局、产业制度和产业标准的持续创新。② 而产业技术进步对于产业融合的作用主要体现在：一是通过新技术创造新的生产要素从而促进新产业的诞生；二是技术进步导致产业结构优化升级并促进优势产业自身融合。但对于西部地区而言，由于其并非我国的技术创新中心，因而通过产业技术进步促进地区产业融合还需借助于来自我国东部或国外的外部技术进步。

3. 区际贸易、国内价值链与促进西部地区产业融合

事实上，根据 Chenery. H（1986）等人的研究，在大国工业化过程中，国内贸易的扩张对轻工业增长的平均贡献率约为 80%，对重工业的贡献率约为 65%，而小国分别为 60% 和 40%。尽管到目前为止并没有关于我国国内贸易

---

① 肖建勇、郑向敏：《模块化与产业融合：耦合、机理及效应》，《科技管理研究》2012 年第 14 期，第 13 ~ 16 页。

② 王洪波：《产业技术进步在 IT 产业融合中的作用探究》，《华东经济管理》2009 年第 3 期，第 149 ~ 153 页。

对工业产业贡献率的权威研究结论,但在我国从贸易小国到贸易大国的转变中,加快国内区际贸易的发展以减少对国外市场的依赖已经成为共识。

目前我国国内贸易发展具体表现在国内区际贸易具有较强的沿海指向性,区际产业关联度低,区际产业结构趋同和产业分工度低等特点。陈秀山、张若研究得出,在区际的贸易产品构成中,制成品贸易的沿海指向性更强。主要原因是一方面由于受到东部沿海经济核心区强大的经济辐射效应;另一方面也是内陆地区间贸易成本偏高,省际产业关联度低和产品结构趋同所致。由于沿海区域的产品贸易主要是以出口为主,而中部地区又纷纷制定南向、东向战略,积极融入沿海经济发达地区,因此在一定程度上中、东部地区都在出口导向型政策的指引下,转向发展国际贸易,国内区际市场贸易被忽视。①

我国区际贸易的发展受到地方保护与市场分割的严重影响。对我国的地方保护主义与市场分割状况,调查结果显示,随着改革的不断深入、各种清理整顿工作的不断开展、公务员素质的不断提高、基础设施的改善和市场配置资源的作用逐步加强,消除地方保护的工作取得了成效并得到了各相关方面的认可。但我国的地方保护主义依然存在,主要包括与贸易保护有关的直接控制外地产品的销售数量、价格限制和地方补贴、工商质检等方面的歧视、阻止外地产品进入的其他非正式无形限制等四大类 22 种形式,以及商业性存在的对外来企业原材料投入方面的干预、对劳动力市场方面的干预、对投融资方面的干预、对技术方面的干预等四大类 20 种形式和手段②。而从行业角度看,农业保护最为严重,商业运输业的保护其次,然后依次是轻工业、采选业、重工业,建筑业和水电煤业的保护较低。综合来看,第一、第三产业的保护较重,第二产业的保护相对较轻③。

因此,打破地方保护主义与市场分割,构建以本土企业为主体的国内价值链是加快国内区际贸易发展的基础。事实上,构建国内价值链对于西部地区实现产业融合至关重要。首先,正是在国内价值链引导下的东、西部地区间的合理分工,才会有利于西部地区优势产业的不同生产模块在国内各经济

---

① 陈秀山、张若:《中部地区省际产品贸易流量估算与空间分析》,《华中师范大学学报》2007 年第 5 期,第 36 ~ 42 页。

② 李善同、侯永志、刘云中、陈波:《中国国内地方保护问题的调查与分析》,《经济研究》2004 年第 11 期,第 78 ~ 85 页。

③ 黄赜林、王敬云:《基于产业结构区际贸易壁垒的实证分析》,《财经研究》2007 年第 3 期,第 4 ~ 16 页。

区域形成合力的布局。其次，合理的国内价值链有利于东、西部地区之间在资本和技术密集型产业与劳动和资源密集型产业的分工协作，在初加工产品与精、深加工产品在产业水平上的分工协作，在装备制造业配套生产能力及产品多样性的分工协作，也有利于区域产业一体化的政策协调机制的建立和完善。最后，合理的国内价值链，有利于西部地区通过完善的技术交易市场从作为我国技术创新核心的东部地区获得新技术以促进西部地区优势产业发展中的产业融合。

第三节　产业西迁与西部地区优势产业发展的要素流动

改革开放后，在东部地区率先发展的战略主导下，我国的资本、技术与人才都呈向东部地区尤其是东南沿海地区聚集的态势。改革开放三十多年后的今天，在西部大开发等区域经济战略引导下，在产业西迁以促进西部地区优势产业发展的过程中，促进资本、技术与人才向西部地区的流动成为促进西部地区优势产业发展的必然选择。

产业西迁与西部地区优势产业发展的要素流动有其基本的假设条件：对于产业西迁与西部地区优势产业发展的要素流动，应将其置于开放经济和大国经济体系这两个环境要素下来进行。首先，从开放经济的角度看，开放经济不仅是强调对外开放，更重要的还是对内开放。其次，从大国经济体系角度看，意味着存在大量的经济区域，因而每个经济区域在整个经济体系的要素供求中，面临的是完全竞争的市场环境，从而单个经济区域对生产要素的需求满足完全竞争市场的基本假定，即价格接受者，并按照边际收益等于边际成本这一利润最大化条件使用生产要素。同样，由于面临开放经济和大国经济条件，要素供给者也将作为价格接受者，在边际收益等于边际成本的条件下供给生产要素。

一　产业资本

1. 资本盈利能力作用下的区域资本流动机制[①]

满足前述假设条件下，在资本盈利能力作用下的区域资本流动模型

---

① 模型改编自课题组成员秦敬云的博士学位论文中的相关论述，秦敬云：《要素投入与我国城市经济增长》，厦门大学博士学位论文，2007年4月。

中，与世界经济中小型开放经济体一样，利率是外生给定的，即区域经济中的名义利率不变；但由于各区域的产业基础、投资环境、地方经济发展政策、资本的短缺程度等各不相同，使得各区域的投资盈利率不同。但区域资本的供求机制仍然遵循着投资与实际利率 r 负相关的一般规律，投资函数为：

$$I = I(r^r) \qquad\qquad (8-14)$$

区域投资盈利率的不同反映到区域经济的小型开放经济模型中就是实际利率的不同。当一个经济区域由于种种因素导致该区域投资盈利率提高，相当于该区域实际利率降低，即由图 8－5 中的名义利率 r^* 降低到实际利率 r'，此时区域内居民的储蓄小于区域的投资需求，区域外的投资者将因为该区域较低的实际利率（较高的投资盈利率）而进入，以弥补该区域居民储蓄与投资需求之间的差额。反过来，当一个区域由于种种因素导致该区域投资盈利率降低，则相当于该区域实际利率的提高，即由图 8－5 中的名义利率 r^* 上升到实际利率 r''，此时区域内居民的储蓄大于区域投资需求，区域内的投资额过剩，投资者将会到其他区域投资以获取高于本区域的投资盈利率。

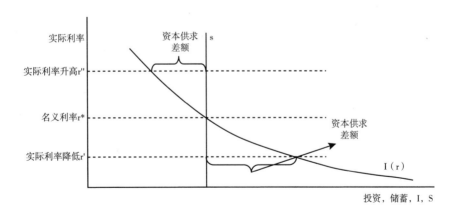

图 8－5　区域经济的小型开放经济模型

2. 我国国内区域间的资本流动

对我国区域间资本流动的研究表明，改革开放以来我国区域间资本流动的基本趋势是，东部属于资本净流入地区而西部属于资本净流出地区。区域间资本流动的这种基本趋势在促进了东部地区经济进入良性、高速发展轨道的同时，也使西部地区经济陷入了低水平恶性循环的怪圈。[①] 区域间的资本流动导致大量资本在东部地区集中，一方面造成区域差距继续拉大；另一方面使投资过分追求数量和速度。然而，在投资边际报酬递减规律的作用下，东部地区沿海新兴工业基地的边际投资效益显著下降，其对投资有效性的降低尤其明显。[②]

对于国内区域间的资本流动，可以采用 Feldstein 和 Horioka 分析投资率与储蓄率之间相关性的模型来测算。模型如式（8 - 15）所示：

$$I_{it} = \alpha_i + \beta S_{it} + \varepsilon_{it} \qquad (8-15)$$

其中，I_{it} 为省份 i 在时间 t 时刻的投资与产出之比，即投资率；S_{it} 为省份 i 在时间 t 时刻的储蓄与产出之比，即储蓄率。

根据 Feldstein 和 Horioka 的相关理论，如果资本流动性强，则式（8 - 15）中的回归系数 β 应该是不显著的。依据式（8 - 15），课题组收集了我国除西藏外的 30 个省、自治区、直辖市从 1992 ~ 2011 年的 GDP（Y，支出法）、居民消费（C）、货物和服务净出口（X）、总税收收入（T）、固定资本形成（F）等数据，分别按照式（8 - 16）和式（8 - 17）计算储蓄率和投资率：

$$S_{it} = \frac{Y_{it} - C_{it} - X_{it} - T_{it}}{Y_{it}} \qquad (8-16)$$

$$I_{it} = \frac{F_{it}}{Y_{it}} \qquad (8-17)$$

按照式（8 - 16）和式（8 - 17）计算，得到各省区 1992 ~ 2011 年的储蓄率和投资率数据后，回归分析结果如表 8 - 4 所示。

如表 8 - 4 所示，1992 ~ 2011 年，采用全国 30 个省、自治区、直辖市的面板数据分析结果显示，β 系数是高度显著的，表明在这一时期，我国国内省域间的资本是缺乏流动性的。而在表 8 - 4 中针对各省、自治区、直辖市在 1992 ~ 2011 年的单独回归分析结果则显示，除山东省的 β 系数不显著外，其他 29 个省、自治区、直辖市的 β 系数均在 1% 显著性水平上显著且符号为正，

---

① 胡永平、张宗益、祝接金：《基于储蓄—投资关系的中国区域间资本流动分析》，《中国软科学》2004 年第 5 期，第 130 ~ 135 页。

② 冯振环、赵国杰：《我国区域投资中的问题及其对策》，《中国软科学》2001 年第 7 期，第 108 ~ 111 页。

表 8 - 4　1992 ~ 2011 年我国各省、自治区、直辖市投资率与储蓄率的回归结果

地区	常数项(α)	回归系数(β)	拟合优度(R²)
整体面板数据	− 10. 7085 ** (− 2. 1363)	1. 0561 *** (13. 8742)	0. 9097
北京	21. 8529 *** (19. 7289)	0. 5266 *** (13. 2532)	0. 9070
天津	1. 8012(0. 2138)	1. 1419 *** (6. 5192)	0. 7025
河北	− 8. 6571 *** (− 2. 9941)	1. 1236 *** (18. 9521)	0. 9523
山西	− 41. 4806 *** (− 3. 1457)	1. 6730 *** (6. 4132)	0. 6956
内蒙古	23. 1781 ** (2. 3897)	0. 6716 *** (3. 7438)	0. 4378
辽宁	− 23. 5779 *** (− 6. 3172)	1. 5632 *** (18. 4355)	0. 9497
吉林	1. 7624(0. 3034)	0. 9418 *** (8. 7674)	0. 8103
黑龙江	0. 7052(0. 2487)	0. 9568 *** (13. 7099)	0. 9126
上海	37. 4295 *** (18. 9327)	0. 4159 *** (6. 4963)	0. 7010
江苏	22. 1533 ** (2. 5667)	0. 5494 *** (3. 0970)	0. 3476
浙江	11. 7044 *** (5. 8820)	0. 8541 *** (10. 9259)	0. 8690
安徽	− 7. 4636 (− 0. 6323)	1. 1336 *** (4. 2936)	0. 5060
福建	− 15. 7611 (− 0. 9701)	1. 2647 *** (3. 7794)	0. 4424
江西	− 21. 4808 *** (− 3. 4537)	1. 3561 *** (10. 5242)	0. 8602
山东	59. 2672 *** (3. 2353)	− 0. 1931(− 0. 5608)	0. 0172
河南	− 7. 4885 *** (− 3. 5712)	1. 0432 *** (27. 0045)	0. 9759
湖北	0. 8401(0. 2247)	0. 9140 *** (11. 9969)	0. 8888
湖南	− 8. 0444 ** (− 2. 4690)	1. 0681 *** (14. 1098)	0. 9171
广东	29. 0840 *** (14. 2884)	0. 2701 *** (4. 5646)	0. 5365
广西	− 22. 2581 *** (− 10. 9007)	1. 2635 *** (34. 0317)	0. 9847
海南	10. 5642 * (1. 7959)	0. 7856 *** (7. 1310)	0. 7386
重庆	− 11. 2694 *** (− 3. 8506)	1. 1531 *** (20. 6201)	0. 9594
四川	− 11. 4430 *** (− 3. 6117)	1. 1867 *** (17. 0164)	0. 9415
贵州	− 1. 6016(− 0. 6912)	0. 9826 *** (20. 7785)	0. 9600
云南	15. 8607 *** (4. 0996)	0. 7822 *** (9. 2546)	0. 8263
陕西	− 5. 5148(− 0. 4722)	1. 0585 *** (4. 9522)	0. 5767
甘肃	2. 2691(0. 9239)	0. 8638 *** (18. 2919)	0. 9490
青海	− 5. 9180(− 1. 3438)	0. 9299 *** (15. 8067)	0. 9328
宁夏	− 1. 8084(− 0. 2115)	0. 9213 *** (8. 3600)	0. 7952
新疆	− 10. 7085 ** (− 2. 1363)	1. 0561 *** (13. 8742)	0. 9145

注：* 为10% 显著性水平，** 为5% 显著性水平，*** 为1% 显著性水平。

表明我国各省区的投资率随着储蓄率的提高而提高。但表 8 - 4 中的回归结果同样显示，仅北京、上海、江苏、浙江、山东、广东和云南的截距项为正且是显著的，而其他省区尤其是西部省区，截距项要么为负且显著（如广

西、重庆、四川、新疆),要么不显著(符号为正如甘肃或为负如陕西、青海、宁夏)。这样的回归结果表明,在我国的确存在阻碍资本在省区之间自由流动的障碍。而关于1992~2011年各省、自治区、直辖市储蓄率与投资率差异所示,北京、天津、上海、浙江和广东在同期各年的储蓄率均小于投资率,也就意味着上述五个省、直辖市的投资额总是超过储蓄额的;而西部省份中,除云南省在同期绝大多数年份储蓄率小于投资率、陕西省在2001年后储蓄率小于投资率以及其他省份在2009年后部分地出现了储蓄率小于投资率外,总体上西部省份的储蓄率是大于投资率的,这意味着西部省份总体上投资额是小于储蓄额的。而在基于全国整体储蓄额应等于投资额的基本事实,那么就存在着事实上的国内资本向东部沿海地区尤其是北京、天津、上海、浙江和广东流动的趋势。

3. 我国国内资本向西部地区的流动

尽管目前仍然缺乏广泛而准确的关于国内资本向西部地区流动的数据发布,但从重庆市近年来公布的数据看,国内资本向西部地区流动有加快的趋势,如表8-5所示。2004~2011年,重庆市实际利用内资金额从68.95亿元提升到4627.43亿元,增长了66倍。而在实际利用内资的结构分布中,来自东部地区的资本额所占比例均在70%以上,其中东部地区对重庆市的投资主要来自北京、广东、上海、江苏、浙江和福建等六省份。

表8-5　2004~2011年重庆市实际利用内资金额及主要地区分布

单位:亿元

年份	2004	2005	2006	2007	2008	2009	2010	2011
总　计	68.95	174.06	298.25	430.03	842.84	1468.02	2467.84	4627.43
北　京	12.95	41.22	62.03	64.20	150.40	266.09	559.49	1077.73
上　海	7.46	22.41	29.77	57.69	105.60	186.44	251.39	334.80
江　苏	2.43	3.76	4.69	11.61	25.49	78.93	158.13	326.53
浙　江	16.04	27.51	40.72	51.99	99.33	173.50	272.24	414.61
福　建	5.39	13.15	34.49	36.17	62.68	80.77	130.76	256.65
广　东	5.00	14.25	33.59	80.46	150.64	280.61	414.37	713.55
四　川	9.23	20.89	26.58	42.43	90.44	164.81	256.25	601.31
东部地区	51.90	132.31	240.82	328.46	660.87	1143.27	1910.66	3317.83
中部地区	5.64	9.53	14.08	27.49	54.97	101.71	184.58	454.94
西部地区	11.42	32.22	43.35	74.08	127.00	223.05	372.60	854.66

资料来源:历年《重庆市统计年鉴》。

二　产业技术

1. 开放性与全球化影响下的技术集聚性

我国区域经济增长中影响技术集聚的开放性因素主要是区域之间的开放性。由于国内各区域之间不存在如国家间国境线的阻隔，而地区之间的分割与封锁又在区域之间经济联系日益密切的背景下被逐渐打破，因而开放性是影响我国区域经济增长过程中技术集聚性的主要因素之一。由于区域之间的高度开放性，技术研发的人才、资本都会在地区之间加快趋利性流动，并增强我国区域经济增长中的技术集聚性，进而提升技术研发的成功率。但也正是由于区域之间的高度开放性，技术在区域之间的扩散成本很低而技术溢出的经济效益却很大。因此，区域之间的高度开放性是有利于我国区域经济增长中的技术进步及以技术促进经济增长的。

经济全球化对于我国区域经济增长中技术集聚性的影响可能是随机性的，而其对地方技术进步乃至经济发展的影响也带有较大的不确定性。事实上，跨国公司在我国设立研发机构，其目标地的选择一是取决于人力资源优势；二是取决于政策优势。而在人力资源优势和政策优势共同决定下，跨国公司基于全球战略而在我国设立的研发机构最终都会追随资本的步伐。资本的逐利性加之地方政府对于外资的追逐可能带来外资在我国设立研发机构时带有一定的随机性。这种随机性的起因部分体现为地方政府引资过程中大大超过正常范围的引资成本，由此可能对本就财力不足的城市经济发展带来严重的财政负担。因此，这种随机性对地方经济发展的影响带有相当程度的不确定性。

2. 技术研发与技术促进经济社会发展反差在我国的体现

事实上，依照技术生产对经济区域的分类以及关于区域经济增长中技术作用问题的论述，技术寄生型区域在经济增长过程中技术的贡献率不一定小。虽然我们没有直接的关于区域经济增长中技术作用与技术进步的相关数据来证明此结论，但可以从我国各省域技术进步指数与经济增长中技术作用指数部分地得到间接验证。

如表 8 - 6 所示，从 2009 ~ 2011 年的综合科技进步指数、科技活动产出指数和科技促进经济社会发展指数看，有这样几个特点。

首先，从科技活动产出指数与科技促进经济社会发展指数之间的对比看，除北京和上海的科技促进经济社会发展指数低于其科技活动产出指数

表 8-6　近年来我国各地区科技进步、科技活动产出与科技促进经济社会发展指数

省份	综合科技进步指数			科技活动产出指数			科技促进经济社会发展		
	2009 年	2010 年	2011 年	2009 年	2010 年	2011 年	2009 年	2010 年	2011 年
上　海	78.80	80.50	79.81	81.79	87.08	86.99	83.15	83.50	83.36
北　京	77.56	79.65	79.62	91.45	92.51	92.99	77.98	78.41	78.71
天　津	72.54	72.53	73.37	64.43	64.81	66.57	82.87	82.58	82.05
广　东	66.03	67.05	68.34	55.60	51.39	57.45	82.53	83.01	83.50
江　苏	59.90	61.33	64.47	36.82	36.63	45.21	73.24	74.59	75.81
辽　宁	57.97	58.84	58.36	51.85	47.83	51.94	70.90	72.19	74.56
陕　西	52.93	56.83	58.17	46.07	55.24	57.31	58.53	62.69	64.34
浙　江	56.42	57.21	57.19	35.50	34.77	34.70	72.63	73.64	74.26
福　建	50.39	51.79	56.35	18.23	18.75	42.98	75.45	75.98	76.70
湖　北	51.49	54.86	56.30	40.16	43.86	47.44	61.16	67.20	67.86
山　东	50.67	55.06	55.39	24.19	34.53	30.10	69.32	73.18	74.40
黑龙江	45.41	51.16	53.87	35.13	38.44	43.36	61.41	67.62	70.31
重　庆	50.00	51.16	53.69	48.47	42.60	50.46	53.72	57.81	59.33
吉　林	45.21	49.84	48.53	31.66	32.84	32.00	62.57	67.63	69.21
四　川	42.47	48.08	48.42	26.33	31.77	35.70	50.38	56.75	62.40
湖　南	44.22	48.66	46.94	39.51	40.12	32.87	56.11	62.06	66.10
甘　肃	40.17	46.48	46.34	40.66	45.90	44.78	44.98	53.98	59.32
内蒙古	40.34	43.91	45.35	15.31	16.27	21.69	60.39	67.78	70.32
河　北	42.15	45.69	45.11	31.19	27.96	22.67	61.23	65.70	66.99
山　西	41.94	43.99	44.58	17.00	17.30	24.10	64.57	65.04	65.73
安　徽	39.35	42.62	44.21	27.35	23.23	21.49	49.78	55.60	63.08
青　海	39.15	43.81	44.02	44.60	36.74	45.46	46.58	53.29	55.84
新　疆	42.32	43.99	43.02	40.02	36.79	39.31	59.99	60.54	62.43
海　南	38.45	41.46	42.06	33.42	31.80	39.07	64.42	64.92	66.32
江　西	37.68	39.87	41.81	20.15	15.85	21.84	48.97	53.53	57.99
河　南	38.20	41.42	41.64	23.64	20.71	21.05	52.16	58.41	62.46
宁　夏	41.97	39.81	39.85	33.98	15.68	29.76	51.94	56.75	58.88
广　西	34.36	37.69	39.15	23.38	21.85	22.67	51.25	57.23	63.15
云　南	33.83	37.50	38.08	22.35	26.41	29.37	48.14	54.23	58.58
贵　州	32.48	36.78	37.37	25.81	26.92	27.41	40.92	45.44	54.57
西　藏	27.38	27.91	30.42	14.59	8.82	11.48	43.20	45.76	54.44

资料来源：历年《全国及各地区科技进步统计监测结果》。

外，其他地区的科技促进经济社会发展指数均高于其科技活动产出指数，而且科技活动产出指数排名越低的地区二者之间的差值越大。这表明科技活动产出指数高的地区固然可能获得更多用于促进地方经济增长的知识和技术，

但科技活动产出低的地区也可能通过获得科技活动产出高的地区所生产的知识和技术来促进本地的经济发展。

其次，一些典型的地区科技活动产出指数排名很低，但科技促进经济社会发展指数排名却很高，而一些地区的科技活动产出指数排名很高但科技促进经济社会发展指数的排名却很低。比如福建省2009年、2010年、2011年的科技活动产出指数分别排在全国31个省、自治区、直辖市的第28位、26位、13位，而科技促进经济社会发展指数却均排在第5位，大大高于科技活动产出指数在全国的排名；江苏省2009年、2010年、2011年的科技活动产出指数分别排在全国31个省、自治区、直辖市的第13位、14位、10位，而科技促进经济社会发展指数却均排在第6位，同样大大高于科技活动产出指数在全国的排名；浙江省2009年、2010年、2011年的科技活动产出指数分别排在全国31个省、自治区、直辖市的第14位、15位、17位，而科技促进经济社会发展指数却分别排在第7位、7位、9位，均高于科技活动产出指数在全国的排名；山东省2009年、2010年、2011年的科技活动产出指数分别排在全国31个省、自治区、直辖市的第23位、16位、20位，而科技促进经济社会发展指数却分别排在第9位、8位、8位，大大高于科技活动产出指数在全国的排名。与之相对应的是，陕西省2009年、2010年、2011年的科技活动产出指数分别排在全国31个省、自治区、直辖市的第7位、4位、4位，而科技促进经济社会发展指数却分别排在第18位、17位、18位，低于科技活动产出指数在全国的排名；重庆市2009年、2010年、2011年的科技活动产出指数分别排在全国31个省、自治区、直辖市的第6位、9位、7位，而科技促进经济社会发展指数却分别排在第20位、21位、24位，大大低于科技活动产出指数在全国的排名；青海省2009年、2010年、2011年的科技活动产出指数分别排在全国31个省、自治区、直辖市的第8位、13位、9位，而科技促进经济社会发展指数却分别排在第28位、29位、29位，大大低于科技活动产出指数在全国的排名。2009~2011年国内各省（区、市）科技促进经济社会发展指数排名与科技活动产出指数排名之间的差值演变趋势参见图8-6。

3. 借用东部技术促进西部地区优势产业发展

正是由于在大国经济体内技术研发与技术促进经济社会发展贡献反差这一事实，给我国西部地区充分利用东部地区技术研发所产生的溢出效应促进优势产业发展以充分的依据。而且，无论是东部地区还是西部地区，其在应用技术促进经济增长的过程中都应该服从于我国的整体经济发展战略。

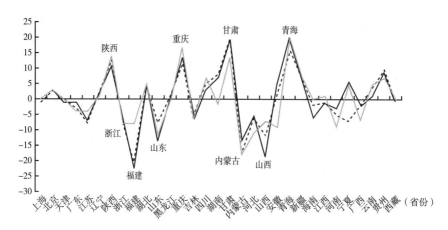

**图8-6　2009～2011年国内各省（区、市）科技促进经济社会发展
指数排名与科技活动产出指数排名之间的差值演变趋势**

注：①图中各省（区、市）差值小于0表明科技促进经济社会发展指数排名高于科技
活动产出指数排名，差值大于0则表明科技促进经济社会发展指数排名低于科技活动产出
指数排名。②图中三条曲线分别代表2009年、2010年、2011年的科技促进经济社会发展指
数排名与科技活动产出指数排名之间的差值演变趋势。

资料来源：中国科技统计网。

　　事实上，由于存在经济增长阶段性的差距，在未来我国经济增长进程
中，东部地区和西部地区之间经济发展的重点是不同的。东部地区总体上要
服从于我国自主创新驱动经济发展这一总体战略，将经济发展的重点放在通
过技术创新促进经济增长方式集约化转变上，因而将会事实上成为我国的技
术研发中心。而西部地区，由于相对于东部地区处于比较落后的经济发展水
平，经济增长方式仍然主要依靠资本和劳动力等生产要素投入的扩张，即经
济增长方式仍然是粗放式的。但这种粗放式的经济增长并不意味着其将沿着
改革开放之后我国整体粗放型经济增长方式这一路经，而导致其在未来经济
增长进程中出现资源耗竭、环境恶化等不利于我国经济可持续增长的局面，
而应该是在借用东部地区技术溢出效应基础上的资本和劳动力等要素投入扩
张以促进西部地区经济的快速增长。

　　这种经济增长方式意味着，基于国家整体经济增长方式，借用东部地区
的技术溢出效应，将东部地区自主创新所取得的技术应用于西部地区的经济
增长进程中。从而使我国西部地区、东部地区、国家整体的经济发展格局体
现为：西部地区依赖于外部技术引进（东部技术的溢出效应）并在资本和
劳动力等要素投入扩张的基础上促进自身特色优势产业的发展，带动地区经

济快速增长；东部地区作为我国技术研发核心地区，重点发展高技术产业，并通过国内技术输出从而处于国内价值链的顶端，并主导着国内价值链融入全球价值链，增强我国在全球经济中竞争力；国家整体的经济发展则实现了经济增长方式从粗放型向集约型的转变，从外生向内生增长方式的转变。

三　产业人才

1. 西部地区的人才外流

改革开放以来，西部地区人才"孔雀东南飞"的现象，使得西部人才的流失非常严重。许多资源型城市在资源枯竭或资源型企业效益下滑时，大量科技人才和骨干力量包括高级技工流失到外地（主要是东部地区）。如随着白银市资源的渐近枯竭、资源企业效益下滑，在1995～2002年，仅白银公司、靖远煤业公司、稀土公司、银光公司、二十一冶五家企业中级以上技术人员、管理人员流失达1630人，技术工人流失2531人，而同期引进中级以上技术人员、管理人员为842人，培养技术工人605人，分别是流失人员的52%和24%。目前，西部的资源型城市就业人员普遍存在着总的人员绝对过剩和高级技术和骨干人才相对不足的矛盾，但西部资源型城市吸引人才的能力却明显先天不足。

如表8-7所示，2010年，北京市大学专科以上人口所占比例已经超过

表8-7　2010年全国人口普查中东、西部主要省份大学以上人口比例

单位：%

地区	大学专科	大学本科	研究生
北京	11.17	15.62	3.62
天津	8.79	8.63	0.83
上海	10.04	10.87	1.91
江苏	6.61	4.45	0.42
浙江	5.45	4.08	0.33
河北	5.03	2.74	0.15
广西	4.14	2.28	0.15
重庆	5.10	3.67	0.30
四川	4.31	2.61	0.21
贵州	3.56	2.17	0.09
甘肃	4.90	2.95	0.19
宁夏	6.20	3.77	0.16
青海	5.66	3.54	0.15

资料来源：2011年各省份统计年鉴。

了 30%，上海也已经达到 22.82%，天津为 18.25%，江苏、浙江和河北分别为 11.48%、9.86% 和 7.92%。而西部地区中，最高的宁夏也只有 10.13%，略高于浙江；青海为 9.35%，重庆为 9.07%，甘肃为 8.04%，略高于河北；四川为 7.13%，广西为 6.57%，贵州为 5.82%，均比东部省份低。如果单纯计算大学本科以上人口所占比例，则东、西部地区之间的差距更大。现代资源型城市的经济转型靠的是高新技术和知识资本，缺乏人才和技术的转型，再好的方案也很难达到预期目标。[①]

2. 人才向西部地区的流动机制

人才在期望工资主导下在整个区域经济体系内流动。但与人才向西部地区的流动机制，同时并存的是东西部同规模城市之间的消费均等化和工资差异化，东、西部地区内部不同规模城市之间的工资均等化和消费差异化。以 w_s^E、w_M^E 分别表示东部地区经济发展水平较低和经济发展水平较高城市的工资，w_s^W、w_M^W 分别表示西部地区经济发展水平较低和经济发展水平较高城市的工资，C_s^E、C_M^E 分别表示东部地区经济发展水平较低和经济发展水平较高城市的消费水平，C_s^W、C_M^W 分别表示西部地区经济发展水平较低和经济发展水平较高城市的消费水平，则存在以下关系：

$$w_s^E < w_M^E, C_s^E < C_M^E \text{ 且 } w_s^E - C_s^E < w_M^E - C_M^E \qquad (8-18)$$

$$w_s^W < w_M^W, C_s^W < C_M^W \text{ 且 } w_s^W - C_s^W < w_M^W - C_M^W \qquad (8-19)$$

$$w_s^W < w_s^E, C_s^W < C_s^E \text{ 且 } C_s^E - C_s^W < w_s^E - w_s^W \qquad (8-20)$$

其中式（8-18）和式（8-19）表明了东、西部地区内部经济发展水平较低和经济发展水平较高城市之间的消费、工资及工资与消费差额之间的对比关系，式（8-20）则表明了东部与西部地区之间相同经济发展水平城市之间工资、消费及地区之间消费水平差距与工资水平差距之间的对比关系。

在地区之间消费均等化和工资差异化及地区内部工资均等化和消费差异化的共同作用下，西部地区的人才流动机制体现为，首先由地区之间的消费均等化和地区内部的工资均等化决定了一个最低期望工资水平（W^0）；其次，在人才流出地和流入地之间的工资差异（W^d）或消费差异（C^d）则成为决定西部地区人才供求的最基本因素。除此之外，我国东、西部地区之

---

① 高峰、孙成权、张志强、张健：《西部资源型城市经济转型面临的挑战与机遇》，《中国人口·资源与环境》2004 年第 4 期，第 98~101 页。

间人才流动的主要影响因素还包括以下几方面。

（1）与目标区域的距离远近（D）。由于家庭等因素，人力资本倾向于向较近的区域转移。

（2）就业与发展机遇（O）。就业机会越大，则劳动力越倾向于向该区域转移。

（3）区域认知度（R）。区域认知度是一个区域在长期发展中形成的良好形象，这会对人力资本向该区域的转移形成先验性的导向作用。区域认知度的主要构成因素有环境状况、公共基础设施服务水平、区域经济发展水平、区域所在地区（如东部与中西部地区）等。

（4）住房等生活条件（H）。由于东部地区日益高涨的住房价格与工资收入之间形成了巨大的差异，因而在客观上推动了东部地区人才向西部地区的流动。

（5）其他因素，包括教育水平、制度环境、环境、税率水平、公共基础设施服务等因素。这些因素由于在短期内是稳定的，因此短期内不会对区域劳动力流动产生影响。

由此，人才向西部地区流动的机制模型为：

$$L = L(C, W^d, C^d, D, O, A, H, P) \qquad (8-21)$$

该机制模型如图 8-7 所示。

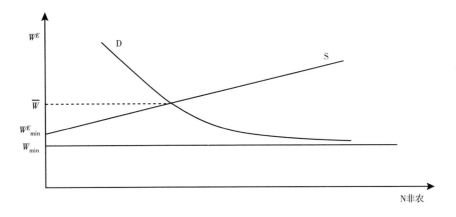

图 8-7　人才向西部地区流动的机制模型

其中：W_{min} 为国家规定的各经济区域最低工资水平；W_{min}^E 为由消费均等化确定的最低工资水平（满足劳动力在西部地区就业维持与东部地区相同

消费水平的最低收入);$\overline{W}$ 为均衡的工资水平;W^E 为期望工资,其与劳动力供给正相关,与劳动力需求负相关。

第四节 产业西迁与西部地区优势产业发展机制模型

综合本章关于我国产业西迁与西部地区优势产业发展在东、西部地区产业发展差异、国内区域经济一体化和生产要素流动等方面的探讨,构建我国产业西迁与西部地区优势产业发展机制模型如图 8-8 所示。

1. 产业西迁与西部地区优势产业发展的作用机制

在如图 8-8 所示的产业西迁与西部地区优势产业发展机制模型中,关键在于以下方面。

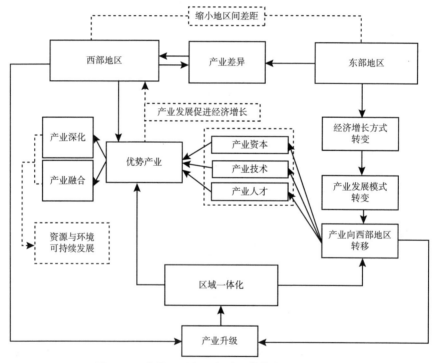

图 8-8 产业西迁与西部地区优势产业发展机制

资料来源:依据笔者的研究绘制。

(1)东部地区与西部地区之间的产业差异。东、西部地区之间的产业发展差异是探索我国产业西迁与西部地区优势产业发展的基础。对于这部分内容的详细探讨在本章的第一节，即东、西部地区的产业结构差异部分的内容。事实上，如前文所述，东西部之间的产业发展差异化体现在产业结构（包括工业产业内部结构）、优势产业等多个方面，其原因则在于东、西部地区自身的资源禀赋差异，以及改革开放之后我国地区经济发展战略上的不同。

（2）在产业西迁与促进西部地区优势产业发展的过程中，比单纯地从东部地区转移在东部地区已经不具备比较优势的产业或企业更加重要的是，向西部地区优势产业注入其发展所需的产业资本、产业技术和产业人才。因为事实上，将在东部地区已经不具备比较优势的产业或企业转移到西部地区，意味着其在西部地区也没有其所需的产业发展基础，甚至可能面临原材料输入和产品输出过程中的运输成本劣势（因为距离廉价运输方式的海洋运输港口距离更远）。因此，在产业西迁与促进西部地区优势产业发展的过程中，东部地区迁移出去的应该是产业资本、产业技术和产业人才，对自身而言是实现产业升级；西部地区则在引入优势产业发展所需的产业资本、产业技术和产业人才，在促进优势产业发展的同时实现西部地区的产业升级。

（3）区域一体化战略是产业西迁与促进西部地区优势产业发展的核心。在改革开放以来出口导向型外生经济增长方式下，经济增长进程日益受到国际经济环境的变化而波动。作为大国经济体的我国，要扭转目前过于依赖外部技术引进和外部产品需求的局面，构建自身一体化的区域经济体系，通过区域之间的分工协作实现经济增长方式向内生化转变就显得尤其重要。因此，在产业西迁与西部地区优势产业发展的过程中，要基于国家一体化的区域经济发展战略，在产业转移的过程中，形成经济区域之间的差异化、互补性产业发展模式，从而有力地推动我国一体化区域经济体系战略的实施，在构建国内价值链的基础上以国民经济整体融入全球价值链，从而增强我国经济在世界经济中的竞争力。

2. 产业西迁与西部地区优势产业发展中西部地区的目标

在图8-8所示的产业西迁与西部地区优势产业发展机制模型中，西部地区需要达到的目标包括以下几个方面。

（1）从东部地区获得用于促进自身优势产业发展的产业资本、产业技术和产业人才。正如课题对于西部地区优势产业发展制约因素的分析所示，产业资本、产业技术和产业人才等生产要素是当前西部地区优势产业发展最重要的制约因素。而事实上，对东部地区产业转移的分析则表明，将东部地区的产业，无论是为东部地区所淘汰的产业还是东部地区鼓励发展的产业，转移到西部地区都不现实，因为前者是西部地区不愿意承接的，而后者则是东部地区不愿意转移出去的。在这种情况下，获得东部地区的产业资本、产业技术和产业人才，并将这些生产要素嵌入到西部地区的优势产业中，就成为促进西部地区优势产业发展的最终目标。

（2）促进经济增长，缩小与东部地区的差距，并增强经济的自我发展能力。在获得东部地区的产业资本、产业技术和产业人才以促进西部地区优势产业发展的过程中，西部地区优势产业规模的扩大（横向扩张）和产业链的延伸（纵向深化）对西部地区而言，既能够将经济总量迅速做大，又能够增加产业附加值，从而促进西部地区经济以更快的速度增长，这一方面有利于缩小西部地区与东部地区之间的经济发展差距；另一方面也增强了西部地区经济的自我发展能力。

（3）通过优势产业的深化融合发展，转变产业发展方式，实现资源与环境的可持续发展。西部地区当前的产业发展模式中，资源采集和加工业的发展对本就脆弱的生态环境带来了不利的甚至是不可逆的影响。这就要求西部地区在承接东部产业转移以促进自身优势产业发展的过程中，充分利用从东部地区获得的产业资本、产业技术和产业人才，转变产业发展方式，走低碳发展道路，在保护生态环境的同时增强自身资源与环境的可持续发展能力。

3. 产业西迁与西部地区优势产业发展机制中东、西部地区之间目标差异

（1）在产业西迁与西部地区优势产业发展过程中，东部地区和西部地区的发展目标是不同的。东部地区的目标是通过产业转移在寻求自身经济增长方式转变的过程中从根本上转变改革开放至今的产业发展模式；而西部地区则是通过获得促进自身优势产业发展所需的产业资本、产业技术和产业人才，在产业深化和产业融合的基础上做大其经济规模和提高产业可持续发展能力。

（2）在产业升级方面，东部地区的产业升级主要体现为产业更替和产业发展方式的转变，而西部地区的产业升级则体现为优势产业的深化发展。东部地区在产业升级的过程中，其面临的是替换当前不符合东部地区长期经济发展战略的产业，并将东部地区依赖于外部技术和外部市场的外向型产业发展方式，转变为主要依赖于自主技术创新和国内市场的内生化产业发展方式。与之相比，西部地区在承接东部地区产业转移的过程中，并不是要将东部地区的淘汰产业转入西部地区以替换当前的优势产业或主导产业，而是获

得产业资本、产业技术和产业人才以促进自身优势产业的发展，因而是在当前优势产业的规模扩张和产业链延伸基础上的深化发展。

（3）在区域经济一体化过程中，东、西部地区扮演的地位和角色不同。事实上，区域经济一体化是我国东、西部地区在产业转移与产业承接过程中的基础，其目标是构建完善国内价值链以实现我国经济整体向内生化增长方式的转变。在这个过程中，东部地区的地位和角色是在提升自身整个产业构成中知识和技术密集型产业比例的基础上，作为我国融入全球价值链体系的主导者参与全球竞争。而西部地区，则主要是作为我国产业体系中特色优势产业的布局地，发挥其作为国内价值链支撑体系的角色和地位，支撑我国经济增长方式的转变。

第九章

我国产业西迁与西部地区优势产业发展对策措施

第一节　转变市场主体行为目标，促进西部地区优势产业可持续发展

东部地区改革开放后在承接国际产业转移，促进地方经济发展过程中，其产业发展模式所导致的产业升级困难重重，资源与环境压力日益加大等问题是在政府、企业和消费者等三方市场主体共同作用下形成的。事实上，政府、企业和消费者在参与市场经济活动的过程中，其目标行为模式都偏离了长期社会效益的最大化、长期利润的最大化和长期个人效用的最大化。因此，西部地区在承接产业转移以促进优势产业发展进而促进地方经济发展的过程中应当注重实现政府、企业和消费者行为目标模式的转变。

一　政府行为的目标转变

1. 政府行为的目标由 GDP 增长率转向社会福利最大化

改革开放之初，我国的经济发展水平低，在"效率优先兼顾公平"的经济发展方针指引下，以迅速做大经济规模为目标，东部各地区在制定政策促进地方经济发展的过程中，对地方经济增长率赋予了更高的权重。因此，获得更多的资源，通过政府主导的公共投资以促进地方经济的快速增长成为地方政府的主要行为目标。地方政府的行为目标函数可以由式（9-1）来表示：

$$\max g_Y \ s.t. \ I = E \qquad (9-1)$$

其中 g_Y 为 GDP 增长率，I 和 E 分别表示财政收入和财政支出。

在式（9-1）中，财政支出是地方政府拉动地区经济增长的主要动力源泉，而财政收入则是地方政府财政支出能力的衡量指标。在改革开放之后相当长的一段时期内，在债务收入占有地方政府财政收入较低份额的情况下，在中央和地方分税制下获得更多的地方性税收收入和从中央政府获得更多的中央财政支持就成为地方政府增加财政收入的主要来源。事实上，如式（9-1）所示的地方政府行为目标模式中，目标变量 g_Y 和约束变量 I 之间是相互促进的：一方面，更多的财政收入提高了地方政府的财政支出能力，从而有利于提升地方经济增长率；另一方面，较高的地区经济增长率则能够让地方政府获得更多的税收，并提升其获得中央财政支持的能力，财政收入更多，财政支出能力也就更强。

但在地方政府如式（9-1）所示的行为目标函数下，扩大物质产品生产使 GDP 增长率最大化的经济增长方式带来了地方经济发展过程中面临的诸多问题。比如，为了获得快速的经济增长，在看重企业物质或非物质产品生产对于地方经济增长贡献的条件下，企业生产过程中将内部成本外部化的行为监管不力或监管缺位，因而带来了严峻的资源利用和环境保护方面的可持续性问题；在 20 世纪 90 年代中后期，东部地区的地方政府在注重短期经济增长率的目标条件下，未能及时通过产业转移或产业淘汰等方式促进地方产业升级，从而导致东部地区的经济增长方式不能适时地实现结构性转变；在分税制条件下，由于地方本位主义的作用，对区域内外商品实行差异化的财税政策以图增加地方财税收入，从而造成了国内迄今问题仍然严重的地方保护和市场分割，极大地延缓了国内市场一体化和区域经济一体化进程。这些问题的存在，对地方经济发展带来了较为严重的产业升级压力、资源与环境压力、区域分工与协作压力，都严重地影响着我国整体和地方经济的可持续发展。

但事实上，地方政府的行为目标函数应该是综合了 GDP 增长率、促进社会公平、构建社会保障体系、确保资源和环境的可持续性利用、促进社会科技文化进步等社会福利的最大化，即如式（9-2）所示的行为目标函数：

$$\max W \ s.t. \ I = E \qquad (9-2)$$

其中，W 为社会福利水平，依据道德或价值取向采取不同的福利函数形式。I 和 E 仍如式（9 - 1）所示，代表地方政府的财政收入和财政支出。

这意味着，政府从关注经济短期增长率转向注重经济的长期可持续发展，即政府的行为目标应该是注重长期社会福利最大化。唯有如此，地方政府的目标行为模式才能确保地方经济的长期可持续发展。

2. 政府行为目标模式转变下对我国东西部地区关于产业西迁与西部地区优势产业发展的应对措施

政府行为目标模式的转变，意味着东、西部地区的地方政府在面对我国产业西迁与西部地区优势产业发展问题时，地区经济增长率将不再是唯一或主要的行为目标，而融合了以资源可持续利用和环境保护为核心的地区经济可持续发展、服从全国经济发展的总体格局以及构建完善社会公平和社会保障体系等社会福利最大化才应该是东西部地区地方政府的行为目标。为此，东、西部地区的地方政府在面对我国的产业西迁与西部地区优势产业发展问题时应注意以下两点。

（1）对于在东部地区不再具备比较优势的产业应加快转移和淘汰的进程，而非在短期经济增长和就业目标条件下通过财政和税收等政策的支持，继续维持这些产业在困境中的生存。事实上，在面对产业转移以促进东部地区产业升级的过程中，基于短期经济增长目标的考虑，对于在本地区已经不具备比较优势的产业，东部地区的地方政府更多的是采取财政和税收支持措施以维持这些产业的现实生产力，从而为地区的短期经济增长和就业做出贡献。相对之下，比基于长期经济增长目标的产业升级和结构转换所需要的财政和税收支持力度要大得多，而且对地区经济增长的作用也不能在短期内（或者在地方官员任期内）得到体现。两相比较，在任期有限而且地方经济建设的主导思想多以官员职位变迁而改变的现状下，决定了东部地区在当前背景下将更多财政和税收资源用于支持本应被淘汰的比较劣势产业，而非基于地区长期经济增长的产业升级和结构转换。而这正是基于式（9 - 1）的政府行为目标函数的结果。

基于式（9 - 2）的政府行为目标函数则要求东部地区的地方政府，将当前基于短期经济增长目标的财政和税收资源转向用于支持产业升级和结构转换，从而促进地区经济的长期增长。这要求东部地区的地方政府，首先，应跳出地方本位主义的视角，从全国产业布局的角度寻求在东部地区由比较优势转向比较劣势产业的最佳转移区位；其次，转变以地方主要负责人制定地区经济发展主导思想，并导致其随官员职位变迁而改变的日益短期化现状，应在立法机构、政府官员、智囊集团和社会力量共同作用的基础上，形成地区经济发展的长期主导思想，以让地方政府官员的行为服务于地区长期经济增长，而非地区经济增长服务于地方官员的职位变迁；最后，通过加大对技术创新的财政和税收支持力度，促进东部地区产业结构向技术密集型和知识密集型转变，促进东部核心地区、核心城市功能型产业的发展促进东部地区在产业结构服务化、软化的基础上，经济增长方式向功能主导、产业承载方向转变。

（2）而对于西部地区而言，在承接东部地区产业转移以促进优势产业发展的过程中，不应以短期经济增长率为目标，从而承接不适合本地区产业发展趋势定位，或者不服从于本地区资源与环境可持续利用目标的产业。事实上，在西部地区承接东部产业转移的过程中，由于一些地区的经济规模本身较小，承接东部地区的产业转移可能在短期内迅速将本地区的产业和经济规模做大，从而在短期内实现地区经济增长率的快速提升。但由于承接产业游离于自身的优势产业体系和长期产业发展定位，从而承接产业在后续发展过程中与地区经济发展目标、地区的资源与环境利用等目标相冲突。这同样是基于式（9-1）的政府行为目标函数的结果。而基于式（9-2）的政府行为目标函数，要求西部地区的地方政府，一是要在自身产业、资源基础上探索地区优势产业，并以此为基础制定地方经济发展、产业发展—产业升级的长期路径，并以此为基础制定承接东部产业转移的战略策略；二是由于东部地区向外转移的产业，多以环境不友好型产业为主，因而要求西部地区的地方政府跳出短期经济增长目标，在考量承接产业转移时应以地区经济长期增长为目标，综合自身环境保护成本、从技术角度寻求降低环境污染的技术成本、从公众效益角度考虑社会成本等因素；三是承接产业转移要以地区区位优势、人文优势、资源优势为基础，比如广西北部湾经济区因临海带来的海运成本优势，成渝经济区、西安市因高水平大学密集带来的技术人才优势，内蒙古、新疆因资源密集带来的资源优势等。

二 企业行为的目标转变

1. 企业的短期利润最大化与长期利润最大化目标函数

企业作为市场经济活动的主体之一，其行为目标是在成本约束条件下的利润最大化，如式（9-3）所示：

$$\max \pi \ s.t. \ C = WL + rK \tag{9-3}$$

其中，π 为企业利润，C 为成本预算，L 和 K 分别为劳动力和资本投入量，W 和 r 分别为劳动力工资和资本的利率。

式（9-3）的利润最大化如图 9-1 所示。

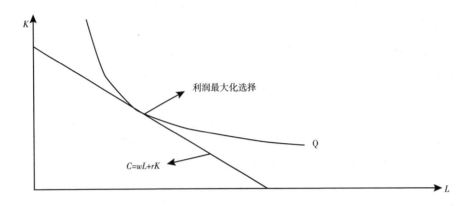

图 9-1 企业成本约束条件下的短期利润最大化演变

但实际上，式（9-3）仅仅是企业的短期利润最大化目标函数，而对于企业长期利润最大化的目标函数，则应该是：

$$\max \Pi = \sum_t \pi_t \ s.t. \ C_t = W_t L_t + r_t K_t \tag{9-4}$$

在式（9-4）所示的企业长期利润最大化目标函数中，最理想的目标是既实现了如式（9-3）所示的短期利润最大化，即每一期的利润 π_t 均最大化，并且最终的长期利润 Π 最大化。如图 9-2 所示。

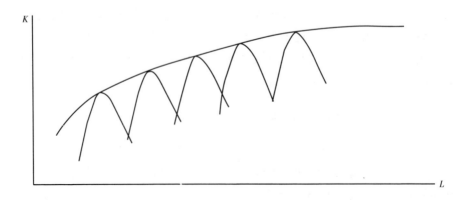

图 9-2 企业短期利润最大化与长期利润最大化（包络线）

但这一目标往往是难以实现的，更多的是在短期利润 π_t 并未实现或并非全部实现最大化的基础上，实现长期利润 II 的最大化。这意味着，企业为实现长期利润的最大化，可能面临短期的利润损失。两种类型企业在利润最大化战略选择方向的不同，从而导致其在基于式（9－4）的长期利润最大化过程中，企业的发展历程存在巨大的差异。如图 9－3 所示，其中，S 为基于短期利润最大化条件下的企业长期利润函数曲线，L 为基于长期利润最大化条件下的企业长期利润函数曲线，两条曲线与横轴间的面积积分为长期利润总量。显然，与 S 曲线相比，L 曲线在 T_1 时期之前的单期利润均较小，但之后则高于 S 曲线，并且长期利润总量远高于 S 曲线。

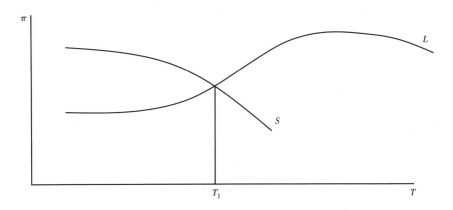

图 9－3　企业长期利润函数曲线

注：图中 T 为企业经营期，π 为企业各时期的利润。

2. 企业行为的目标模式转变下对东西部地区企业战略选择的分析

（1）待转移或应被淘汰的东部产业企业通过横向或纵向产业转型实现短期利润最大化向长期利润最大化目标的转变。开放后的东部沿海地区的企业，在有意或无意地摒弃了自主技术研发、自主品牌等实现企业长期利润最大化的行为目标后，更多地采用了"撇脂战略"以实现基于如式（9－3）所示的短期利润最大化目标。其初衷是在经历了改革开放初期的资本与技术积累（基于短期利润最大化目标）后，在一定的资本与技术条件下实现技术的自主化和品牌自主化（基于长期利润最大化目标）。尽管有的企业已经成功地经历了这种转变，但更多的企业则彷徨于延续当前的发展模式以获得可预见的短期利润（较低的利润率），或者在承担可能失败的风险情况下转向技术自主化和品牌自主化的发展模式（可能是长期更大的利润但因为风险因素而不可预期），并且更多企业选择了前者，从而为地方经济发展中的产业升级带来了重重困难。为此，东部地区的企业应通过以下措施实现企业短期利润最大化向长期利润最大化目标的转变：一是待转移或将被淘汰的东部产业企业在产业链内部向高级阶段转型，比如由低附加值、低技术含量产品生产企业向高附加值、高技术含量产品企业转型，由产品生产企业向技术创新企业转型，由产品生产企业向装备生产企业转型，由产品生产企业向营销中心转型等；二是在面向国际国内市场一体化程度日益提升的背景下，通过"区域品牌化→品牌区际化→区际一体化"路径实现企业自主品牌化发展；三是将在东部地区不再具备比较优势的主营业务向西部地区转移之后获得的资源（资本或土地、设备）用于企业的横向扩张，以促进符合东部地区经济发展战略或产业定位的目标产业的发展。

（2）西部地区在承接产业转移以促进优势产业发展的过程中，应该引导企业规避改革开放之初东部企业基于"撇脂战略"的短期利润最大化行为目标，在长期利润最大化行为目标的引导下，获取东部地区的产业资本、产业技术和产业人才，通过技术自主化和品牌自主化促进企业和产业的可持续发展。事实上，转移到西部地区的企业或承接了东部地区相关产业转移的西部本地企业，其目标也不是在产业转移或产业承接的过程中，依靠西部地区的自然资源或环境、政策优势等资源获取短期利益，而应该是基于西部地区经济发展战略、产业发展目标的企业长期利润最大化经营行为。因此，转移到西部地区的企业或承接了东部地区相关产业转移的西部本地企业应采取以下措施：一是企业主营业务应该服从于西部地区经济发展战略或产业发展目标的需要，尤其是应服务于本地区优势产业发展的需要；二是企业应有基于长期利润最大化的路径发展战略，并在"区域品牌化→品牌区际化→区际一体化"路径下，面向全国乃至国际市场实现自主品牌化发展；三是按照式（9-4）和图9-3所示的长期利润最大化目标函数和利润函数曲线图，按照既定的企业发展战略实施技术自主创新或引进，以增强产品的国际国内市场竞争力。

三 消费者行为的目标转变

1. 消费者应在个人效用最大化的基础上在效用函数中增加社会效益变量

消费者作为市场经济活动的主体之一，其行为目标函数为如式（9-5）所示的个人效用最大化：

$$\max U(x) \ s.t. \ Y = \sum Px \tag{9-5}$$

其中，U 为效用函数，x 为商品向量，P 为商品价格，Y 为消费者收入。

式（9-5）中，支出最小化和效用最大化是消费者的行为目标。但其中的商品向量 "x" 则仅包括可用于直接提升消费者效用水平的物质消费品、娱乐消费品等。但消费者的这种行为目标对于国内一些具有技术和品牌自主化产品的发展带来严重的阻碍作用。以节能环保产品为例，其在国内市场的推广能够让消费者在效用水平不降低的情况下通过节能减排而有效地改善我们的居住环境，同时还能够促进企业技术进步和地区乃至全国的产业升级。但在如式（9-5）所示的消费者行为目标函数作用下，节能环保产品由于价格偏高而导致消费者放弃将其纳入商品向量 "x" 之中。以空调为例，目前市场上所销售的节能环保型空调能够大大降低电能的消耗，但节能环保空调本身的销售却并不如意。原因就在于其价格大大超过非节能环保空调，因此导致通过节省电费的方式来弥补价格差的时间可能就已经接近于空调的使用年限。由于节能空调价格大大超过传统的空调，在消费者个人效用最大化的目标下，往往会给消费者的消费决策带来较大的门槛值效应而导致其选择非节能空调。

尽管全社会效用最大化应该是政府的行为目标，但从社会效用等于个人效用加总的角度，消费者通过增强自身环保意识来促进社会效用最大化是其应尽的义务。因此，从消费者行为目标转变的角度来看，应该在式（9-5）中增加由社会效益带来消费者效用最大化的变量，如式（9-6）所示：

$$\max u(x_1, x_2) \ s.t. \ y = p_1 x_1 + p_2 x_2 \tag{9-6}$$

其中 x_1 为物化的商品，消费该物化商品能够给消费者带来效用的增加；x_2 为促进社会效益的行为。

如式（9-6）所示的消费者行为目标函数，将消费者促进社会效益提升的行为内生化于消费者选择问题之中，有助于消费者行为目标由单纯关注自身效用最大化转向更多地关注社会效益的提升以促进社会整体福利的最大化。

2. 消费者行为目标模式的转变对我国产业西迁与西部地区优势产业发展的影响

消费者行为目标模式的转变对我国产业西迁与西部地区优势产业发展的

影响是间接的。这种间接影响体现在两个方面。一方面，消费者行为目标的转变为政府行为目标从关注短期经济增长向长期可持续经济增长提供了支撑。由于政府行为目标函数的转变，最终都会通过相关的经济发展战略或产业发展导向，引导企业的生产和经营活动。因而消费者行为目标函数的转变意味着政府决策可能实现的最终成效，并影响着政府行为目标从短期经济增长向长期持续经济增长的转变。另一方面，为企业从短期利润最大化向长期利润最大化转变条件下的生产和经营活动提供了潜在的市场。事实上，企业在行为目标函数从短期利润最大化向长期利润最大化转变的过程中，其生产和销售的产品也将面临重大转变，产品的生产成本以及最终在市场上的销售价格也将有较大的提高。在这种情况下，消费者能否基于其行为目标由个人效用最大化转向注重社会效益提升，从而在实施消费选择时通过选择性的消费行为对企业长期利润最大化行为在市场上加以认可，就显得至关重要。

第二节　促进西部地区主要经济区域优势产业的集群化发展

一　西部地区重点开发区及其发展现状

在《全国主体功能区规划》中，分别界定了呼包鄂榆地区（包括内蒙古自治区呼和浩特、包头、鄂尔多斯和陕西榆林的部分地区）、北部湾地区（含广西北部湾经济区）、成渝地区（包括重庆经济区和成都经济区）、黔中地区（贵州省中部以贵阳市为中心的部分地区）、滇中地区（云南省中部以昆明市为中心的部分地区）、藏中南地区（西藏自治区中南部以拉萨市为中心的部分地区）、关中—天水地区（包括陕西省中部以西安市为中心的部分地区和甘肃天水的部分地区）、兰州—西宁地区（包括甘肃省以兰州市为中心的部分地区和青海省以西宁市为中心的部分地区）、宁夏沿黄经济区（包括宁夏回族自治区以银川市为中心的黄河沿岸部分地区）、天山北坡地区（包括新疆天山以北、准噶尔盆地南缘的带状区域以及伊犁河谷的部分地区，含新疆生产建设兵团部分师市和团场）等十个重点开发区。各重点开发区的发展方向如表 9 – 1 所示。

表 9 - 1　西部地区重点开发区地理位置及发展方向

区域	地理位置	发展方向
呼包鄂榆地区	呼和浩特、包头、鄂尔多斯和陕西榆林	能源、煤化工基地,农畜产品加工基地和稀土新材料产业基地,北方地区重要的冶金和装备制造业基地
北部湾地区	广西北部湾经济区、广东西南部和海南西北部	"中国—东盟"自由贸易区的前沿地带和桥头堡,区域性的物流基地、商贸基地、加工制造业基地和信息交流中心
成渝地区	以重庆市主城区为中心的西部部分地区和成都平原的部分地区	高新技术产业、先进制造业和现代服务业基地,科技教育、商贸物流、金融中心和综合交通枢纽,西南地区科技创新基地
黔中地区	贵州省中部以贵阳市为中心的部分地区	能源原材料基地、以航天航空为重点的装备制造基地、烟草工业基地、绿色食品基地和旅游目的地,区域性商贸物流中心
滇中地区	云南省中部以昆明市为中心的部分地区	烟草、旅游、文化、能源和商贸物流基地,以化工、冶金、生物为重点的区域性资源精深加工基地
藏中南地区	西藏自治区中南部以拉萨市为中心的部分地区	农林畜产品生产加工、藏药产业、旅游、文化和矿产资源基地,水电后备基地
关中—天水地区	陕西省中部以西安市为中心的部分地区和甘肃天水的部分地区	先进制造业和高新技术产业基地,科技教育、商贸中心和综合交通枢纽,西北地区重要的科技创新基地,全国重要的历史文化基地
兰州—西宁地区	甘肃省以兰州市为中心的部分地区和青海省以西宁市为中心的部分地区	循环经济示范区,新能源、水电、盐化工、石化、有色金属和特色农产品加工产业基地,西北交通枢纽和商贸物流中心,区域性的新材料和生物医药产业基地
宁夏沿黄经济区	宁夏回族自治区以银川市为中心的黄河沿岸部分地区	能源化工、新材料基地,清真食品及伊斯兰教用品和特色农产品加工基地,区域性商贸物流中心
天山北坡地区	新疆天山以北、准噶尔盆地南缘的带状区域以及伊犁河谷的部分地区	能源基地,我国进口资源的国际大通道,西北地区重要的国际商贸中心、物流中心和对外合作加工基地,石油天然气化工、煤电、煤化工、机电工业及纺织工业基地

资料来源:参见《全国主体功能区规划》。

　　因此,西部地区各省、自治区、直辖市应当以《全国主体功能区规划》界定的各种开发区,结合自身产业发展优势,通过承接产业转移,促进西部地区各省份优势产业在重点开发区内的集聚,促进西部优势产业的集群化发展。

二 促进西部地区主要开发区优势产业集群化发展

1. 西部主要开发区产业集群化发展重点

（1）广西北部湾经济区。广西北部湾经济区初步建成以钦州、北海石化项目为重点的西南地区最大的石油化工基地；以防城港钢铁项目为龙头的区域性现代化钢铁城；以北海、南宁电子产业为主导的北部湾"硅谷"；以北海、钦州林浆纸一体化项目为核心的亚洲最大的林浆纸一体化产业基地；以钦州保税港区为重点的面向中国西南和东盟的功能强大的保税物流体系；在南宁市打造全国最大的鞋城，在防城港打造全国最大的磷酸生产出口基地；建设以凭祥、东兴对东盟贸易为主的外贸基地。广西北部湾经济区产业集群的培育方向主要包括：一是石化产业。加快推进中石油钦州千万吨级炼化一体化项目及玉柴集团的石化裂解项目、北海铁山港的石油化工项目等，构建化工、炼化、纤维原料等产业集群。二是高新技术产业。通过不断提升南宁、北海高新技术产业园区的创新与孵化能力，加快高科技成果的引进、消化、吸收和再创新，重点培育发展生物工程、中药、电子信息、新材料、节能环保等高科技产业。三是海洋产业。充分利用广西北部湾经济区丰富的海洋资源，培育发展海产品深加工、海洋化工、海洋生物制药等海洋产业。四是轻工食品产业。重点推进制糖产业链的延伸，巩固糖业在全国的优势，同时抓好农产品工业原料基地建设以加快发展农产品加工业。五是造纸业与木材加工。充分利用广西北部湾地区适合种植速生林的优势，在钦州、铁山港地区建设大型林浆纸生产基地，发展林浆纸一体化产业集群。

（2）成渝经济区。《成渝经济区区域规划》于 2011 年 5 月为国家发改委批准实施。作为西部地区重要的经济中心和全国重要的现代产业基地，在重庆和成都双核带动下，发挥重庆和成都在重化工业、机械装备产业、通信电子产业等方面的产业优势，重点培育壮大成渝双核电子信息产业集群、钢铁工业产业集群，以重庆为中心的汽车产业集群和化工产业集群，以成都为中心的家电产业集群和白酒产业集群。通过承接产业转移及成渝经济区自身优势产业的深化发展，以产业集群的培育增强成渝经济区作为西部地区经济增长极的地位，以此带动和促进周边地区的经济发展。

（3）呼包鄂榆地区。呼包鄂榆经济区地处我国晋陕蒙金三角接壤区的西北部，位于全国"两横三纵"城市化宏观战略格局中包昆通道纵轴的北端，是全国重要的能源化工基地、农畜产品加工基地、新材料和原材料产业基地，是北方地区重要的冶金和装备制造业基地。针对该区域的产业特点，结合内蒙古自治区的优势产业布局，应重点推动以电煤外运转化为电力输送及煤炭发电后残留物和排放物综合开发利用的能源综合开发利用产业集群的发展，将内蒙古自治区的煤炭资源优势转化为经济增长动力；以陕北榆林市为中心的石油和天然气开采及石油加工、炼焦为主体的石油化工产业集群；以包头市白云鄂博大型铁、稀土、铌等多金属共生矿为基础的黑色、有色金属矿开采、开发和综合利用为主体的黑色、有色金属产业集群。

（4）关中—天水经济区。关中—天水经济区处于我国内陆中心，拥有80多所高等院校、100多个国家级和省级重点科研院所、100多万名科技人才，科教综合实力居全国前列。关中—天水经济区拥有国家级和省级开发区21个、高新技术产业孵化基地5个和大学科技园区3个，是国家国防军工基地、综合性高新技术产业基地和重要装备制造业聚集地。以关中—天水经济区良好的科技优势和产业基础，着重通过产业承接，依托西安阎良国家航空高技术产业基地，促进航空工业产业集群的培育壮大，以西安、咸阳、宝鸡、天水为中心发展包括数控机床、汽车、特高压输变电设备、电子及通信设备、工程机械和特种专用设备等装备产业集群，以宝鸡、渭南、铜川、商洛、天水等地为重点的矿产资源开发及深加工产业集群。

2. 引导西部地区优势产业发展的产业集聚模式

由于大企业及其转包企业之间的合作不一定需要其他组织或机构参加，需要政策干预的多是中小企业集群，使它们降低成本和促进创新。因而产业集群一般指以中小企业为主的地方生产系统。[1] 但在近年来，产业集群概念逐渐泛化。王缉慈在《解读产业集群》中解释产业集群概念泛化的时候将产业集群划分为高端集群和低端集群，其中前者依靠创新提供高质量的产品和服务，而后者则以压低成本为基础，企业间的合作仅仅是偶然的。此外，以大企业为核心的"集群"、"知识集群"和"技术集群"等概念的引入也是产业集群概念泛化的表现。[2] 考察一下我国的产业集群发展的特点，与这几种产业集群有貌似的地方，但也存在着明显的差别。实际上，我国的产业集聚主要可以划分为两种类型，一种是中心—外围模式，也可以称之为寡头垄断型；另一种是平行模式，也可以称之为垄断竞争型。

---

① 王缉慈：《解读产业集群》，《中国产业集群》第1辑，第5页。
② 王缉慈：《解读产业集群》，《中国产业集群》第1辑，第5~6页。

中心—外围模式（寡头垄断型）产业集群发展的显著特点是，产业集群的发展以一个或多个大型企业为垄断，围绕这几个大型企业发展相关配套产业，形成产业链延伸式的产业集群。这种模式主要是在改革开放尤其是近年来各地在引进外资的过程中产生和发展的。由于近年来各地在引进外资的过程中注重大型跨国公司生产基地的引进，而在引进生产基地后为了给这些生产基地提供相关的配套产品而着重引进原配件的配套企业，形成了这种产业集群发展模式。

平行模式（垄断竞争型）产业集群的发展主要是以数量众多的生产相同或相似产品企业，包括提供相关配套、服务的企业在内的地理集聚而逐渐形成的产业集群。平行模式的产业集群在我国大多属于原生派，如福建晋江、莆田一带的鞋制品产业集群、浙江温州一带的低压电器产业集群，都是在改革开放之后以民营企业在相关领域的发展壮大而逐渐形成的相关产业企业的地理集中。

3. 规避集聚非效率或集聚失败

魏后凯认为我国产业集聚存在的问题主要体现在三个方面：一是产业集聚受行政区划的影响较大。由于受行政区划的影响和地方政府的行政干预，各地产业集聚和产业链的发育大多局限于行政区范围内，由此影响了跨区域制造业带和地区专业化分工体系的形成。二是工业园区建设离集群化要求有较大差距，许多园区盲目发展，缺乏功能分区，专业化分工不明确，企业间产业关联不密切，限制了产业配置效率和区域竞争力的提高。三是产业集群的发展层次较低。目前我国大部分产业集群还没有发育成熟，主要依赖于低成本优势，没有充分发挥产业集群的各种优势。[①] 此外，我国的产业集聚还存在这样几个问题：一是在中心—外围模式的产业集群中形成了以外资企业为主的国际代工模式。二是在平行模式产业集群中，主要是以国内中小企业为主的低端产业集聚，如纺织业、鞋业、小家电等技术含量低、产品附加值低、劳动密集型的产业，如福建晋江的鞋业集群、浙江温州的小电器集群、山东滨州棉纺织产业集群、分水镇制笔产业集群、皮革产业集群（河北省辛集市）、无纺布业集群（湖北省仙桃市）等。三是通过市场方式自主形成的产业集聚区较少，而由地区政府从当地经济发展角度出发，通过"拉郎配"的方式形成的产业集聚逐渐增多。在我国的产业集聚发展过程中，早

---

① 魏后凯：《中国产业集群的特点、问题与对策》，《经济学动态》2004 年第 9 期。

期的产业集聚如浙江温州的低压电器产业集群、福建晋江的鞋制品产业集群等主要还是在市场力量的作用下形成的产业集群。而在近年来产业集群的发展日益受到关注的情况下，各地如雨后春笋般涌现出来的产业集群则大多是在政府的推动下形成的。这样形成的产业集群，集群内企业本身的产业关联可能并不大，无法实现产业集聚的效率，而且有的产业集群甚至仅有一个象征性的含义，可能有一两个甚至根本就没有产业的企业，但政府出于招商引资的需要发出要发展这样的产业集群的口号以吸引外资。

有关产业集聚失败的研究并不多。国外文献中针对集聚效率与集聚非效率问题的研究成果比较丰富，而针对集聚失败的研究则很少，Khalid Nadvi是其中之一。而国内文献中，王缉慈在其新作《超越集群》中也对集聚失败给予了足够的重视。尽管王缉慈在书中并没有将其称为"集聚失败"，但"生态化转型正日益成为集群长期竞争优势的基础""中国过去 30 年的 GDP增长 8% 以上的奇迹是以资源快速消耗和环境质量大范围下降为代价的"[①]描述的正是集聚失败问题。显然，产业集聚在我国工业化进程中的蓬勃发展已经显露出了一些问题，并主要体现为以下几个方面。

第一，低层次产业的集聚在促进地方经济发展的同时，也可能较大地破坏集聚地区的社会成本。由于一些低端产业集群多是一些污染较大的劳动力密集型产业，集群企业在用工上可能存在工人安全措施不到位、社会保障体系不健全的问题；低端产业的企业由于无力投资进行"三废"处理，因而对地方环境造成较大的破坏。

第二，集聚区内企业组成联盟与当地政府进行利益博弈。产业集聚区内由于相关产业的集聚，总产值规模的扩大使得这些产业集群在地方经济发展中的作用与地位越来越重要，导致它们在与地方政府之间的讨价还价能力的增强。主要体现为圈占土地，浪费土地资源；产业集聚本身应以产业自身的发展为主，而不囿于行政区划，但我国一些地方政府从当地经济发展的角度出发，通过"拉郎配"形成的产业集聚区，容易造成新的地区分割与地区封锁。

第三，高端产业集群内外资企业比重过大，如上海浦东信息产业集群就是 FDI 驱动型，其中的贝尔、阿尔卡特、西门子、惠普等都是外国跨国公司。这样的产业集群模式虽然可以推动地方经济的快速发展，但却可能导致两种可能的集聚失败。一是可能将国内与该集聚区产业相关的市场拱手让给

---

① 王缉慈：《超越集群：中国产业集群的理论探索》，科学出版社，2010，第 280~281 页。

外国跨国公司。因此，高端产业集群的发展还应注意外资企业在我国市场的垄断问题。同时，由于高端产业集群的 FDI 驱动式发展，还可能造成外资企业在相关产业内的技术垄断，限制了国内相关产业的发展。二是产业集聚的发展由于受到市场两端的利润挤压而缩小自身的发展空间，继而导致产业集聚区内企业的可持续发展问题。

第四，低层次产业的集聚，由于这类产业本身的产品差异较小，企业之间的竞争主要表现为价格竞争，而在集聚区内各企业由于地理位置的接近，竞争更加直接、激烈，这样就有导致过度的价格竞争和价格联盟的可能性。

第三节 经济增长方式分化下的要素集聚促进西部地区中小城镇发展

一 城镇体系经济增长方式分化与西部地区优势产业发展

1. 新型城镇化道路

2012 年年底，我国人口总额为 13.54 亿人，按照 52.57% 的人口城镇化率计算，居住在城镇的人口达到了 7.12 亿人。同期，全国 288 个地级以上城市市区人口为 3.94 亿人（2011 年年底数据，来源于中国城市建设统计年鉴），尚有超过 3 亿名城镇人口为县级以下（含县级）城镇（县级市、县城及镇）人口。这里存在两个问题：一是在数量上远远大于地级以上城市的县级以下（含县级）城镇（包括 370 个县级市，1570 个县、自治县，19881 个镇）的人口，占全国城镇人口的比重仅 40% 左右，表明我国的城镇化发展明显地偏重于地级以上城市（中等规模以上），并由此带来了严重的大城市拥堵问题。二是仍处于快速城镇化的中国，预计到 2020 年城镇人口将达到 62%，到 2030 年将达到 70%（陈甬军等，2009），届时，我国的城镇人口将分别达到 8.7 亿人、10.3 亿人（按照 2008～2012 年我国人口增长率 5% 测算）。这意味着，在 2020 年前我国每年仍有约 2000 万人由农村转移到城镇，2021～2030 年每年有约 1600 万人由农村转移到城镇。由于目前已经十分拥挤的地级以上（中等规模以上）城市已不可能继续吸纳如此大规模的农村人口转移，县级及以下中小城镇势必成为我国今后城镇化进程中吸纳农村人口转移的主体，因而县级以下中小城镇占我国城镇人口的比重不断升高将成为一个必然趋势。

正因为如此，党的十八届三中全会《中共中央关于全面深化改革若干重大问题的决定》以及后来召开的中央城镇化工作会议，明确提出了走新型城镇化道路的目标与具体任务。重点是以下几个方面：一是要促进农民工市民化，即实现人的城镇化；二是要促进城镇产业发展，实现产城融合发展，让城市发展有产业基础；三是提出了"两横三纵"的城市化战略格局，要求优化城市空间结构和管理格局，增强城市综合承载能力；四是再次明确要推动大中小城市和小城镇协调发展，实行全面放开建制镇和小城市落户限制，有序放开中等城市落户限制，合理确定大城市落户条件，严格控制特大城市人口规模的人口管理方针。

这就意味着，首先，以目前县城为代表的小型城市将逐步取代目前的大城市、特大城市，成为未来吸纳农民进城的主体，城市的数量将从目前仅包含地级以上城市和县级市的 658 个，扩张到包含县级及以下城镇等在内的近千个；其次，目前以县城为代表的小城市和城镇将不再是原来的消费型城市，而应是有一定产业基础、能够提供进城农民非农就业的生产型城市；再次，目前以县城为代表的小城市和城镇将改变其原来游离于全国城市体系之外的格局，而将与中等城市（多为地级市）、大城市和特大城市一起，构成我国的城市体系，并在产业发展、集聚与扩散的过程中形成基于全国城镇体系网络的专业化分工模式；最后，由于城市数量的扩张，以及县级及其以下城镇在全国城市体系中的地位提升，使得我国的城市政策关注点也将相应下移。

2. 新型城镇化道路下我国大中城市与中小城镇的经济增长方式分化

在我国城镇化战略发生重大转变的情况下，中小城镇在我国城市体系中地位的提升，释放了中小城镇在我国经济发展中的作用。由此，我国经济将出现层次化的增长方式分化：在中等规模以上（地级以上）城市尤其是大城市，经济发展增长将逐渐转向主要依赖于知识和技术，产业结构也将因此软化；而在中小城镇则主要依赖于资本、劳动力和土地等要素的投入，经济结构则趋向于实体化。

这种分化有其必然性。1979 ～ 2012 年，中国的城市化率实现了从 18% 到 52% 的快速增长。每年增速超过 1 个百分点，并且保持了 30 多年，这在人类历史上是绝无仅有的。但我国城市化进程进一步发展则面临着若干突出需要解决的问题。

第一，城市化的快速发展与经济结构的调整形成矛盾。经济转型以来，中国城市化水平的提高，伴随着史无前例的经济腾飞。但这种高速的经济增长和经济结构转换没有给潜伏的诸多矛盾留下足够的缓冲时间和空间。改革开放之初，中国城市化率仅为 17.9%，但根据联合国《世界城市化展望2009》的预测，中国城市化将在 2045 年超过 70%，即中国城市化进程将用不到 60 年的时间完成从 25% 到 70% 的飞跃。同一阶段，美国用了 90 年（1870～1960 年），日本用了 40 年（1930～1970 年），而巴西则用了 60 多年。对于中国这一人口众多，幅员辽阔的大国，较短时间内实现城乡结构调整具有举足轻重的意义。但是持续高速的经济发展，较快的城乡结构变迁以及短时间内城市化增长，容易造成产业结构调整滞后、收入不平等、忽视城市化质量等问题，引发诸如城乡收入差距和地区收入差距扩大等矛盾冲突。这些矛盾急需平衡解决。

第二，城市化面临着前所未有的外部生态环境和资源环境约束的"紧箍咒"。随着农村人口不断涌入城市，食物、水、电、能源消耗需求呈几何级数增长，中国城市化面临资源短缺、生态环境脆弱的刚性约束。中国人均水资源总量仅为世界平均值的 1/4，而且分布极端不平衡，南多北少，城市缺水现象严重，制约着经济活动发展；中国人均耕地面积仅仅是世界平均水平的一半。水资源与土地资源空间分布上的错位，约束了土地生产率的提高，长江流域及其以南地区，水资源面积占全国的 80% 以上，而耕地面积仅占全国的 38%；淮河流域及其以北地区，水资源面积不足 20%，但耕地面积却占全国的 62%。这种情况不仅体现在自然资源，煤电、石油、天然气等能源约束也越来越突出。此外，全国水土流失面积已经达到国土面积的38%；荒漠化土地面积不断扩大，约占国土面积的 27%，并以每年 2460 平方公里的速度扩张；草地退化、沙化和碱化面积逐年增加，约占草地总面积的 1/3。城市内部固体废弃物、工业废水、废气排放，气候变暖等环境压力越来越紧迫。城市人口的爆炸式增长和城市工业的繁荣，逐渐造成越来越重的生态环境负担，空气污染、水污染、噪音污染程度与日俱增。中国城市化正面临着前所未有的外部生态环境约束和资源集约利用的考验。

第三，城市化面临发展模式的重大转变的挑战。中国过去十几年的城镇化主要是一种以土地为核心的粗放式扩展模式，依靠农业用地与非农用地的价差以及极低的要素资源成本进行城市建成区扩展，而大量的农村进城务工人员却长期在工作的城镇不能落户，在创造大量经济价值的同时不能享受当地的社会保障和公共服务。伴随着这种城镇化模式，一方面，由于资源和要素投入快速增长，政府从土地财政中获得巨大利益；另一方面，由于户籍、社会保障、公共服务等体制因素制约，抑制了人力资本和劳动报酬的提升，包括农民工的居民部门获益比例明显下降。这就产生两方面的效应：一方面，导致过去十余年消费对经济增长的贡献不断下行，结构失衡持续存在。另一方面，由于这种城市化模式的机制驱动，数以亿计的农民工状况长期得不到根本性的改变，不符合建立"以人为本"的和谐社会的要求。因此，迫切需要实现城市化发展模式，实现以土地为核心的粗放式扩展模式向"以人为核心"的集约式发展模式的重大转变。

第四，落实"坚持大中小城市和小城镇协调发展，走中国特色的城镇化道路"的方针需要进一步贯彻落实，特别是城市体系中的小城市和城镇的发展需要加强。进入21世纪以后，中国城市化进入快速发展阶段。根据国情并吸收学界从20世纪90年代开始进行的对中国城市化发展道路讨论中形成的"小城镇论"以及与之对立的"大城市论"和"中等城市论"、"多元城市论"等主要观点，2001年中共十五届五中全会通过的《中共中央关于制定国民经济和社会发展第十个五年计划的建议》中，明确把"积极稳妥地推进城镇化"作为"十五"期间必须着重研究和解决的重大战略性、宏观性和政策性问题。2002年在中共十六大报告中，第一次正式把中国特色城镇化道路与发展方针确定为："坚持大中小城市和小城镇协调发展，走中国特色的城镇化道路。"党的十七大、十八大报告继续坚持和发展了这一方针和具体内容。

3. 大中城市与中小城镇的经济增长方式分化与西部地区优势产业发展

西部地区在吸纳东部地区的产业资本、产业技术和产业人才以促进自身优势产业发展的过程中，面临两个问题：一是产业落足点的选择问题。产业落足点的问题从根本来说就是优势产业的布局问题，即西部地区在工业化与城市化互动发展的过程中，是沿袭之前东部地区将产业主体布局于大中城市，从而造成城市功能和结构趋同化、城市产业发展成本不断攀升、产业发展空间日益受到挤压等问题，还是寻求新的发展道路，将产业主体向中小城镇分散，在以产业实体夯实中小城镇发展基础的同时，为西部地区的优势产业拓展更大的发展空间。二是产业发展所需功能配套的问题。产业发展的功能配套问题，从根本上来说就是要解决西部优势产业发展过程中所需的生产者服务业问题。在2014年5月14日国务院总理李克强主持召开的国务院常务会议中，明确提出"要更多依靠市场机制和创新驱动，重点发展研发设计、商务服务、市场营销、售后服务等生产性服务"，以实现其"引领产业向价值链高端提升，实现服务业与农业、工业等在更高水平上有机融合，推动经济提质增效升级"的功能。但生产者服务业的发展需要一定的市场规模，因而在中小城镇发展生产者服务业并不现实。但在中小城镇产业实体化的基础上，作为区域中心城市却可以在产业服务的过程中，加快生产者服务业的发展，从而为中小城镇实体化的产业提供重要的功能配套。

由此，西部地区优势产业在由不同层级城市构成的城市体系中，将形成如图9-4所示的发展模式。在图9-4中，在当前我国经济增长的阶段下，城镇体系内的中心城市与中小城镇之间的发展路径分化导致不同层级的城市或城镇将分别沿着城市功能化和城镇产业化两条路径发展；在中心城市实现城市功能化的过程中，其产业结构将日益趋向服务化，即在第三产业快速发展的带动下，城市三次产业结构中第一和第二产业所占比例将逐渐减少，而第三产业所占比重则会不断升高并逐渐占主导地位；而作为中小城镇则将改变目前产业结构中主要是消费性第三产业为主导的局面，而在城镇产业化的过程中逐渐发展成为实体产业的主要布局地，其在三次产业结构中，第二产业尤其是工业制造业将逐渐占据主导地位；在中心城市和中小城镇的不同路径分化中，中心城市在城市功能化和产业服务化的发展路径下，将通过服务业尤其是生产者服务业的发展为西部地区优势产业的发展提供重要的产业支撑，而中小城镇则在城镇产业化和产业实体化的发展路径下，将作为西部地区优势产业发展的重要布局地。

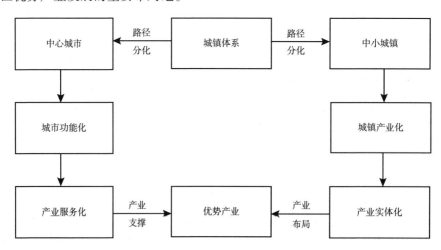

图9-4　城镇体系发展路径分化与西部地区优势产业发展模式

资料来源：依据笔者的研究绘制。

二 我国东西部地区主要中小城镇的发展模式

1. 东部地区主要的中小城镇发展模式

（1）村镇产业发展型中小城镇发展模式

珠三角的村镇产业发展型城镇化模式遍布于南自湛江、北至汕头的广东省沿海地区，但尤以珠三角八市最为显著。这种城镇化模式有两个显著的特点：一是这种模式并不严格依赖于大城市或中心城市的产业辐射，而是在改革开放之后通过侨资尤其是家族式侨资的引入（资本外部引入），并在吸引来自中西部省区劳动力迁移的基础上（劳动力外部迁移）而逐渐发展起来的，其产业发展与中心城市的产业发展几乎是独立的。二是在村镇产业发展模式下，原始意义上的乡村地区几乎消失，而与中心城区连在一起（中小城镇土地价值和土地产值与中心城市之间存在同步梯度），形成一个大都市区。中小城镇土地价值和产值梯度如图9-5所示。

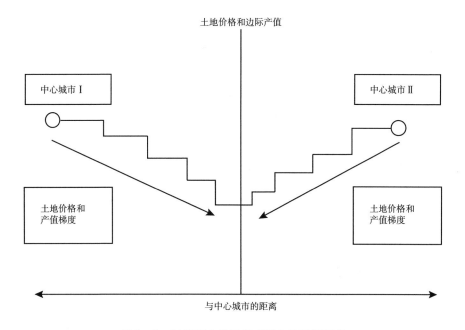

图9-5 村镇产业发展模式下土地利用模式

资料来源：依据笔者的研究绘制。

珠三角的这种发展模式下，村镇将会由于产业非农化而模糊村镇行政界限，最终发展为村镇联合体。但这种发展模式存在的问题是，村镇联合体的产业发展、消费方式、城镇建设都与城市相同，但缺乏有序发展的城市规划，其产业发展、居民消费、城镇建设都可能存在盲目性。

（2）中心城市扩散产业的轴线型中小城镇发展模式

长三角中心城市产业扩散模式下的城镇化道路，中小城镇主要依赖于中心城市的产业扩散，并在产业扩散的过程中在中小城镇集聚了大量的资本（产业携带式的资本集聚）、劳动力要素（产业驱动劳动力蔓延式的集聚）而推动了中小城镇的城镇化发展。在长江三角洲的一些小城镇，通过承接上级城市的产业扩散而形成其在整个城市群中的单一功能（土地价格和产值梯度呈轴线 "W" 形，如图 9-6 所示），比如江苏的昆山市等作为主要生产基地、浙江的义乌市作为小商品商贸中心以及一些块状经济的专业化发展道路。

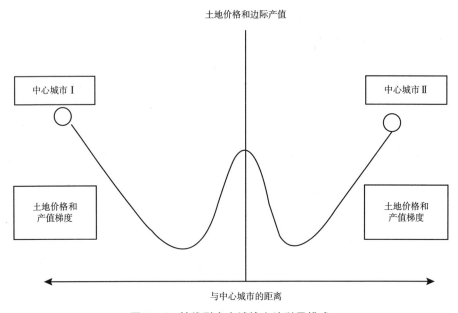

图 9-6　轴线型中小城镇土地利用模式

资料来源：依据笔者的研究绘制。

长三角的中小城镇发展模式有以下特点：一是由于中小城镇的发展主要依赖于中心城市的产业扩散，因此城镇的发展呈明显的中心城市轴线发展模式，并在轴线地区形成突出的次级城镇中心。二是由于中心城市向中小城镇扩散的产业大多有一定的规模，因而中小城镇的发展规划导向性和有序性更强。这种中小城镇发展方式有助于形成区域经济的一体化发展模式，但存在的问题是，中小城镇可能成为中心城市污染产业的迁移目的地，从而在中心城市的污染转移过程中削弱了中心城市腹地对中心城市发展的支撑功能。

（3）商贸型中小城镇发展模式

商贸型中小城镇发展模式主要是一些中小城镇利用其便利的地理区位优势，通过发展商贸业促进中小城镇的发展。在这种中小城镇发展模式中，商贸型中小城镇一般带有明显的交通指向性、原发性市场指向性、政府引导下产销配套性等特征。在商贸型中小城镇发展模式中，资本和劳动力集聚、土地利用都体现出明显的贸易导向型。这种中小城镇发展模式主要有以义乌市小商品批发基地为代表的对内商贸型中小城镇，山东寿光市以蔬菜和农产品商贸为代表的商贸型中小城镇发展模式等。这种中小城镇发展模式如果没有良好的政策引导，在完全的市场主导下则可能出现替代性的兴衰发展历程，或者出现周期性的商贸中心转移。

2. 西部地区主要的中小城镇发展模式

（1）外部资金汇回促进消费拉动型中小城镇发展模式

成渝地区由于人口密度高，在改革开放之后成为东部地区经济发展过程中重要的劳动力输出源。在东部地区就业的劳动力通过资金汇回、资本积累后回家创业等方式间接推动了本地区的城镇化进程（外援式资本集聚）。但这种城镇化进程是消费性的，其产业基础也是消费性的，因而劳动力也主要集中在消费性产业（消费指向性劳动力集聚）。至于这种中小城镇的土地利用，其土地价值和产值梯度分布与中心城市并无太大的关联性，而取决于其在东部地区团队式发展的竞争力。由于中小城镇的发展没有产业基础，因而中小城镇土地价值呈点状突起并明显地大大高于周边地区（点状分布式土地利用），如图 9 - 7 所示。而且，这种中小城镇发展模式中，土地价值与产值梯度是相分离的。

但这种城镇化发展模式可能会造成断代性城镇衰落。这种断代性城镇衰落原因就在于，年青一代的人口向东部沿海地区转移，当前的资金汇回和资本积累后回家创业等促进中小城镇发展的基础在于这些迁移人口的父母并不愿意离开其世代居住的地方，而迁移人口也仍然将这些小城镇所在地作为其最终的归属地而回归。因而这种城镇化发展模式下，中小城镇的人口数量、消费等都呈现出明显的季节性，即农忙季节（主要是秋收季节）、重大节假日（主要是中秋节、春节）的人口数量和消费量呈峰值状态，而其他时节则明显回落。但显然，当前这一代的迁移人口的子辈、孙辈则由于出生和成

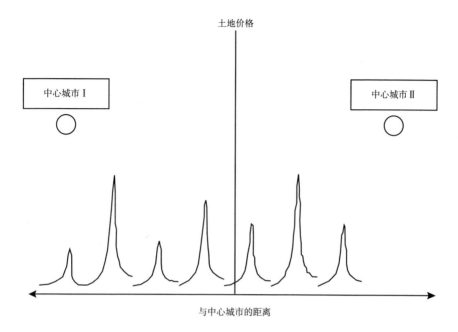

图 9 - 7　消费拉动型中小城镇土地利用模式

资料来源：依据笔者的研究绘制。

长于东部沿海地区，因而并不存在如当前这一代迁移人口的回归根源。因而，这种城镇化模式下的中小城镇，将可能随着当前这一代迁移人口的逐渐老去、病死而逐渐走向衰落，最终沦落为空城、鬼城。

（2）旅游线路辐射型中小城镇化发展模式

主要是桂林、云南等旅游资源富集地区。这些地区的中小型城镇发展重点是以中心城市为依托，构建围绕中心城市的辐射型或环绕型旅游线路，通过旅游资源的开发促进中小城镇的发展。在旅游线路辐射型中小城镇化发展模式中，其资本、劳动力的集聚和土地价值、产值都紧紧围绕旅游项目开发与关联产业的发展（项目导向型资本、劳动力集聚和土地利用模式），这种中小城镇发展模式存在的主要问题是，由于受经济周期、自然环境因素（如疾病、自然灾害等）影响大，因而中小城镇可能存在局部区域和时间发展过快，局部区域和时间发展停滞甚至倒退等问题。而且，由于旅游资源富集区可能存在国家政策约束（比如对国家级风景名胜区的保护政策），导致旅游资源富集区工业化进程减慢，因而发展速度可能总体上较慢。

（3）矿产资源开发型中小城镇发展模式

在矿产资源富集区，中小城镇的发展是随着矿产资源的开发而发展起来的，因而中小城镇的发展明显地体现出因矿而生、因矿而落的趋势。这种中小城镇发展模式在我国山西、内蒙古体现得比较明显。这种中小城镇的发展，其资本、劳动力的集聚以及土地利用与矿产资源的开发周期相一致（资源导向型资本、劳动力集聚和土地利用模式）。矿产资源型中小城镇发展模式存在的主要问题是受国家宏观调控政策的影响，可能导致中小城镇的发展出现停滞、衰退或衰落；随着矿产资源的逐渐枯竭，如果不能成功实现产业转型，则中小城镇将必然走向衰落。

3. 东西部地区中小城镇发展模式对产业发展的意义

从前述东、西部地区中小城镇发展模式的分析可以发现，东部地区的三种中小城镇发展模式中，主体上都已经逐渐演变为地区产业发展的重要布局模式，而西部地区的中小城镇发展模式则仍然游离于地区产业发展布局模式之外。在东部地区，主要体现在珠三角地区的村镇产业发展型中小城镇发展模式中，正是由于改革开放之后通过侨资等方式在村镇布局了大量的实体产业，从而形成了中心城市—卫星城镇的都市连绵区发展态势；而主要体现在长三角的中心城市扩散产业轴线型中小城镇发展模式中，则是在中心城市由于面临发展空间制约的条件下，实体产业向卫星城镇扩散（比如上海市和苏州市产业向昆山市和太仓市扩散），从而提升了中小城镇在区域产业发展中的地位与作用；至于商贸型中小城镇发展模式，其对区域产业发展的重要作用也是不可忽视的，比如义乌市，作为"国际小商品的流通、研发、展示中心"其对周边的东阳木雕红木家具产业、永康五金产业、嵊州纺织服装（领带）产业等的发展都有重要的推动作用。而在西部地区，外部资金汇回促进消费劳动型中小城镇发展模式中，中小城镇的产业结构中，构成主体是消费性的服务业，而实体产业则相当缺少；旅游线路辐射型中小城镇发展模式则由于发展重点是旅游业，一方面该模式不具备普遍适用性；另一方面也由于围绕旅游业的实体产业发展不足而使得这类中小城镇没有成为西部地区产业布局的重点；至于矿产资源开发型中小城镇，则由于矿产资源的粗放型开发模式对中小城镇环境的极大破坏而影响了中小城镇的可持续发展，并且由于矿产资源的逐渐枯竭而面临着资源型城镇发展模式转型的问题。

因此，总体而言，东部地区的中小城镇发展模式对于地区产业尤其是实

体产业的发展具有重要的推动作用，而西部地区的中小城镇发展模式则未能
体现出其对西部地区产业尤其是优势产业发展布局方面的重要地位。

三 要素集聚促进西部地区中小城镇发展

1. 大中城市与中小城镇经济增长方式分化面临的问题

首先，我国经济增长方式分化下面临投资供需不对称。在经济增长方式
分化下，大中城市经济增长转向依赖于知识和技术、结构的软化，以及中小
城镇经济实体化，都需要大量的资本投入。但自改革开放以来，我国政府主
导的公共投资面临这样的困境：公共投资向自主技术创新的知识生产部门倾
斜，导致物质生产部门面临投资不足的困境；中小城镇经济实体化转变也会
导致知识生产部门面临投资不足。但与之相对应的是，我国居民长期积累的
财富，因为游离于经济增长进程之外而无法分享经济增长的成果。因此，在
我国经济增长方式分化的条件下，投资供需不对称问题凸显。

其次，刘易斯转折点背景下我国劳动力的有效供给不足。我国经济增长
进程已经面临刘易斯转折点。即使是在我国地域范围宽广、人口众多、区域
梯度差异较大的情况下，对刘易斯转折点的缓冲作用也会大大降低。因为东
部地区同类企业的劳动力工资已经成为公众信息，从而形成西迁企业雇用劳
动力的工资预期而不会造成名义工资支出的大幅度下降。因此，在我国经济
增长方式分化的情况下，大中城市产业主体在"劳动密集型→资本密集
型→知识和技术密集型"演变过程中，由于劳动力技能水平和学习能力低
下造成知识生产部门劳动力有效供给不足。与之相伴随的是，由于劳动力成
本攀升（刘易斯转折点），导致中小城镇经济实体化的过程中，物质生产部
门劳动力也将出现供给不足的现象。

最后，尤其是20世纪90年代中后期以来，我国的城市土地利用面临两
个相互矛盾的趋势。一是由于农村人口向城市的快速迁移，加上居民财富在
逐利性行为中集中于土地产品，导致对城市土地形成刚性需求；二是由于我
国人口众多，为解决吃饭问题而形成的"18亿亩耕地红线"所带来的土地
政策约束也是刚性的。两个刚性的叠加极大地推升了大中城市土地及相关产
品的价格，由此带来两个后果：一是在推升了大中城市的生活成本，进一步
提升了进城劳动力对工资收入预期的同时，间接加剧了我国在面临刘易斯转
折点的情况下劳动力趋紧的趋势；二是导致居民财富形成的民间资本扭曲性
投向土地及相关产品，大大地影响了资本在其他领域的集聚，加剧了资本投

资供需不对称的问题。

而对于中小城镇，在人均用地均等化和单位土地面积产值差异化条件下，从人均土地占用面积并不低的角度看，中小城镇土地的使用存在着土地用途的随意性（没有中小城镇土地利用的长远规划），因而导致中小城镇土地使用缺乏有效的规划控制；从单位土地面积所形成的 GDP 与中等规模以上城市的差距来看，则意味着中小城镇土地的生产性用途所占比例极低，而居住等非生产性用途所占比例过高。由此，在中小城镇经济实体化的过程中，面临着土地用途生产化、土地利用方式集约化等问题。

2. 新型城镇化道路下中小城镇的发展趋势

（1）中小城镇发展的特点导致其在我国区域经济政策中被政策性地忽视。与大中城市的发展不同，中小城镇的发展有以下两个最主要的特点：一是从功能上看，在国家农业占有较大比重的情况下，中小城镇由于更加接近农村地区，因而在国家经济发展政策中，中小城镇更多承担了农业发展的功能。二是从产业发展上看，由于中小城镇的交通运输等基础设施水平相对较差，加上相对远离城市现代文明，因而中小城镇一般都缺乏具有较高知识和技能水准的高素质劳动力。因此，中小城镇非农产业中资本、技术密集型工业较少，主要是小规模的农产品加工，或者与本地传统手工业、特色产品密切相关的小型、劳动密集型产业。

由于中小城镇的上述发展特点，改革开放后，在国家总体上以迅速做大经济规模为主导的发展战略下，占有全国城镇最大数量的县级及以下城镇，在我国城市和区域分工体系中被政策性地忽视，从而导致我国城市和区域分工体系中在结构和功能上都是不健全的。这带来两个主要的后果：一是由于作为小城市的中小城镇在政策上被忽视，从而以地级城市为基础的中等城市体系，在行政功能、产业布局功能、区域中心功能等多重功能叠加下，在发展目标、产业、城市功能、城市定位、城市规划等方面严重趋同。二是由于以县级城镇为基础的中小城镇在政策上被忽视，导致其在事实上吸纳了一定的农村人口的条件下，却因为没有产业支撑而产业结构严重畸形，土地利用也出现严重偏差。

（2）我国区域分工协作体系新趋势下的新型城镇化道路。在面临经济增长方式转变的条件下，党的十八届三中全会提出了新型城镇化道路。新型城镇化道路重点在于，在我国城市化进程中，无论是在吸纳农村人口进城还是作为区域产业发展，都增强了中小城镇的地位与作用。这意味着，首先，中小城镇将取代目前的中等规模以上城市成为未来吸纳农村居民进城的主体；其次，中小城镇将转型为有产业基础、能够提供进城农民非农就业的生产型城镇；最后，中小城镇将改变其原来游离于全国城市和区域分工体系之外的格局，而将与中等规模以上城市（地级城市）、大城市和超大城市一起构成我国的城市体系，并在产业发展、集聚与扩散的过程中形成基于全国城市体系的专业化分工模式，从而完善了我国城市和区域分工的结构体系和功能体系。

由此，我国的区域分工体系将呈现新的变化。首先，地区之间由行政隶属关系确立的行政指令传达将退居次要地位。在市场由基础性作用向决定性作用转变的过程中，地区经济发展自主性的增强，意味着上级经济发展规划将由指令性转变为引导性。其次，经济发展中对于区域边界的认识从行政地理转变为经济地理，从而使地区之间的基于行政隶属关系的纵向联系逐渐减弱，而基于经济联系的横向联系、多向联系逐渐增强，地区之间的分工协作体系网络也将转变为如图8-3所示的城市和区域分工体系网状图。

3. 要素集聚促进中小城镇发展

（1）降低机会成本与提升中小城镇资本盈利能力并重视促进投资主体的转变。降低机会成本意味着要扩充促进我国经济增长的资本供给量，从而降低资本在大中城市或东部发达地区的边际产出，即投资于中小城镇资本的机会成本。提升中小城镇资本盈利能力则意味着要缩小中小城镇与大中城市相比在基础设施、公共服务、政策效应等方面的差距。要实现这两个目标，就需要促进投资主体的转变以解决投资供需不对称问题。具体路径为：

首先，居民收入在财富积累与现实消费之间进行合理分配，以均等化人生各个阶段的效用水平，并进而实现一生效用的最大化。其最优决策问题为：

$$\max \sum_{t=1}^{n} U_t(x) \ s.t. \ \sum I + \sum \left\{ (I_t - P_t x_t) \times \left[\prod_{\tau=t}^{n} (1 + r_\tau) - 1 \right] \right\} \\ = \sum P_t x_t + W \tag{9-7}$$

其中：I_t 为 t 期的居民收入，$P_t x_t$ 为 t 期居民的消费支出，W 为居民生命周期终了财富（或称留给其后代的财富余值），$\sum \left\{ (I_t - P_t x_t) \times \left[\prod_{\tau=t}^{n} (1 + r_\tau) - 1 \right] \right\}$ 为 t 期居民收入中减去当期消费后的增值部分，$U_t(x)$ 为 t 期居

民的效用水平。

其次，居民财富在一国经济增长中的"蓄水池效应"体现为：当经济不景气，居民收入低于其预期的效用水平支出时，就会动用其末期财富 W 来保持该时期的效用达到一定的水平。而当经济发展状况良好，$I_t > P_t x_t$，则居民会将收入中的 $\sum (I_t - P_t x_t) \times (1 + r)^{n-t}$ 部分形成财富 W。

再次，我国居民财富对经济增长的"扰动效应"。我国居民财富量 $\sum W$ 不断加大，但一方面受到改革开放之后厚利惯性的作用；另一方面由于居民对于未来不可预期的界定，因而在羊群效应作用下使得居民财富被主要用于寄望得到高于社会平均利润的投资渠道，并因此对我国经济增长造成了事实上的"扰动效应"。

复次，居民财富的"稳定器"与"加速器"效应。居民财富的"蓄水池效应"有助于一国经济在面临困境时尽快恢复到正常的增长轨道上来，表现为经济增长的"稳定器"；而"扰动效应"则可能使得一国经济常常偏离正常经济增长轨道，并出现在过热状态下加剧过热趋势、在经济衰退状态下加剧衰退的现象，表现为"加速器"。

最后，发挥居民财富"蓄水池效应"促进我国技术自主化阶段投资主体由政府向民间资本的转变。公共投资在我国经济处于技术模仿和追赶型发展阶段有明显优势。在技术自主化阶段，产业转型与升级理应在市场导向下充分发挥民营资本的作用，即应充分发挥居民财富对我国经济增长的"蓄水池效应"。要让居民财富发挥"蓄水池效应"，则居民财富的存在形式应当是促进我国经济增长的固定资本以分享经济增长的成果，而非目前以投机性资本的形式存在而独立于经济增长进程之外。

（2）缩小公共服务差异性与提升就业人员工资待遇并进一步释放我国的人口红利。公共服务差异性是造成中小城镇在工资水平大大低于大中城市，而消费支出却与大中城市相差不大的主要原因。由于在中小城镇无法享受到大中城市的公共服务、在大中城市的现代文明已经传播到中小城镇的条件下，中小城镇居民只能到大中城市获取相应的公共服务，其在这方面的支出显然要高于大中城市的居民，并抵销了中小城镇日常生活消费支出的优势。提升就业人员工资待遇则意味着缩小中小城镇就业人员与大中城市之间名义工资的差异。在大中城市或东部地区名义工资水平已经成为公众信息的情况下，名义工资的差异事实上导致了中小城镇缺乏为其发展所需的高素质人才。

第四节　产业西迁与西部地区优势产业
发展的配套措施

一　构建产业西迁促进西部地区优势产业发展的政策体系

1. 财政支持政策

（1）设立优势产业发展专项财政资金。各地区财政每年拿出一定的专项资金，用于设立自主创新与转方式、调结构科技引导专项资金，补助优势产业企业关键技术研发、重大投资项目贷款贴息、支持企业上市等，扶持加快各地区优势产业的发展。

（2）重大项目支持基金。各地区财政每年专项财政资金，用于支持优势产业以单个企业为主体的重大项目，以主体企业或主体产品为主的产业集群项目。对以单个企业为主体的项目，以主体企业或主体产品为主的产业集群项目，按照批次给予单个项目一定的支持额度。对特别优秀的项目，还可以在各地区政府批准后另行安排资金给予特殊支持。

2. 税收优惠政策

（1）围绕"形成优势产业先发优势"，给予相应税收政策支持。对高新技术企业，按优惠税率征收企业所得税。对经认定的技术先进型优势产业企业，按优惠税率征收企业所得税。对经认定的技术先进型新兴产业企业，对企业职工教育经费按照一定的比例据实在企业所得税税前扣除，超过部分准予在以后纳税年度结转扣除。

（2）围绕"培育自主知识产权、自主品牌和创新型企业"，大力支持技术创新。企业为开发新技术、新产品、新工艺发生的研究开发费用，未形成无形资产计入当期损益的，在按照规定据实扣除的基础上，按照研究开发费用的一定比例加计扣除；形成无形资产的，按照无形资产成本的相应比例摊销。对经认定确有巨大发展前景的优势产业企业，其在技术研发和产品生产初期，实行增值税即征即退政策，所退还的税款不作为企业所得税应税收入。

（3）围绕"推进产业集聚、企业集聚、资源集约利用"，大力扶持产业园、创业园等载体建设。对经国家和自治区认定的高新技术创业中心、大学科技园、软件园、留学生创业园等科技企业孵化器，自认定之日起，享受营业税、房产税和城镇土地使用税方面的优惠。重点物流基地和企业，经自治区工信委和地税局认定后，可参照享受国家试点物流企业的营业税差额纳税政策。

（4）围绕"构建资源节约型、环境友好型社会"，大力扶持环保、节能节水等企业以及低碳经济发展。企业从事符合条件的环境保护、节能节水项目的所得，自项目取得第一笔生产经营收入所属纳税年度起，第一年至第三年免征企业所得税，第四年至第六年减半征收企业所得税。企业以《资源综合利用企业所得税优惠目录》规定的资源作为主要原材料，生产国家非限制和禁止并符合国家和行业相关标准的产品取得的收入，降低一定比例后计入收入总额。企业购置并实际使用《环境保护专用设备企业所得税优惠目录》《节能节水专用设备企业所得税优惠目录》《安全生产专用设备企业所得税优惠目录》规定的环境保护、节能节水、安全生产等专用设备的，该专用设备投资额的一定比例可以从企业当年的应纳税额中抵免；当年不足抵免的，可以在以后一定纳税年度结转抵免。

（5）围绕"全面优化行政服务环境、促进产业转型升级"，切实提高纳税服务的水平和质量。全面推行一窗多能、一窗通办，打造便捷高效的办税服务体系，在优势产业的各类企业中率先对纳税申报、税款缴纳、发票领购、代开发票等涉税业务实行同城通办，拓宽"服务平台"。构建针对优势产业的结对帮扶、问税直通制度，定期上门服务，将相关税收优惠政策梳理配送到企业。实现优势产业重点企业专人联系、重点项目全程跟踪、重点园区定制服务。联合工商、国税、科技等部门开展"组团服务"，利用政府平台及时向企业传递各个地区的发展政策、信息资源，全力助推优势产业发展。

3. 土地利用政策

（1）加大优势产业企业用地支持措施。经主管部门批准的新建优势产业项目用地，可优先使用全区年度用地指标。督促各地政府解决优势产业企业发展、重大项目的"落地"问题。加快传统制造业企业搬迁、旧厂区改造等措施，最大限度地服务于优势产业的项目规划和土地审批。

（2）用地优惠措施。新设立的优势产业企业，由地方政府在土地审批、各项地方收费、工商注册等方面给予优惠。重点优势产业企业的新建重大产业项目用地保障，优先纳入年度土地供应计划。优势产业企业用地土地出让金一次全额缴纳有困难的可采取分期或分年缴纳。对固定资产投资在 1 亿元以上、按项目投资合同约定建成投产的项目,其土地出让金按规定地价预缴后,由各地财政给予等额奖励,用于配套基础设施建设。

(3)给予厂房建设中的差额补助,提高土地集约利用水平。按项目投资合同约定建成投产、企业厂房建筑面积在5000平方米以上的项目,给予厂房建设补助。具体补助标准可以按照单层工业厂房、多层厂房等标准按建筑面积给予一次性的补助。

4. 投融资政策

(1)融资担保政策。出台大幅度降低优势产业企业融资成本的融资担保扶持政策。设立"优势产业企业融资担保扶持资金",对获得担保贷款并按期还款的企业按照担保金额的一定比例在一定期限内给予企业担保费补贴扶持;同时与合作银行约定对资信情况良好的企业实行贷款基准利率;对符合条件的企业简化贷款担保手续以缩短贷款担保办理时间;通过与银行协作,在授信额度内采取"一次授信、分次使用、循环担保"的方式,提高审保和放贷效率;对年总收入在一定范围内的新兴产业企业以及重点扶持的企业,经审核批准在一定年限内给予融资担保扶持。

(2)建立和完善科技融资平台。通过资金注入、资产整合、业务拓展、金融创新、吸引民间资本等手段,打造具有国内知名度和影响力创新投资担保公司,并加快与各商业银行达成资金放大及紧密合作协议,引进区内外担保公司及投资公司,为优势产业企业尤其是中小企业的发展提供良好的金融服务平台。创新科技投融资服务产品,探索科技银行、境内外上市、代办股份转让、统贷统还、集合债券、信托计划、信用保险、贸易融资和设备租赁等金融产品和服务,满足各类、各层次资金和服务需求。搭建由投资人、投融资机构、券商和科技型企业等在内的投融资合作对接平台。

(3)鼓励企业上市的政策。出台《关于鼓励和促进优势产业企业上市的若干意见》等政策措施,大力培育拟上市企业群体。在资金、土地、人才等方面扶持以企业上市为目的的股份有限公司。对培育上市的优势产业企业建立经常联系制度,对企业实施全过程引导服务。对拟上市的后备企业,也可以享受补办相关权证、税费减免、政策性资金的申报以及投资项目用地等多项优惠措施。推动上市公司利用资本市场再融资和收购兼并其他企业,实现上市公司的规模扩张和质量提高。

5. 人才政策

(1)加强人才培养。重点建设科技型企业家人才、高层次领军人才、基层年轻科研人才、高技能人才等"四支队伍"；依托高校、科研院所和骨干企业，以重点学科、重大项目、重点产业的实施和管理为载体，有针对性地培养适应优势产业发展所需要的复合型、创新型专业人才队伍。鼓励和支持高新技术企业，特别是中小型和民营高新技术企业的员工培训工作。与国内外著名院校和科研院所合作创办"产学研"基地、培训中心和博士后流动工作站。

（2）推动人才引进。加大引进优势产业发展所急需人才的鼓励力度，给予高层次人才补贴奖励；给予企业补贴用于高层次人才引进的寻访费用；对于在人才引进中做出贡献的人才机构给予相关补贴、补助，鼓励人才中介机构和猎头公司为高新区企业引进高层次人才。通过营造吸引人才的环境促进西部地区优势产业发展的良好氛围。

（3）加强建设海外高层次人才创新创业基地。多种渠道吸引海外高层次人才，积极引进领军型海归创业人才。制定实施降低创业启动成本、提供融资担保、设立项目风投资金等配套政策措施，从决策、协调、执行三个层面有力、有序地推进人才基地建设。与区内主要高等院校签订相关合作框架协议，借助高校的学科、研发团队等优势吸引海外人才，努力形成工作合力，并加强与高校校友会、海外联谊会、区域留学人员机构的沟通合作，吸引海外高层次人才入驻。

二　注重解决产业技术发展中面临的问题

1. 产业技术发展中面临的制约因素

（1）全球低碳经济发展与我国现阶段工业化背景下产业发展之间的矛盾

2009 年联合国气候变化大会尽管只达成不具法律约束力的《哥本哈根协议》，但在全球气候变化趋势加剧的情况下，经济增长中低碳排放已经成为世界各国的共识。在我国，按照《国民经济和社会发展第十二个五年（2011～2015 年）规划纲要》，到 2015 年，单位国内生产总值能源消耗降低 16%，单位国内生产总值二氧化碳排放量降低 17%。但我国目前仍处于工业化初期到中期阶段。在此阶段，重化工业和重加工工业是我国工业产业的发展重点。而重化工业和重加工工业均是能耗和碳排放高的行业。因而，经济增长与减少碳排放之间的矛盾十分突出。与此同时，由于我国人口众多，在城市化进程中还将有数亿人由农村进入城市，由此带来的为创造就业机会而加快非农产业发展、城市人口激增情况下的消费扩张，都将增加我国经济增长中的碳排放总量，从而加剧我国产业发展与全球低碳经济发展之间的矛盾。

（2）制造业外向型经济发展模式受到国际经济环境的严重影响

出口和外商直接投资对中国经济的成功至关重要，而且出口的快速增长使中国经济能够吸收更多的外商直接投资并保持稳定和良好（没有扭曲）的外汇市场。由此，推动出口、外商直接投资和稳定的外汇市场就为我国高速稳定的经济增长创造了良好的外部环境。[①] 事实上，考察我国改革开放以来的经济增长路径，越来越受到国际经济形势影响。改革开放后，在经历了1983 年之前蹒跚的经济增长之后，当我国的经济增长率可以稳定在 10% 甚至以上的时候，1989 年、1990 年我国经济增长率从 1987 年、1988 年的超过 11% 下跌到 4% 。之后，东南亚金融危机再次使我国的经济增长率从超过10% 下跌到 7% 。始于 2008 年的全球金融危机也使得之前 13% ~ 14% 的 GDP 增长率下跌到 9% 。究其原因，都与国际经济形势不佳导致我国出口和外商直接投资金额锐减有明显的关系。在我国经济增长的三驾马车中，出口的贡献虽然不及投资与消费，但在投资与消费的贡献几乎恒定的情况下，却往往因为出口不利恶化了国内市场形势，进而导致我国经济增长率的严重下跌。

（3）国际知识产权保护的加强对我国产业技术进步的不利影响

由于产业基础薄弱，自改革开放后我国实施以市场换技术战略，在外商直接投资大量涌入中国后，通过 FDI 的技术外溢效应极大地提高我国产业发展的技术水平，这在相当程度上是通过反向工程和模仿来取得的。事实上，日本和韩国等东亚新兴工业化国家和地区在第二次世界大战之后经济快速增长，与它们能够大量实施反向工程和技术仿制，并且能够以较低代价获得外国技术许可是密切相关的。[②] 但在我国加入 WTO 以后，要全面执行 WTO 的一系列协议，TRIPs 就是其中十分重要的一个协议。在 TRIPs 体制下，知识产权保护与国家贸易直接挂钩，而知识产权保护的加强意味着我国企业要么支付高额的技术许可费引进技术，要么投入巨资自主研发新技术。但无论如

---

① 姚树洁、韦开蕾：《中国经济增长、外商直接投资和出口贸易的互动实证分析》，《经济学（季刊）》第 7 卷第 1 期（2007 年 10 月），第 151 ~ 170 页。

② 文礼朋：《TRIPs 体制与中国的技术追赶》2010 年 8 月，第 1 版，第 176 页。

何，都将极大地提高企业生产成本，降低其在国际市场上的竞争力。

2. 化解产业技术发展制约因素的主要途径

（1）注重从基础研究到应用基础研究的转变

第二次世界大战期间美国科学研究发展局局长布什在研究报告《科学：永无止境的前沿》中指出，基础研究是不考虑应用目标的研究，它产生的是普遍的知识和对自然及其规律的理解。应用研究是有目的地为解决某个实用问题提供方法的研究。[①] 按照布什的理解，这两种研究分别由两个不同的机构来承担，大学主要从事基础研究，企业或政府设立的实验室主要从事应用研究。

但在我国目前高等院校科研院所的科研体制下，大多要求科研人员走向企业，瞄准企业需求做应用研究，也就是解决企业发展中的实际需求问题。但实际出现的结果却是，诸多走向企业做应用研究的，应用研究没有做好，原来的研究体系和路径又在应用研究的高收入面前受到严重冲击。事实上，基础研究仍然是应用研究最重要的基石。如果以大学水平与其基础研究能力成正比关系来考量，经验的观察可以发现，大量委托给高校科研院所完成的企业应用研究，尤其是那些对研究人员技术含量要求极高的应用研究，仍然流向了高水平大学。这表明，企业对于应用研究能力的认识，仍然是基于基础研究水平的。因此，片面强调应用研究，对于研究机构基础研究的冲击是不利于我国产业发展中对技术进步和技术创新需求的。

而在基础研究与应用研究之间，还有一种应用基础研究，其所寻求的是为开发新技术而进行的应用研究所必需的科学知识，它更直接地为应用研究提供基础。从应用基础研究到应用研究，始于应用而终于应用，才可能完成从认识自然到改造自然、从科学创新到技术进步的重要过程。[②] 如何通过应用基础研究之"始于应用终于应用"的特征，沟通融合基础研究和应用研究实施主体的成果，成为如何通过基础研究促进应用研究的关键。

（2）规避"技术代工"现象

"代工"现象主要是指大型跨国公司将其在发达国家业已成型的技术装备或生产流水线，整体搬移到发展中国家，从国外进口核心配件在发展中国

---

① 成素梅、孙林叶：《如何理解基础研究和应用研究》，《自然辩证法通讯》2000 年第 4 期，第 50 ~ 56 页。

② 李大东、何鸣元：《从应用基础研究到应用研究》，《世界科技研究与发展》1998 年第 4 期，第 18 ~ 20 页。

家利用其廉价的劳动力和为吸引外资给予的土地、税收等政策，完成产品装配再将产品出口到发达国家的生产过程。总的来说，"代工"企业是没有自己的品牌、没有自己的技术、没有自己的市场情况下单纯地从事加工贸易生产。但在近年来我国技术研发过程中，"技术代工"现象也有所体现。比如在一些高校中，为了吸引海外人才，开出了高额的人才引进待遇，结果却是所引进人才在国外完成的几篇论文，而论文的知识产权甚至都不归我国所有。也就是说，在整个过程中，国内人才载体所支付的高额费用并没有得到所预期的研发成果，而是这些海外人才以其在国外研究过程中的核心成果为基础，挂名国内人才载体发表署名论文，而论文核心成果的知识产权仍属国外。这就好比跨国公司到我国来生产汽车，虽然名义上汽车是中国产的，但发动机、底盘、变速箱却是引进的。这种现象的延伸就会出现"技术代工"现象，其过程与加工贸易中的"国际代工"现象是一致的。"技术代工"现象不仅不利于我国掌握某些领域核心技术，甚至对国内相关研究人员的研发积极性也是沉重的打击。因此，西部地区在解决优势产业发展中的技术进步问题时，应着力规避"技术代工"现象，力争在技术领域的投资能真正发挥其促进西部地区优势产业发展的作用。

（3）提升技术开发层次及与西部地区优势产业发展技术需求的结合程度

每年我国都授权了数量众多的专利，但专利的有效性却不高。依据历年《中国科技统计年鉴》，从 1991~2010 年，我国共授权发明专利 487405 件，但到 2010 年，有效发明专利为 257893 件，有效发明专利比例仅为 52.91%。这意味着，相当一部分的专利，尤其是来自高校等科研机构的专利，从专利申请得到的那一刻起，许多专利证书除了为专利申请人职称评定等方面提供服务外，没有其他经济价值。而且，即使是企业的研发所产生的专利，专利产生经济效益的能力也相对较弱，发明专利授权量增加 1%，仅仅导致企业新产品销售收入增加 0.51%，这表明企业的很多专利并没有带来市场上的高额回报。[1] 此外，依据《2010 中国有效专利年度报告》中的数据，截至 2010 年年底，我国国内有效专利中，实用新型专利和外观设计专利分别占到国内有效专利总量的 46.5% 和 39.3%，而创造水平及科技含量较高的发明专利比重相对较低，只有 14.2%。而国外有效专利则是以发明专利为主，

---

[1] 张传杰、冯春晓：《我国大中型企业专利产出及其经济效益的实证分析》，《科技和产业》2009 年第 4 期，第 43~46 页。

其占到国外有效专利总量的 78.6%，外观设计专利占 19.3%，实用新型专利所占比重仅有 2.1%。[①] 这种情况表明，我国的专利技术研发人员大多停留在低层次技术水平上，而且技术研发工作与经济现实需求在相当程度上是脱节的。因此，提升技术开发层次及其与西部地区优势产业发展技术需求的结合程度，提升解决西部地区优势产业发展中技术问题的针对性，对于西部地区优势产业发展具有重要的意义。

三　推动优势产业配套服务业的发展

1. 当前我国服务业发展趋势

第一，我国农村劳动力转移与服务业的发展。服务业，尤其是传统的批发零售、住宿餐饮、交通运输、社区、社会服务等行业都是典型的劳动密集型产业。因此，服务业的发展对于提供非农就业岗位，促进我国城市化进程中农村劳动力的转移具有重要意义。我国第三产业在就业中的比重虽然自 1994 年起就已经超过第二产业，但到 2010 年，我国三次产业就业结构为 36.7：28.7：34.6，第一产业就业比重仍然是最大的。此外，虽然与 1994 年相比，第二产业和第三产业分别提高 6.0 个和 11.6 个百分点，第三产业对转移劳动力的吸纳能力要更强，但自 2002 年以来，第二产业就业比重提高了 7.3 个百分点，而第三产业仅提高 6 个百分点。这表明，近年来，相对于第二产业，第三产业对转移劳动力的吸纳能力减弱了。但随着我国工业化进程中，工业产业重心向重化工业和重加工工业等资本和技术密集型产业转移，工业产业对劳动力的吸纳能力势必越来越弱，因而在庞大的农村劳动力向非农产业转移的压力下，加快发展第三产业至关重要。

第二，生产性服务业的地位日益提高。传统的生产服务业包括金融业、保险业、房地产业和商务服务业。现代新兴的生产服务业则包括广告、市场调查、会计师事务所、律师事务所和管理咨询等服务业。[②] 生产性服务业具有高智力、高集聚、高成长、高辐射特点，是当代经济良性发展的必要条件。[③] 在发达国家的服务业内部，以金融、保险、房地产和商务服务为主的现代服务业占有越来越重要的地位，1987 年，金融、保险、房地

---

① 国家知识产权局规划发展司：《2010 中国有效专利年度报告》，2011，第 5 页。

② 李江帆、毕斗斗：《国外生产服务业研究述评》，《外国经济与管理》2004 年第 11 期，第 16～20 页。

③ 马春：《世界生产性服务业发展趋势分析》，《江苏商论》2005 年第 12 期，第 87～88 页。

产和商务服务业对美国 GDP 的贡献率就达到 25.5%，到 1997 年进一步提高到 28.6%，提高 3.1 个百分点。同期美国第三产业占 GDP 的比重仅从 70.3% 提高到 74.2%。这意味着，第三产业对美国 GDP 贡献的增量有 3/4 来自金融、保险、房地产和商务服务业。此外，金融、保险、房地产和商务服务业在 1997 年的英国、法国、意大利、澳大利亚、荷兰、新西兰等国 GDP 中所占比重也接近或超过 1/4。① 与之相比，2009 年，金融、房地产、租赁和商务服务业占我国 GDP 的比重仅为 12.5%，大约等于发达国家的一半。因此，加快金融、保险、房地产和商务服务业发展，能够有力地促进我国经济增长。

第三，服务业转向关注民生和经济安全问题。民生服务业涉及养老、就业、医疗、家庭、休闲等领域，是连接经济增长与社会发展的重要社会"软性"基础设施。② 2000 年，我国人口预期寿命已经超过 70 岁。按照联合国的相关标准，我国在 2000 年就已经达到老龄化社会的临界值，即 65 岁及以上人口比例占总人口的 7%。这一比例到 2010 年进一步提高到 8.9%。老年人口比例的增加，在我国由于人口政策所产生的老年人问题特殊性，以及农村劳动力在城市非农产业就业带来的空巢老年人问题，都迫切需要我国服务业的发展日益转向对民生问题，尤其是对养老、社会保险和社会保障等领域的关注。此外，信息技术带来人们生产和生活方式的变革，由此产生的网络购物环境下金融服务安全问题，信息网络下个人与经济安全问题也将是我国今后服务业发展的重点领域。

2. 西部地区优势产业发展中的配套服务业发展措施

（1）建立和完善科技融资平台

通过资金注入、资产整合、业务拓展和金融创新等手段，打造具有国内知名度和影响力的创新投资担保公司，并加快与各商业银行达成资金放大及紧密合作协议，引进国内外担保公司及投资公司，为企业尤其是产业承接和优势产业企业的发展提供了良好的金融服务平台。基于该平台吸引民间资本，发起设立产业基金管理公司，对于运作成熟业绩良好的投资管理公司募资给予支持。创新科技投融资服务产品，探索科技银行、境内外

---

① The Service Economy. OECD, Paris, 2000.
② 徐占忱：《"十二五"期间民生服务业发展的动力和机制》，《宏观经济与管理》2011 年第 3 期，第 32～34 页。

上市、代办股份转让、统贷统还、集合债券、信托计划、信用保险、贸易融资和设备租赁等金融产品和服务，满足各类、各层次资金和服务需求。根据不同阶段优势产业企业的发展需要，提供不同种类的金融服务。搭建由投资人、投融资机构、券商和科技型企业等在内的投融资合作对接平台。

（2）培育发展专业中介服务体系

以发展生产性中介服务业为重点，积极培育新兴的科技、创意、网络等具有创新性的中介服务业，丰富西部地区中介服务的类型和内涵，逐步形成具有区域和行业特色的中介服务业体系，不断增强西部各地区中介服务业发展的吸引力和影响力。大力引进和促进发展管理咨询、科技投融资、产权交易、专利代理和科技评估等中介服务机构，逐步完善支撑服务体系；选择专业能力强、信誉好的中介机构，并与之建立长期、稳定的合作关系，借助这些机构的专业力量，用较低的成本为优势产业企业提供成长所急需的有关税收、法律、财务、人力资源管理、企业战略策划、市场服务等服务，解决企业成长中遇到的各种问题；加大政策优惠和扶持力度，进一步营造鼓励发展中介服务业的良好氛围，让它们更好、更快地成长，成为中介服务业发展的后备力量。

（3）积极发展科技中介服务业态

以国家法规、地方规章制度为基础，政府政策为调控措施，行业规范为自律准则，企业服务资质标准为指导，建立完善的包括创业孵化、生产力促进、公共技术服务、咨询评估、科技信息、技术转移与产权交易、风险投资、科技人才、技术监督与标准、知识产权保护等在内的科技中介服务功能系统。建设科技中介体系的功能集成平台：以优化配置科技资源为目的、技术转移及产权交易和融资服务为内容的交易集成服务平台；以信息化网络技术支撑创新为目的、数据库建设和信息咨询服务为内容的科技信息平台；以共享社会科技条件和专业技术服务为目的、协调利用各类科技基础设施和共性技术服务为内容的公共技术服务平台；以培育科技创新企业为目的、提供优势产业企业技术扶持为内容的创业孵化平台。

四　打破地方保护与市场分割，建设全国一体化市场

地方保护阻碍了商品和要素在全国范围内的自由流动，削弱了市场机制优化资源配置的有效性，不利于发挥地区比较优势和形成专业化分工，也不

利于获得规模效益，往往还是市场无序竞争的根源之一。[①] 具体来说，地方保护与市场分割对我国区域经济的影响表现在以下几个方面。

首先，地方保护导致区域产出损失。根据劳动力、固定资产净值、存货、其他流动资产等生产要素的研究结果表明，在不需要增加任何要素投入的条件下，如果消除各种扭曲，中国国有及规模以上非国有制造业 2000 年的增加值，可以增长到实际水平的 1.0486 倍。而分地区计算产出配置结构效率的算术平均数得到的结果显示，产出配置结构效率西部 11 省（区、市）最低，东三省次之，中部 6 省份更高一些，沿海 10 省份最高。[②] 这表明，中国中西部地区经济发展水平落后的原因，与其产出结构扭曲，地方保护加剧了市场的分割程度有一定的关系。

其次，地方保护分割了市场、弱化了竞争、降低了产业与企业竞争力的提升。在地方市场分割几乎渗透到市场体系的各个组成部分，本应统一的国内市场被行政界线按条块分割开来，市场在资源配置中的基础性作用得不到充分的发挥，并进而妨碍建设公平竞争、规范有序的市场体系进程。由于市场分割的存在，人为地阻碍了相邻区域产业的直接竞争，区域内企业受市场规模限制，没有压力也没有动力投入大量资金进行 R&D 活动，从而延缓了企业技术创新与技术进步的速度；同时，市场分割割断了本地与相邻区域学习效应、技术创新的溢出效应、技术转移与吸收、熟练劳动力的转移等，最终影响区域内产业竞争能力的提升。而在市场分割背景下，企业行为很难完全按照市场运作，往往要受限于地方政府的不规范操作。当企业经营遇到困难时，往往不是改进经营方式，投资于研发活动，致力于加快产品升级换代，而是"找政府"。事实证明，对外地有竞争力的产品流入限制越严重的省（区、市），本地企业的改进生产经营的积极性越低，生产率提高越缓慢。[③]

再次，地方保护降低了财政收入。市场分割并没有如预期那样带来地方财政收入的增长，反而抑制了地方财政收入的增长。[④] 无论是预算内收入、

① 李善同、侯永志、刘云中、陈波：《中国国内地方保护问题的调查与分析》，《经济研究》2004 年第 11 期，第 78 ~ 85 页。
② 刘培林：《地方保护和市场分割的损失》，《中国工业经济》2006 年第 4 期，第 69 ~ 76 页。
③ 赵树宽、石涛、鞠晓伟：《区际市场分割对区域产业竞争力的作用机理分析》，《管理世界》2008 年第 6 期，第 76 ~ 77 页。
④ 刘小勇：《市场分割对地方财政收入增长影响的跨地区和跨时效应：1986 ~ 2008》，《财贸研究》2011 年第 2 期，第 73 ~ 79 页。

预算外收入还是预算内外收入角度的考量都表明，市场分割对经济发达的东部沿海地区的财政收入负面影响最高，其次是中部地区，西部地区最低。具体来看，对发达地区而言，市场分割对预算外财政收入负面影响最大，其次是预算内财政收入；对落后地区而言，市场分割对预算内财政收入负向影响最大，其次是预算外收入。

最后，地方保护阻碍了区域市场一体化。以东北地区为例，自 20 世纪 90 年代末期以来，东北三省总体呈现出区域市场一体化发展趋势，但同时受到地方市场分割的反向作用，一定程度上削弱了这一趋势。尽管 2002 年之前，在我国进行国有企业改制的关键阶段，东北地区作为我国国有经济最为集中的地区，由于工业企业本身比较缺乏竞争力，因而地方保护给改制后的地方企业创造了一个缓冲时期，有利于本地经济的发展。但 2002 年之后，东北地区基本完成国企改制工作，改制后存留的国有独资或国有控股企业，都是按照国际现代管理模式构建，已经具有了相当的竞争力，同时企业自身也有进一步扩大市场的需求。但东北三省，尤其是在黑龙江省与辽宁省、黑龙江省与吉林省之间，由于工业产业同构性，导致黑龙江省与辽宁省、黑龙江省与吉林省之间在地方利益驱使下，实行了地方保护，出现了较强的市场分割，对地区经济一体化发展起到了阻碍作用。[①]

为此，要打破地方保护与市场分割，建设全国一体化市场，应采取的主要措施包括以下几个方面。

首先，要逐步剔除妨碍经济区域之间人员、物资的自由流动的物理障碍。比如目前仍广泛存在于我国各地区设置于经济区域之间的收费关卡，交通体系的连接障碍和针对区域内与区域外人员、物资运输的政策性歧视。

其次，加强信息基础设施建设，消除经济区域之间贸易往来的信息不对称问题。比如在产品市场方面，提供市场信息公开平台，提高区域间信息的流动性，实现市场信息的资源共享，为区域内产业分工、转移和优化提供基础。

最后，加强配套政策，破解体制性障碍。促进双轨利率向单一市场

---

① 马秀颖：《市场分割对东北地区经济一体化的影响分析》，《当代经济研究》2011 年第 2 期，第 84~88 页。

利率并轨，打破垄断和深化国有企业改革，放宽市场准入，营造多种所有制经济平等竞争的市场环境；推进土地制度改革，建立统一的土地市场；实施结构性政策，加大结构性减税力度等。更好地发挥市场对资源配置的基础性作用，破除制约经济社会发展的体制障碍，增强发展的内生动力。

参考文献

一 专著与研究报告

［1］ Kristian Behren, Carl Gaigne. Interregional and International Trade：Seventy Years after Ohlin. http：//www. cepr. org/pubs/new－dps/dplist. asp？dpno＝4065，2003.

［2］ 哈维·阿姆斯特朗、吉姆·泰勒著《区域经济学与区域政策》，刘乃全等译，上海人民出版社，2007。

［3］ 张可云：《区域经济政策》，商务印书馆，2005。

［4］ 秦敬云：《科技战略与产业发展——以广西为例》，社会科学文献出版社，2012。

［5］ 杨维：《广东省工业化进程研究》，广东人民出版社，2008。

［6］ 陈秀山主编《中国区域经济问题研究》，商务印书馆，2005。

［7］ 林毅夫、蔡昉、李周：《中国的奇迹：发展战略与经济改革》，上海三联书店和上海人民出版社，1999。

［8］ 多米尼克·萨尔瓦多著《国际经济学（第9版）》，杨冰译，清华大学出版社，2008。

［9］ N. 格里高昂·曼昆著《宏观经济学（第六版）》，张帆、杨祐林、岳珊译，中国人民大学出版社，2005。

［10］ 张敦富：《区域经济学》，中国轻工业出版社，2003。

［11］ 文礼朋：《TRIPS 体制与中国的技术追赶》，社会科学文献出版社，2010。

［12］戴宏伟等:《区域产业转移研究:以"大北京"经济圈为例》,中国物价出版社,2003。

［13］臧旭恒:《产业经济学》,经济科学出版社,2004。

［14］王述英、白雪洁、杜传忠:《产业经济学》,经济科学出版社,2006。

［15］商务部外国投资管理司、商务部投资促进事务局:《中国外商投资报告(2011)》,经济管理出版社,2011。

［16］魏后凯:《现代区域经济学》,经济管理出版社,2006。

［17］王缉慈:《解读产业集群》,载于顾强主编《中国产业集群(第1辑)》,机械工业出版社,2005。

［18］王缉慈:《超越集群:中国产业集群的理论探索》,科学出版社,2010。

二　年鉴与数据库

［1］《中国统计年鉴:1991～2012》,中国统计出版社。

［2］全国除西藏外的30个省、直辖市、自治区的统计年鉴:1990～2012年。

［3］79个地级市的统计年鉴:2001～2012年。

［4］国家统计局国民经济综合统计司:《新中国六十年统计资料汇编》,中国统计出版社,2010。

［5］国家统计局:《中国国内生产总值核算历史资料:1952～2004》,中国统计出版社,2007。

［6］国家统计局工业统计司:《中国区域经济统计年鉴(2012)》,中国统计出版社,2012。

［7］国家统计局、国家发展与改革委员会、科学技术部:《中国高技术产业统计年鉴(2012)》,中国统计出版社,2012。

［8］除西藏外30个省、自治区、直辖市《投入产出表(2007)》。

［9］The World Bank:"World Development Indicators & Global Development Finance",2011.

［10］科技进步统计监测,http://www. sts. org. cn/tjbg/tjjc/tcindex. asp。

［11］贸易经济数据库,www. tradingeconomics. com。

［12］中国统计信息网年度数据,http://data. stats. gov. cn/workspace/index?m = hgnd。

三 论文

［1］ China Global Trade，"Economic Growth Outlook for China and the U. S."，http：// www. chinaglobaltrade. com/article/issues – in – depth – economic – growth – outlook – us – china.

［2］ Deloitte，Global Economic Outlook：1st quarter，2012，p. 22.

［3］ Frank L. Kidner，Philip Leff，"An Economic Survey of the Los Angeles Area"，*The Journal of Political Economy*，Vol. 54，No. 5.（Oct. ，1946），pp. 457 – 458.

［4］ Gort，Michael and Klepper，Steven. 1982. "Time Paths in the Diffusion of Product Innovation"，*The Economic Journal*，92，pp. 630 – 653.

［5］ Hobday，M.，"Innovation in East Asia：The Challenge to Japan"，*Cheltenham：Edward Elgar*，1995.

［6］ Holz C. A.，"2006，China's Economic Growth 1978 – 2025：What We Know Today about China's Economic Growth Tomorrow"，*SSRN Research Paper*，http：//ssrn. com/abstract = 756044.

［7］ IMF，"China Economic Outlook"，2012，p. 3.

［8］ Jao，Y. -W.，"The Determinants of Capability Acquisition Through Cross-border Strategic Alliances：A Study of Taiwan Contract Manufacturing Porjects"，*Academy of Management Review*，1999，（5）.

［9］ Lee，Ji-ren and Chen，Jen-shyang，"Dynamic synergy Creation with Multiple Business Activities：Toward a Competence-based Business Model for OEM Suppliers"，*Advances in Applied Bussiness Strategy*，1999，（1）.

［10］ Lucas，Robert E.，J r.（1988），"On the Mechanics of Economic Development"，*Journal of Monetary Economics*，22（July），pp. 3 – 42.

［11］ Raymond Vemon，"International Investment and International Trade in the Product Cycle"，*Quarterly Journal of Economics*，May 1966.

［12］ Richard B. Andrews，"Mechanics of the Urban Economic Base：The Problem of Base Measurement"，*Land Economics*，Vol. 30，No. 1.（Feb. ，1954），pp. 52 – 60.

［13］ Romer，P. M.（1986），"Increasing Returns and Long—Run Growth"，

Journal of Political Economy, 94 （October）, pp. 1002 – 1037.

[14] Romer, P. M. （1990）, "Endogenous Technological Change", *Journal of Political Economy*, 98 （October, Part2）, pp. S71 – S102.

[15] R. Solow, "A Contribution to the Theory of Economic Growth", *The Quarterly Journal of Economics*, Vol. 70, No. 1. （Feb., 1956）, pp. 65 – 94.

[16] Sw an, Trevor W. , "Economic Growth and Capital Accumulation", *Economic Record*, 1956, 32, pp. 334 – 361.

[17] The Conference Board, "Global Economic Outlook 2012", http：// www. conference – board. org /data /globaloutlook. cfm.

[18] The World Bank, "China Quarterly Update", http：//www. worldbank. org/en /news /2012 /04/12/china – quarterly – update – april – 2012.

[19] "The Service Economy". OECD, Paris, 2000.

[20] 李俊、王立：《美国次贷危机对中国出口的影响及应对策略》,《国际贸易》2008 年第 8 期, 第 46 ~ 49 页。

[21] http：//zh. wikipedia. org/wiki/次贷危机。

[22] http：//zh. wikipedia. org/wiki/全球金融危机。

[23] http：//zh. wikipedia. org/wiki/欧债危机。

[24] 范蓓、朱发根、刘拓：《金融危机下我国出口加工业的"倒逼效应"解析》,《对外经贸实务》2009 年第 7 期。

[25] 禄进、陈阳、郑立民： 《金融危机对我国东部沿海城市经济的影响——以青岛市为例》,《城市》2011 年第 5 期。

[26] 吕宙翔：《WTO：2008 年全球发起反倾销调查增加 28%》,《金融时报》2009 年 5 月 8 日, 参见 http：//www. mofcom. gov. cn/aarticle/i/ jyjl/m/200905/20090506234536. html。

[27] 张硕：《我国外贸摩擦压力空前 半年 60 起调查涉 82 亿美元》,《经济参考报》2009 年 7 月 16 日, 参见 http：//www. cacs. gov. cn/cacs/ newcommon/details. aspx? articleId = 57082。

[28] 张新存：《金融危机背景下我国出口企业面临的风险及其防范》,《国际商务财会》2012 年第 2 期。

[29] 国务院： 《国务院中西部地区承接产业转移的指导意见》 （国发〔2010〕28 号）, 2010 年 8 月 31 日, http：//politics. people. com. cn/ GB/1026/12646120. html。

［30］陈其霆：《中国区域经济政策概述》，《开发研究》1999 年第 5 期。

［31］魏后凯：《"十一五"时期中国区域政策的调整方向》，《学习与探索》2006 年第 1 期。

［32］秦敬云、文礼朋：《我国区域统筹发展战略的阶段性演变及其趋势研究》，《广西师范大学学报》（哲学社会科学版）2012 年第 3 期。

［33］马子红：《基于成本视角的区际产业转移动因分析》，《财贸经济》2006 年第 8 期。

［34］王忠平、王怀柔：《区际产业转移形成的动力研究》，《大连理工大学学报》（社会科学版）2007 年第 1 期。

［35］石奇、张继良：《区际产业转移与欠发达地区工业化的协调性》，《产业经济研究》2007 年第 1 期。

［36］吴晓军、赵海东：《产业转移与欠发达地区经济发展》，《当代财经》2004 年第 6 期。

［37］刘嗣明、童欢、徐慧：《中国区际产业转移的困境寻源与对策探究》，《经济评论》2007 年第 6 期。

［38］冯根福、刘志勇、蒋文定：《我国东中西部地区间工业产业转移的趋势、特征及形成原因分析》，《当代经济科学》2010 年第 2 期。

［39］陈建军：《中国现阶段产业区域转移的实证研究——结合浙江 105 家企业的问卷调查报告的分析》，《管理世界》2002 年第 6 期。

［40］陈建军、叶炜宇：《关于向浙江省内经济欠发达地区进行产业转移的研究》，《商业经济与管理》2002 年第 4 期。

［41］陈刚、张解放：《区际产业转移的效应分析及相应政策建议》，《华东经济管理》2001 年第 2 期。

［42］聂华林、赵超：《我国区际产业转移对西部产业发展的影响》，《兰州大学学报》（社会科学版）2000 年第 5 期。

［43］刘力、张健：《珠三角企业迁移调查与区域产业转移效应分析》，《国际经贸探索》2008 年第 1 期。

［44］郭少新：《区域产业转移与西部优势产业培育》，《西北工业大学学报》（社会科学版）2006 年第 1 期。

［45］李学鑫、苗长虹：《产业转移与中部崛起的思路调整》，《湖北社会科学》2006 年第 4 期。

［46］李小建、覃成林、高建华：《我国产业转移与中原经济崛起》，《中州

学刊》2004 年第 3 期。

[47] 林平凡、刘成：《产业转移：转出地与转入地政府博弈分析——以广东产业转移工业园为例》，《广东社会科学》2009 年第 1 期。

[48] 杜传忠、曹艳乔、李大为：《后金融危机时期加快我国区域产业转移的思路及对策》，《东岳论丛》2010 年第 5 期。

[49] 杜传忠：《后金融危机时期加快我国区域产业转移的思路及对策》，《发展研究》2010 年第 8 期。

[50] 陈林、龙自云：《国际金融危机与我国先发地区产业转移——以外向型"东莞模式"为例》，《产经评论》2011 年第 1 期。

[51] 谢海东、万弋芳：《金融危机背景下江西承接产业转移的新动态与新特征》，《华东经济管理》2010 年第 2 期。

[52] 魏益华：《西部地区"有效核心优势"培育与"区域优势产业"成长》，《经济学动态》2000 年第 9 期。

[53] 吴群刚、冯其器：《从比较优势到竞争优势：建构西部地区可持续的产业发展能力》，《管理世界》2001 年第 4 期。

[54] 国家计委发展规划司综合处：《从发展特色经济和优势产业入手加快西部发展》，《宏观经济管理》2002 年第 6 期。

[55] 李新建、邹秀英：《西部优势产业的选择》，《江西财经大学学报》2003 年第 4 期。

[56] 孔祥智：《西部地区优势产业发展的思路和对策研究》，《产业经济研究》2003 年第 6 期。

[57] 杨强：《西部地区优势产业的选择与区域的协调发展》，《福建师范大学学报》（哲学社会科学版）2004 年第 4 期。

[58] 陈永忠、王磊、胡晶晶：《西部地区发展优势产业研究》，《经济体制改革》2010 年第 2 期。

[59] 余鲁：《西部大开发与重庆优势产业的选择》，《渝州大学学报》（社会科学版·双月刊）2001 年第 2 期。

[60] 杨春利、王芳：《甘肃省优势产业的动态评估与发展》，《甘肃联合大学学报》（自然科学版）2009 年第 6 期。

[61] 鲍海峰、张平：《西部特色优势产业内生成长模式及培育途径——以内蒙古稀土产业为例》，《科学管理研究》2009 年第 7 期。

[62] 张前进、刘小鹏：《中国西部地区特色优势产业发展与优化研究——

以宁夏为例》,《宁夏大学学报》(自然科学版) 2006 年第 1 期。

[63] 黄钟仪、吴良亚、马斌: 《西部承接东部产业转移的产业选择研究——以重庆为例》,《科技管理研究》2009 年第 98 期。

[64] 昝国江、王涛、安树伟:《国际国内产业转移与西部地区特色优势产业发展》,《兰州商学院学报》2010 年第 1 期。

[65] 周石生:《西部地区承接东部产业转移问题研究》,《湖北社会科学》2008 年第 10 期。

[66] 万永坤:《西部欠发达地区产业转移承接效应的实证分析》,《兰州大学学报》(社会科学版) 2011 年第 3 期。

[67] 秦敬云、赵细国:《人民币升值与商品贬值背景下海峡西岸与北部湾经济区经济发展路径比较研究》,《广西社会科学》2011 年第 6 期。

[68] 吴学花、杨蕙馨:《中国制造业产业集聚的实证研究》,《中国工业经济》2004 年第 10 期。

[69] 潘文卿、刘庆:《中国制造业产业集聚与地区经济增长——基于中国工业企业数据的研究》,《清华大学学报》(哲学社会科学版) 2012 年第 1 期。

[70] 李扬:《西部地区产业集聚水平测度的实证研究》,《南开经济研究》2009 年第 4 期。

[71] 李太平、钟甫宁、顾焕章:《衡量产业区域集聚程度的简便方法及其比较》,《统计研究》2007 年第 11 期。

[72] 王子龙、谭清美、许箫迪:《产业集聚水平测度的实证研究》,《中国软科学》2006 年第 3 期。

[73] 赵玉林、王芳:《基于熵指数和行业集中度的我国高技术产业集聚度研究》,《科学学与科学技术管理》2008 年第 11 期。

[74] 朱英明、杨连盛、吕慧君、沈星:《资源短缺、环境损害及其产业集聚效果研究——基于 21 世纪我国省级工业集聚的实证分析》,《管理世界》2012 年第 11 期。

[75] 陈耀:《产业结构趋同的度量及合意与非合意性》,《中国工业经济》1998 年第 4 期。

[76] 陈建军、胡晨光:《长三角的产业集聚及其省区特征、同构绩效——一个基于长三角产业集聚演化的视角》,《重庆大学学报》(社会科学

版）2007 年第 4 期。

[77] 周兵、蒲勇键：《产业集群的增长经济学解释》，《中国软科学》2003
年第 5 期。

[78] 雷鹏：《制造业产业集聚与区域经济增长的实证研究》，《上海经济研
究》2011 年第 1 期。

[79] 江激宇：《产业集聚与区域经济增长》，南京农业大学博士学位论文，
2005。

[80] 于铭：《中国产业集聚与区域经济增长问题研究》，辽宁大学博士学位
论文，2007。

[81] 张卉、詹宇波、周凯：《集聚、多样性和地区经济增长：来自中国制
造业的实证研究》，《世界经济文汇》2007 年第 3 期。

[82] 秦敬云、王敏、文礼朋：《我国地区经济增长与工业产业集聚演变趋
势的比较研究——2000～2011 年我国地级以上城市面板数据的实证
研究》，《第九届中国软科学学术年会论文集（上册）》2013 年第 12
期。

[83] 贺灿飞、刘作丽、王亮：《经济转型与中国省区产业结构趋同研究》，
《地理学报》2008 年第 8 期。

[84] 高新才、周一欣：《基于 α 和 β 趋同检验的西北五省区产业结构趋同
分析》，《西北大学学报》（哲学社会科学版）2012 年第 1 期。

[85] 蒋金荷：《我国高技术产业同构性与集聚的实证分析》，《数量经济技
术经济研究》2005 年第 12 期。

[86] 张卓颖、石敏俊：《中国省区间产业内贸易与产业结构同构分析》，
《地理学报》2011 年第 6 期。

[87] 张晖、刘志彪：《产业趋同：地方官员行为的经济学分析》，《经济学
家》2005 年第 6 期。

[88] 胡向婷、张璐：《地方保护主义对地区产业结构的影响——理论与实
证分析》，《经济研究》2005 年第 2 期。

[89] 唐立国：《长江三角洲地区城市产业结构的比较分析》，《上海经济研
究》2002 年第 9 期。

[90] 王志华、陈圻：《长三角省际贸易强度与制造业同构的关系分析》，
《产业经济研究》2007 年第 1 期。

[91] 陈建军：《长江三角洲地区的产业同构及产业定位》，《中国工业经

济》2004 年第 2 期。

[92] 陈佳贵、黄群慧、钟宏武：《中国地区工业化进程的综合评价和特征分析》，《经济研究》2006 年第 6 期。

[93] 陈耀：《三大经济圈发展特征比较与一体化推进战略》，《中国经济时报》2003 年 9 月 22 日。

[94] 陈明：《环渤海经济圈一体化发展之路》，《领导之友》2004 年第 2 期。

[95] 关爱萍、王瑜：《区域主导产业的选择基准研究》，《统计研究》2002 年第 12 期。

[96] 刘思峰、李炳军、杨岭、朱永达：《区域主导产业评价指标与数学模型》，《中国管理科学》1998 年第 2 期。

[97] 郭克莎：《工业化新时期新兴主导产业的选择》，《中国工业经济》2003 年第 2 期。

[98] 刘克利、彭水军、陈富华：《主导产业的评价选择模型及其应用》，《系统工程》2003 年第 3 期。

[99] 张志英：《产业关联分析法与我国主导产业的选择分析》，《上海统计》2000 年第 3 期。

[100] 王开章等：《地区主导产业定量选择及优化调整研究——以济南市为例》，《地理研究》2003 年第 1 期。

[101] 王青：《第二产业主导产业的选择与实证分析》，《财经问题研究》2005 年第 6 期。

[102] 刘洋、刘毅：《东北地区主导产业培育与产业体系重构研究》，《经济地理》2006 年第 1 期。

[103] 童江华、徐建刚、曹晓辉、徐芳：《基于 SSM 的主导产业选择基准——以南京市为例》，《经济地理》2007 年第 5 期。

[104] 胡建绩、张锦：《基于产业发展的主导产业选择研究》，《产业经济研究》2009 年第 4 期。

[105] 魏敏、李国平：《区域主导产业选择方法及其应用研究一个关于陕西省主导产业选择的案例》，《科学学研究》2004 年第 1 期。

[106] 姚晓芳、赵恒志：《区域优势产业选择的方法及实证研究》，《科学学研究》2006 年第 12 期。

[107] 张艳芳、常相全：《蓝色经济区优势产业综合评价指标体系的构建》，

《济南大学学报》（社会科学版）2013 年第 3 期。

[108] 赵惠芳、赵静、徐晟：《优势产业的测度及其实证》，《统计与决策》2009 年第 6 期。

[109] 孙畅、吴立力：《"区位熵"分析法在地方优势产业选择中的运用》，《经济论坛》2006 年第 21 期。

[110] 姜晓芃：《基于产业关联的环渤海地区工业结构调整效应研究》，大连海事大学博士学位论文，2013 年 10 月。

[111] 裴长洪、彭磊：《对外贸易依存度与现阶段我国贸易战略调整》，《财贸经济》2006 年第 4 期。

[112] 张晔：《外资代工模式下的区域经济增长及其模式超越——以苏州地区为例》，南京大学博士学位论文，2006。

[113] 刘志彪：《中国沿海地区制造业发展：国际代工模式与创新》，《南开经济研究》2005 年第 5 期。

[114] 卢锋：《产品内分工：一个分析框架》，北京大学中国经济中心讲座稿系列，No. C2004005，2004。

[115] 汪建成、毛蕴诗、邱楠：《由 OEM 到 ODM 再到 OBM 的自主创新与国际化路径》，《管理世界》2008 年第 6 期。

[116] 水常青、宋永高：《我国企业做 OEM 的实证分析——基于博弈论的视角》，《中国软科学》2004 年第 11 期。

[117] 赵陵、宋少华、宋泓明：《中国出口导向型经济增长的经验分析》，《世界经济》2001 年第 8 期。

[118] 吴先明：《论东亚经济成功的关键因素》，《社会科学辑刊》2002 年第 5 期。

[119] 蓝庆新：《论全球价值链下电子信息产业集群升级》，《山西财经大学学报》2005 年第 5 期。

[120] 刘东勋：《价值曲线的时代变化和产业价值链竞争》，《上海经济研究》2005 年第 7 期。

[121] 周长征：《WTO 的"社会条款"之争与中国的劳动标准》，《法商研究》2001 年第 3 期。

[122] 马丹、许少强：《中国贸易收支、贸易结构与人民币实际有效汇率》，《数量经济技术经济研究》2005 年第 6 期。

[123] 张幼文、梁军：《中国发展对世界经济体系的影响》，《世界经济研

究》2006 年第 10 期。

[124] 李淑锦、周瑞娟：《人民币升值对中国出口商品竞争力影响研究》，《杭州电子科技大学学报》（社会科学版）2012 年第 4 期。

[125] 张少军、刘志彪：《全球价值链模式的产业转移——动力、影响与对中国产业升级和区域协调发展的启示》，《中国工业经济》2009 年第 11 期。

[126] 国家发展和改革委员会产业经济与技术经济研究所：《中国产业发展报告（2008）》，经济管理出版社，2008。

[127] 杜静、任泽旺：《低工资发展模式对社会经济发展的负面影响分析》，《现代商业》2008 年第 23 期。

[128] 陈耀、冯超：《贸易成本、本地关联与产业集群迁移》，《中国工业经济》2008 年第 3 期。

[129] 任志军：《区域间产业转移及承接研究》，《商业研究》2009 年第 12 期。

[130]《国家高新技术产业开发区"十一五"规划纲要》，《中国科技产业》2007 年第 5 期。

[131] 林民书、徐向阳：《中国经济增长方式转变研究》，《河南社会科学》2009 年第 5 期。

[132] 国务院：《国务院关于加快培育和发展战略性新兴产业的决定（全文）》，《中国科技产业》2010 年第 10 期。

[133] 王忠宏、石光：《发展战略性新兴产业推进产业结构调整》，《中国发展观察》2010 年第 1 期。

[134] 蔡丛露：《我国区际贸易发展的现状分析及其对策》，《亚太经济》2003 年第 3 期。

[135] 曹阳：《区域产业分工与合作模式研究》，吉林大学博士学位论文，2008。

[136] 欧阳渊：《中国区域经济政策的演进与思考》，山西大学硕士学位论文，2010。

[137] 中国地区经济发展课题组：《中国区域经济不平衡发展战略评估与分析》，《管理世界》1993 年第 4 期。

[138] 蔡昉、都阳：《中国地区经济增长的趋同与差异——对西部开发战略的启示》，《经济研究》2000 年第 10 期。

[139] 张鸿武：《我国地区经济增长的随机性趋同研究——基于综列数据单位根检验》，《数量经济与技术经济研究》2006年第8期。

[140] 吴玉鸣：《中国省域经济增长趋同的空间计量经济分析》，《数量经济与技术经济研究》2006年第12期。

[141] 张焕明：《扩展的Solow模型的应用——我国经济增长的地区性差异与趋同》，《经济学季刊》2004年第3期。

[142] 张焕明：《我国经济增长地区性趋同路径的实证分析》，《财经研究》2007年第1期。

[143] 覃成林：《中国区域经济增长趋同与分异研究》，《人文地理》2004年第3期。

[144] 覃成林、张伟丽：《中国区域经济增长俱乐部趋同检验及因素分析——基于CART的区域分组和待检影响因素信息》，《管理世界》2009年第3期。

[145] 王荣斌：《中国区域经济增长条件趋同研究》，《经济地理》2011年第7期。

[146] 熊必琳、陈蕊、杨善林：《基于改进梯度系数的区域产业转移特征分析》，《经济理论与经济管理》2007年第7期。

[147] 彭红斌：《小岛清的"边际产业扩张论"及其启示》，《北京理工大学学报》（社会科学版）2001年第1期。

[148] 戴宏伟：《产业转移研究有关争议及评论》，《中国经济问题》2008年第3期。

[149] 汪斌、赵张耀：《国际产业转移理论述评》，《浙江社会科学》2003年第6期。

[150] 邹俊煜：《产业梯度转移理论在区域经济发展中失灵的原因分析及其启示——兼议经济理论应用中约束条件的不可忽略性》，《科技进步与对策》2011年第4期。

[151] 潘悦：《国际产业转移的四次浪潮及其影响》，《现代国际关系》2006年第4期。

[152] 王玉莲：《金融危机、世界产业转移与中国的承接》，《财经界》2010年第6期。

[153] 叶嘉国：《珠三角产业转移趋势及承接地应对之策》，《宏观经济管理》2013年第1期。

[154] 王乐：《全国首家"产业转移促进中心"在江苏昆山成立》，《中国改革报》2008 年 10 月 21 日，第 7 版。

[155] 杨玲丽：《政府转型理论视野下的上海产业转移升级》，《华东经济管理》2013 年第 1 期。

[156] 江苏省政府办公厅转发苏北发展协调小组：《关于加快南北产业转移的意见》，2005 年 7 月，http：//www. jiangsu. gov. cn/test/200710/t20071015_ 98755. htm。

[157] 广东省人民政府：《关于我省山区及东西两翼与珠江三角洲联手推进产业转移的意见（试行）》（粤府〔2005〕22 号），2005 年 3 月 7 日，http：//www. gd. gov. cn/govpub/zfwj/zfxxgk/gfxwj/yf/200809/t20080916_ 67118. htm。

[158] 中共广东省委办公厅：《中共广东省委、广东省人民政府关于推进产业转移和劳动力转移的决定》（粤发〔2008〕4 号），2008 年 5 月 26 日，http：//www. chinajob. gov. cn/gb/employment/2009 - 06/02/content_ 306643. htm。

[159] 广东省人民政府：《关于抓好产业转移园建设加快产业转移步伐的意见》（粤府〔2009〕54 号），2009 年 6 月 16 日，http：//www. gd. gov. cn/govpub/zfwj/zfxxgk/gfxwj/yf/200906/t20090619_ 95649. htm。

[160] 广东省人民政府办公厅：《关于进一步推进产业转移工作的若干意见》（粤府〔2010〕61 号），2010 年 11 月 9 日，http：//zwgk. gd. gov. cn/006939748/201011/t20101119_ 12370. html。

[161] 广东省经济贸易委员会：《广东省产业转移区域布局指导意见》，2008 年 5 月 28 日，http：//www. gd. gov. cn/govpub/bmguifan/200809/t20080910_ 65241. htm。

[162] 《2010 年：产业转移对中西部地区的影响》，《中国民族》2011 年第 1 期。

[163] 陕西省人民政府办公厅：《关于加强承接产业转移工作的通知》（陕政办发〔2008〕88 号），2008 年 8 月 6 日，http：//www. shaanxi. gov. cn/0/104/6079. htm。

[164] 四川省人民政府：《关于承接产业转移的实施意见》（川府发〔2011〕15 号），2011 年 6 月 3 日，http：//www. sc. gov. cn/sczb/

2009byk/lmfl/szfwj/201106/t20110617_ 1156465. shtml。

[165] 贵州省人民政府:《关于进一步做好承接产业转移工作的意见》(黔府发〔2010〕25 号),2010 年 12 月 20 日,http://www. gzgov. gov. cn/tzgz/tzzc/75009. shtml。

[166] 许燕裕(责任编辑):《广西桂东承接产业转移示范区简介》,http://www. gxi. gov. cn/gjw_ zt/jjfz/gdcyfz/bjzl/201207/t20120706_ 440603. htm。

[167] 重庆市发展改革委:《重庆沿江承接产业转移示范区获批》,http://www. cqdpc. gov. cn/article – 1 – 16645. aspx。

[168] 杨兴云:《广东两翼:产业转移重负》,《经济观察报》2005 年 7 月 10 日,http://finance. sina. com. cn/g/20050710/13051780125. shtml。

[169] 洪姝翌:《苏北已成投资"热土"10 年累计承接转移 5000 亿元》,新华报业网,2012 年 9 月 9 日,http://js. xhby. net/system/2012/09/19/014609652. shtml。

[170] 王翔:《江苏纺织在产业转移中开拓新空间》,《中国纺织报》2009 年 6 月 2 日,第 1 版。

[171] 刘铮:《西部大开发 10 周年:改革开放为发展提供强大动力》,新华社,2010 年 1 月 25 日,http://www. gov. cn/jrzg/2010 – 01/25/content_ 1518615. htm。

[172] 左娅、朱剑红:《十年崛起新西部——西部大开发十年成就综述之一》,《人民日报》2010 年 1 月 5 日,http://finance. people. com. cn/GB/10703059. html。

[173] 牛艳红、王春国:《西部地区城市化现状及趋势》,《开放导报》2012 年第 5 期。

[174] 刘生龙、胡鞍钢:《交通基础设施与经济增长:中国区域差距的视角》,《中国工业经济》2010 年第 4 期。

[175] 白永秀、严汉平:《西部地区基础设施滞后的现状及建设思路》,《建论坛》(经济社会版)2002 年第 7 期。

[176] 秦敬云:《要素投入与我国城市经济增长》,厦门大学博士学位论文,2007。

[177] 姚先国、薛强军、黄先海:《效率增进、技术创新与 GDP 增长——基于长三角 15 城市的实证研究》,《中国工业经济》2007

年第 2 期。

[178] 韩剑：《基于集聚效应的我国企业 R&D 区位选择研究》，《软科学》2008 年第 11 期。

[179] 秦敬云、李经宇、文礼朋：《改革开放以来广西经济增长及中长期预测研究》，《广西社会科学》2012 年第 94 期。

[180] 汪向阳：《西部矿产资源开发的可持续发展研究》，《西安电子科技大学学报》（社会科学版）2003 年第 2 期。

[181] 张雷：《21 世纪中国西部矿产资源开发的战略思考》，《中国人口·资源与环境》2001 年第 3 期。

[182] 李社宁：《资源利益约束下西部经济持续增长的财税对策》，《财政研究》2007 年第 4 期。

[183] 邵帅、齐中英：《西部地区的能源开发与经济增长——基于"资源诅咒"假说的实证分析》，《经济研究》2008 年第 4 期。

[184] 张米尔：《西部资源型城市的产业转型研究》，《中国软科学》2001 年第 8 期。

[185] 郑长德：《自然资源的"诅咒"与西部地区的经济发展》，《西南民族大学学报》（自然科学版）2006 年第 6 期。

[186] 冯宗宪、于璐瑶、俞炜华：《资源诅咒的警示与西部资源开发难题的破解》，《西安交通大学学报》（社会科学版）2007 年第 2 期。

[187] 彭兰、冯邦彦：《基于梯度转移理论的广东省产业转移研究》，《江苏商论》2009 年第 8 期。

[188] 李江涛：《产业深化理论——一个新理论框架》，中共中央党校博士学位论文，2004。

[189] 厉无畏：《产业融合与产业创新》，《上海管理科学》2002 年第 4 期。

[190] 周振华：《产业融合：产业发展及经济增长的新动力》，《中国工业经济》2003 年第 4 期。

[191] 肖建勇、郑向敏：《模块化与产业融合：耦合、机理及效应》，《科技管理研究》2012 年第 14 期。

[192] 王洪波：《产业技术进步在 IT 产业融合中的作用探究》，《华东经济管理》2009 年第 3 期。

[193] 陈秀山、张若：《中部地区省际产品贸易流量估算与空间分析》，《华中师范大学学报》2007 年第 5 期。

[194] 李善同、侯永志、刘云中、陈波:《中国国内地方保护问题的调查与分析》,《经济研究》2004 年第 11 期。

[195] 黄赜林、王敬云:《基于产业结构区际贸易壁垒的实证分析》,《财经研究》2007 年第 3 期。

[196] 胡永平、张宗益、祝接金:《基于储蓄—投资关系的中国区域间资本流动分析》,《中国软科学》2004 年第 5 期。

[197] 冯振环、赵国杰:《我国区域投资中的问题及其对策》,《中国软科学》2001 年第 7 期。

[198] 高峰、孙成权、张志强、张健:《西部资源型城市经济转型面临的挑战与机遇》,《中国人口·资源与环境》2004 年第 4 期。

[199] 魏后凯:《中国产业集群的特点、问题与对策》,《经济学动态》2004 年第 9 期。

[200] 姚树洁、韦开蕾:《中国经济增长、外商直接投资和出口贸易的互动实证分析》,《经济学》(季刊)2007 年第 10 期。

[201] 成素梅、孙林叶:《如何理解基础研究和应用研究》,《自然辩证法通讯》2000 年第 4 期。

[202] 李大东、何鸣元:《从应用基础研究到应用研究》,《世界科技研究与发展》1998 年第 4 期。

[203] 张传杰、冯春晓:《我国大中型企业专利产出及其经济效益的实证分析》,《科技和产业》2009 年第 4 期。

[204] 国家知识产权局规划发展司:《2010 年中国有效专利年度报告》,2011。

[205] 李江帆、毕斗斗:《国外生产服务业研究述评》,《外国经济与管理》2004 年第 11 期。

[206] 马春:《世界生产性服务业发展趋势分析》,《江苏商论》2005 年第 12 期。

[207] 徐占忱:《"十二五"期间民生服务业发展的动力和机制》,《宏观经济与管理》2011 年第 3 期。

[208] 刘培林:《地方保护和市场分割的损失》,《中国工业经济》2006 年第 4 期。

[209] 赵树宽、石涛、鞠晓伟:《区际市场分割对区域产业竞争力的作用机理分析》,《管理世界》2008 年第 6 期。

［210］刘小勇：《市场分割对地方财政收入增长影响的跨地区和跨时效应：1986～2008》，《财贸研究》2011 年第 2 期。

［211］马秀颖：《市场分割对东北地区经济一体化的影响分析》，《当代经济研究》2011 年第 2 期。

后 记

改革开放 30 多年来，无论是我国东部地区还是西部地区，经济都获得了快速的增长。在改革开放初期，在国家不平衡发展战略引导下，东部地区利用其优良的地理区位优势，通过吸引外商投资带动经济率先获得快速增长。但东部地区在经历了改革开放初期到 20 世纪 90 年代中后期的资本积累过程之后，原有的出口导向型产业发展模式面临严峻的产业升级压力。为此，21 世纪初东部地区即提出了要增强自主创新能力转变产业发展模式。这提升到国家发展战略就是通过产业转移形成合理的东中西产业梯度分布，促进我国经济整体的快速发展。但从目前国内产业西迁的进程来看，存在着企业自身的自发性和盲目性、政府政策的区域狭隘性等问题等问题。

这些问题在 2008 年全球金融危机之后更加凸显。事实上，全球金融危机后世界经济在较长时期内的衰退徘徊，我国经济增长率也在相当长的时期内处于低增长的状态，至今已经回落到低于 7% 的中速增长状态。但危机倒逼效应也为我国在危机中求变，力促经济增长方式的转变提供了重大机遇。这种机遇要转变为促进我国经济增长的现实动力，就必须充分发挥我国作为大国经济体的独特优势，加强国内需求对于经济增长的主导作用，重构国内区域经济体系的基础上构建完善国内价值链，从而通过地区产业分工协作升级有效地促进区域经济发展战略和经济增长方式的转变。

基于此，笔者在多年来关注和研究西部地区优势产业发展和我国产业区际转移问题的基础上，对全球金融危机给我国经济增长与产业发展带来重大影响的背景下，以我国产业西迁与西部地区优势产业发展问题作为研究主题，对东部地区在改革开放后的产业发展历程及演变路径，西部地区优势产业发展及其面临的制约因素，以及由此决定的东部地区产业转移和西部地区通过承接产业转移促进其优势产业发展等问题展开研究，并最终完成了这本专著。

本专著是在全球金融危机之后开始构思研究的。期间经历了多次的调整修改，终于完成并交付出版。专著各章的分工为：第一章：杜靖；第二章：秦敬云（王敏和张成分别在集聚和同构化方面完成了部分工作）；第三章：秦敬云；第四章：秦敬云；第五章：王杭燕；第六章：秦敬云；第七章：李书猛；第八章：秦敬云；第九章：秦敬云。最后，秦敬云对全书进行了统稿和修订工作。

本专著的出版得到了广西人文社会科学重点研究基地《广西战略性新兴产业发展研究基地》的全额资助。

本专著的完成，离不开本人所带领课题组成员的鼎力支持和帮助，尤其是本人的几位研究生，除了完成他们自己负责的相关章节内容外，还帮助本人查阅整理了大量的文献资料，收集处理了大量的数据，在此对他们的辛勤工作表示诚挚的谢意。此外，本专著的完成还离不开家人、朋友及众多同事的帮助和支持，在此对他们一并表示感谢。

秦敬云

2017 年 3 月 9 日于桂林

图书在版编目（CIP）数据

东部产业转移与西部优势产业发展／秦敬云等著
. －－北京：社会科学文献出版社，2017.9
ISBN 978 - 7 - 5201 - 0774 - 7

Ⅰ.①东…　Ⅱ.①秦…　Ⅲ.①区域产业结构－产业转
移－研究－中国　Ⅳ.①F127

中国版本图书馆 CIP 数据核字（2017）第 096453 号

东部产业转移与西部优势产业发展

著　　者／秦敬云　杜　靖　等

出 版 人／谢寿光
项目统筹／邓泳红
责任编辑／薛铭洁　张　超

出　　版／社会科学文献出版社·皮书出版分社（010）59367127
　　　　　　地址：北京市北三环中路甲29号院华龙大厦　邮编：100029
　　　　　　网址：www.ssap.com.cn
发　　行／市场营销中心（010）59367081　59367018
印　　装／北京季蜂印刷有限公司

规　　格／开 本：787mm×1092mm　1/16
　　　　　　印 张：24　字 数：418千字
版　　次／2017 年 9 月第 1 版　2017 年 9 月第 1 次印刷
书　　号／ISBN 978 - 7 - 5201 - 0774 - 7
定　　价／98.00 元